LES 1000 UNES

> Le père de la bombe H chinoise est mort. Qu'il crève ! >

CHARLI

44, rue de Turbigo, 75003 Paris
Dépôt légal : août 2011
Imprimé en Belgique
ISBN : 978-2-35766-041-0
Numéro d'édition : 033

> Pas d'orchestre dans les camps en Bosnie. Alors peut-on parler de camps de concentration ? >

HEBDO
1992-2011

LES ÉCHAPPÉS

> Conclusion du Congrès d'Amsterdam sur le sida : « Quand vous ramassez des capotes usagées dans la rue, faites-les bouillir avant de vous en resservir. » >

> 90 % des gays sont pour Clinton. Les 10 % restants voudraient que mamie Bush soit leur maman. >

bête et méchant
HARA-KIRI HEBDO
SUPPLÉMENT HEBDOMADAIRE DU MENSUEL HARA-KIRI • TOUS LES LUNDIS • LUNDI 3 FÉVRIER 1969 • 1 F
1 Franc
OUAAAH!
LE BIAFRA!
POMPIDOU!
OUAAAAH!
OUAH!
LES PENDUS DE BAGDAD!
OUAAAH!
HI HI!
AH! AH!
ALAIN DELON!
FRANCO!
AAAAH
ST GOBAIN BOUSSOIS!
HI HI
AH!
LES SUICIDÉS PAR LE FEU!
NA PO LÉ ON!
ÉTUDIANTS!
CRS!
AH!
WOLINSKI

Wolinski De *Hara-Kiri Hebdo...*

C'est moi qui ai eu l'honneur de dessiner la première couverture de *Hara-Kiri Hebdo*. Mai 68 m'avait mis en valeur. J'avais créé *L'Enragé* avec Siné, et, sans la violence de ce journal éphémère, Cavanna et Choron n'auraient peut-être pas eu l'idée de lancer un hebdomadaire satirico-politique, mais Bernier posa une condition : nous ne devions plus travailler ailleurs ! À la grande fureur de Goscinny, Gébé, Cabu, Reiser cessèrent de bosser à *Pilote*, et moi, je quittai *Le Journal du dimanche*, mais pas l'exquise Maryse, que j'avais connue dans les couloirs du journal et que j'épousai bientôt.

Il y avait une réunion rituelle pour *Hara-Kiri*, il y en eut une par semaine pour *Hara-Kiri Hebdo*, beaucoup plus laborieuse car, pour *Hara-Kiri*, chacun amenait ses pages bricolées dans son taudis, Cavanna ramassait. Et nous faisait rarement un compliment, à part cette réflexion profonde : *« Si je le publie, c'est que c'est bon, pauvres cons ! »* Nous formions ce qu'on appelle une bande, un groupe, une famille, cette amitié qui nous fit nous réunir pendant plus de vingt ans était totale. Nous ne faisions qu'un, mais nous étions tous différents. Seuls Cavanna et Bernier avaient le droit de s'engueuler. Cavanna était féroce, Bernier l'écoutait en silence, tirant sur son fume-cigarette, il savait qu'il avait tort.

Avec un hebdomadaire politique, nous avions un nouveau problème : « la couverture ». Chaque semaine, très vite, un rituel s'était instauré. Nous nous installions autour de la grande table, presque toujours à la même place. Comme des écoliers nous faisions nos devoirs, on se montrait en douce nos dessins, qu'on appela très vite « les échappés », et puis on les brandissait et on allait les punaiser sur le mur.

Pendant qu'on cherchait des idées, Reiser me racontait ses aventures du week-end, la fois où, sortant d'une auberge, il faisait l'amour dans un champ lorsqu'une noce est passée sur une petite route en les klaxonnant gaiement. Et bien d'autres aventures, que j'ai dessinées dans mes livres. Pour chercher les couvertures, on se lâchait complètement. Le but était de faire rire l'équipe. On ne pensait pas au lecteur. Si ça nous plaisait, ça devait lui plaire. Mais la règle absolue, c'était « l'unanimité ». Il fallait que la couverture plaise à toute la bande. Tant qu'il y en avait un qui n'était pas content, qui disait que ce n'était pas « la couverture », on continuait, et ça pouvait durer longtemps, jusqu'à ce qu'il renonce en grognant : *« Vous me faites chier, d'accord, faites-la, cette putain de couv' ! »* ou alors qu'on en trouve une tellement super bonne que tout le monde était super d'accord. Bibi amenait les glaçons et les bouteilles et on se tapait « un Jeannot marcheur sur les rochers », comme disent les Canadiens (Johnny Walker on the rocks). Parfois, Coluche téléphonait, et nous allions finir la soirée dans sa maison près du parc Montsouris. Sa femme nous faisait une montagne de frites dans une énorme friteuse, et ensuite nous allions nous rouler dans les coussins de son immense living avec les copines. J'avais coutume de dire : *« Celles qui viennent pour la première fois, c'est des filles bien, mais celles qui reviennent, c'est des salopes ! »*

> Stéphanie a appelé son enfant Louis. Et pourquoi pas Albert ? Parce qu'elle a estimé que ça faisait un peu pédé. >

> Premier ministre israélien échangerait morceau du Golan quasiment neuf, tout équipé de colons déjà fascistes prêts à l'emploi, contre paix au Proche-Orient. >

N°1 10F
BERNAR • BIARD • CABU • CAVANNA • CHARB • CYRAN • GÉBÉ • PATRICK FONT • HONORÉ • KAMAGURKA • LIPOWSKI • LUZ • ONCLE BERNARD• PASQUINI • PLANTU • RENAUD • RISS • SINÉ • STRELKOFF • TIGNOUS • PHILIPPE VAL • WILLEM • WOLINSKI
CHARLIE HEBDO
URBA, CHÔMAGE, HÉMOPHILES, SUPERPHENIX
ET "CHARLIE HEBDO" QUI REVIENT !
ADIEU « LA GROSSE »...
cabu

Charb *... À Charlie Hebdo*

Lundi, 10 heures. Ça fait presque vingt ans que le rendez-vous a été donné aux dessinateurs de *Charlie Hebdo*. Le tiercé est toujours à peu près le même… Tignous arrive en retard, soit parce que sa chaudière a pété, soit parce qu'un checkpoint israélien a bouclé Montreuil, soit parce qu'il a dû donner le sein à sa nombreuse progéniture. Si Luz n'est pas encore là, c'est que le train qui le ramène de Lausanne a encore percuté une vache. Ce qu'il fait à Lausanne, je préfère pas savoir. Catherine a failli se faire péter la gueule par un automobiliste cyclophobe. Elle a des envies de tuer, qu'elle sublimera dans le dessin. Cabu arrive encore plus tard, mais sous les vivats. Il a les bras chargés de gâteaux. Bio, les gâteaux. Certaines rédactions tournent à la coke, la nôtre, c'est au sucre qu'elle carbure. Riss est là bien avant tout le monde. Il peste depuis l'aube de ne plus pouvoir se passer de ces putains de lunettes pour dessiner. Il ne s'y fait pas, à sa quarantaine bigleuse. Gébé ne viendra plus. On ne s'y fait pas. Jul passera peut-être nous apporter ses dessins avant son cours de badminton, sinon c'est le fax qui les crachotera au fil de la journée. Tout pourri, son fax. Pareil pour Honoré, qui n'a pas encore découvert le scan et l'ordinateur et qui a besoin de solitude et de concentration pour dessiner. Pourtant, l'ambiance est studieuse autour de la grande table. De temps en temps, Riss relève le nez pour demander : *« Bon, on la fait sur quoi, la une ? »* Personne n'en sait rien, on pond des dessins au kilomètre, on verra bien vers 16 heures lequel fait le plus marrer. Il ne va pas falloir attendre trop longtemps pour le choisir, le dessin, ça commence à se relâcher autour de la table. Des blagues plus lourdes qu'un cheval mort fusent. Impubliables. Même « Les Grosses Têtes » n'en voudraient pas. Le ton monte. Quelqu'un menace d'aller chercher du vin. Je crois que c'est moi. Avec des chips. Et puis, quand Tignous se met à chanter comme un goret qu'on égorge, on sait que personne ne pourra plus bosser. Il est temps d'aller se recueillir devant le mur. On a déménagé plusieurs fois, à chaque fois on a réservé un mur vierge pour coller la quarantaine de dessins du lundi… À ceux de l'équipe s'ajoutent les dessins de Schwartz, Foolz, Félix, Besse, Coco, Rousso et de tous ceux qui veulent un jour faire la une de *Charlie*… La blonde Besse et la brune Coco ont colonisé un bout de table, les autres envoient par mails. Ça devient le Mur des lamentations lorsque Riss et moi constatons que le dessin le plus drôle n'est pas d'actualité et que le dessin le plus d'actualité n'est pas drôle. Qu'est-ce qu'on fait ? On bosse encore un peu ? Les journalistes, les maquettistes sont sommés de donner leur avis. Parfois, c'est le miracle : un dessin fait consensus. Le consensus dure jusqu'au moment où un rédacteur débarque et déclare qu'il ne comprend rien à ce dessin nul. Le tire-bouchon s'est déjà enfoncé de moitié dans le liège d'un bordeaux. Merde. On boira un coup plus tard que prévu.

Qu'est-ce que je fais à poil sur le trottoir de la rue de Turbigo à 3 heures du matin avec le slip de Luz sur la tête ? Il faudra que je demande aux autres comment s'est finie la soirée…

1992

> Mille neuf cent quatre-vingt-douzième naissance de Jésus. La Sainte Vierge : « J'en ai plein le cul ! » >

N°1 10F

BERNAR • BIARD • CABU • CAVANNA • CHARB • CYRAN • GÉBÉ • PATRICK FONT • HONORÉ • KAMAGURKA • LIPOWSKI • LUZ • ONCLE BERNARD• PASQUINI • PLANTU • RENAUD • RISS • SINÉ • STRELKOFF • TIGNOUS • PHILIPPE VAL • WILLEM • WOLINSKI

CHARLIE HEBDO

URBA, CHÔMAGE, HÉMOPHILES, SUPERPHENIX

ET "CHARLIE HEBDO" QUI REVIENT !
cabu

ADIEU « LA GROSSE »...

Le directeur de *la Grosse Bertha*, Jean-Cyrille Godefroy, a été très ferme : « *Dorénavant, le rédacteur en chef, c'est moi !* » Ça faisait quelques mois que ça couvait. Quand on vire le rédacteur en chef, ça veut dire qu'on veut faire un journal différent. Du coup, le gros de l'équipe a décidé de partir aussi. On s'est tous retrouvés dans la rue, les mains dans les poches. On a juste eu le temps de récupérer nos crayons et nos chaussons. Et on a laissé *la Grosse Bertha*. Ce beau nom était une trouvaille de Gébé, puis l'équipe l'avait imposé. Mais ce titre, ayant été déposé par le directeur de la publication, lui appartient de fait. Dans notre monde libéral, les idées finissent toujours par appartenir à ceux qui ne les trouvent pas. Nous voilà donc dans la nature avec un journal tout nu dans la tête. On s'était habitués à faire un hebdomadaire. Maintenant, c'est devenu un vice. Mais voilà, J.-C. Godefroy, entouré d'un quarteron de généraux félons, a décidé de mettre un terme à notre collaboration. Accusés de vouloir faire un « *torchon écolo rosâtre* », un « *journal favorable à l'establishment* », une « *feuille tiers-mondiste* », un « *brûlot lycéen* », nous voilà donc à la rue. Entre mous politiques, tels que Siné, Willem, Cabu, pour ne citer que les plus mous, nous nous sommes retrouvés dans un café. Au moment où les plus courageux d'entre nous entrevoyaient sournoisement la perspective de quelques jours de répit, Cabu s'écria : « *Il faut sortir un nouveau journal mercredi prochain.* » La mer s'est retirée d'un seul coup, les parasols ont fait clac en se repliant, et les polars ont été abandonnés ouverts à la page de garde. Aussitôt, on s'est mis à chercher un titre. Le lendemain midi, comme on cassait la croûte avec quelques grands anciens, Wolinski s'est écrié : « *Et pourquoi vous ne reprendriez pas Charlie Hebdo ?* » « *C'est libre, allez-y !* », dit Cavanna. « *Ah oui !* », fit Gébé avec une calme conviction. « *Formidable* », cria Cabu. Là-dessus, nous entrechoquâmes nos verres de Badoit. Il nous restait moins de quarante-huit heures pour trouver des locaux, un imprimeur, un distributeur, un marchand de papier, des ordinateurs, une photocopieuse, des tables à dessin, un avocat, une secrétaire et, accessoirement, un peu de pognon. À part le pognon, on a tout trouvé. Pour faire quel journal ? Eh bien, nous avons fait un sondage auprès d'un panel représentatif de mille cons, pour solliciter leur avis, et on a fait le contraire. *Charlie Hebdo ?* Ce sera tous les mercredis, 10 F. À la semaine prochaine !

Philippe VAL.

M 5777 - 1 - 10,00 F

> 30 novembre, Journée mondiale du sida. Envoyez des fleurs à votre coiffeur ! >

BERNAR • BIARD • CABU • CASTER • CAVANNA • CHARB • CYRAN • GÉBÉ • PATRICK FONT
HONORÉ • KAMAGURKA • LIPOWSKI • LUZ • ONCLE BERNARD • PASQUINI • RENAUD • RISS
• SINÉ • TIGNOUS • PHILIPPE VAL • WILLEM • WOLINSKI

N°2 10F

CHARLIE HEBDO

mercredi 8 juillet 1992

Renaud *œuf dur qui tue P 2*

Cavanna *les routiers qui tuent P 3*

Caster *Marguerite Duras : la vie P9*

Cabu *le Japon P9*

LES ROUTIERS SUSCITENT LA HAINE
LE PEN VITE !
ALORS DÉGAGE, GROS CON !
Gébé

CNPF ECHANGERAIT ARTISTES CONTRE PAIX CIVILE

par Philippe VAL

LES ARTISTES SONT DES GENS CHARMANTS, MAIS ILS restent malgré tout des artistes. Des rêveurs pittoresques. Ils occupent l'Odéon pour –disent-ils– défendre leurs droits. Ils se croient importants parce que ça fait plus de dix ans que Jack Lang les décore à tour de bras. Allons, on ne décore jamais que les boeufs et les vieux employés qui partent à la retraite. Il fallait se méfier. Toute cette distribution de médailles, c'était le signe qu'on allait bientôt fermer la boutique. Evidemment, leur brave ministre leur avait promis de les protéger. Mais enfin, bon, il n'a pas que ça à faire. Et que vaut un Jack Lang en face du CNPF ? Le CNPF tolère la République et sa triple devise de liberté, d'égalité et de fraternité tant que tout ce fatras ne l'empêche pas de faire des affaires. Or, la situation devient critique. A partir d'octobre prochain, on ne voit pas très bien comment on va pouvoir indemniser tous les chômeurs. Malgré le poids énorme des charges sociales, comme il y a de moins en moins de gens qui bossent et de plus en plus de gens qui touchent des indemnités, les caisses se vident. Alors, il faut écrémer. Donc, dehors, les artistes ! Il faut garder un peu de fric afin de pouvoir filer au plus grand

suite p 3

70 Francs Belges • 3 Francs Suisse.

N°3 10F

BERNAR • BIARD • CABU • CASTER • CAVANNA • CHARB • CYRAN • GÉBÉ • HONORÉ • KAMAGURKA
LEFRED-THOURON • LIPOWSKI • LUZ • ONCLE BERNARD • PASQUINI • PATRICK FONT • PHILIPPE VAL
RENAUD • RÉMI • RISS • SINÉ • TIGNOUS • WILLEM • WOLINSKI

CHARLIE HEBDO

mercredi 15 juillet 1992 • 70 francs belges • 3 francs suisses

TOUR DE FRANCE DE LA JUSTICE

VAN RUYMBEKE MAILLOT JAUNE !

cabu

UN CHARTER POUR VINCENNES

Par Philippe VAL

QUÉBEC par Renaud — MALIENS par Luz et Cyran — AVIGNON par Patrick Font — L'EUROPE par Cavanna
SARREGUEMINES par Sylvie Caster — SANG par Gébé — LE TOUR par Cabu — VERT ÉCROUÉ par Philippe Val

N°4 10F

CHARLIE HEBDO

LE C.N.P.F RAFLE L'ARGENT DU CHÔMAGE

LES CHÔMEURS DÉSERTENT LES PALACES

JE SOUHAITE À MONSIEUR DE SE REFAIRE AU TAC-O-TAC
Gébé

mercredi 22 juillet 1992 • 70 francs belges • 3 francs suisses

SOIS SAGE! SI TU ENNUIES M. BOUYGUES, LE JUGE VA T'EMMENER !

Par Philippe VAL

suite page 3

N°5 10F

BERNAR • BIARD • CABU • CASTER • CAVANNA • CHARB • CYRAN • GÉBÉ • PATRICK FONT
HONORÉ • KAMAGURKA • LEFRED THOURON • LIPOWSKI • LUZ • ONCLE BERNARD • PASQUINI
• PICHON • RENAUD • RISS • SINÉ • TIGNOUS • PHILIPPE VAL • WILLEM • WOLINSKI

CHARLIE HEBDO

L'AFFICHE DE SEGUELA CENSURÉE

JE SUIS EUROPOSITIF TU M'EMBRASSES ?
RISS

mercredi 29 juillet 1992 • 70 francs belges • 3 francs suisses

LA CULTURE EXISTE, ELLE FAIT DIX MINUTES

par Philippe VAL

J.O. LES DROGUÉS DE HAUT NIVEAU page 6 et 7

N°6 10F

CHARLIE HEBDO

TF1 VERBALISÉE

J'M'EN FOUS DANS SIX MOIS LA DROITE FERA SAUTER MA CONTRAVENTION
RISS

mercredi 5 août 1992 • 70 francs belges • 3 francs suisses

« LE CSA RACKETTE LA MAFIA »

Par Philippe VAL

PAS D'ORCHESTRE DANS LES CAMPS EN BOSNIE
ALORS, PEUT-ON PARLER DE CAMPS DE CONCENTRATION ?

N°7 10F

CHARLIE HEBDO

KICETI LO GLOUGLOU DÉPORTÉ ?
C'EST LE YOUGO RIKIKI
cabu

mercredi 12 août 1992 • 70 francs belges • 3 francs suisses

UN SOMALIEN, UNE AMPOULE : UNE SUPERBE LAMPE DE CHEVET

par Philippe VAL

Suite page 3

> Bioéthique : que faire avec le rab d'embryons congelés ? Les offrir aux Restos du cœur. >

« LA GUERRE DU XXIe SIÈCLE SERA HUMANITAIRE OU NE SERA PAS. »
N°8 10F
CHARLIE HEBDO
DÉCHETS
Pour une Allemagne propre, une France dégueulasse
ET EN PLUS IL PÈTE AU LIT !
LUZ
QUAND LES COIFFEURS VONT CHEZ LA CORRIDA

CHARLIE HEBDO
N°9 10F
LISTE
CHAMPAGNE, PLUMES AU CUL ET TRADITIONS
POUR UNE EUROPE AU RAS DE LA MOULE
OUI À L'EUROPE
Fœtus for Président

N°11 10F
CHARLIE HEBDO
LE DRAME CACHÉ DE DE GAULLE
IL AVAIT 3 MONGOLIENS
cabu
PASQUA : PRIVATISONS LA DÉMOCRATIE
par Philippe VAL
Suite page 3

NOUVELLES GRILLES DE RENTRÉE : TÉLÉ BOXON
PAGES 6 ET 7
N°10 10F
CHARLIE HEBDO
NON À MAASTRICHT
Arrête de déconner, c'est quand même l'Europe !

CHARLIE HEBDO
N°12 10F
L'EUROPE
UNE BELLE FILLE SUR UN TAS DE MERDE
CONSTRUISONS L'EUROPE, MAIS AVEC DE LA MAIN-D'ŒUVRE ARABE

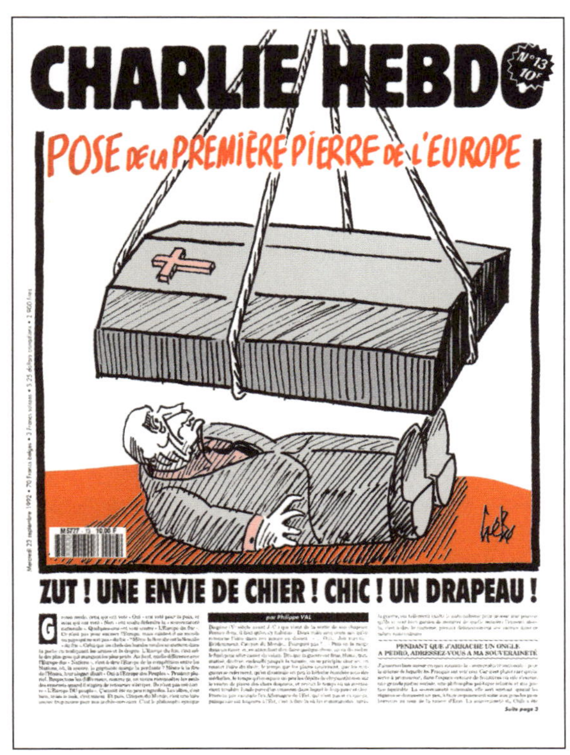
CHARLIE HEBDO
N°13 10F
POSE DE LA PREMIÈRE PIERRE DE L'EUROPE
ZUT ! UNE ENVIE DE CHIER ! CHIC ! UN DRAPEAU !

> Bioéthique : il a été interdit à Madonna de se faire greffer des trous supplémentaires. >

"CHARLIE TÉLÉ" DÉPOSE SON DOSSIER AU CSA

CHARLIE HEBDO

NON À UNE EUROPE À DEUX VITESSES
LUZ

FRANCE-SOIR PASSE À LA COULEUR : JAUNE DEVANT ET MARRON DERRIÈRE

par Philippe VAL

CHARLIE HEBDO

BOUYGUES À SABATIER :
ET ESTIME-TOI HEUREUX QU'ON NE TE COULE PAS DANS LE BÉTON !

LA SHOAH MACROBIOTIQUE

par Philippe VAL

CHARLIE HEBDO

TWINGO-MADONNA : LES ANNÉES BRANLETTE
RISS

LE TRÉSOR DE RAKKHAM-LE-YEN

par Philippe VAL

COMMENT IMAGINEZ-VOUS LA SPEAKERINE D'ARTE ? p. 9

"LA GÉNÉTIQUE NORMANDE", PAR A. LANGANEY, p. 8 "RAPIDO", PAR DELFEIL DE TON, p. 9

CHARLIE HEBDO

GISCARD CANDIDAT
Offensés humiliés, ce doigt vous est dédié !
cabu

MERCREDI 21 OCTOBRE 1992 • N° 17 • 10 francs

DOROTHÉE, MADAME SOLEIL : BRÛLONS LES SORCIÈRES !

par Philippe VAL

L'autre matin, dans ma chambre d'hôtel, j'allume la télévision, qu'est-ce que je vois ? Dorothée. Mon petit déjeuner n'était pas encore arrivé. J'ai donc vu Dorothée à jeun. Dans la vie quotidienne, je fais assez rarement preuve d'héroïsme pour pouvoir le souligner quand ça m'arrive. Oui, mesdames et messieurs, j'ai fait ça, et, malgré la présence dénudée que j'entendais s'affairer dans la salle de bains, cette vision eut pour résultat immédiat de faire taire une humeur matinale pourtant prometteuse. Car, et j'en parlais encore hier avec des collègues de bureau, l'homme est fragile. Heureux temps celui où, vêtus d'une peau de bête, nous courions dans les collines derrière des femelles qui couraient juste un petit peu moins vite que nous, différence de vitesse qui permettait à l'espèce de ne pas s'éteindre, tout en nous faisant passer un bon moment. Il aurait fallu un tremblement de terre, une subite glaciation, le surgissement inopiné d'un dinosaure pour stopper le mâle dans sa course effrénée après la femelle qui masquait son consentement derrière un refus mutin, destiné justement à attiser la flamme et souffler sur les braises de cette libido des âges lithiques, cette robuste libido qui s'épanouissait à cent mille ans de l'invention de la psychanalyse. Mais aujourd'hui, l'homme moderne est tellement sensible qu'il n'y a même plus besoin d'une glaciation ou du surgissement d'un dinosaure pour ébranler son enthousiasme. La simple vision de Dorothée entourée de trois mongoliens suffit à convaincre nos hormones qu'il est temps de renoncer à la continuation de l'espèce.

LA FÉE QUI TRANSFORME LES ENFANTS EN PETITS VIEUX

J'en étais là de ces considérations quand soudain ma mélancolie fit place à la fureur. Qui vois-je arriver sur l'écran ? Madame Soleil. Non, rassurez-vous, cela n'a en aucune façon contribué à réveiller la bête en moi. Non. Mais figurez-vous que ces deux mémères présentent chaque mercredi matin un horoscope pour les enfants. Attention, les Vierges, méfiez-vous ! Votre papa risque d'être de mauvaise humeur en rentrant du travail. Soyez bien sages... Et vous, les Scorpions, si vous vous curez le nez, vous ne mangerez plus rien à midi... Ah, il est beau le mieux-disant culturel que M. Bouygues promettait d'offrir pour obtenir la concession de la Une ! Ah, il est beau M. Léotard qui a fait semblant de croire M Bouygues pour avoir une chaîne acquise à sa cause ! Ainsi, sur TFI, on apprend dès l'enfance à croire à l'irrationnel. Dans une Europe qui compte treize millions de chômeurs, au lieu d'éveiller les cerveaux, au lieu d'allumer les intelligences afin d'avoir une chance de trouver une solution qui nous évite de disparaître dans le chaos social

Suite page 3

REPORTAGE CHEZ LES NAZIS ALLEMANDS PAGES 6 à 7

CHARLIE HEBDO

GARRETTA REVIENT CHAUFFER LE SANG DES VEUVES
cabu

LES BANQUES VOUS AUTORISENT À DIRE MERDE

par Philippe VAL

DANIEL MERMET EN YOUGOSLAVIE page 6

CHARLIE HEBDO

L'AMÉRIQUE A VOTÉ
LE RÊVE AMÉRICAIN REVIENT

PLUTONIUM EN VADROUILLE ET PÂTÉ DE FOIE PÉRIMÉ

par CAVANNA

Val me dit : « Je fous le camp. Je cingle vers les Amériques. Alors, cette semaine, tu te farcis la une. » Je dis : « En plus de ma trois ? » Il me dit : « Qu'est-ce que tu crois ? » Je dis… Rien. Il était déjà à la barre de sa caravelle, l'œil rivé sur l'horizon, il avait donné le coup de pied qui repousse le quai, la figure de proue aux seins arrogants, au sourire de fière salope, fendait d'un nombril muscl é les flots immondes, cap sur le mirage des Indes Occidentales… Que vouliez-vous que je fisse ? Mais vous le savez, puisque me voilà. Périlleux honneur.

Eh bon. Qu'aurait fait Val ? Il aurait lu la presse. Donc, j'ai. Il aurait gueulé, ça c'est sûr, contre le cargo japonais venu faire chez nous la cueillette du plutonium en fleurs. Je gueule donc. Que va bien pouvoir foutre le Japon, ex-scélérat devenu partenaire tout à fait fréquentable, de tout cet excellent plutonium ? Pas des bombes atomiques, en tout cas, ça, il l'a juré. Alors, il va le mettre là où ça se met pour faire tourner son industrie cent pour cent pacifique. Sa putain d'industrie de bordel de merde qui nous submerge sous ses montagnes de saloperies très belles très pas chères que nous ne pouvons pas nous empêcher d'acheter, c'est si beau, si tentant, une vraie drogue du diable, et ça nous retire le pain de la bouche, ridiculise notre propre production, ferme nos usines et, non seulement nous voue au chômage, mais encore nous fait passer pour des cons, nous, les grands athlètes blonds au regard candide. Et, vous savez, en cas de péril national et de nécessité pressante (qui décidera du péril ? Qui, de la nécessité ? Le Japon, tiens donc !), bref, quand il y va du salut de la Patrie, il suffit de tourner la manette dans l'autre sens et la machine à pondre des motos pour merdeux occidentaux se met à pondre des bombes atomiques pour les gueules de leurs papas… Mais enfin, bon, c'est promis-juré, il y a un contrat sur papier timbré, si on ne peut plus se faire confiance entre grandes personnes y a plus moyen, autant renoncer tout de suite à faire des affaires.

Je gueule, donc, contre le cargo japonais au nom tellement dur à prononcer que je n'essaie même pas, mais je vais vous dire, au fond je suis persuadé qu'on nous amuse avec cette anecdote maritime. On nous détourne l'attention. Le Japon, on peut le surveiller, au moins théoriquement. On peut espérer, même sans y croire, qu'il se conformera aux règles de la bienséance. Mais il existe quelque part sur cette planète une fantastiquement énorme (j'aurais dû écrire « colossale », c'est plus court et ça emplit bien la bouche, mais ça ne m'est pas venu tout de suite, alors, hein, ce qui est fait est fait, on n'a pas de temps à perdre) fantastiquement, donc, énorme réserve d'uranium, de plutonium et d'un tas d'autres cochonneries à ressort qui ne demandent qu'à se répandre dans toutes les directions et qui, en effet, déjà se répandent.

L'ex-URSS — l'aviez-vous reconnue ? — qui part en couille n'a pas les moyens de contrôler les fabuleux stocks de matières radioactives éparpillés dans ses vastes espaces. D'ores et déjà, ce qui était à prévoir est devenu réalité : des réseaux de contrebande se sont constitués et fonc-

Suite page 2

L'AMÉRIQUE PHILIPPE VAL pages 1, 6 & 7 | CHERBOURG RISS page 10 | LE FOU DE PALUEL MARIE MULLER page 4 | LE PEN GÉBÉ page 5

CHARLIE HEBDO

MITTERRAND AUX HÉMOPHILES
JE VOUS ENTERRERAI TOUS !

THE AMERICAN WAY OF TIERS-MONDE

par Philippe VAL

A France-Inter, ils m'ont dit : « Va à New York, tu nous raconteras. » « Raconter quoi ? Tout a été dit… » « Tant pis, raconte quand même. » Bon. Allons-y.

Notre avion a décollé de Roissy tout à fait normalement, c'est-à-dire avec une heure de retard, mais en compensation nous avons eu droit à un bonbon. Le vol durant six heures, il convient de s'installer confortablement. C'est très simple. Il suffit d'écarter un tout petit peu les jambes pour ne pas se trouer les genoux avec les dents. Comme dans tout long courrier de toute bonne compagnie aérienne qui se respecte, et Air France en est une, nous avons eu droit à un film. Et pas n'importe quel film ! *IP5*, de J.-J. Beinex, avec Yves Montand, qui, je le rappelle, est décédé, mais, là où il est, s'il nous regarde, il nous entend. Je fais partie des nombreuses personnes qui ne sont pas allées voir *IP5*, et on ne s'est pas concertés. Le film, qui a pourtant bénéficié d'une formidable promotion grâce à Antenne 2, TF1 et le Père-Lachaise, a pratiquement quitté avant qu'on la colle. Le cinéma américain occupe les deux tiers du marché européen. Le cinéma français, qui est le premier cinéma européen aux USA, n'y représente que 0,7 % du marché. Maintenant je sais pourquoi. A peine le film commencé, les allées et venues cessèrent dans l'avion. Les volets des hublots tirés pour faire l'obscurité, tout le monde a regagné son siège, casque sur les oreilles, la gorge nouée par l'émotion de voir revivre le Papet. Eh bien, et je ne mens pas, au bout de cinq minutes, tous les gens qui étaient dans mon angle de vision roupillaient à poings fermés, et les ronflements ont atteint une telle intensité que j'ai eu un moment d'angoisse : je n'entendais plus les réacteurs, et je me suis demandé si on ne les avait pas perdus, comme il arrive quelquefois. Moi-même, qui suis insomniaque, j'ai fini par plonger, et je me suis réveillé à la fin du générique. Après quoi, nous avons eu droit à l'habituel documentaire canadien sur les rennes en rut. Sans surprise. D'abord, le renne brame, puis il cherche un autre mâle pour lui piquer sa femelle. Ils entrechoquent leurs bois, et, comme d'habitude, le commentateur nous rappelle que ça peut s'entendre à plusieurs kilomètres. Après s'être un peu emmêlé les andouillers avec son rival, notre mâle grimpe la femelle de ses rêves. Finalement, à part les andouillers, les rennes sont des gens comme vous et moi. Fin de la partie culturelle du voyage.

AVEZ-VOUS DU PLUTONIUM DANS VOS BAGAGES ?

Maintenant qu'on a digéré notre bonbon et le bout de saumon baignant dans l'eau tiède, on nous distribue des formulaires à remplir qui vont nous être réclamés par la douane américaine. On nous prévient que toute rature est passible d'une amende. Ça met à l'aise. Admirable petit carton vert imprimé recto verso sur lequel on doit écrire trois fois son nom, son prénom, sa nationalité et sa date de

Suite page 6

PÉTAIN par CAVANNA page 3 | MITTERRAND par DELFEIL DE TON page 12 | NEW YORK par PHILIPPE VAL page 8 | LES VERTS à Chambéry par CYRAN page 6

CHARLIE HEBDO

L'ALLIANCE LALONDE-WAECHTER
APRÈS LES ÉLECTIONS, JE T'ENCULE !

CHARLIE TÉLÉ DEVANT LE CSA

par Philippe VAL

Mardi 10 novembre, nous avons défendu le projet de Charlie Télé devant les Neuf Sages du CSA :

« Mesdames et messieurs, l'idée de Charlie Télé est simple. C'est une télévision de résistance. Pour résister à quoi ? Au totalitarisme exercé par cette idée folle que la télévision doit plaire au plus grand nombre. Idée folle et surtout très hypocrite, puisque tout le monde sait que plaire au plus grand nombre veut dire avant tout plaire à ce qu'il y a de plus primitif en chacun de nous. C'est-à-dire faire caler la civilisation à son niveau le plus bas. Faire croire que le monde est simple incite les gens à penser que les malheurs qui leur arrivent sont dus au sort, ou au destin. Or ce n'est bien évidemment pas le sort qui pousse les pays dans la guerre ou la récession. Les causes et les effets ont des noms, des visages, que ce soit celui du petit patron de PME qui licencie à Ivry parce qu'il ouvre un atelier d'esclaves en Corée, ou celui de Pablo Escobar. Une chaîne qui ouvre les yeux. Qui réveille joyeusement à six heures du soir tous les jours.

– Aujourd'hui, les queues pour aller voir les merveilles dans les musées n'ont jamais été aussi longues, alors pourquoi les gens, dans le même temps, acceptent-ils que leurs villes et leurs banlieues soient livrées aux turpitudes des marchands de béton ? Pourquoi faire la queue pour aller voir la beauté, et accepter de vivre dans la laideur ? Pourquoi faire croire que les remises des prix littéraires sont un événement capital, alors que depuis des années la télévision brûle des livres à 20 h 30 ? Car la volonté avouée de stupidité des émissions de *prime time* n'est ni plus ni moins qu'un autodafé.

– Aujourd'hui, en France, il y a environ 50 000 gros lecteurs. Aux Etats-Unis, 14 000. Là-bas, pourtant, un des rares domaines qui restent compétitifs est celui des " produits culturels ". C'est-à-dire les boissons gazeuses, les films à gros budgets, et les blondasses pour camionneurs avec une dent en or. Or nous prenons modèle sur les Etats-Unis. Notre monde s'organise selon le modèle américain. Un instituteur est moins payé qu'un vigile. Nous sommes en train de nous transformer en un gigantesque secteur tertiaire qui glisse vers le chômage, et les chômeurs, une fois l'attrape-con des allocations épuisé, glissent vers la clochardisation. Ce sont les lois du marché. Le partage du savoir, seule issue, est considéré dans le monde de l'audiovisuel comme un luxe sulfureux. D'ailleurs, dans l'appel d'offres concernant l'attribution du créneau de La 5, que vous avez publié dans le Journal officiel du 30 juin dernier, vous avez consacré cent vingt lignes aux exigences techniques et financières, et trois, oui, TROIS au contenu des programmes. C'est dire l'étendu de notre désespoir, et peut-être du vôtre. Ça va craquer, de toute évidence.

« Je ne sais pas si nous obtiendrons quoi que ce soit, mais je me demande pourquoi ce sont toujours les marchands, ceux qui justement organisent ce monde insensé, les Bouygues, les marchands d'armes comme Matra, les marchands de crétinerie comme Berlusconi, pourquoi ce sont eux qui finissent par avoir les concessions des chaînes de télévision, et jamais ceux qui réfléchissent, ceux qui ont du talent,

Suite page 2

Marie MULLER chez les TSIGANES | Philippe VAL chez les BOUDDHISTES | PASQUINI chez le Gal LACAZE | CAVANNA chez LE GATT

CHARLIE HEBDO

PAYSANS ! VOUS ÊTES FOUTUS !
CULTIVEZ DE LA DROGUE !

MÊME MORT, DASSAULT TUE ENCORE !

par Oncle BERNARD

Monsieur Dassault vient de vendre, pour 20 milliards, 60 Mirage 2000-5, du bon matos à cadavres. Dassault n'avait pas vendu un avion à l'étranger depuis six ans. Ça tombe à pic. D'autant que les Taïwanais lorgnaient un lot de 150 F 16 américains. Or le F 16 est beaucoup moins cher. Mais les Chinois nationalistes sont désireux de promouvoir leurs relations avec la France.

La France est un peu gênée vis-à-vis de la Chine communiste. Elle a envoyé Rocard à Pékin. Puis Strauss-Kahn. Ils ont ciré les bottes encore rouges des assassins de la place Tiananmen. Ils ont dit : « Messieurs les assassins, ne soyez pas en colère… En échange, on va vous monter des systèmes électroniques de mise à feu sur vos vieux Mig. » Les momies sanglantes n'ont pas bougé.

Même une machine à cadavres, comme l'avion de Dassault, a un seuil de rentabilité : 200 avions. Pour la rentabilité de la mort, mieux vaut aujourd'hui les pompes funèbres. D'autant que les Chinois de Taïwan ont exigé des Français, condition de leur achat, qu'ils s'équipent eux-mêmes en 2000-5.

Les Français vont donc rafistoler leurs vieux Mirage 2000, en leur rajoutant des radars modernes. Ça coûte tellement cher que le ministère de la Défense est obligé de diminuer ses commandes annuelles à Dassault d'une dizaine d'avions de combat. De sorte que, au bout du compte, ce que Dassault gagne à Taïwan, il le perd en France.

Ce qui excite les Taïwanais dans cette quincaillerie, c'est le nouveau missile Mica (c'est joli, Mica), fabriqué par Matra, qui sera, à partir de 1994, le « plus performant du monde », comme dit la racaille experte. Chaque Mirage transporte une quinzaine de missiles pour la bagatelle de 60 millions. Mica sera le premier missile d'interception du monde à choisir sa cible lui-même en fonction de l'urgence du danger. Et tout ça pour seulement 4 briques lourdes le missile ! Faudrait être fou pour s'en priver.

En 1991, la France de Mitterrand a exporté pour 20 milliards d'armements : plus que Giscard en 1980. Mais, entre 1981 et 1990, les ventes d'armes n'ont cessé d'augmenter. Au total, les socialistes ont vendu, jusqu'à aujourd'hui, pour plus de 400 milliards d'armes à l'étranger. 400 milliards…

Bien, les socialistes.

Tu me diras : ça crée des emplois. Les camps de concentration aussi créaient des emplois : des emplois de manutentionnaires et de comptables de kilos de savon. Tu me diras : c'est pas pareil. Si, c'est pareil. En plus, quand tu grilles des gens avec des missiles, tu peux même pas récupérer la graisse. C'est pis. ■

> La bombe d'Alger était tellement forte qu'on a retrouvé de la semoule jusqu'à Oran. >

BIENVENUE DANS UN MONDE POULENC par CYRAN
LOURDES par RISS
LA SOMALIE par tout le monde
Les vrais débats de la gauche
CHARLIE HEBDO
SOMALIE
CHEWING GUM ?
TIGNOUS
N° 24 • MERCREDI 9 DÉCEMBRE 1992 • 10 francs
CHÔMEURS, DEVENEZ PHILIPPINS !
par Philippe VAL
Suite page 3

LES 10 COMMANDEMENTS DU JOURNALISTE par tout le monde
LE NORD par RENAUD
BORGES par VAL
LES MAL-AIMÉS DE L'HISTOIRE par CAVANNA
CHARLIE HEBDO
DURE RÉINSERTION POUR ROMAN
COMMENCE PAR TE COUPER LES CHEVEUX
SANS DÉCONNER
N° 25 • MERCREDI 16 DÉCEMBRE 1992 • 10 francs
LE LOBBY DES MARCHANDS DE BARRIÈRES DE DOUANE A GAGNÉ
par Philippe VAL
Suite page 3

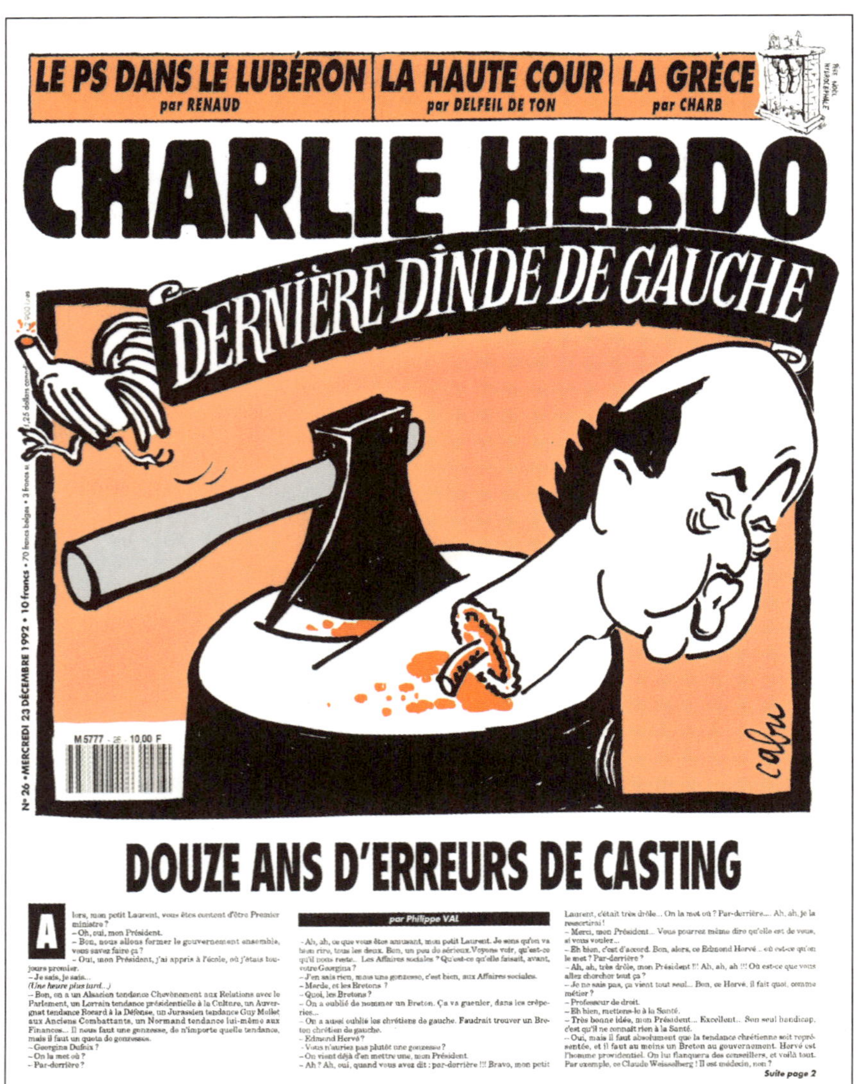
LE PS DANS LE LUBÉRON par RENAUD
LA HAUTE COUR par DELFEIL DE TON
LA GRÈCE par CHARB
CHARLIE HEBDO
DERNIÈRE DINDE DE GAUCHE
CABU
N° 26 • MERCREDI 23 DÉCEMBRE 1992 • 10 francs
DOUZE ANS D'ERREURS DE CASTING
par Philippe VAL
Suite page 2

CAVANNA • CABU • FONT et VAL • GÉBÉ • WOLINSKI • WILLEM • RENAUD • D.D.T. • LEFRED-THOURON • SINÉ et toute la bande...
CHARLIE HEBDO
B.H.L PART EN GUERRE
LA YOUGOSLAVIE C'EST PAR LÀ
REPORTAGE : LES ALBANAIS DU KOSOVO p.8
N° 27 • MERCREDI 30 DÉCEMBRE 1992 • 10 francs
UNE JOURNÉE AVEC UN BLASPHÉMATEUR
par Philippe VAL
Suite page 2

> Devenez pollueur pour pas cher : achetez une action Rhône-Poulenc ! >

LA SOMALIE
Par CAVANNA
20 000 TCHERNOBYL SOUS LES MERS
DOSSIER
MONSIEUR
Par WOLINSKI
CHARLIE HEBDO
APRÈS LE TÉLÉTHON
LE NAZITHON
AVEC UN FRANC JE BRÛLE CINQ TURCS !
N° 23 • MERCREDI 2 DÉCEMBRE 1992 • 10 francs • 70 francs belges • 3 francs suisses • 3,25 dollars canadiens • 2 900 lires
M 5777 - 23 - 10,00 F

> L'abbé Pierre et la fondation Abbé-Pierre crient leur indignation. Aidez-les ! Envoyez des mégaphones. >

1993

> Claudia Schiffer est-elle un travelo ? On l'a vue sortir avec le prince Albert de Monaco. >

Sylvie Coma

Aller-retour express sur le « boulevard des snipers »

On avait loué une voiture en Bulgarie, sans expliquer qu'on comptait faire le tour de la Serbie, traverser la Bosnie puis remonter jusqu'en Croatie.

De Sarajevo, je ne connais que le premier tronçon de la voie de gauche du « boulevard des snipers ». Celui où l'on devait rouler à toute berzingue, tous sur la même voie et dans les deux sens, en faisant des zigzags pour tenter d'échapper aux champions de tir serbes postés en haut des barres d'immeubles qui surplombent l'autre côté de l'avenue. Le truc consistait à essayer d'être dans le tempo des zigzags des bolides qui déboulaient en face et qui se faisaient mitrailler comme nous. Une chorégraphie hyper speed dans une voiture sans amortisseurs, qui tanguait mollement comme un vieux matelas pneumatique mal gonflé, plombée par un coffre bourré ras la gueule de jerrycans d'essence.

Ça a été rapide. Le boulevard, rectiligne, partait de la poste, occupée par les troupes de l'ONU, et finissait à l'hôpital, on en a fait un tiers. Un camion qui se faisait canarder en face a loupé son zigzag, il y a eu une lumière blanche électrique, comme une explosion nucléaire.

Je me suis réveillée à l'autre bout du boulevard, sur un chariot de l'hôpital de Sarajevo.

« Serbe ou Bosniaque ? » C'est la première chose que j'ai demandée à mon réveil. L'anesthésiste parlait français. Elle m'a dit : *« Ne vous inquiétez pas, vous serez toujours belle. »* Quatre côtes cassées, une fêlée, les dents pétées, pendant des mois après j'avais des éclats de verre qui me sortaient du crâne. C'était des Bosniaques qui s'étaient arrêtés sur le boulevard pour nous récupérer et nous avaient emmenés à l'hôpital. Ils nous ont sauvés. Ils ont demandé à garder nos cartouches de cigarettes.

Comme l'hôpital était bombardé jour et nuit, tous les lits avaient été déménagés au sous-sol, dans le couloir central. À côté de moi, il y avait une mamie, déjà amputée jusqu'au coude, et qui allait être amputée le lendemain jusqu'à l'épaule. Il n'y avait quasiment plus d'antalgiques. Quand j'entendais le bruit d'un bombardement, avec mes côtes cassées, je me jetais sous une table. Ce qui faisait se marrer les infirmiers, qui savaient repérer si c'était pour nous ou pas. Les femmes de l'hosto étaient pimpantes, maquillées, bleu électrique sur les paupières et rouge à lèvres, elles étaient plus fortes que la guerre…

Quand on a refait le boulevard dans l'autre sens pour rejoindre le QG des Casques bleus dans l'ancienne poste, c'était dans un blindé léger, je n'ai donc rien pu voir de plus. Là-bas, on s'est retrouvés dans un sous-sol rempli de lits de camp, à côté d'Ukrainiens qui dégueulaient toute la nuit parce qu'ils se bourraient la gueule, faute de pouvoir rien faire d'autre.

L'armée française nous a rapatriés en Transall. Toujours pas de fenêtre. Entre les blindés et les sous-sols, on n'a rien vu à Sarajevo. Mais il reste des sons collectés tout au long du voyage en Serbie : « Le Champ des Merles », le fameux chant du XIVe siècle racontant la pâtée que les Ottomans leur avaient mise, les histoires terrifiées d'une vieille fermière persuadée que les Bosniaques se trimbalaient avec des paniers remplis d'yeux, les remerciements d'un médecin militaire à Dominique Larrey, le chirurgien de Napoléon, dont les Serbes avaient reproduit la scie circulaire, championne de l'amputation en moins d'une minute…

Sylvie Coma est ancienne reporter à RFI et France Inter, directrice adjointe de *Charlie Hebdo*

> Une clinique anglaise propose de choisir le sexe de son enfant. Bientôt, il devrait être possible d'en choisir le goût, le parfum et le nombre de boules. >

> Femmes violées en Bosnie : vivement que les GI gays arrivent ! >

CAVANNA • CABU • FONT et VAL • GÉBÉ • WOLINSKI • WILLEM • RENAUD • D.D.T. • LEFRED-THOURON • SINÉ et toute la bande...

CHARLIE HEBDO

N° 28 • MERCREDI 6 JANVIER 1993 • 10 francs • 70 francs belges • 3 francs suisses • 3,25 dollars canadiens • 2 900 lires • U.S. dollars $ 2,95.

ESCALADE DE LA MISÈRE
SANS LOGIS
SANS CULOTTE
WOLINSKI
M 5777 - 28 - 10,00 F

BONNE ANNÉE, BONNE BRANLÉE

par CHARB

Une moitié de la France, les souliers déjà lacés, le cheveu déjà lissé, le cul propre et la cravate bleu marine, picore des cacahuètes et des machins exotiques devant la télé. La moitié de la France attend l'autre moitié pour prendre l'apéro. Dans le Telefunken à coins carrés, comme tous les 31 décembre à cette heure, depuis qu'une moitié de la France l'a élu président à vie, le président Mitterrand présente ses vœux. Les meilleurs. Ça fiche bien un peu le cafard de voir cette pauvre tête de chouette équarrie remuer dans le bocal, mais bon. « Tiens, il a vieilli, Mitterrand. Hé, Jacqueline, tu trouves pas qu'il a vieilli, le vieux ? » demande un quart de la France au quart qui s'appelle Jacqueline. « Boaf, je le trouve encore pas mal foutu pour son âge. Quel âge il peut avoir ? Hein, Jean-Claude ? » Le quart de la France qui s'appelle Jean-Claude fait un bruit qui veut dire bah-alors-là-moi-j'en-sais-rien avec sa bouche pleine d'amuse-gueule à demi mâchés. De l'autre côté de l'écran, la momie s'applique à lire des sous-titres à l'envers. Le président explique que la gauche c'est fini. La cohabitation est inévitable ! L'œil de Jacqueline et de Jean-Claude reste sec. Mais lui, le président de la République, veillera « au respect scrupuleux de la vie démocratique ». Mitterrand essaie d'ébranler Jacqueline et Jean-Claude. « La grande méchante droite va vous croquer tout crus ! Heureusement, au moment fatal, armé de ma canne, je lui coincerai la gueule, *comme ça !* » Il fait des moulinets avec une branche morte. Jacqueline bave un aggloméré de papaye et de kumquat tandis que Jean-Claude se gratte consciencieusement les testicules. En douze ans de règne, Mitterrand n'a pas empêché le C.N.P.F. de diriger le pays comme les patrons l'ont toujours fait. Pourquoi ferait-il chier les patrons pendant la cohabitation ? Pendant douze ans, la carcasse vide qui s'agite dans le poste a fait de la figuration. Et elle s'apprête, après mars, à poursuivre son rôle de dame pipi à l'Elysée. De temps en temps, pour amuser la France, le Président tirera les poils du nez de Balladur. Ça fera rire. Le Président a un certain talent pour tirer les poils du nez. Jacqueline et Jean-Claude finissent le paquet d'Apérifruit. Mitterrand, dans une dernière tentative, sort de sous la table une boîte à chaussures vide. Il l'agite vigoureusement et met en garde : « J'espère que personne ne songe à s'attaquer aux acquis sociaux. » Il doit vouloir parler des acquis sociaux de 1936. La droite n'a pas de soucis à se faire. Ce n'est pas Mitterrand qui interdira à Balladur de faire la politique de Bérégovoy.

On sonne à la porte. Jacqueline et Jean-Claude essuient leurs mains grasses sur le canapé, éteignent la télé au moment où le Président entame son « Vive la France ! » final et vont ouvrir à l'autre moitié de la France. « On n'a pas pu voir Mitterrand, on était sur la route. C'était comment ? » « Bof, il a beaucoup vieilli, il n'arrive plus à nous faire croire que ce sera pire avec la droite. » ■

> Sortie coup sur coup de deux films amusants : *Chérie, je t'ai agrandi la moule !* et la suite, *C'est pas grave, je vais faire un ourlet !* >

LA BOURSE
CABU - Oncle BERNARD
PARIS NAZI
LUZ - CYRAN
ATTILA
CAVANNA
LES BASQUES
RENAUD
CHARLIE HEBDO
VIOLS À LA CHAÎNE EN BOSNIE
HALTE AUX CADENCES INFERNALES !
J'SUIS PAS UN PIGEON, J'SUIS UN SAUVETEUR
par CHARB

OÏ ! OÏ ! OÏ ! PSG
LUZ - CYRAN
CAMBODGE-SUR-MINES
Frédéric FOURTUNE
JOURNALISTES POURRIS
RENAUD
LOUIS XVI
Patrick FONT
CHARLIE HEBDO
BILL EST À L'ÉCOUTE DE HILLARY
TU DISAIS, CHÉRIE ?
TA BRAGUETTE EST OUVERTE, CONNARD !
LA SEPTIÈME COMPAGNIE À SARAJEVO
par CHARB

L'HUMANITÉ CHANGE DE LOOK : STALINE PORTE DES ROUFLAQUETTES
CHARLIE HEBDO
NOUS NE COHABITERONS PAS AVEC LE CHEF DE LA MAFFIA
ABATTEZ CET HOMME !
POUR UNE GARDE À VUE À L'ANCIENNE
par CHARB

LA DROITE REVIENT, BOB DENARD AUSSI
CHARLIE HEBDO
L'EFFET CLINTON
BALLADUR FAIT DU SPORT
CINQUANTE-SIX MILLIONS DE POMPISTES
par CHARB
UN.. DEUX.
UN.. DEUX.

> Le char Leclerc peut tirer en roulant. C'est un hommage au maréchal Leclerc, qui pouvait dormir en chiant. >

CABU a rencontré DEPARDIEU et RENAUD sur le tournage de GERMINAL

CHARLIE HEBDO

P.P.D.A

LA DAME PIPI DE TF1 ARROSÉE PAR BOTTON

P.P.D.A. EST INNOCENT !

RENAUD : TONTON PRIX NOBEL — KAMAGURKA REPORTAGE : BIJOUX POUR LE SEXE — BERCK S'ATTAQUE AU 4×4

CHARLIE HEBDO

LA DROITE FÊTE SA FUTURE VICTOIRE

ON VA GAGNER

PANIQUE DANS LA CIVILISATION DES LOISIRS

CABU SE PAYE NAGUI — Dossier LE VRAI CHIRAC — PHILIPPE VAL LA CORRUPTION — RISS AU SALON DE LA VOYANCE

CHARLIE HEBDO 10F

LECANUET †

"BIG BANG"

COMMENCEZ SANS MOI...

ROCARD, POUR UN PARTI MOU DU CUL

REPORTAGE LUZ LES CANDIDATS DE LA MÉDITATION TRANSCENDANTALE — INÉDIT EN FRANCE LES LETTRES SECRÈTES DE GORKI À LÉNINE — 10F — SINÉ bouffe le flic PRADEL

CHARLIE HEBDO

BOSNIE

LE PAPE AUX VIOLÉES :

QUAND ON VOUS ENFILE PAR UN TROU TENDEZ L'AUTRE !

JOURNALISTE ET DÉMONSTRATEUR EN CHARS LECLERC

TIGNOUS À DREUX AVEC ROGER BAMBUCK — VAL & CHARB EN POLOGNE — 10F — RIZZ CHEZ LES PLOUCS — LUZ AVEC LALONDE

CHARLIE HEBDO

ÉCOUTES DE L'ÉLYSÉE

ALLÔ ! ALLÔ ! C'EST PAS MOI

N° 37 • MERCREDI 10 MARS 1993 • 10 francs • 70 francs belges • 3 francs suisses • 3,25 dollars canadiens • U.S. dollars 2,95 • 2 900 lires

M 5777 - 37 - 10,00 F

CHÔMAGE ET SODOMIE

Que penser des prévisions économiques annonçant la récession ?

par Oncle BERNARD

J'ai toujours considéré les prévisionnistes comme une race attachante d'escrocs dont la fonction est de faire l'opinion, c'est-à-dire raconter celle de leurs maîtres. Le prévisionniste, comme l'expert, joue le rôle que jouait le prêtre du temps que le peuple croyait en Dieu — avant de croire en l'économie. Le prêtre disait : « Ayez confiance, car vous en bavez ici-bas, mais vous allez sacrément vous régaler après votre mort. » Le prévisionniste dit : « Ayez confiance en l'économie, continuez à bosser, et, tôt ou tard, la croissance reviendra. » « Tôt ou tard » est la formule magique du futurologue.

Et voilà que les prévisionnistes sont soudain pessimistes, ce qui permet à Chirac de dire qu'il va rétablir la « confiance ». Comme tous les marchands, les marchands de confiance se partagent un rude marché. Au premier rang se trouvent les instituts de sondage, qui sondent les consommateurs et les chefs d'entreprise.

Et d'abord la Sofres (1 milliard de chiffre d'affaires, 15 fois l'I.F.O.P.). Elle réalise 5 % de son chiffre d'affaires en sondages électoraux, et tout le reste pour Nestlé, Procter, Rhône-Poulenc, etc. Elle interroge les consommateurs. Le fin du fin est le « scanning » : un panel de magasins scannérisés permet aux entreprises d'avoir en direct les infos concernant les achats.

Après avoir observé le consommateur reniflant entre différentes merdes sorties tout droit de la tête des chefs d'entreprise, la Sofres fait des prévisions. Elle réunit une vingtaine de chefs d'entreprise d'une branche. Elle leur demande comment ils voient l'avenir. Les gars voient l'avenir merdeux. Autrement dit, ils envisagent de nouveaux produits.

Mais, à côté des instituts qui quantifient la confiance, il y a l'I.N.S.E.E. (Institut national de la statistique). L'I.N.S.E.E. regarde la valeur passée des grandeurs économiques, et en déduit la valeur future des grandeurs économiques. Comme l'investissement et la croissance dépendent du moral des chefs d'entreprise, l'I.N.S.E.E. quantifie en réalité le moral. Et comme le moral n'est pas quantifiable, l'I.N.S.E.E. ne fait pas mieux que les augures, oracles et pythies, manipulateurs de cartes ou de boules de cristal divers.

Tu me diras : « Et la loi des grands nombres ? » Exact. Je sais qu'il y aura l'année prochaine mille motards qui se flingueront sur leur machine à percer les tympans. Je sais aussi, d'après le rapport Alfred Spira, que seulement 10 % des Français n'auront jamais connu la pipe, tandis que 30 % auront pratiqué la sodomie (mais seulement 24 % des femmes). Or, comme 17 % des Françaises seront au chômage, j'en déduis que 4,08 Françaises sur 100 seront chômeuses et enculées, ce qui est sympathique. Reste à savoir si ça suffira à redonner le moral aux chefs d'entreprise pour les embaucher. ■

> Debout, les damnés de la Terre ! La droite la plus bête du monde va vous refaire votre lit ! >

LA DERNIÈRE SURPRISE DES NÉGRESSES VERTES PAR GÉBÉ
VAL & CHARB EN POLOGNE
VOTEZ SIDA ! PAR LUZ
CORRESPONDANCE JEAN GENET/SINÉ
CHARLIE 10F HEBDO
MITTERRAND CHERCHE UN PREMIER MINISTRE
DÉBILE
CON
IMBÉCILE
CRÉTIN
TARÉ
CHIANT
MORVEUX
IDIOT
J'AI LE CHOIX !
PFF ! VA FALLOIR ENCORE S'INDIGNER !

LA VICTOIRE DE LA DROITE
RENAUD, VAL & CHARB
LES MANIPULATIONS DÉMOGRAPHIQUES PAR LANGANEY
POLOGNE 3e ÉPISODE
CHARLIE 10F HEBDO
LE RETOUR DES VIEILLES MERDES QUI PUENT
C'EST TRÈS EXAGÉRÉ
TIGNOUS
HEURK ! ÇA SENT LE POMPIDOU PAS FRAIS !

CHARLIE 10F HEBDO
16 pages, Charlie sort les armes. Pour le même prix.
Chirac squatter
Le maire de Paris s'attaque à une maternelle. Charlie se porte témoin.
Drapeau noir sur l'Elysée
Balladur à les foies. Comment Mitterrand va-t-il emmerder la droite ? Dossier.
C'était la gauche
Charb avait peur que la droite arrive. Elle était déjà là.
Val et Charb en Pologne
Ils retrouvent le fils spirituel de Serge July et découvrent le pluralisme unique.
L'heure d'été détraque la droite
Gébé fait le bilan clinique.
QUEL ESPOIR POUR LE PEUPLE DE GAUCHE ?
MÊME PAS LES CHARS RUSSES...
CHARB
M 5777 - 40 - 10,00 F
N° 40 • mercredi 31 mars 1993 • 12 francs • 70 francs belges • 3 francs suisses • 3,25 dollars canadiens • US dollars $ 2,95 • 2 900 lires

CHARLIE 10F HEBDO
La droite passe à 4 morts, « Charlie » passe à 16 pages
Luz matraqué par les C.R.S.
Sur le front des bavures : dossier, reportage et gros bobos.
Mickey fête son premier anniversaire
Oncle Bernard souffle la bougie.
CRS
LUZ
Quand la République a cette gueule-là, elle est bien malade
M 5777 - 42 - 10,00 F
N° 42 • mercredi 14 avril 1993 • 10 francs • 70 francs belges • 3 francs suisses • 3,25 dollars canadiens • US dollars $ 2,95 • 2 900 lires

CHARLIE 10F HEBDO
La droite revient : « Charlie » passe à 16 pages
Le discours de Balladur
« Nous privatiserons l'imparfait du subjonctif ! » Par Philippe Val.
Les C.R.S. s'ennuient au squat
Les expulseurs rongent leur matraque. Par Cyran.
Dessine-moi un ghetto
Riss à Chanteloup chez Pierre Cardo, « le petit prince des banlieues ».
ROCARD S'EMPARE DES LEVIERS DU POUVOIR
Le quincaillier de Joinville
Luz découvre le fascisme de proximité.
LES VISITEURS
NOUS RAMÈNENT À LA FÉODALITÉ
M 5777 - 41 - 10,00 F
N° 41 • mercredi 7 avril 1993 • 10 francs • 70 francs belges • 3 francs suisses • 3,25 dollars canadiens • US dollars $ 2,95 • 2 900 lires

> Jean-Claude Decaux a fait retirer l'affiche de Juppé des Sanisettes. On pissait contre. >

CHARLIE 10F HEBDO
Autant en emporte la droite
Vous les verrez grandir, vieillir, crever : Les quadras de la droite. Par Riss.
Val et Luz en Italie Le communisme ou la Mafia ? Réponse à Bologne.
La police a peur des flics Dossier : comment l'I.G.P.N. réprime les forces de l'ordre.
Ça va péter ! Les prophéties joyeuses de Cavanna.
Willem en Bulgarie Reportage chez les Tsiganes de Sofia.
ENCORE UNE BAVURE ET JE M'INSCRIS AU R.P.R !
Cabu

CHARLIE 10F HEBDO
Si tous les illuminés du monde se donnaient la main, ça ferait une belle brochette de cons Dossier : les sectes.
La gauche, c'est quoi, pour nous ? Par Val.
Foot : Auxerre l'a dans le cul Riss était là.
Willem toujours à Sofia
Coucou, Gébé !
Les intégristes, résidus de fausses couches Par Luz.
L'ABBÉ PIERRE SAUTE SUR DIÊN BIÊN PHU
J'M'AI GOURÉ... AVEC SARAJEVO !
Cabu

CHARLIE 10F HEBDO
Béré plus grand mort que socialiste
« Moi, Charles P., drogué et prostitué. » Dossier : les drogues.
Un sou est un sou Voilà pourquoi je suis de gauche. Par Oncle Bernard.
Le 1er Mai rongé par la vérole fasciste Par Tignous et Riss.
Mantes-la-Jolie : dernière station avant charter Par Bernar.
Sous le képi, la zone Une nouvelle de Fajardie.
IL ÉTAIT TROP CON POUR CE MONDE DE SALAUDS !
Cabu

CHARLIE 10F HEBDO
Spécial Mai 68
Une chanson inédite de Renaud et une interview de Doillon
Mickey dénonce Pif-le-chien Walt Disney maccarthyste. Par Val.
Balladur avance, les pauvres reculent Comment veux-tu...? Par Charb.
Le golf : un trou avec des cons autour Reportage de Luz et Riss.
Exclusif : les dernières lettres de Bérégovoy Par Cabu.
MAI 68 - MAI 93 BON ANNIVERSAIRE !
LUZ

CHARLIE 10F HEBDO
Roland-Garros se démocratise : il fait chier tout le monde
De S.K.F. à S.D.F. en taxi Reportage de Luz.
Siné : la gauche, c'est par où ?
Actualité : la roue tourne Dossier : que sont devenus les disparus ?
Jetez Lalonde par la gauche, il revient par la droite. Par Riss.
Une émission à voile pour une télé à vapeur Par Philippe Val.
QUI CASSERA LA GUEULE À CES DEALERS ?
Cabu

CHARLIE 10F HEBDO
Liberté, Egalité, Expulsé Dossier : Code de la nationalité.
Neuilly : Pasqua décore le forcené Par Charb.
Cannes, enterrement de 1re classe Reportage de Luz et Boujut.
Pour aller à gauche, c'est par où ? Par Renaud.
Alain Prost transformé en merguez Par Riss.
Siné fait du be-bop à La Nouvelle-Orléans
3 350 000 CHÔMEURS !
NON, NON... 3.349.999 !!
RAID
IL EST L'HEURE D'ALLER BOSSER ?!
TNT
CHARB.
N° 47 • mercredi 19 mai 1993 • 10 francs • 70 francs belges • 3 francs suisses • 3,25 dollars canadiens • US dollars $ 2,95 • 2 900 lires.

> Réforme du Code de procédure pénale. Désormais, on ne dira plus « attaché au radiateur », mais « relié au convecteur ». >

CHARLIE 10F HEBDO
Vingt-trois dessinateurs contre l'intégrisme
Onze têtes de cons entrent dans l'Histoire Par Cabu.
Pèlerinage Paris-Chartres via Le Pen Par Luz.
Gébé : la gauche, c'est par où ?
Exclusif : les sujets du bac de philo
Florence : on tient les coupables Par Philippe Val.
FUMER NUIT GRAVEMENT À LA SANTÉ !
J'AI DU MAL À M'ARRÊTER.
N° 49 • mercredi 2 juin 1993 • 10 francs • 70 francs belges • 3 francs suisses • 3,25 dollars canadiens • US dollars $ 2,95 • 2 900 lires
M 5777 - 49 - 10,00 F
Willem

> Balladur n'enfile jamais ses capotes lui-même, il attend qu'on les lui pose. >

CHARLIE 10F HEBDO

Etrangers de tous les pays, unissez-vous! Par Philippe Val.

Corrida : 24 morts à la feria de Vic-Fezensac Reportage Tignous.

La Belgique côté poubelle Reportage Cyran et Kamagurka.

Fajardie : la gauche, c'est par où?

Le music-hall de Bouygues et Hassan II Par Renaud.

Les skins inventent l'explosive-art Par Wolinski.

BAC BEUR : ORAL DE RATTRAPAGE DANS LES COMMISSARIATS

1515, c'est quoi ?

RISS.

M 5777 - 50 - 10,00 F

N° 50 • mercredi 9 juin 1993 • 10 francs • 70 francs belges • 3 francs suisses • 3,25 dollars canadiens • US dollars $ 2,95 • 2 900 lires

CHARLIE 10F HEBDO

TF1 : vous avez une vie de con? Regardez une télé de merde!

Jour des fous au Parlement de Belgique Reportage Cyran et Kamagurka.

Wolinski : la gauche, c'est par où?

Si les cons volaient, ils seraient vendeurs d'armes Luz au Bourget.

Le XXIe siècle sera mystique, sinon rien Par Gébé.

Même mort, Bousquet sert encore Par Riss.

JOHNNY

50 ANS QU'IL NOUS VÉROLE LES TYMPANS !

Cabu

M 5777 - 51 - 10,00 F

N° 51 • mercredi 16 juin 1993 • 10 francs • 70 francs belges • 3 francs suisses • 3,25 dollars canadiens • US dollars $ 2,95 • 2 900 lires

CHARLIE 10F HEBDO

Jérusalem, ville de l'Uzi et du goupillon Charb en Israël.

Dossier : police municipale, milice privée

Le respect? Je laisse ça aux croyants! Par Cavanna.

Jour de fête pour Radio-Bruit-de-bottes Luz au meeting de Radio-Courtoisie.

Un racisme qui protège la couche d'ozone Par Philippe Val.

Apprenez le serbo-croate en 5 minutes Par Kamagurka.

LE RETOUR DE VICHY

TU ME RAPPELLES MA JEUNESSE !

Riss.

M 5777 - 52 - 10,00 F

N° 52 • mercredi 23 juin 1993 • 10 francs • 70 francs belges • 3 francs suisses • 3,25 dollars canadiens • US dollars $ 2,95 • 2 900 lires

CHARLIE 16F HEBDO

Numéro spécial anniversaire

+ Un supplément de 32 pages

Avec nos lecteurs et Jean Ziegler Wolinski Willem Philippe Val Tignous

Siné Michele Serra Françoise Sagan Riss Renaud Michel Polac Michel Piccoli

Xavier Pasquini Oncle Bernard François Mitterrand Luz Lefred-Thouron André Langaney Kamagurka

Laurent Joffrin Albert Jacquard Honoré Gébé Piotr Gadzinowski Patrick Font F. H. Fajardie

Olivier Cyran Charb Cavanna Cabu Gérard Biard Bernar Lotfi Akalay

LE SPORT POURRIT L'ARGENT

Riss.

M 5777 - 53 S - 16,00 F

N° 53 • mercredi 30 juin 1993 • 16 francs • 112 francs belges • 4,80 francs suisses • 5,25 dollars canadiens • US dollars $ 4,75 • 4 640 lires

> Balladur, au PSG, ne crie jamais « Aux chiottes, l'arbitre ! », il murmure : « Au fond du couloir à gauche, mon brave. » >

CHARLIE 10F HEBDO

Exclusif : le rapport de police sur le lynchage de Jacques Toubon

Les 100 jours des vieilles merdes qui puent
Dossier.

La fête à Charlie
Par Tignous.

Apartheid en Palestine
Reportage de Charb.

Concours de lancer de nains au P.S.
Bernar à Lyon.

Les lendemains qui chantent « heili-heilo ! »
Par Philippe Val.

RÉVÉLATION !
LE SOLDAT INCONNU S'EST FAIT ENCULER PAR L'ADJUDANT CHANAL

M5777 - 54 - 10,00 F

N° 54 ▪ mercredi 7 juillet 1993 ▪ 10 francs ▪ 70 francs belges ▪ 3 francs suisses ▪ 3,25 dollars canadiens ▪ US dollars $ 2,95 ▪ 2 900 lires

> Balladur ne dit jamais « Va te laver le cul, ma grosse », mais : « Amie, votre petit oiseau sent le mérou. » >

CHARLIE 10F HEBDO
14 Juillet : le défilé comme si vous étiez Bigeard
Dossier.
Tour de France : l'utopie des beaufs
Reportage de Cabu.
McDonald's : un job d'été, une vie de caserne
Enquête de Luz et Olivier Cyran.
Le feuilleton des vacances
Par Lotfi Akalay.
Laissez venir à moi les petits enfants
Par Cavanna.
L'honneur de l'armée porte plainte contre « Charlie »
Par Charb et Philippe Val.
J'AI CONFIANCE DANS LE FOOTBALL DE MON PAYS !

CHARLIE 10F HEBDO
McDonald's, c'est McArnaque plus McCarthy
Suite de l'enquête de Luz et Cyran.
Un maillot jaune et des furoncles au cul
Wolinski et Cabu au Tour de France.
Léo Ferré : ni Dieu, ni pompes, ni funèbres
Par Renaud et Val.
Les plages sont dégueulasses
Tignous aussi.
Limonov, l'intellectuel arracheur de couilles
Interview.
Avignon : des subventions avec des mouches autour
Par Val et Charb.
LES FRANÇAIS NE CONSOMMENT PLUS...
... OU ALORS, DE LA MERDE !

CHARLIE 10F HEBDO
Toujours 16 pages : « Charlie », le seul journal qui ne perd pas ses feuilles en été
Siné attaque Plantu et Val défend Pétetin
« Charlie » vous dégoûte de la presse de province
Dossier.
J'ai craché sur la tombe de Bouygues
Par Luz.
Le rêve brisé des cirrhosés : O.M.-Valenciennes
Reportage de Riss.
CHIRAC EST TRISTE
LE ROI DES CONS EST MORT
BAUDOUIN M'A LÉGUÉ SA COURONNE
M 5777 - 58 - 10,00 F
N° 58 • mercredi 4 août 1993 • 10 francs • 70 francs belges • 3 francs suisses • 3,25 dollars canadiens • US dollars $ 2,95 • 2 900 lires

CHARLIE 10F HEBDO
Bronzez tranquille, les crapules s'occupent de vous.
Dossier.
Bernès, le second rôle du football français
Par Riss.
« Pétain's Not Dead »
Luz en pèlerinage à l'Ile-d'Yeu.
Font a vu Balladur
Balladur n'a pas vu Font.
Conseils de Cabu à Pasqua
« Comment virer les immigrés. »
Un Bouygues de perdu, dix de retrouvés
Et Val sait compter!
BOUYGUES LÈGUE SON CANCER À LA FRANCE
TF1

CHARLIE 10F HEBDO
Vacances à risques : dossier
Pourquoi se faire chier ici quand on peut crever ailleurs.
Les bourreaux de l'été
Par Riss.
Un lecteur raconte sa garde à vue
Du sable dans la raie de Tignous, Siné, Langaney...
21e Rima : un balai pour 2
Par Luz et Val.
Le prof de gym a gagné
Par Cabu.
LE SEXE EN VACANCES
UN MOIS SANS BANDER, C'EST PAS DE TROP

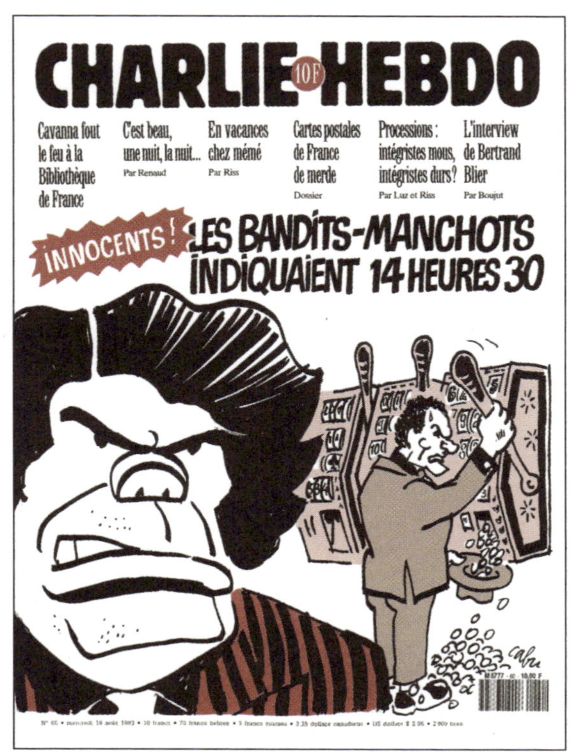
CHARLIE 10F HEBDO
Cavanna fout le feu à la Bibliothèque de France
C'est beau, une nuit, la nuit...
Par Renaud
En vacances chez mémé
Par Riss
Cartes postales de France de merde
Dossier
Processions : intégristes mous, intégristes durs?
Par Luz et Riss
L'interview de Bertrand Blier
Par Boujut
INNOCENTS !
LES BANDITS-MANCHOTS INDIQUAIENT 14 HEURES 30

> Dommage : depuis que Paul-Loup Sulitzer a perdu 25 kg, il ne ressemble même plus à un gros con. >

CHARLIE 10F HEBDO
Pasqua tance les hooligans et mate les squatters
Par Siné et Cyran.
Pasqua, président du Togo
Par Charb.
« Charlie Clodo », le journal du S.D.F. heureux
Par Gébé, Bernar, Riss et Luz.
Rentrée : les syndicats manquent de hooligans
Dossier.
Jamboree cucul chez les scouts
Reportage de Luz.
Après les congés, pire que le boulot : la télé
Par Cabu.
CONFLIT DE GÉNÉRATIONS CHEZ LES FACHOS
CRS
PSG
POLICE NATIONALE
CRS
LUZ
M 5777 - 62 - 10,00 F
• 10 francs • 70 francs belges • 3 francs suisses • 3,25 dollars canadiens • US dollars $ 2,95 • 2 900 lires

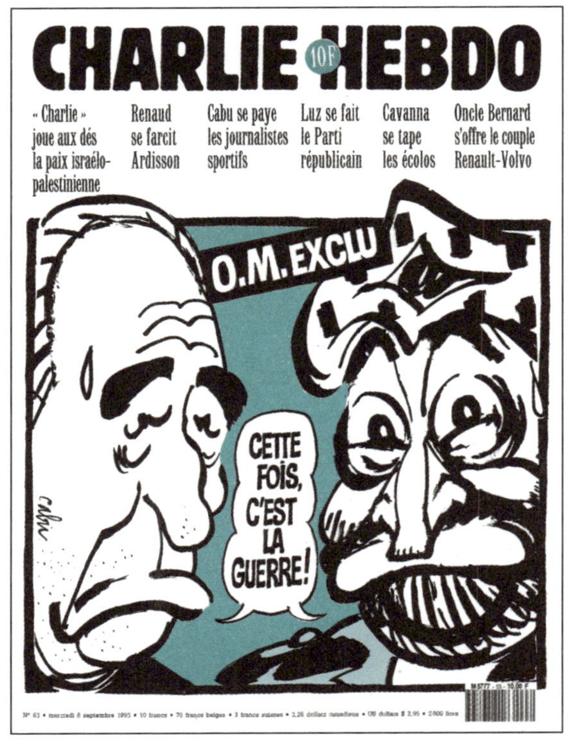
CHARLIE 10F HEBDO
« Charlie » joue aux dés la paix israélo-palestinienne
Renaud se farcit Ardisson
Cabu se paye les journalistes sportifs
Luz se fait le Parti républicain
Cavanna se tape les écolos
Oncle Bernard s'offre le couple Renault-Volvo
O.M. EXCLU
CETTE FOIS, C'EST LA GUERRE !

CHARLIE 10F HEBDO
Enfin un journal sans colombes de la paix !
(ou autres symboles cu cul...)
« Charlie télé », pour piquer des lecteurs à « Télérama »
La paix Mossad-O.L.P. : du lard ou du cochon ?
par Philippe Val
Cavanna, Charb et Gébé éliminent l'O.M.
Fête de l'Huma : 1 vol. de cocos pour 5 vol. d'eau
Siné et Luz sous la pluie
Pétetin : non au tunnel Gaza-Jéricho !
DÉJÀ UNE SEMAINE DE PAIX
QU'EST-CE QU'ON SE FAIT CHIER !
RISS

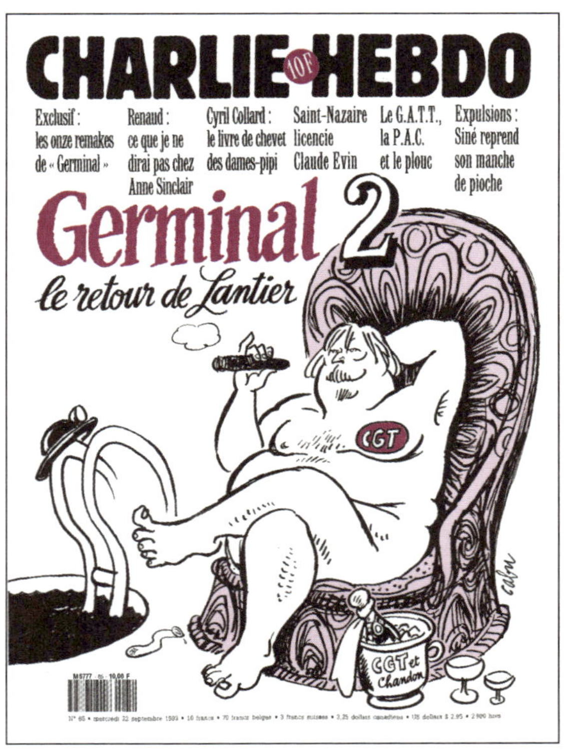
CHARLIE 10F HEBDO
Exclusif : les onze remakes de « Germinal »
Renaud : ce que je ne dirai pas chez Anne Sinclair
Cyril Collard : le livre de chevet des dames-pipi
Saint-Nazaire licencie Claude Evin
Le G.A.T.T., la P.A.C. et le plouc
Expulsions : Siné reprend son manche de pioche
Germinal 2
le retour de Lantier
CGT
CGT et Chandon

CHARLIE 10F HEBDO
Dossier : des études de merde pour des métiers de cons
Chirac reloge l'Abbé Pierre
Luz chez les expulsés
Renvoyons les « colonnes infernales » en Vendée !
Riss au Puy-du-Fou
Bayrou : « Tu seras bizuté, mon fils »
par Pasquini
Budget : plus de fric pour les flics et l'armée
par Oncle Bernard
Claire Chazal, hôtesse d'accueil au « Fig Mag »
par Philippe Val
DE VILLIERS
SOLJENITSYNE
RÉTABLISSEMENT DE LA PEINE DE MORT POUR LES ENNEMIS DE LA RÉPUBLIQUE

> Mme Balladur s'appelle Marie-Josèphe. Mais pour déconner, Édouard l'appelle Josée. Pour déconner. >

CHARLIE 10F HEBDO
Emploi : Giraud, les chômeurs auront ta peau ! dossier
Lois Pasqua : Luz au tribunal des expulsés
McDonald's : le fournisseur rallume le grill par Cyran
Hossein : le come-back de la monarchie par Riss
Révélation : les nazis ont bien existé par Pasquini
« Figaro » : Val répond à Max Clos
POT DE DÉPART DE MARCHAIS À MOSCOU :
500 MORTS !

CHARLIE 10F HEBDO
Pour 1 milliard de roubles, t'as plus rien
Val et Riss à Moscou
Intégrisme social dans les banlieues
reportage de Cyran
Partage du travail ou du chômage ?
par Oncle Bernard
Les crapules sont comme ça, R.T.L. aussi
par Luz
Balladur décore le « manager de l'année »
en présence de Cabu
Quand l'Europe triomphe, Cavanna fait la gueule
VERS UN DIALOGUE EN ALGÉRIE
C'EST LE DÉBUT D'UNE OUVERTURE.
N° 71 • mercredi 3 novembre 1993 • 10 francs • 70 francs belges • 3 francs suisses • 3,25 dollars canadiens • US dollars $ 2,95 • 2900 lires

CHARLIE 10F HEBDO
La drogue, championne du C.A.C. 40 dossier
Encyclique : « Pape au balcon, poussez-le ! »
Saint-Denis : un grand stade sur un bidonville par Luz
Cavanna n'a plus le droit de tuer l'arbitre
Le « Nouvel Obs » fait du « Télé 7 jours » par Charb
Exception culturelle pour le caca français par Philippe Val
OUI AU DERNIER ESSAI NUCLÉAIRE

CHARLIE 10F HEBDO
Le G.A.T.T., les ploucs et les banques par Oncle Bernard
Carignon, t'es foutu, Arte est dans la rue ! par Philippe Val
Télé-Putes, Télé-Pétasses Bernar regarde TF1
L'honneur brisé des lanceurs de marteau
Mode : les riches s'habillent, les pauvres se gèlent par Riss
Le courrier des délateurs du « Figaro » par Luz
EXCEPTION CULTURELLE
BELMONDO dans PAÎRE DE COUILLES POUR DAMES

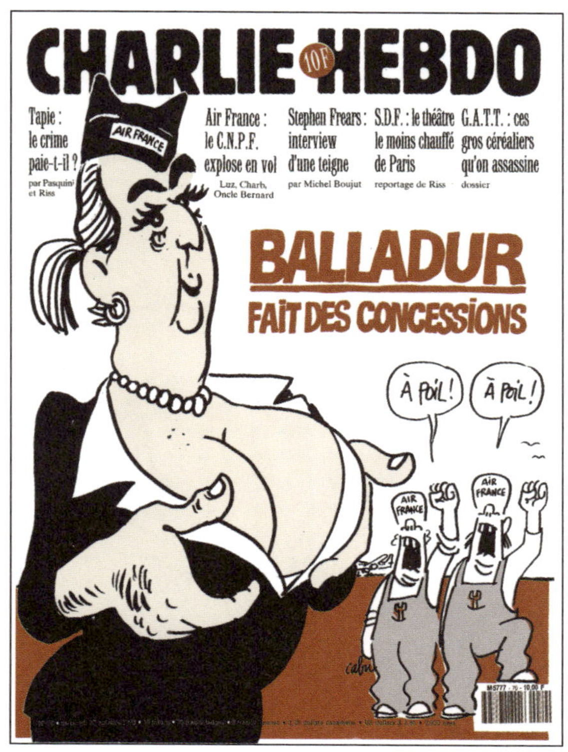
CHARLIE 10F HEBDO
Tapie : le crime paie-t-il ? par Pasquini et Riss
Air France : le C.N.P.F. explose en vol Luz, Charb, Oncle Bernard
Stephen Frears : interview d'une teigne par Michel Boujut
S.D.F. : le théâtre le moins chauffé de Paris reportage de Riss
G.A.T.T. : ces gros céréaliers qu'on assassine dossier
AIR FRANCE
BALLADUR FAIT DES CONCESSIONS
À POIL !
À POIL !

> Mme Pompidou et Mme Balladur ont un point commun : ça fait longtemps qu'elles ne se sont pas fait une bonne queue. >

CHARLIE HEBDO
10F
Tardi, reporter chez Pinochet
Val et Riss à Goulag Land
Siné harcelé par les fachos
Luz et Cyran en chaussettes à la mosquée
Bernard Tapie dans le bureau de Pasquini
Cavanna dégoupille sa bombinette H
OUI À LA SEMAINE DE 4 JOURS
IL VOUS RESTERA 3 JOURS POUR FAIRE LA RÉVOLUTION...
POLICE
POLICE
POLICE
CHARB

CHARLIE HEBDO
10F
Luz chie dans le canon du char Leclerc
Wolinski dénonce les dealers des favelas
Assas : une nana chez les fafs
Oncle Bernard insulte Alain Minc
Alain Cavalier interviewé par Boujut
Peine incompressible pour les autoroutes tueuses d'enfants
ÉTUDIANTS! RÉVOLTEZ-VOUS!
POUR NE PAS RESSEMBLER À ÇA →
BAYROU
Cabu

CHARLIE HEBDO
10F
Abbé Pierre !... Fais-nous un petit avant de mourir!
Luz à la Nuit de la pub H.E.C.
Cabu visite les national-centristes
Val et Riss chez les yuppies de Moscou
Cavanna fait l'ouvreuse au Grand Louvre
Mellick coupable, Pasquini en a la preuve
RIRI FIFI LOULOU
TUEURS DE CLODOS
R.P.R.
R.P.R.
R.P.R.
RISS

CHARLIE HEBDO
10F
Téléthon, télé-mou-de-veau
Pour Noël, offrez une panoplie de bouddhiste !
Riss au Festival du film militaire
Charlie s'attaque à la bagnole
Gébé au rayon jouets de l'actualité
VIVE LA CAPOTE À 1F
C'EST LA MORT DES VIEILLES CAPOTES D'OCCASION!
LUZ

À BAS LES FÊTES!
CHARLIE HEBDO
10F
Cabu

CHARLIE HEBDO
10F
Honoré : le réveillon des grands de ce monde
Chamonix, le Colombey de Balladur
Révélation : Michael Jackson est un nègre
La Seyne-sur-Mer : les Parrains II
La guerre civile est à nos portes!
Loi Bosson : la légalisation des pots-de-vin
AU NOUVEL AN JE SORS MA BOUGIE !
Cabu

> Autodidacte : Bérégovoy s'est fait tout seul. Il est mort comme il a vécu. >

CHARLIE HEBDO
10F
S.D.F. : la misère, ça rapporte !
par Luz et Charles
Génération Hélène et les garçons
Dossier étudiants
Une télé pour aider les chômeurs à se suicider
par Charb
Misère et beaux culs : Wolinski revient du Brésil
Madagascar, le cendrier du Raid Gauloises
par Pasquini
S.D.F
AVEC UN BÂTON DANS LE CUL C'EST MEILLEUR !
N° 74 ▪ mercredi 24 novembre 1993 ▪ 10 francs ▪ 70 francs belges ▪ 3 francs suisses ▪ 3,25 dollars canadiens ▪ US dollars $ 2,95 ▪ 2900 lires
M 5777 - 74 - 10,00 F
cabu

> Glissez une pièce de 1 franc dans un myopathe, il remuera les pneus. >

1994

> Pourquoi les gagnants du Millionnaire ont-ils tous le sida ? Parce que, heureux au jeu, malheureux en amour. >

Jean Hatzfeld

Rwanda : défaillance du journalisme

À Sarajevo, le siège entame sa troisième année de bombardements, très lourds. L'Afrique du Sud prépare ses premières élections. Soudain, à l'aube du 7 avril, les tueries ensanglantent Kigali et s'étendent sur les collines. Des photographes sur place racontent des massacres « comme on n'en a jamais vu ». De rares journalistes les rejoignent, qui prononcent le mot « génocide » dès le dixième jour. À ciel ouvert, tous les jours de la semaine, pendant trois mois, la machette coupe plus efficacement que toutes les technologies nazies. Mais l'émetteur de l'information se grippe et le récepteur se coupe, ou vice versa. La Coupe du monde de football ou le spectaculaire exode des colonnes hutu sur les routes du Congo détournent les esprits. Les rescapés et les morts du génocide disparaissent de l'Histoire, une nouvelle fois. Pourquoi ? Est-ce, comme le dit élégamment Sylvie Umubyeyi, parce que *« les reporters internationaux passaient devant nos portes sans toutefois s'arrêter parce qu'ils n'avaient pas de temps à perdre avec des gens qui n'avaient rien à échanger »* ? Ou, comme le pense Claudine Kayitesi, parce que *« les Blancs ne veulent pas croire ce qu'ils ne veulent pas voir, et comme ils ne voulaient pas croire à un génocide, ils ont refusé de le voir »* ? Ou, comme le suggère Berthe Mwanankabandi, *« parce que si, vous me demandez à quoi je pensais, je ne peux que répondre : je pensais peut-être à beaucoup de choses, à Dieu ou à la mort de Dieu, à nous cacher, à l'épouvante de la machette ou de la solitude. Je me voyais forcée. Je me préparais tous les soirs à mourir le lendemain. En pensant quoi vraiment ? Je peux chercher de bons mots pour vous contenter, mais ils seront mensonges, aucune vraie précision de ce à quoi je réfléchissais si longuement, dans ma cachette des marigots. Peut-être mes pensées se sont envolées, peut-être mes pensées de survie ne ressemblaient plus à de véritables pensées. Dans les marais, on vivait pareils à des cochons, on a gardé une marque de cette vie-là. Pour vous, manquera toujours la vérité, à cause de la défaillance des rescapés »* ?

Défaillance du journalisme, surtout, des journalistes et de leurs lecteurs, qui consume l'illusion d'une modernité de l'information.

Jean Hatzfeld est grand reporter et écrivain.
Dernier livre paru : *Où en est la nuit,* Gallimard (2011).

> Un Saoudien rachète Euro Disneyland : les resquilleurs auront les mains coupées. >

> Le cerveau, c’est comme la bite : quand on ne s’en sert pas, on vote Front national. >

CHARLIE 10F HEBDO

Milosevic, le criminel à visage humain
dossier

Liberté incompressible pour les terroristes
par Philippe Val

Belfast : Luz terrorise l'I.R.A.

Demain, le passé sera encore pire
par Kamagurka

Cavanna teste les cobayes du nucléaire

Le sexe par Patrick Font

PARIS-DAKAR

PAS DE POMPES À EAU POUR LES NÈGRES

CETTE ANNÉE C'EST LES POMPES À MERDE..
TUP
CHARB.

N° 80 ▪ mercredi 5 janvier 1994 ▪ 10 francs ▪ 70 francs belges ▪ 3 francs suisses ▪ 3,25 dollars canadiens ▪ US dollars $ 2,95 ▪ 2900 lires

M 5777 - 80 - 10,00 F

> Une jeune Allemande de 14 ans s'est fait violer au parc Euro Disneyland par un employé qui travaille sur le site des Pirates des Caraïbes. Il n'y a pas que son temps qu'on perd, à Euro Disneyland. >

Spécial manif
24 pages, 10 F
Des posters pour vos pancartes
Comment TF1 s'est fait piéger (p.4)
CHARLIE HEBDO
NON AU BAC+DIEU
N° 81 • mercredi 12 janvier 1994 • 10 francs • 70 francs belges • 3 francs suisses • 3,25 dollars canadiens • US dollars $ 2,95 • 2 900 lires

CHARLIE 10F HEBDO
1,2 million de bouffeurs de curés par Val, Riss, Gébé, Charles, Tignous et Charb
La bande de Gaza vue par Siné
Tardi vous souhaite une bonne santé...
Cavanna contre la ménopause
Télé-Pétain, bientôt sur votre audimat par Luz
La première bombe de Jules Bonnot par F. H. Fajardie
SALMAN RUSHDIE :
MES ASSASSINS...
CORAN
VIENNENT DE L'ÉCOLE RELIGIEUSE...

CHARLIE 10F HEBDO
CHANEL OFFENSE L'ISLAM
Si VOUS VOULEZ QU'ON ACHÈTE VOS "MiRAGE"...
VA FALLOiR CHANGER ÇA!
CLAUDIA SCHIFFER
RF

CHARLIE 10F HEBDO
« Charlie Hebdo » rase Angoulême
Y a-t-il une vie après Marchais? un reportage de Tignous
Riss autopsie le maire de Chatain
Luz et Cyran missionnaires à Ouagadougou
Siné censuré par les Algériens
Goupil fait de la résistance une interview de Biard
BOSNIE
ASSEZ D'HUMANITAIRE! ENVOYEZ DU BESTIAL!
ONU

> Un représentant des droits de l'Homme en Algérie, ça a la même espérance de vie qu'un cochon chez Olida. >

CHARLIE 10F HEBDO
Les 18 principes déontologiques de TF1
dossier
Bouffez du maquereau, pas du Breton
par Cavanna
L'Algérien : curé, militaire ou mort
par Philippe Val
Ouagadougou : Sankara dévalué
par Luz et Cyran
Soldats violeurs : envoyez l'O.N.U. à Verdun !
par Riss
J-P COFFE FAIT SON MARCHÉ À SARAJEVO
ÇA C'EST DE LA BONNE GUERRE À L'ANCIENNE !
PROMO
RISS
M5777 - 85 - 10,00 F
N° 85 • mercredi 9 février 1994 • 10 francs • 70 francs belges • 3 francs suisses • 3,25 dollars canadiens • US dollars $ 2,95 • 2 900 lires

Reportage en Croatie par Bénédicte et Tignous
CHARLIE 10F HEBDO
L'APRÈS-GUERRE EST FINIE. NOUS RENTRONS ENFIN DANS L'AVANT-GUERRE !
RIEN QUE D'Y PENSER, J'AI UNE ÉRECTION...
WOLINSKI

Les Guignols de l'info ouvrent leur gueule dans « Charlie Hebdo »
Yves Rocher défigure la Bretagne p.6
CHARLIE 10F HEBDO
L'ULTIMATUM MAINTENU
CONSOMMEZ ! PAUVRES ! OU JE DEMANDE À L'OTAN DE BOMBARDER LES BANLIEUES !
CHARB.

CHARLIE 10F HEBDO
Croate, pizzaïolo et ministre de la Défense
par Tignous et Bénédicte
Loto, voyance et quart-monde
par Luz et Cyran
Cavanna vomit le patinage artistique
Riss livre les secrets du « Foch »
Font parle en Toubon dans le texte
UN BAC + 2 POUR 3.800 F.
ATTENDONS, ÇA VA BAISSER !
TIGNOUS
M 5777 - 88 - 10,00 F
N° 88 • mercredi 2 mars 1994 • 10 francs • 70 francs belges • 3 francs suisses • 3,25 dollars canadiens • US dollars $ 2,95 • 2 900 lires

> Un chômeur coûte 120 000 francs par an à l'État et rapporte la même somme à la Française des jeux. >

CHARLIE 10F HEBDO
FUN Radio
Côte d'Azur : votez truands !
La mafia en Belgique
reportage de Tignous et Bénédicte
Bac + 2 : passe ton S.M.I.C. d'abord
Luz à la manif
Siné et le Code pénal
Le Var, secteur du parrain Arreckx
par Pasquini
DERNIERS TROUS DU CUL AVANT LA CENSURE
DÉPÊCHEZ-VOUS !..
..ON A DES CRAMPES !
Cabu
N° 89 • mercredi 9 mars 1994 • 10 francs • 70 francs belges • 3 francs suisses • 3,25 dollars canadiens • US dollars $ 2,95 • 2 900 lires

CHARLIE 10F HEBDO
Le guide « Charlie » des restos qui filent la gerbe
Herbalife, la secte du rêve américain
Cavanna enterre Bukowski
Les pubs Matra auxquelles vous avez échappé
Leclerc, le philosophe des caddies
par Oncle Bernard
AUX CHIOTTES LES CAPOTES TROUÉES

CHARLIE 10F HEBDO
LES CONSIGNES DE VOTE DE TOUVIER :
Riss au procès Touvier
Le nouveau Code pénal des obsédés
dossier
Les années Pompidou vues par Luz
Patrice Leconte ne veut pas être respecté
par Boujut
VOTEZ POMPIDOU
Amnistie de Touvier
Cabu
N° 91 • mercredi 23 mars 1994 • 10 francs • 70 francs belges • 3 francs suisses • 3,25 dollars canadiens • US dollars $ 2,95 • 2 900 lires

CHARLIE 10F HEBDO
Après « Hélène et les garçons »
PASQUA ET LES SALES CONS
Cabu

CHARLIE 10F HEBDO
Dernière manif avant les vacances
Berlusconi par Serra
Le sida par Val
Touvier par Riss
Doisneau par Cavanna
Inédit : Siné par Ionesco
SIDA SUR TOUTES LES CHAÎNES
...ET SOIRÉE CHAUDE-PISSE SUR FRANCE 3-RÉGIONS
JEAN-CLAUDE
CHARB.

CHARLIE 10F HEBDO
Télé-emploi, télé-feignasse
Les procès de « Charlie »
Cavanna achève de Grossouvre
Luz au Sidathon
TUERIE À L'ÉLYSÉE
RF
À ZÉRO MINUTE DE PARIS
À NOTRE AMI DE GROSSOUVRE
TIGNOUS

> Le pape contre les « femmes-objets ». Il n'a rien contre les objets, mais les femmes l'indisposent. >

CHARLIE HEBDO 10F

Le Frossard du « Figaro » à « Charlie Hebdo »

Le budget de l'armée gaspillé par Val

La Mano Negra interviewée par Cyran

AFRIQUE DU SUD:

LES NOIRS AU POUVOIR

CAVALIER SEUL

Adieu

De nombreux lecteurs m'écrivent pour me faire part de leur étonnement. « Pourquoi, cher monsieur Frossard, votre chronique si gentiment féroce n'éclaire-t-elle plus d'un rayon d'humour chrétien la première page du Figaro *? » me demande par exemple Mme Gramol, de Pierrelaye. « Des jours que je cherche vainement votre plume dans mon quotidien préféré », s'inquiète M. Bernique, de Lanildut.*

Au risque de décevoir tous ceux pour qui ce billet était devenu, au fil des ans, un rendez-vous avec la finesse et l'intelligence, je dois leur avouer que je n'écrirai plus dans le Figaro. *En effet, il y a quelques semaines de cela, pour la première fois de ma vie, j'ai ouvert* le Figaro *et je l'ai lu. J'ai vomi trois fois et j'ai compris que le dessin de M. Faizant n'a jamais été de l'humour au « second degré », mais bien du fascisme « au ras des pâquerettes ». Je livrerai désormais ma feuille quotidienne au* Castor futé, *le journal des scouts et louveteaux de Corbeil-Essonne.*

André FROSSARD
p.c.c. Charb

DE VILLIERS
OÙ EST-CE QUE J'IRAI ME FAIRE BRONZER LE NOEUD, MAINTENANT ?

M 5777 - 96 - 10,00 F

N° 96 • mercredi 27 avril 1994 • 10 francs • 70 francs belges • 3 francs suisses • 3,25 dollars canadiens • US dollars $ 2,95 • 2 900 lires

> Les cadavres rwandais ont écouté Rika Zaraï : ils se trempent le cul dans le lac Victoria. >

CHARLIE 10F HEBDO
Tapie président : onze ministres en short, par Val
Willem : vivre heureux dans une ville martyre
Taslima Nasrin, condamnée à mort pour athéisme
Un journal de province pour Gorazde
Tignous débranche Superphénix
ENFIN UN JEUNE QUI NE MEURT PAS DU SIDA !
SENNA
RISS
M 5777 - 97 - 10,00 F
N° 97 • mercredi 4 mai 1994 • 10 francs • 70 francs belges • 3 francs suisses • 3,25 dollars canadiens • US dollars $ 2,95 • 2 900 lires

CHARLIE 10F HEBDO
CYRIL COLLARD
Cabu rase Paris
Luz au match P.S.G.-C.R.S.
Tignous saute sur Malville
Charb invité en Palestine
LES FEMMES, TU LEUR DONNES LE SIDA...
...ELLES VEULENT L'AMOUR
LUZ

Val et Wolinski reporters en Croatie
CHARLIE 10F HEBDO
MITTERRAND SUR TF1
REMPLACE DECHAVANNE
COUCOU C'EST MOI

CHARLIE 10F HEBDO
Tignous fait son débarquement en Normandie
Cavanna purge Berlusconi
Luz chez les déserteurs ex-yougos
Jean Ziegler observateur en Afrique du Sud
B.H.L. EXAMINATEUR AU BAC PHILO :
VOUS AVEZ 5 MINUTES POUR REMONTER CETTE MITRAILLETTE !
I BOSNA
RISS

CHARLIE 10F HEBDO
De Villiers chie dans 25 millions de boîtes aux lettres, par Cavanna, Luz et Riss
Reportage : Barbe tripote pour vous
Le Pen est-il communiste ? par Val
Les déçus des exclus, par Gébé
ROLAND-GARROS RAMÈNE LA PAIX AU RWANDA
DANS 15 JOURS, ON RETOURNE AU BOULOT.
RISS

Les vieux crabes débarquent en Normandie, par Honoré
CHARLIE 10F HEBDO
PÉTITION
Réhabilitons Pineau-Valencienne
CHARB
Politiciens vendus, P.-D.G. escrocs, syndicalistes pourris, SIGNEZ !

> Rwanda : les soldats français se sont interposés entre les mouches et les cadavres. >

CHARLIE 10F HEBDO
INTERVIEW
Schwartzenberg : « Je ne suis pas pour la levée de l'embargo ! »
Luz dévoile Berlusconi pour « Paris Match »
Tignous rencontre un dissident chinois
Patrick Font chante le Débarquement
Patrick Sébastien lu par Riss
ROCARD : DERNIER REMPART CONTRE LE FASCISME
ATTENTION, JE CONNAIS B.H.L. !
BERLUSCONI

CHARLIE 10F HEBDO
Salauds de footballeurs, par Riss
Salauds de marchands d'armes, par Luz
Salaud de Mitterrand : 10 mois pour foutre la merde
Salaud de Pasqua : main basse sur la fac
ON S'EST BATTUS POUR VOTRE LIBERTÉ...
NOS PARAS SAUTENT SUR KIGALI
HÉ ! HO ! J'ÉTAIS LÀ AVANT VOUS !
M 5777 - 105 - 10,00 F
N° 105 • mercredi 29 juin 1994 • 10 francs • 70 francs belges • 3 francs suisses • 3,25 dollars canadiens • US dollars $ 2,95 • 2 900 lires

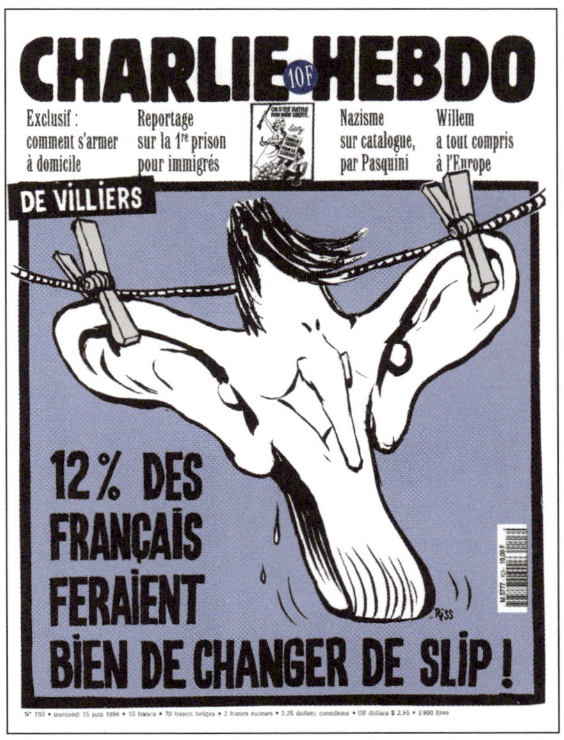
CHARLIE 10F HEBDO
Exclusif : comment s'armer à domicile
Reportage sur la 1re prison pour immigrés
Nazisme sur catalogue, par Pasquini
Willem a tout compris à l'Europe
DE VILLIERS
12 % DES FRANÇAIS FERAIENT BIEN DE CHANGER DE SLIP !

CHARLIE 10F HEBDO
ROCARD CHERCHE DU BOULOT
Le Rwanda expliqué par Val et Daniel Mermet
Aquaboulevard : le bidet géant de vos vacances
Côte d'Azur : la Mafia pieds dans l'eau
la mairie de Nevers ou les chasses présidentielles ?
BÉRÉGOVOY

CHARLIE 10F HEBDO
Pasqua vous espionne ! par Luz
« Les Culs brûlés », le feuilleton de l'été par Riss
Condamné pour blasphème ! par Val
LES PARAS ÎLOTIERS DU RWANDA :
PARTEZ TRANQUILLES EN VACANCES, ON GARDERA VOTRE PAVILLON !

> Foot : l'équipe du Rwanda disqualifiée. On a trouvé du sang dans les urines. >

CHARLIE 10F HEBDO
Pierre Suard présumé escroc, par Luz
Gébé trépane Pasqua
Ziegler relance les Kurdes
Un Gitan tué à coups de pelle, reportage de Riss
JE VOUS AI À L'OEIL
PASQUA NE PREND PAS DE VACANCES

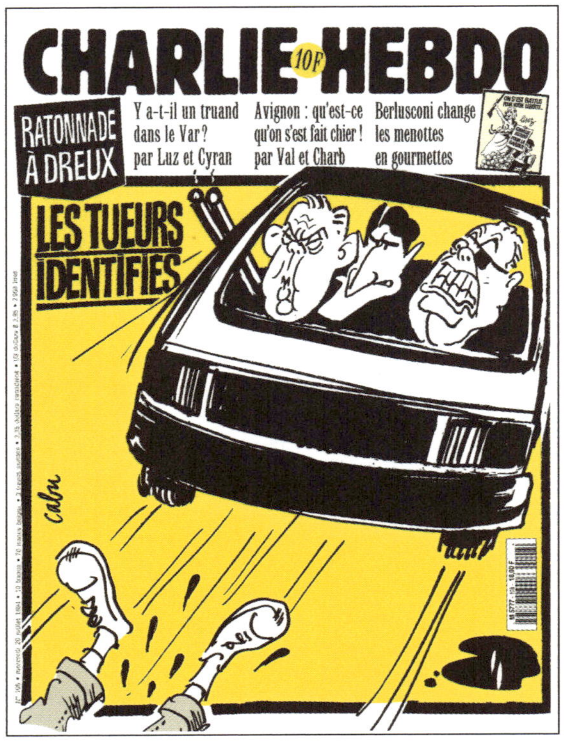
CHARLIE 10F HEBDO
RATONNADE À DREUX
Y a-t-il un truand dans le Var ? par Luz et Cyran
Avignon : qu'est-ce qu'on s'est fait chier ! par Val et Charb
Berlusconi change les menottes en gourmettes
LES TUEURS IDENTIFIÉS

CHARLIE 10F HEBDO
Dreux, parc d'attractions pour fascistes, par Luz
Cap d'Agde : des vacances de merde pour une vie de con, par Riss
Carignon, le Kim Il-sung de Grenoble, par Val
AU LOIN LÀ-BAS
LE RWANDA

CHARLIE 10F HEBDO
Les fausses libertés de la presse de droite, par Val
Vive Robespierre ! par Cavanna
« Questionnaire-Balladur » : le faux de Chirac, par Bernar
« Charlie Madame » par Charb
CONTRE LA DYSENTERIE AU RWANDA
LA FRANCE ENVOIE SES PLUS BEAUX CONSTIPÉS

CHARLIE 10F HEBDO
Carmaux : Luz déterre Jean Jaurès
Stalingrad : Cabu chez les dealers
Lefred-Thouron fout le feu à la mer
La guerre propre par Willem
LE F.I.S. S'ATTAQUE À L'ÉCOLE LAÏQUE
... LES ARABES ME PIQUENT TOUTES MES IDÉES !!...
ÉCOLE RELIGIEUSE
ÉCOLE RELIGIEUSE
N° 111 • mercredi 10 août 1994 • 10 francs • 70 francs belges • 3 francs suisses • 3,25 dollars canadiens • US dollars $ 2,95 • 2 900 lires

> PPDA revient du Rwanda avec un gosse en kit dans ses bagages : « Merde, j'ai pris deux jambes gauches. » >

CHARLIE 10F HEBDO
Les terroristes se fendent la gueule, par Gébé
Pasqua dit merci au F.I.S., par Charb
Les vacances de Jésus au Rwanda, par Riss
Le sida, un miracle qui rapporte, par Val
ON S'EST BATTUS POUR VOTRE LIBERTÉ.
lisez
CHARLIE HEBDO POUR LA GARDER
PASQUA
CARLOS
L'HOMME LE PLUS DANGEREUX DE FRANCE
ARRÊTE
L'HOMME LE PLUS DANGEREUX DU MONDE
Riss.
M 5777 - 112 - 10,00 F
N° 112 • mercredi 17 août 1994 • 10 francs • 70 francs belges • 3 francs suisses • 3,25 dollars canadiens • US dollars $ 2,95 • 2 900 lires

> Mal informés sur la guerre civile, les Français résidant en Algérie qui ne lisent que *L'Équipe* sont morts. >

CHARLIE 10F HEBDO
Révélation : Vergès jouait au pistolet à eau avec Siné
Adoptez un intellectuel algérien, par Val
Le terrorisme nucléaire en 10 leçons
ILS VOULAIENT TUER VERGÈS, ILS ONT TUÉ JAURÈS
RISS

CHARLIE 10F HEBDO
SONDAGE "CHARLIE"
100% DES FRANÇAIS AIMENT LES POISSONS MORTS
Exclusif : - Charlie - contrôle le passé de Vergès
Le Caire : Cavanna contrôle les naissances
Paris : Luz contrôle les flics
cabu

CHARLIE 10F HEBDO
Reportage : Cavanna et Cabu en Italie
Poster : la tour infernale de TF1, par Riss
Le Caire : les pillards et les lapins, par Val
Cuba : Disney renverse Castro, par Oncle Bernard
CONTRE LA SURPOPULATION
BRISEZ LA VITRE !
LUZ

CHARLIE 10F HEBDO
Wolinski lèche le cul des cocos
McDonald's chie sur les mômes, par Luz et Cyran
1944, année de merde, par Willem
Karadzic, poète des charniers, par Riss
MITTERRAND A RASSURÉ LES FRANÇAIS
Y A PLUS À S'GÊNER

Avant tout le monde, les nécros de Mitterrand auxquelles vous n'échapperez pas !
CHARLIE 10F HEBDO
LA VÉRITÉ SUR LE PASSÉ DE DELORS :
JE ME SUIS BRANLÉ AU CATÉ...
CHARB

CHARLIE 10F HEBDO
Pasqua vu de l'intérieur, par Luz
Etes-vous plutôt Chirac ou Balladur ? par Riss
« Libé » avant, après
LUC BESSON RÉTABLIT LA PEINE DE MORT
LÉON
DÉJÀ UN MILLION DE CONVAINCUS !
1 MILLION D'ENTRÉES
cabu
N° 118 • mercredi 28 septembre 1994 • 10 francs • 70 francs belges • 3 francs suisses • 3,25 dollars canadiens • US dollars $ 2,95 • 2 900 lires

> Nuremberg, ça se dit comment, en rwandais ? >

CHARLIE 10F HEBDO
BAYROU CONTRE LE VOILE DANS LES ÉCOLES
SAUF À NEUILLY !
RAID
TIGNOUS
M 5777 - 119 - 10,00 F
N° 119 • mercredi 5 octobrebre 1994 • 10 francs • 70 francs belges • 3 francs suisses • 3,25 dollars canadiens • US dollars $ 2,95 • 2 900 lires

CHARLIE 10F HEBDO
Audry et Florence : Le mystère des tueurs « non violents ». Leur amie est venue nous voir... Page 2
150 Pasqua, un poster de Luz
Le Mondial de l'auto de merde par Riss
La secte du Temple solaire par Pasquini
TASLIMA NASREEN AU PAYS DES DROITS DE L'HOMME

CHARLIE 10F HEBDO
Reportage : le tunnel du Somport par Tignous et Cyran
Souscription pour Carignon page 11
Festival de la corruption dans le Var par Luz
Siné n'aime pas les jeunes
BONNIE CARIGNON & CLYDE LONGUET:
AFFAIRISTES NIHILISTES

CHARLIE 10F HEBDO
Le massacre de Buckingham, par Gébé
Aix : la fac des expulsés, reportage de Luz
Ballarac et Chidur, par Charb
LA CORRUPTION ?..
LAISSONS NOS DOMESTIQUES FAIRE ÇA POUR NOUS...
GOLDSMITH
Cabu

CHARLIE 10F HEBDO
Aux chiottes Nagui! par Bernar
Entrez dans l'Espérance, avec le pape et Riss
L'utopie à la Galerie Charlie, par Gébé
Le Nice de Jacques Médecin, par Luz
CORRUPTION
QU'EST-CE QUI T'ARRIVE ?
MON MAIRE A VENDU L'AIR DE MA VILLE À LA GÉNÉRALE DES EAUX
COMPTEUR À AIR
CHARB.

CHARLIE 10F HEBDO
10 dessinateurs arrachent le voile
Bernar • Cabu • Charb • Gébé • Honoré • Luz • Riss • Tignous • Willem • Wolinski
Gébé raconte Peyrefitte qui raconte de Gaulle
Patricia Kaas : une épave vend des bagnoles
Chirac sera président à l'ancienneté
LE SECRET DE MITTERRAND:
RATISSER À GAUCHE, GOUVERNER À DROITE, BAISER DANS LES COINS !

> On crève les yeux des canaris pour qu'ils chantent mieux, on coupe la tête des Tutsis pour qu'ils ferment leur gueule. >

CHARLIE 10F HEBDO
Les barbus veulent la peau de Philippe Val
Stages de dégraissage pour patron. Reportage de V. Lopez et Tignous
Corruption à Tahiti par Cyran, notre envoyé spécial en voyage de noces
ON S'EST BATTUS POUR VOTRE LIBERTÉ...
BONJOUR, AVEZ-VOUS LU LE PROGRAMME DE DELORS?
MERDE, LES TÉMOINS DE JÉHOVAH!
N° 126 • mercredi 23 novembre 1994 • 10 francs • 70 francs belges • 3 francs suisses • 3,25 dollars canadiens • US dollars $ 2,95 • 2 900 lires

CHARLIE 10F HEBDO
Bihac : dimanche prochain, Philippe Val bute les Serbes
Combien de temps avant le dégueulis de Noël? Le calendrier de Bernar
Amendement Marsaud : nous, on s'en fout! par Charb
DÉJÀ NOËL EN BOSNIE
JOUETS
J'EN AI COMMANDÉ UNE COMME ÇA AU PÈRE NOËL!

CHARLIE 10F HEBDO
Grenoble : le gratin dauphinois est en prison
Reportage de Val et Riss
Comment racketter sa commune?
Interview, par Oncle Bernard
Des sanisettes pour la Bosnie !
par Luz
Cavanna aime Taslima
SARKOZY LE CASTRAT DE BALLADUR
JE ME SUIS PRIS LES COUILLES DANS LE PORTE-MONNAIE!

CHARLIE 10F HEBDO
Chirac libère un cercueil pour l'abbé Pierre
Par Val et Cyran
Commandos anti-I.V.G. : qui sont ces gens-là ?
Enquête de Luz
Réquisition : et l'hôtel particulier de Tapie ?
Reportage de Riss
CHIRAC AIME LES PAUVRES
MORTS!

CHARLIE 10F HEBDO
Dégueulasser Paris : l'Eglise s'en mêle
Reportage de Luz
Bernard Tapie entre au « musée Charlie »
Tableau de Riss
Condamnée en Algérie, indésirable en France
Interview d'une star, par Cyran
DELORS DANS LA POUBELLE DE L'HISTOIRE
JE TÂCHERAI DE ME RENDRE UTILE.

CHARLIE 10F HEBDO
Corruption : Riss, Charb et Chirac à l'île de la Réunion
1994 : la rétrospective de l'indignation
Mitterrand : dernier réveillon avant le Père-Lachaise
Intégristes : « Charlie » perd un procès
La prise d'otages se termine bien
BAGAGES

> — Pourquoi les islamistes du Hamas veulent-ils la mort d'Arafat ?
— Parce qu'ils ne veulent pas qu'on défigure Gaza avec des ronds-points et des Sanisettes Decaux. >

CHARLIE 10F HEBDO

Les commandos anti-avortement font chier Riss

Un jeune communiste à Cuba (qu'il y reste!)

Val et Pasquini se torchent avec le voile

Cavanna ne sait pas que la guerre du Golfe est finie

ON S'EST BATTUS POUR VOTRE LIBERTE...
lisez
CHARLIE HEBDO POUR LA GARDER

LA CHUTE DE L'EMPIRE GAULLIEN

DES PRIMAIRES!
DES PRIMAIRES!
cabu
M 5777 - 125 - 10,00 F

N° 125 • mercredi 16 novembre 1994 • 10 francs • 70 francs belges • 3 francs suisses • 3,25 dollars canadiens • US dollars $ 2,95 • 2 900 lires

> L'homme descend du singe, mais le footballeur n'a pas trouvé l'escalier. >

1995

> Le FN fait 5 % de plus dans le Var. Comment est-il possible de faire 105 % ? >

Bernard Thibault La France en lutte

Les six premiers mois de l'année 1995 sont marqués par la campagne de l'élection présidentielle. En ayant fait de la « *fracture sociale* » son thème de campagne principal, Jacques Chirac est élu avec près de 53 % des voix au mois de mai. Le second semestre, lui, sera marqué par de fortes mobilisations sociales, se concluant par un mois de décembre en fanfare avec d'innombrables grèves contre le « plan Juppé » frappant la Sécurité sociale et où la corporation des cheminots occupe une place centrale.
C'est par mes lunettes de secrétaire de la fédération des cheminots CGT de l'époque que je me remémore cette année où le nombre de jours de grève dans le pays a été six fois supérieur à celui des quinze années précédentes. Contrairement à une idée encore très répandue, ce mouvement de mobilisation exceptionnel n'avait rien d'imprévisible ou de spontané. Ceux qui ne l'ont pas vu venir, au sein du gouvernement comme chez les journalistes, sont ceux qui pensent détenir la vérité en se persuadant eux-mêmes qu'il n'y a de place qu'à leurs analyses pour définir les bonnes réformes au service du peuple, quoi qu'en pense le peuple !
Plusieurs facteurs se sont conjugués et ont participé à la puissance de la mobilisation et de sa popularité dans l'opinion : le mouvement s'est enraciné dans un travail syndical de terrain long et laborieux, pendant plusieurs années, chez les cheminots et auprès des usagers sur les périls qui se précisaient sur l'avenir d'une entreprise publique appartenant à la nation dont on prétendait décapiter un tiers de son réseau, principalement en province. L'unité syndicale sans faille dans la profession a contribué à résister aux assauts médiatiques contre les « *preneurs d'otages* » ou à la division qui régnait au plan des confédérations nationales du fait du soutien exprimé par la direction de la CFDT au plan Juppé. Enfin, la conduite démocratique de l'action syndicale, où chaque personnel était très régulièrement consulté sur chaque étape de la grève pour en déterminer les modalités et être ainsi actif sur chaque événement, a assuré la cohésion du mouvement.
En face, la première réaction a été le dédain. Un appareil d'État sourd et aveugle face aux événements, se réveillant trop tard pour pouvoir échapper à un conflit dur dont il ne pouvait pas sortir sans concessions.
Un pouvoir politique qui s'affirmait « *droit dans ses bottes* » (un peu comme aujourd'hui !) face aux multiples manifestations qui se succédaient, ne faisant qu'alimenter la sympathie et la solidarité d'une grande partie de la population qui soutiendra les grévistes du début à la fin, c'est-à-dire pendant près d'un mois, alors que les transports sont quasi paralysés et l'activité générale, des plus réduites. On parlera de « grève par procuration ».
Pendant que le gouvernement dramatise la situation, le pays fraternise autour des piquets de grève, même si beaucoup ont le souvenir de mollets douloureux pour avoir exceptionnellement abusé de la bicyclette un mois de décembre. La grève a soudé les Français.
Le gouvernement s'était lui-même mis dans l'impasse. Les revendications des cheminots seront totalement satisfaites. En cette fin 1995, les drapeaux de la victoire flottaient sur les locaux syndicaux.

Bernard Thibault est secrétaire général de la CGT

> *Le Canard enchaîné* a quatre-vingts ans. La rédaction est toujours déchirée entre la tendance Poincaré et la tendance Clemenceau. >

CHARLIE 10F HEBDO

Renaud revient dans « Charlie »
et engueule Siné

Le G.I.G.N. débouche votre lavabo !
par Luz

Un patron du Morbihan espionnait ses ouvrières
par Cyran

Corruption : interview d'un porteur de valises
Charb et Riss à la Réunion

PAS DE TROMPERIE SUR LA MARCHANDISE !
CANDIDATS, MONTREZ VOTRE PROSTATE AUX ÉLECTEURS !

M 5777 - 132 - 10,00 F

N° 132 ▪ mercredi 4 janvier 1995 ▪ 10 francs ▪ 70 francs belges ▪ 3 francs suisses ▪ 3,25 dollars canadiens ▪ US dollars $ 2,95 ▪ 2 900 lires

> Belmondo est sorti de la clinique, mais pour descendre l'escalier il a pris une doublure. >

CHARLIE HEBDO
10F
1981
La Réunion ? Allez-y pour faire la révolution !
par Charb et Riss
Furiani : le pays où le foot tue plus que le F.L.N.C.
reportage de Luz
Mini-reportage à la M.J.C. de Sarkozy
par Gérard Biard
100e anniversaire du cinéma : 2 septennats de Mitterrand en 16 images
dessin animé de Cabu
BOIRE OU MASSACRER
IL FAUT CHOISIR
POURQUOI CHOISIR?
TCHETCHENIE
RISS

CHARLIE HEBDO
10F
Balladur-Frankenstein : un film d'horreur qui va durer sept ans
poster de Riss
Mgr Gaillot les fait chier depuis 2000 ans
par Val, Siné, Renaud, Luz
Pilule anti-vieillesse : stop-crève !
par le Pr Cavanna
GAILLOT
J'AI FAIT CROIRE AUX CONS QUE DIEU EST DE GAUCHE...
VIRÉ!
CHARB.

CHARLIE HEBDO
10F
Un vibromasseur s'emballe à Kobe : 5000 morts
poster de Riss
Derrière le buffet Balladur, l'araignée Pasqua
par Luz
LE PROGRAMME DE BALLADUR :
APRÈS LA PLUIE, LE BEAU TEMPS !
J'AI FAIM
WOLINSKI

CHARLIE HEBDO
10F
Nanterre : Cabu refile ses morpions aux clodos
Rue du Dragon : Gébé charge les C.R.S.
Algérie : Slim fait trembler les barbus
VIVEMENT LA SÉCHERESSE !
RISS

CHARLIE HEBDO
10F
Comment voter à la présidentielle de 2002
reportage virtuel de Luz
Le chômage engraisse les patrons
par Oncle Bernard
LE SOCIALISME RENAÎT DE SES PANTOUFLES
Willem

CHARLIE HEBDO
10F
La fac de Montpellier défie Pasqua
reportage de Riss
Aubenas : le gros lot, c'est pas pour les Arabes
enquête de Luz
Avec Balladur, le plutonium fait la loi
par Pasquini
Zapata, président !
par Siné
JE VOUS HAIS.
CHARB.

CHARLIE HEBDO
10F
Perdez au grand jeu « Charlie » !
grâce à Willem
Rendez au public la fac Pasqua !
reportage de Riss
Sponsorisez la guerre au Soudan !
par Ziegler
LES ASSASSINATS SONT-ILS DÉDUCTIBLES DES IMPÔTS ?
DÉCLARATION D'IMPÔTS
cabu

> Sarah, la jeune Philippine réduite en esclavage et violée, a été condamnée à la peine capitale. La seule chose qui est mixte en Arabie saoudite, c'est la peine de mort. >

CHARLIE HEBDO
10F
Meeting : Balladur n'a pas jeté son slip au public
reportage de Gébé
« Charlie » harcelé par les calotins
par Cyran
Botton offre un billet Paris-Lyon à Tignous
publi-reportage
ON S'EST BATTUS POUR VOTRE LIBERTÉ...
lisez
CHARLIE HEBDO POUR LA GARDER
LE FASCISME, C'EST SIMPLE COMME UN COUP DE FIL !
LUZ
M 5777 - 139 - 10,00 F
N° 139 ▪ mercredi 22 février 1995 ▪ 10 francs ▪ 70 francs belges ▪ 3 francs suisses ▪ 3,25 dollars canadiens ▪ US dollars $ 2,95 ▪ 2 900 lires

> Le Portugal passe à gauche. Marie-Jo Balladur licencie sa femme de ménage. >

Pendant la présidentielle, la guerre continue. Renaud, Val et Luz en Bosnie.
CHARLIE 10F HEBDO
JE FERAI À LA FRANCE... CE QUE J'AI FAIT À BERNADETTE !
Cabu

CHARLIE 10F HEBDO
SPÉCIAL CHIRAC !
Chirac, c'est Paris-mémères plus les vigiles
Chirac, c'est le caviar sans la gauche
Chirac, c'est le show-biz plus les cons
Chirac, c'est le social moins les pauvres
Chirac, c'est Ouvéa plus les « odeurs »
AU SECOURS ! LA GAUCHE REVIENT.

CHARLIE 10F HEBDO
Pour un Chirac qui dure mille ans
par Riss et Gébé
Crève, chômeur, c'est la reprise !
par Cavanna
Pour ou contre une armée de métier en Bosnie ?
reportage de Luz, Renaud et Val
TAPIE TRANSFÉRÉ À L'OLYMPIQUE DU MITARD
Cabu

CHARLIE 10F HEBDO
Chirac expulse, les S.D.F. réquisitionnent
reportage de Tignous
Chirac-Balladur : la presse retourne sa veste
par Riss
J'AI SERRÉ LA MAIN DU PEUPLE !!
CHARB

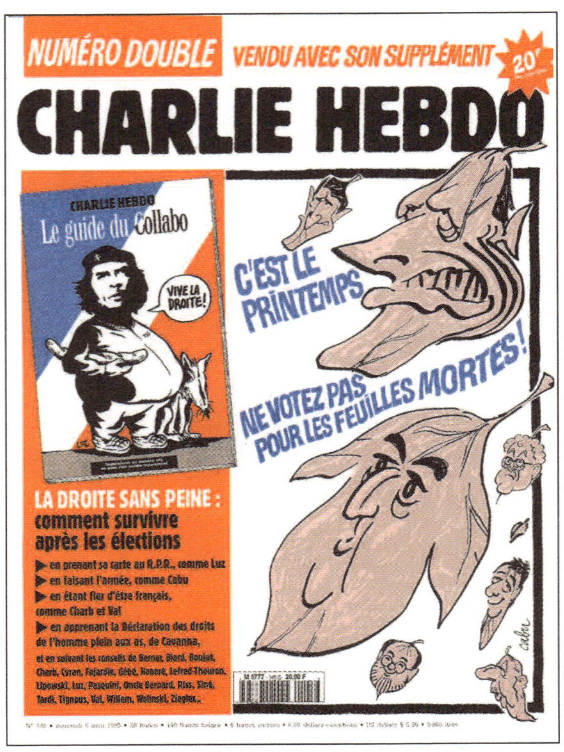
NUMÉRO DOUBLE
VENDU AVEC SON SUPPLÉMENT
20F
CHARLIE HEBDO
CHARLIE HEBDO
Le guide du collabo
VIVE LA DROITE !
C'EST LE PRINTEMPS
NE VOTEZ PAS POUR LES FEUILLES MORTES !
LA DROITE SANS PEINE :
comment survivre après les élections
en prenant sa carte au R.P.R., comme Luz
en faisant l'armée, comme Cabu
en étant fier d'être français, comme Charb et Val
Cabu

CHARLIE 10F HEBDO
Voynet engueule Val et Renaud
qui se laissent pas faire
Justice : le Sénat ferme la boutique
par Cavanna
Jamais perdu avec la carte de l'Etat R.P.R. !
par Riss
ON S'EST BATTUS POUR VOTRE LIBERTÉ
JEUNE, TU ES VIEUX ?
VOTE CHIRAC !
N° 146 • mercredi 12 avril 1995 • 10 francs • 70 francs belges • 3 francs suisses • 3,25 dollars canadiens • US dollars $ 2,95 • 2900 lires
M 5777 - 146 - 10,00 F
CHARB.

> Bouygues construira des autoroutes à péage en Croatie. Après les profiteurs de guerre arrivent leurs complices : les profiteurs de paix. >

Les affiches des candidats
10F
8 pages de plus, même prix
CHARLIE HEBDO
AUJOURD'HUI LA POMME...
...DEMAIN LA CHIASSE!
Bosnie : deux fans d'Eddy Mitchell tués par un sniper
Luz, Renaud et Val ont un alibi
Miracles : et si la Sainte Vierge avait le sida ?
par Cavanna
Dijon : Chirac, gare à ta gueule, les étudiants se réveillent !
par Val
N° 147 • mercredi 19 avril 1995 • 10 francs • 70 francs belges • 3 francs suisses • 3.25 dollars canadiens • US dollars $ 2.95 • 2 900 lires

CHARLIE 10F HEBDO
Un point pour Le Pen, c'est une bibliothèque qui brûle
par Val
Séguin : républicain à Paris, féodal à Epinal
par Riss
Pasqua n'expulse pas les machines à sous
par Cyran et Tignous
SONDAGE "CHARLIE"
YATROP DE CONS!
20,73
15,07
18,54

CHARLIE 10F HEBDO
Le duel Chirac-Jospin : deux morts
par Gébé
Contre la censure : Cavanna attaque
et Val mord aux couilles
JOSPIN N'A AUCUNE EXPÉRIENCE DE LA DÉFAITE !...

CHARLIE 10F HEBDO
Ils ont gagné, ils ont tout!
par toute la bande
Mon 8 mai 1945
par Gébé
Et si on noyait le Front national ?
par Luz et Cyran
PAS D'ÉTAT DE GRÂCE
L'ÉTAT DE MERDE
BÉTON
EXCLUSION
CURETONS
CORRUPTION

> Une action d'Eurotunnel vaut 6,70 francs. Le petit porteur n'a même plus de quoi se payer la balle qu'il devrait se tirer dans la tronche. >

CHARLIE 10F HEBDO
Le virus Baudis fait crever Toulouse
par Riss
Mulhouse, ville ouverte à Le Pen
par Luz
Les fous de Dieu contre l'I.V.G.
par Tignous
Une girouette qui te dit merde
par Renaud
PASSATION DE POUVOIRS
CHÉRIE! JE DESCENDS MITTERRAND!
CHARB.

CHARLIE 10F HEBDO
LES NOUVEAUX MINISTRES
Des ménagères de moins de 50 ans
par Val
Des têtes à claques déjà trop vues
par Bernar
Des héros de séries télé de merde
par toute la bande
C'EST PAS UN GOUVERNEMENT!..
C'EST UN COMMANDO ANTI-AVORTEMENT!
Cabu

CHARLIE 10F HEBDO
Municipales : « Charlie » se paye Rouen et Nîmes
par Riss et Cyran
BOSNIE
LE MORAL EST BON!
LES OTAGES SONT BIEN TRAITÉS

CHARLIE 10F HEBDO
Fréjus!.. Deux minutes d'arrêt!
reportage de Riss
Les torchons municipaux de nos Ceausescu locaux
par Luz
Amnistie pour les bagnoles! OBJECTEURS!
par Cavanna
QUE FAIRE SANS LE BAC?
HUMILIÉ À SARAJEVO
ONU
CHARB.

CHARLIE 10F HEBDO
Oui aux essais nucléaires!
par toute la bande
Giscard contre Quilliot à Clermont-Ferrand
par Riss et Anne Kerloc'h
Danièle Gilbert élue au 1er tour sur TF1
par Philippe Val
MÉGRET MAIRE DE VITROLLES?
JE VOUS PROMETS UN TRAMWAY!
RISS

CHARLIE 10F HEBDO
Le Touvier rwandais protégé par les curés
par Cyran
Vitrolles : bienvenue à Paranoland
par Anne Kerloc'h et Willem
Travail, famille, Codaccioni
reportage de Luz
TOULON: NOYADE AUTORISÉE
Cabu

Renaud : boycottera, boycottera pas ? page 2
CHARLIE 10F HEBDO
QUE FAIRE CONTRE LE FRONT NATIONAL?
...L'INTERDIRE!
Cabu

4 pages sur Avignon
CHARLIE 10F HEBDO
JE FERAI AU PACIFIQUE...
...CE QUE J'AI FAIT À LA SEINE!
RISS.

CHARLIE 10F HEBDO
Essais nucléaires : reportage à Papeete
par Tignous et Cyran
Après Chirac : le F.N. ou l'écologie?
le feuilleton de l'été, par Val
« Le Figaro » acquitte les commandos anti-I.V.G.
par Luz
À QUOI SERVENT LES MILLIARDS DE L'ARMÉE?
OH, L'AUTRE, MON T-SHIRT!
À ARRÊTER DES PACIFISTES
GREENPEACE
Cdt LACHE
CHARB.

> Expo Cézanne au Grand Palais : on se demande comment autant de gens peuvent aller voir des couvercles de boîtes de chocolats. >

CHARLIE HEBDO
10F
DISSOLUTION DU F.N
Dissolution du F.N. : pétition page 16
Nos reporters dans l'enclave d'Avignon
par Gébé, Val et Charb
Nucléaire : les sales magouilles de l'armée française à Hao
par Cyran et Tignous
CONTRE LES SERBES
L'ONU OFFRE SA PROTECTION
U.N.
-RISS-
M 5777 - 160 - 10,00 F
N° 160 • mercredi 19 juillet 1995 • 10 francs • 70 francs belges • 3 francs suisses • 3,25 dollars canadiens • US dollars $ 2,95 • 2 900 lires

> Jacques Faizant fête ses cinquante ans de dessin : « J'ai fait rire trois générations de grands-parents. » >

CHARLIE 10F HEBDO
Dissolution du F.N. : pétition p. 15
Pollution : Tiberi, cache-toi, tu pues ! par Val
Renaud à Duteil: bouge ton cul !
De Villiers : une fin de race pour une fin de siècle reportage de Riss
BOSNIAQUES
MASSACRÉS PAR DES SALAUDS...
...DÉFENDUS PAR DES CONS !
Cabu
N° 161 • mercredi 26 juillet 1995 • 10 francs • 70 francs belges • 3 francs suisses • 3,25 dollars canadiens • US dollars $ 2,95 • 2 900 lires

CHARLIE 10F HEBDO
Le père de Karine téléphone à « Charlie » page 2
Mururoa : la presse pourrie des antipodes par Tignous et Cyran
Renaud échappe à l'attentat à 1 000 km près
Dissolution du F.N. : pétition p. 15
VOYAGEURS DE LA RATP
AYEZ LE SENS CIVIQUE: FOUILLEZ-VOUS ENTRE VOUS!
Willem

CHARLIE 10F HEBDO
Les Australiens sont de mauvais Français par Cavanna et Val
Nike chausse les analphabètes pages 8 et 9
Patrick Font boycotte TF1 page 15
Pétition anti-F.N. : déjà 7 000 !
L'EXTRAORDINAIRE POPULARITÉ MONDIALE DE JACQUES CHIRAC
CHI-CHI TA MERDE
ENFOIRÉ NUCLÉAIRE
ENCULÉ DE FRENCHIE
CONNARD!
ASSASSIN!

Viêt-nam : allez-y, vous n'en reviendrez pas !
Reportage de Riss et Val
CHARLIE 10F HEBDO
BAVURE DE MARSEILLE
LES PORTRAITS-ROBOTS DES TROIS AGRESSEURS
LUZ

CHARLIE 10F HEBDO
Bavures : la saloperie ordinaire par Cavanna
2e couche de napalm au Viêt-nam par Val et Riss
Renaud veut se flinguer par Renaud
Attentats : les psy enfoncent le clou par Charb
Cinéma animalier : Langaney lève la patte
Pétition anti-F.N. : 1 500 par jour p. 15
APRÈS L'ATTENTAT
COMMENT VA MON FILS ?
ACHETEZ UNE MERGUEZ, ÇA VOUS FERA DES JUMEAUX...
PSYCHOLOGUE
CHARB.

> Le dernier message des deux alpinistes perdus dans l'Himalaya : « Heureusement, il y a Findus. Findus ! » >

CHARLIE 10F HEBDO
Renaud perd un concours de T-shirts mouillés
Madelin au vide-ordures par Charb
Sospel : police, 1 but, visiteurs, 1 mort par Luz
La bombe guérit le cancer par Cavanna
Viêt-nam : après l'agent orange le billet vert
Pétition anti-F.N. : Toubon n'a pas signé
LES GRANDS TRAVAUX DE CHIRAC
J'AI COULÉ MADELIN
MAINTENANT JE VAIS COULER GREENPEACE

CHARLIE 10F HEBDO
« Charlie » à Toulon avec Cabu, Cyran et Luz
Deux mois de télé en deux pages par Bernar
Cavanna : mon plan pour la Bosnie
Les fans de Madelin en université d'été par Anne Kerloc'h
Pétition anti-F.N : Poulet-Dachary ne signera plus
PÉKIN
BERNADETTE AUX FEMMES DU MONDE :
POUR LES GNOCCHI : THERMOSTAT DEUX !

CHARLIE 10F HEBDO
« Charlie » à Toulon avec Charb, Cabu et Gébé
Renaud finance Greenpeace
Cavanna : le manuel du putschiste
Fajardie à Orange
Pétition anti-F.N : Jirinovski n'a pas signé
CHANEL DÉTOURNE LE BOYCOTT
VIGIPIRATE : L'ARMÉE DANS LA RUE
LES ÉLECTEURS DE LE PEN VOUS PROTÈGENT !
JEAN MARIE

TOULON : la ville laboratoire où les souris sont basanées Reportage de Gébé, Riss et Val
CHARLIE 10F HEBDO
● Balais dans le cul, l'armée n'en sort pas grandie (Cavanna) ● TF1 : la vie ignoble des stars (Bernar) ● Vigipirate traque les bronzés (Cyran) ● Hubert suce les médecins (Charb)
Pétition anti-F.N : déjà 31254
TF1 APRÈS TÉLÉ-ACHAT TÉLÉ-CRACHAT
SEBASTIEN
DURAND

> Les quatre skinheads de Solingen sous les verrous. Les idées de Le Pen, elles, courent toujours. >

Tignous et Wolinski à Toulon
CHARLIE 10F HEBDO
● Chirac censure Sébastien (Cyran) ● Juppé fait du music-hall (Val) ● Vigipirate, les flics dans le caniveau (Luz) ● Cabu tapine rue St-Denis ● Parle à mon trou d'ozone (Vadrot)
Pétition anti-F.N : déjà 36602
OSONS !

Oncle Bernard, Honoré et Kerloc'h à Toulon
CHARLIE 10F HEBDO
● Renaud trouve un nom au Grand Stade ● Vigipirate laisse filer Bob Denard (Cyran) ● Riss au procès de Sabatier ● Gébé se souvient de 1945 ●
Pétition anti-F.N : déjà 42 385
KELKAL
ABATTU APRÈS LES SOMMATIONS D'USAGE
BICOT, BOUGNOULE, RATON, RENDS-TOI !
RISS

CHARLIE 10F H
PHILIPPE VAL RACONTE SON AGRESSION
Bizutage : Kerloc'h passée au cirage ● Riss démasque le maire de Montfermeil ● Attentats : Charb lit dans les boulons ● Pétition anti-F.N. : déjà 49 732
TÉMOIGNAGE ACCABLANT CONTRE SARAH.
SARAH
ELLE MANGEAIT LE PAIN DES ARABES !
TIGNOUS

Fête du vin au Struthof Reportage de Charb, Riss et Val
CHARLIE 10F HEBDO
● La carte du génome humain (A. Adoutte) ● Ziegler rencontre Aristide ● Renaud fait crever son chien ● Siné raciste anti-français ! ● Gébé retrouve nos deux pilotes ●
Pétition anti-FN : déjà 61678
ENCORE PLUS BIDON QUE L'EXTRATERRESTRE DE ROSWELL :
L'EXTRA-TERRESTRE DE CORRÈZE !
M 5777 - 175 - 10,00 F
RISS
N° 175 • mercredi 25 octobre 1995 • 10 francs • 70 francs belges • 3 francs suisses • 3,25 dollars canadiens • US dollars $ 2,95 • 2 900 lire.

Biard, Bernar et Langaney à Toulon
CHARLIE 10F HEBDO
● Le prix Nobel de l'anti-France (Val) ● Cavanna à l'Assemblée nationale ● Thierry Roland : à mort l'arbitre ! (Luz) ● Pollution : l'Automobile Club en redemande (Kerloc'h) ●
Pétition anti-F.N. : déjà 54604
ÉLUS AVEC PLUS DE 90% !
JUPPÉ
SADDAM
JOSPIN
GÉBÉ

> Saddam Hussein réélu à 100 %. Les sondages se sont encore plantés, ils prévoyaient 99,7 %. >

Etudiants en guerre à Rouen et Nanterre, par Luz et Kerloc'h
CHARLIE 10F HEBDO
Renaud boit le champagne avec Sarah Cavanna contre la loi anti-terroristes Riss se torche avec « l'Equipe » Val recycle les déchets chiraquiens Cabu prend le taxi
Pétition anti-FN : déjà 65136
VENDUS SÉPARÉMENT
CHARB.

Les terroristes vous embêtent ? Vigipirate ! (p. 8 et 9)
CHARLIE 10F HEBDO
Val veut dissoudre le F.N. israélien Cavanna cogne sur les petits commerçants Reportage : Cyran inaugure le tunnel du Somport Renaud se prépare aux rafles
Pétition anti-FN : déjà 75108
RABIN
DIEU EST UN TUEUR FOU D'EXTRÊME DROITE
ET BORGNE

Carpentras : Charb et Kerloc'h prennent le train du F.N.
CHARLIE 10F HEBDO
Banlieues : Riss à Corbeil-Essonnes Gouvernement : Font bizute Gaudin Météo nationale : Oncle Bernard piquet de grève 14-18 : Siné décore son père Poilu
Pétition anti-FN : déjà 78950
CHIRAC SE CONVERTIT À L'ISLAM !
LES MOUQUÈRES DU GOUVERNEMENT, DEHORS !
RISS

La manif des femmes contre l'ordre moral (p. 8-9)
CHARLIE 10F HEBDO
Etudiants : des affiches pour vos manifs ! Oncle Bernard se paye Blondel Sécu : envoyez vos cotisations aux labos (Gébé et Cyran) Toulon : Charb répond à la mairie
Pétition anti-FN : déjà 85876
DE L'ARGENT POUR LES ÉTUDIANTS
POUR QUOI FAIRE ?
POUR PAS FINIR COMME TOI, DUCON !
CHARB.

Toute l'équipe de « Charlie » a sauté sur Toulon
CHARLIE 10F HEBDO
Renaud chante pour les résistants Cavanna révèle le vrai programme du F.N. Luz chez les magistrats intégristes Willem : quand Le Pen découvrait l'électricité Siné perd un œil
Pétition anti-FN : déjà 92447
ZITRONE
UN IMMENSE PROFESSIONNEL EST MORT
ON RESTE ENTRE AMATEURS
GéBé

Pas de métro, pas de boulot, mais « Charlie Hebdo » !
CHARLIE 10F HEBDO
Les grèves vues par « France-Connard » Chirac : Pendant moi le chaos, par Val Luz chez les étudiants Riss chez les cheminots La télé prend la France en otage, par Gébé
Pétition anti-FN : déjà 98035
CETTE ANNÉE, LA MESSE DE MINUIT SERA REMPLACÉE PAR LE GRAND SOIR !
LA RETRAITE À 33 ANS
Cabu

Pas de métro, pas de boulot, mais toujours « Charlie Hebdo » !
CHARLIE 10F HEBDO
TF1, la télé briseuse de grève, par Bernar Cavanna manifeste contre le plan Chirac Le réveillon des dindes de l'Elysée, par Cabu Luz à la manif des usagers de Safrane
Pétition anti-FN : 100 000 !
LE DIALOGUE REPREND
RENDS-TOI !
JAMAIS !

July lance « Libé 4 - Les Chargeurs réunis » pages 8 et 9
CHARLIE 10F HEBDO
Les cartes de vœux de Tignous Échangerais 2 pilotes contre un charnier, par Luz Biard est dans le pré et a marché dans Chatiliez Toulon : Kerloc'h invalide Le Chevallier
Pétition anti-FN : déjà 104445
ENCORE UNE GRÈVE ET J'TE FOUS DANS LA CHAUDIÈRE !
SÉCU
RETRAITES
CONTRAT DE PLAN
Cabu

CHARLIE 10F HEBDO
Gébé en Autriche. La montée du nazisme fait une pause
Willem en Russie. Les McDo de Moscou
LE SOUS-COMMANDANT MARCOS : INTERVIEW EXCLUSIVE PAR CYRAN ET WOLINSKI ENVOYÉS SPÉCIAUX AU MEXIQUE
1995 : FAUT FINIR !
RISS

> La fille de Chirac enceinte : « Si c'est un balladurien, je le noie. » >

1996

> D'après la C.I.A., Eltsine n'a plus que deux ans à vivre. C'est bien plus que les Tchétchènes. >

José Artur Année terrible

Les vaches deviennent folles
Les CRS se portent bien
Le cardinal Lustiger, rare Polonais à avoir trouvé du travail en France, devient un fauteuil
Jean Moulin reçoit André Malraux au Panthéon
Marc Dutroux est contrôlé pour ses six caves
Alain Carignon, au violon
Après ablation, l'appendice du Saint-Père devient une relique
Arielle et BHL reçoivent le label « cul et chemise »
L'amiante, le service militaire et les essais nucléaires sont hors la loi
Lady Di divorcée va rouler en Mercedes
Hassan II, de plus en plus despote, de moins en moins éclairé
Le rêve d'un SDF se réalise, il est assigné à résidence
Giscard accélère sa particule
Marguerite Duras fignole ses longueurs dès ses génériques et l'herbe pousse toujours entre ses répliques
Michel Debré, président des amis de Labiche, part sans bruit
Et, le 9 janvier 1996, à 8 heures 30 du matin, dans son double foyer, François Mitterrand meurt d'un secret d'État, à sa prostate canal historique
Il meurt prématurément à 79 ans
Le premier à venir au Champ-de-Mars, c'est Jacques Chirac, qui s'est précipité pour vérifier si c'est bien vrai
« Le monde s'étonne de que ce Mortel est mort »
Intermittent du spectacle de la gauche de « chez Lipp »
Où l'on veut bien « mourir pour le peuple, mais pas vivre chez lui »
Vieux réac ou sale gauchiste, ciblé par Cabu
Il a mis ses talents dans ses fantaisies présidentielles
Flâneur des quais de Seine
Futé, retors, charmeur
Cultivé, comme la Beauce
Hédoniste aux ortolans
Sherpa de Solutré
Écouteur de ceux qui ne voulaient pas l'être
Un fils à « papa m'a dit »
Des amitiés vénéneuses
Cerné de morts, plus ou moins consenties
Un beau-frère, Navarro rigolo
Cet homme de plume de talent, Bousquet de contradictions, a réussi sa dernière sortie, annoncée un 9 janvier 1996
Il y a 672 ans, j'avais déjà perdu un 9 janvier Marco Polo, vénitien de Venise, fils de commerçant, comme mon président Mitterrand, Florentin de Jarnac
Jarnac, où je ne me suis pas rendu pour deux raisons, la deuxième : je n'étais pas invité par les familles
Parallèles :
Lui, Charlie, vient de prendre trente ans ferme et une garde à vue dans les kiosques, incompressibles
Pour toi, *Charlie,* sans qui les choses ne seraient que ce qu'elles sont
Depuis la Bible, le Coran, le Talmud, la recette du clafoutis, le Kama-Sutra et le Bottin mondain, seul *Charlie Hebdo*, avatar flamboyant de *Hara-Kiri,* a su chatouiller mon vécu, là où c'est bon.

José Artur est animateur (culte !) radio

> Le pape change de mode de scrutin pour l'élection de son successeur. Le F.N. risque d'avoir un siège. >

> Quand elle veut se faire brouter par Palmade, Véronique Sanson est obligée de se mettre de la cocaïne dans le cul. >

CHARLIE 10F HEBDO
Wolinski et Cyran au Chiapas
Cabu à Saint-Germain-des-Prés
Gébé en Autriche
Un député anti-sectes défend une secte, par Val
Pétition anti-FN : déjà
prolongation jusqu'au 15 janvier
136 411
CHIRAC: LA CONFIANCE
JE SENS QUE ÇA VIENT !
PIN DES LANDES
Cabu
M 5777 - 185 - 10,00 F
N° 185 ▪ mercredi 3 janvier 1996 ▪ 10 francs ▪ 70 francs belges ▪ 3 francs suisses ▪ 3,25 dollars canadiens ▪ US dollars $ 2,95 ▪ 2 900 lires

> Krivine était sur écoutes. Depuis 1987, les Renseignements généraux savent que la révolution est pour demain. >

Une chapelle ardente en page 16

CHARLIE 10F HEBDO

● Renaud enterre Mitterrand ● Cavanna enterre Mitterrand ● Val enterre Mitterrand ● « Charlie Hebdo » enterre Mitterrand ●

Pétition anti-FN : déjà 150617 prolongation jusqu'au 15 janvier

NOUS NOUS SOMMES TANT AIMÉS...

VIEUX RÉAC !
SALE GAUCHISTE !
cabu

M 5777 - 186 - 10,00 F

N° 186 ▪ mercredi 10 janvier 1996 ▪ 10 francs ▪ 70 francs belges ▪ 3 francs suisses ▪ 3,25 dollars canadiens ▪ US dollars $ 2,95 ▪ 2 900 lires

> Le traitement contre le cancer du sein filerait le cancer de l'utérus. Le traitement contre le cancer de l'utérus, lui, donnerait des pellicules. >

Cavanna : reportage en pantoufles à Notre-Dame p. 12
CHARLIE 10F HEBDO
Mitterrand : Renaud hurle à la mort, Siné pisse à la raie Toujours pas d'insecticide contre les sectes Mexique : à bientôt, Zapata!
Pétition anti-FN : dernière semaine ! 157883 !
CORSE:
Y EN A LÀ-DEDANS!
RISS

Les coulisses d'un commissariat, par Riss p. 8-9
CHARLIE 10F HEBDO
Mettez un lobby dans votre moteur, par Kerloc'h La Hague a des gaz, la Cogema se pince le nez, par Charb Racisme à l'école des curés, par Gébé Les zapatistes vous invitent
FERMONS LES CASERNES
AVEC LES MILITAIRES DEDANS
LUZ
M 5777 - 192 - 10,00 F
N° 192 • mercredi 21 février 1996 • 10 francs • 70 francs belges • 3 francs suisses • 3,50 dollars canadiens • US dollars $ 2,95 • 2900 lires

Wolinski à Cuba p. 8-9
CHARLIE 10F HEBDO
Gubler vend Mitterrand en kit, par Riss Banlieues : les patrons n'iront pas, par Oncle Bernard et Luz La science bondieusarde, par Adoutte
Pétition anti-FN : 168196 !
EN 2002, JE SERAI À L'ÉLYSÉE...
...ET VOUS EN BAVEREZ!
Mazarine

Le F.N. est-il soluble dans la démocratie? Des avocats répondent p. 8-9
CHARLIE 10F HEBDO
La France n'a pas d'apartheid, mais elle a le R.P.R., par Cyran Gébé revend sa carte de presse Biard fait la tournée des charniers Bertrand Blier interviewé par Boujut et Tardi
OUI À UNE ARMÉE DE PROFESSIONNELS
UN AMATEUR AURAIT FAIT ÇA AVEC UN COUTEAU À HUÎTRES.
CHARB

Val et Riss sautent sur des mines au Mozambique p. 8-9
CHARLIE 10F HEBDO
Pauvres, videz votre livret A en Suisse! par O. Bernard Hiroshima censuré à Paris, par Luz Quartiers difficiles : Tiberi s'en fout, par Tignous Matignon, P.D.G. de l'A.F.P., par Val
S.O.S. PROFS BATTUS
MENACEZ-LE DE LUI METTRE UN ZÉRO...
CHARB.

Mozambique : Val et Riss font des claquettes sur les mines p. 8-9
CHARLIE 10F HEBDO
Kerloc'h, seul député présent au débat sur les sectes Bernar fait souffler le chauffeur de Chirac dans le ballon Ziegler s'évade des prisons turques Font le pion se fait péter ses lunettes à la récré
POLLUTION
CALVET : L'HOMME PAR QUI LE CANCER ARRIVE
Indice de pollution
Bernar

> Annie Girardot mécontente de son César. Elle n'a pas réussi à trouver le bouchon. >

« Charlie Auto » : le supplément auto de Charlie ! par Charb, p. 8-9
CHARLIE 10F HEBDO
VILLES DE GARNISON SINISTRÉES
Le Hamas est pour l'armée de métier, par Val • Clovis = SS, par Cavanna • Cabu prend un train de bidasses • Luz ferme les casernes de Châlons-sur-Marne
LES COMMERÇANTS ONT TOUJOURS REGRETTÉ LES TROUPES D'OCCUPATION
Cabu
M 5777 - 193 - 10,00 F
N° 193 • mercredi 28 février 1996 • 10 francs • 70 francs belges • 3 francs suisses • 3,50 dollars canadiens • US dollars $ 2,95 • 2 900 lires

Sicile : Palerme en a plein le cul de la Mafia, par Val et Riss p. 8-9
CHARLIE 10F HEBDO
Chirac à Bangkok, la démocratie au trou, par Kerloc'h • Renaud au Salon de l'agriculture • Gébé maltraite Pasqua • Siné enterre les flics • Luz crève l'œil à Jean-Edern Hallier
TERRORISTE : UN IDÉAL POUR LES JEUNES
...ET ON DONNERA TON NOM À UN ABRIBUS !
Cabu
M 5777 - 194 - 10,00 F

Berlusconi n'a pas le monopole de la Mafia, reportage de Val et Riss p. 8-9
CHARLIE 10F HEBDO
Taïwan : BHL repasse son gilet pare-balles, par Charb • Gournay : tuer un Arabe pour tuer l'ennui, par Luz • La femme au berceau, l'homme au bistrot, par Cavanna • Renaud met un béret basque
CHIRAC AU SOMMET ANTITERRORISTE
RICARD ARMEMENT
JE VAIS LEUR VENDRE DES TRUCS TERRIBLES
MATRA
EXPLOSIFS RUGGIERI
MINES LUCHAIRE
DASSAULT BOUM
THOMSON MISES À FEU
G.I.A.T.
Gébé

De la chute du mur de Berlin à la chute de Toto Riina, par Val et Riss
CHARLIE 10F HEBDO
Vaches corses, escrocs! par O. Bernard • Gigastorage : la lutte anti-chômage en prison, par Cyran • Kerloc'h se paye Christine Boutin • Le terrorisme vu par Willem • Cabu inspecte les casernes parisiennes
C'EST LE PRINTEMPS !
ESCROC !
CHARB.

Touchez pas à TF1, patrimoine de la connerie hexagonale ! p. 8-9
CHARLIE 10F HEBDO
Cavanna sauve les vaches folles • Tignous casse le vase de Clovis • Kerloc'h répond au maire d'Orange • Cyran à l'église Saint-Ambroise • Pasquini abat la Fondation Lejeune • Sarajevo : l'état des lieux
LA FOI DÉPLACE LES CHARTERS
RISS

Wolinski aux Etats-Unis avec Pat Buchanan p. 8-9
L'auteur de best-sellers était un gourou p. 6
CHARLIE 10F HEBDO
Zones franches : après Monaco, Monacorse, par Val • Le C.S.A. mange dans la gamelle de TF1, par Kerloc'h • L'école nucléaire de Nogent, par Luz • L'émission de Lagaf' vue par Bernar
UNE VACHE FOLLE AU R.P.R
ABATTEZ LE TROUPEAU !
Cabu

> Un chasseur français de soixante-huit ans mort d'épuisement au Sénégal. Il a enculé une autruche et elle s'est mise à courir. >

La Corse, tripot du R.P.R., par Riss p. 8-9

CHARLIE 10F HEBDO

● Enquête : la préfecture de police hors la loi, par Cyran ● 28 % des Français ont le cerveau spongieux, par Val ● Les grévistes déçus de Marseille, par Luz ● Tchernobyl : dix ans d'incubation, par Cavanna

CHIRAC SERRE LA MAIN DE L'ASSASSIN LI PENG*
FAUX ! JE FAIS LA MANCHE
* TIAN AN MEN C'EST LUI
M 5777 - 199 - 10,00 F

N° 199 ▪ mercredi 10 avril 1996 ▪ 10 francs ▪ 70 francs belges ▪ 3 francs suisses ▪ 3,50 dollars canadiens ▪ US dollars $ 2,95 ▪ 2900 lires

> Tchernobyl, c'est encore plus grave qu'on ne le croyait : les survivants ont voté communiste. >

Val et Cabu à Hong-Kong, p. 8-9
CHARLIE 10F HEBDO
Les réseaux de l'extrême droite en Afrique p. 4
Les droits de l'homme, ça crée du chômage, par O. Bernard
Chirac instaure une république catholique, par Pasquini
Clovis demande la dissolution du F. N., par Gébé
Juppé, diplomate et collabo, par Charb
CLOVIS ET JEANNE D'ARC MARIÉS DE FORCE PAR LE F.N.
J'AIME PAS LES BOCHES...
J'AIME PAS LES GOUINES...
CHARB.
M 5777 - 200 - 10,00 F
N° 200 • mercredi 17 avril 1996 • 10 francs • 70 francs belges • 3 francs suisses • 3.50 dollars canadiens • US dollars $ 2.95 • 2 900 lires

Hong Kong : Singapour ou Pol Pot ? par Val et Cabu, p. 8-9
CHARLIE 10F HEBDO
Les crapuleries de la commission anti-immigrés
Les bottes à clous de l'abbé Pierre, par Cavanna
Renaud découvre que le foot rend con
Philippe Labro, 40 ans de coma intellectuel, par Luz
Martin Bouygues, l'avènement du laid, par O. Bernard
un gross patron de presse est mort
Représailles : 100 otages seront fusillés !
signé: Franz Otto Giesbert
Cabu
M 5777 - 201 - 10,00 F

Reportage : concours de la plus grosse thyroïde à Tchernobyl p. 11
CHARLIE 10F HEBDO
commando anti-I.V.G. à l'Assemblée nationale
Hong Kong 97 : la valise ou le cercueil, par Val et Cabu
Les invendus de Mitterrand, par Gébé
La Côte-d'Ivoire, un modèle pour l'Europe, par O. Bernard
Mobutu : Chirac cache un clandestin
LE 1er MAI N'EST PLUS LA FÊTE DES "PUE-LA-SUEUR".
MAIS CELLE DES "PUE-DE-LA-GUEULE".
F.N.
TIGNOUS
M 5777 - 202 - 10,00 F

Pèlerinage de vaches folles à Lourdes, par Riss p. 8-9
CHARLIE 10F HEBDO
Pétition anti-F.N. : Toubon répond à un député
Renaud, grand reporter à Bali
Toulon : Le Pen saute sur Clovis, par Kerloc'h
Télé : la merde n'a pas de prix, par Val
1 AN DE CHIRAC
J'AI RÉDUIT LA FRACTURE SOCIALE DE JEAN-LUC DELARUE !
Cabu

Bordeaux, Ceret, Châtenay-Malabry, Corbeil-Essonnes, Lourdes, Mantes-la-Jolie, Marseille, Poissy, Verdun, Wissous :
Dix villes où la droite bousille la culture p. 8-9
CHARLIE 10F HEBDO
Enquête : les amis africains du FN
Reportage : Renaud à Bali (II)
M. DENISOT
ÉLEVEUR DE NAZIS
JE LES NOURRIS AU MAMADOU !
Cabu

Siné chante Jésus à La Nouvelle-Orleans p. 8-9
CHARLIE 10F HEBDO
Truands, devenez corses ! par Luz
Charlie condamné : les juges mettent l'"endive moite" à 23000 F le kilo, par Val
MAUVAISE GRAISSE
CHARB.

Pas de supermarché à Auschwitz. On n'entendra jamais le slogan : « la vie Auchan, la vie Auschwitz ». >

Montalbán reçoit Val et Wolinski à Barcelone p. 10 et 11
CHARLIE 10F HEBDO
Rasez Roland-Garros! par Riss ● Kerloc'h et Cyran dans les couloirs de France 2 ● Luz et Tignous à Orange ● Bernar crève la baudruche Santini ● La mafia du plutonium, par Pasquini
TROP DE MENSONGES TUE LE MENSONGE.
JURÉ, JE BAISSE LES IMPÔTS!
CHARB

Kerloc'h flingue le maire de Wissous p. 4
CHARLIE 10F HEBDO
Le Pen dissout la liberté de la presse par Val
Renaud arrête de fumer pour emmerder Philip Morris ● Luz et Kerloc'h à la Foire aux célibataires ● Cavanna a regardé le Sidathon ● Charb et Luz engagent NTM
TIBERI DÉMISSION !
J'AI CONFIANCE EN LA JUSTICE DE MES AMIS !...
Bernar.

Interview de Nique Ta Mère p. 4
CHARLIE 10F HEBDO
Dix ans que l'on déterre son cadavre : Dans ce numéro, rien sur Coluche !
L'EUROPE LIBÉRALE :
La voix de la France, c'est Thierry Roland ● Bientôt, le racisme anti-fasciste! ● Marchiani : « Nique ta République »
DU FOOT DANS LES YEUX
DE LA MERDE DANS L'ASSIETTE

Les magouilles de l'ordre des architectes p. 4
CHARLIE 10F HEBDO
A Nîmes, Riss achève le torero ● François Foucart et l'abbé Laguérie piégés ● Les moines meurent, « Libé » pue, par Charb ● Cabu perd au P.M.U. ● Renaud à Vitrolles ● Siné se paye Cristina Sanchez
LE TEMPS DES CORRIDAS
LE MOINE A SA CHANCE
LUZ
M 5777 - 206 - 10,00 F
N° 206 • Mercredi 29 mai 1996 • 10 francs • 70 francs belges • 3 francs suisses • 3,50 dollars canadiens • US dollars $ 2,95 • 2 900 lires

> Les Sex Pistols se reforment. Ils ont déjà trouvé la seringue et l'aiguille, il ne leur manque plus que la petite cuillère. >

JO d'Atlanta : du racisme dans les urines p. 8-9
CHARLIE HEB
10F
CHIRAC BIEN REÇU SUR LES PLAGES
FRANÇAIS, RELEVEZ VOS MANCHES !
CHIÉ, CE MEC !
Affaire Cluzel : plus fort que Tiberi
Lustiger au ciel avec le Glam
Balkany : dites-le avec des flingues
Wolinski reporter en Avignon
MANDELA-CHIRAC
CHEZ NOUS, L'APARTHEID, C'EST DU PASSÉ...
CHEZ NOUS, C'EST L'AVENIR.
CHARB.
M 5777 - 213 - 10,00 F
N° 213 • Mercredi 17 juillet 1996 • 10 francs • 70 francs belges • 3 francs suisses • 3,50 dollars canadiens • US dollars $ 2,95 • 2 900 lires

Vaches folles : pas un sou pour les ploucs ! p. 8-9
CHARLIE HEB
10F
Moulinex libère la femme
Un reportage censuré à la télé, par Bernar
Bayrou purge les profs
Le vrai salaire des curés
Cavanna goûte au chewing-gum aphrodisiaque
LE PEN: OUI AUX NÈGRES DANS LES STADES
MAIS AVEC DES MIRADORS AUTOUR !

Les pauvres : comment s'en débarrasser p. 8-9
CHARLIE HEBD
10F
Riss perquisitionne chez Tiberi
Oncle Bernard dépose le bilan du G7
Val accueille le pape
Toulon abat son Arabe, par Kerloc'h et Tignous
Les sans-papiers retournent à l'église
RPR: VALISES PLEINES COUILLES VIDES
TIBERI
BALKANY
RISS

Les jeux de l'été pour bronzer sous le trou d'ozone p. 8-9
CHARLIE HEBDO
10F
Atlanta, du fric et des flics
Un sommet pour les terroristes
La Corse, l'utopie à notre porte
Tiberi rend hommage à un fasciste
Un milliardaire suisse s'amuse à saccager le paysage
J.O.: NAZIS EN 1936 LIBÉRAUX EN 1996
L'ESSENTIEL C'EST DE COLLABORER !
RISS

Chiapas : Marcos cause, l'armée flingue par Luz et Cyran
CHARLIE HEBDO
10F
Cet été, Madelin bronze à l'ombre du FN par Kerloc'h
Le RPR blanchit ses affaires en famille par Val
Satan ne veut pas être diabolisé par Cavanna
Touvier : encore un crime contre l'humanité enterré par Riss
JUSTICE RPR
LEVEZ LA MAIN DROITE ET DITES "TOUBON"
RPR
CHARB.

> Journées portes ouvertes au Palais de justice : les étrangers qui y sont allés n'en sont jamais ressortis. >

Troc : brûlez votre argent ! *reportage de Gébé et Oncle Bernard p. 8-9*

CHARLIE 10F HEBDO

● Les aveux de Toubon dans « Détective » ● Le Floch flingué par les balladuriens ● La santé publique floquée à l'amiante ● Festival de CRS dans un foyer africain ● Wolinski en vacances pour vous

BOSNIE
SOUS LES PAVÉS,
LA PLAGE
-RISS-

M 5777 - 212 - 10,00 F

N° 212 • Mercredi 10 juillet 1996 • 10 francs • 70 francs belges • 3 francs suisses • 3,50 dollars canadiens • US dollars $ 2,95 • 2 900 lires

> Mère Teresa se casse le col du Fémur. Son col de l'utérus, lui, reste intact. >

Chiapas : infanterie de « blairos » pour Marcos par Luz et Cyran
CHARLIE HEBDO
10F
Rencontre Chirac-Samper : sniffez des pommes par Camé
Les petites annonces du RPR par Riss
Clinton : Chérie, j'ai rétréci les pauvres par Biard
Carpentras : néonazis français d'abord par Korloc'h et Val
CARPENTRAS
LE PARASOL SE RETOURNE CONTRE LE PEN
N° 216 • mercredi 7 août 1996 • 10 francs • 70 francs belges • 3 francs suisses • 3,50 dollars canadiens • US dollars $ 2,95 • 2900 lires

Chiapas : pour sortir de la merde, on a marché dedans par Cyran et Luz
CHARLIE HEBDO
10F
Chirac bétonne la justice par Camé
Contre la montée de la pauvreté, une descente de flics par Val
Paris : sous le béton agonise l'architecte par Gébé et O. Bernard
La dame aux chats du bois de Boulogne par Cabu et Camé
LA GRÈVE DE LA FAIM SE GÉNÉRALISE :
REGARDER DEBRÉ COUPE L'APPÉTIT
N° 217 • Mercredi 14 août 1996 • 10 francs • 70 francs belges • 3 francs suisses • 3,50 dollars canadiens • US dollars $ 2,95 • 2900 lires

Expulsions : « Charlie » accueille toute la misère du monde en pages 8 et 9
CHARLIE HEBDO
10F
Saint-Bernard : du sang sur le droit du sol par Val
Douce France : cette semaine, le Pays basque par Riss
La bête immonde dans La Grande-Motte par Korloch
Bahreïn, dernière station avant la 2e guerre du Golfe par Biard
ENCORE UNE NAISSANCE À St-BERNARD
TES PAPIERS !
N° 218 • Mercredi 21 août 1996 • 10 francs • 70 francs belges • 3 francs suisses • 3,50 dollars canadiens • US dollars $ 2,95 • 2900 lires

CHARLIE HEBDO
10F
SPÉCIAL SAINT-BERNARD
Bavures policières en série à la préfecture
Révision des lois Pasqua : réunion en douce Place Beauvau
Le FN chez Debré
Les crapules RPR, promo Saint-Bernard
Bamako : «Charlie» déroule le tapis rouge aux Maliens
Les meilleures expulsions de la semaine dans «Pariscope», par Riss
AFRICAINS ! EXPULSEZ elf !
elf
N° 219 • mercredi 28 août 1996 • 10 francs • 70 francs belges • 3 francs suisses • 3,50 dollars canadiens • US dollars $ 2,95 • 2900 lires

> Ma vache est folle, mon lapin a la mixomatose, mon fils a le sida : on ne sait plus quoi bouffer… >

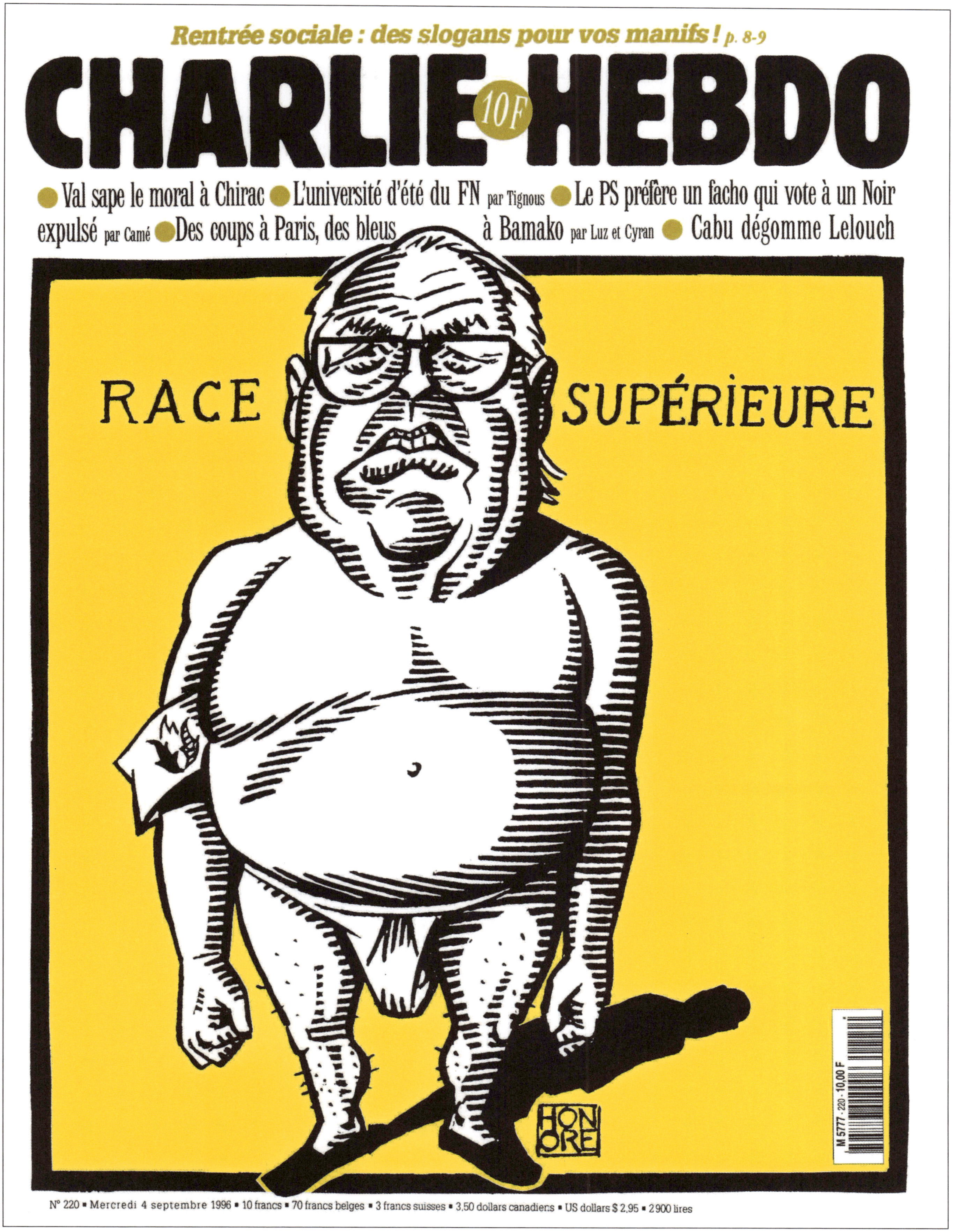
Rentrée sociale : des slogans pour vos manifs ! p. 8-9
CHARLIE HEBDO
10F
Val sape le moral à Chirac
L'université d'été du FN par Tignous
Le PS préfère un facho qui vote à un Noir expulsé par Camé
Des coups à Paris, des bleus à Bamako par Luz et Cyran
Cabu dégomme Lelouch
RACE SUPÉRIEURE
HONORE
N° 220 • Mercredi 4 septembre 1996 • 10 francs • 70 francs belges • 3 francs suisses • 3,50 dollars canadiens • US dollars $ 2,95 • 2900 lires

> Grâce à l'épidémie de vache folle, fini le rôti du dimanche chez les parents chiants. >

Universités d'été RPR et UDF : reportage et test comparatif
CHARLIE HEBDO
10F
Corse : le patron de la Cuncolta obligé de prendre le maquis p. 4
Font par Val
Pour payer moins d'impôts, gagnez plus d'argent ! par Oncle Bernard
Gébé en Amérique
Créteil : dans l'antichambre du droit d'asile par Luz et Cyran
Proportionnelle, piège à cons par Charb
LE PAPE EN FRANCE
ON VA AVOIR LES RESTES
Gébé
M 5777 - 221 - 10,00 F
N° 221 • Mercredi 11 septembre 1996 • 10 francs • 70 francs belges • 3 francs suisses • 3,50 dollars canadiens • US dollars $ 2,95 • 2 900 lires

Spécial manif antipape
15 F
Des posters pour vos pancartes
24 pages
Interdiction du FN : « Charlie » l'a déjà fait ! voir page 13
CHARLIE HEBDO
FEMMES !... VISEZ LES COUILLES !
Cabu

La Cour des comptes flingue le directeur du Budget, par Camé p. 4
CHARLIE HEBDO
10F
Une semaine de papatélé, par Bernard p. 8-9
CES SALAUDS QUI VOTENT LE PEN !
DITES DONC ! ON N'A PAS GARDÉ LES JUIFS ENSEMBLE !
Cabu

Télé : devenez censeur ! pages centrales
CHARLIE HEBDO
10F
Loi antiraciste : Toubon menteur ! p. 3
MONDIAL DE L'AUTO
ELLE EST CHÈRE, ELLE PUE, ELLE POLLUE...
J'ACHÈTE
LUZ
KABOUL
LES TALIBANS RENCONTRENT LA FEMME À BARBE.
QU'EST-CE QU'IL DIT, LE CORAN, À CE SUJET ?
EUH...
CHARB.

> Le tribunal de La Haye fouille dans les charniers de Bosnie, mais n'a toujours pas trouvé les œufs en chocolat. >

Tignous au procès des scientologues p. 8-9
CHARLIE 10F HEBDO
Le Parti socialiste fait les gros yeux au Front national par Riss
Amiante : Barrot va accorder 60 permis de tuer p. 4
LE PROCHAIN PAPE SERA SCIENTOLOGUE
ÇA GAGNE PLUS...
LUZ
N° 225 • Mercredi 9 octobre 1996 • 10 francs • 70 francs belges • 3 francs suisses • 3,50 dollars canadiens • US dollars $ 2,95 • 2900 lires

Prisons : après l'État-providence, l'État-maton par Gébé et Riss
CHARLIE 10F HEBDO
Debré assouplit les lois Pasqua... pour les flics • Marie-Christine Blandin taille une croupière au FN par Val
Le nucléaire accro à l'héroïne par Cavanna • Panneaux publicitaires, panneaux cache-misère par Luz
JUPPÉ, T'ES FOUTU
TES SONDAGES SONT DANS LA RUE
CABU
N° 226 • Mercredi 16 octobre 1996 • 10 francs • 70 francs belges • 3 francs suisses • 3,50 dollars canadiens • US dollars $ 2,95 • 2900 lires

Non ! Toute la droite n'est pas pourrie ! la preuve en p. 8-9
CHARLIE 10F HEBDO
L'Internationale facho des anti-IVG par Kerloc'h • Concours de cris de cochon au Salon de la pub par Biard et Charb
Thomson : Chirac offre 32 milliards à Lagardère par Oncle Bernard • et le retour de Sylvie Caster
MOYEN-ORIENT
CHIRAC DÉCOUVRE LES ÉTRANGERS
ILS PUENT MOINS CHEZ EUX QUE DANS NOS HLM
Gébé
N° 227 • Mercredi 23 octobre 1996 • 10 francs • 70 francs belges • 3 francs suisses • 3,50 dollars canadiens • US dollars $ 2,95 • 2900 lires

Wolinski en Équateur p. 8-9
CHARLIE 10F HEBDO
Export de matraques : les bisbilles Debré-Pasqua par Cabu • 8 Thomson pour un ticket de métro par Val
Tintin au Congo par Cavanna • Alois Brünner va bien • Tignous fait parler les Corses • Magouilles chez les CRS
MASSACRES AU ZAÏRE.
J'AI PAS D'APPÉTIT, CONGELEZ LA VIANDE !
MOBUTU
TIGNOUS
N° 229 • Mercredi 6 novembre 1996 • 10 francs • 70 francs belges • 3 francs suisses • 3,50 dollars canadiens • US dollars $ 2,95 • 2900 lires

> Tapie au procès du *Phocéa* : pour une fois, c'est le navire qui quitte le rat. >

Reportage au pays de Dutroux par Kamagurka et Kerloc'h
CHARLIE 10F HEBDO
HLM de Paris, un riche par étage par Riss et Val
Dictature : les sans-papiers s'entraînent pour vous par Cyran et Luz
Racisme à l'embauche, Charlie a testé par Camé et Cyran
La culture coulée en rade de Toulon par Val
ET SI JE CHANGEAIS LE PAPIER PEINT ?
-RISS-
M 5777 - 228 - 10,00 F
N° 228 • Mercredi 30 octobre 1996 • 10 francs • 70 francs belges • 3 francs suisses • 3,50 dollars canadiens • US dollars $ 2,95 • 2900 lires

Chirac enterre Malraux p. 8-9
CHARLIE 10F HEBDO
Délégués du personnel : espèce menacée par Cyran
L'histoire du flic qui volait les expulsés par Luz
Zaïre : Chirac réclame un couloir humanitaire pour Mobutu par Charb
Zappez Hervé Bourges! par Val
ZAÏRE : LA CAISSE NOIRE DU RPR
ON DIT PAS "NOIRE", ON DIT DE COULEUR!
CHARB.

Crazy George's nique les pauvres par Gébé
CHARLIE 10F HEBDO
Dreux a le fascisme triste par Riss
Mobutu, serial-killer par Cyran
Télé numérique, télé Chirac par Kerloc'h
En 2020, les cendres de NTM au Panthéon? par Val et Charb
Cabu tague la Grande Muraille de Chine
PAS DE PRISON POUR LE GROUPE RPR...
NIQUE LA RÉPUBLIQUE!
CHARB.

Charlie acquitte NTM pages 8-9
CHARLIE 10F HEBDO
Riss transfère Malraux au Panthéon
Justice à Toulon : selon que vous serez flic ou rappeur... par Kerloc'h
Marie-Antoinette gouverne toujours la France par Val
Biélorussie : Staline a été réélu par Biard
PONS MINISTRE DES TRANPORTS
JE LAISSE POURRIR
PONS MINISTRE DE LA POURRITURE

> Durcissement des lois Pasqua : désormais, les enfants non accompagnés seront détruits par un démineur. >

CHARLIE HEBDO
10F
LE R.P.R A 20 ANS
... AVEC SURSIS ?
N° 233 ▪ Mercredi 4 décembre 1996 ▪ 10 francs ▪ 70 francs belges ▪ 3 francs suisses ▪ 3.50 dollars canadiens ▪ US dollars $ 2.95 ▪ 2900 lires
M 5777 - 233 - 10,00 F
cabu

> Pourquoi les Corses du FLNC font-ils cinq attentats le lundi ? Pour pouvoir glander le reste de la semaine. >

CHARLIE 10F HEBDO
Nos cadeaux nuls et chers
Le Portugal régularise ses sans-papiers
Un tueur d'Allah se confesse
La semaine prochaine : « Charlie » en vente mardi 24
NOËL 96
Jamais vu!
LE PÈRE NOËL AUSSI IMPOPULAIRE QUE SON RENNE
N° 236 • Mercredi 18 décembre 1996 • 10 francs • 70 francs belges • 3 francs suisses • 3,50 dollars canadiens • US dollars $ 2,95 • 2900 lires

CHARLIE 10F HEBDO
Le chef rebelle du Zaïre interviewé
Les intermittents du spectacle laminés
Le patron des épiciers fachos incarcéré
CHIRAC PARLE AUX FRANÇAIS
JE SUIS INNOCENT!
N° 234 • Mercredi 11 décembre 1996 • 10 francs • 70 francs belges • 3 francs suisses • 3,50 dollars canadiens • US dollars $ 2,95 • 2900 lires

CHARLIE 10F HEBDO
Grande Bibliothèque : squattons-la
Trois scoops sans journalistes
1996: 100 bonnes nouvelles
SDF : "la maison dans la rue"
VOEUX PRÉSIDENTIELS
Conservatrices, conservateurs...
HONORÉ
N° 237 • Mardi 31 décembre 1996 • 10 francs • 70 francs belges • 3 francs suisses • 3,50 dollars canadiens • US dollars $ 2,95 • 2900 lires

> Juppé veut qu'on fasse des enfants. Après droit dans les bottes, droit dans la motte. >

CHARLIE HEBDO
10F
PCF: APRÈS FAUCILLE ET MARTEAU VANILLE ET CHOCO
Reportage dans un village rwandais
Lois Debré : virez votre député !
Cadeau : le calendrier 1997
La semaine prochaine : « Charlie » en vente mardi 31
LA DINDE AUX MARRONS SELON DEBRÉ...
CHARB.
M 5777 - 236 - 10,00 F
N° 236 • Mardi 24 décembre 1996 • 10 francs • 70 francs belges • 3 francs suisses • 3,50 dollars canadiens • US dollars $ 2,95 • 2900 lires

> Après Jeanne d'Arc, le F.N. récupère Clovis. Au F.N., ils n'aiment les femmes que brûlées et les hommes qu'allemands. >

1997

> En prévision de son voyage à Cuba, la maman du pape lui tricote une capote anglaise : « Je sais que tu ne t'en serviras pas, mais c'est au cas où. » >

Jean-Yves Camus

Les Mégret gèrent (mal) la ville

Le 9 février 1997, lorsque Catherine Mégret, 39 ans, est élue avec 52,48 % des voix et détrône le maire socialiste Jean-Jacques Anglade, Vitrolles invente un nouveau type de maire : la femme de paille. En effet, le vrai candidat du Front national est son mari, Bruno, alors numéro 2 du parti. Lors des municipales de juin 1995, il n'a manqué à celui-ci que 335 voix pour prendre la ville. Ayant dépassé son plafond de dépenses de campagne, il est rendu inéligible mais c'est le scrutin tout entier qui est annulé. Le FN, qui a déjà remporté Toulon, Orange et Marignane, ne s'avoue pas battu. Il a raison : dans cette ancienne ville nouvelle sans véritable centre et économiquement sinistrée, dirigée par un socialisme d'appareil et de clientèle, la fille d'un immigré juif russe, qui a fait ses études dans des écoles privées catholiques de la région parisienne, réussit à capter les peurs sécuritaires et le rejet d'un système qui ressemble à s'y méprendre à celui d'Hénin-Beaumont.
L'élection de Vitrolles correspond à la période d'apogée du FN. Pourtant, la gestion des Mégret donnera une très piètre image du « lepénisme municipal ». Ou plutôt de l'extrême droite municipale, puisque Mégret, exclu du FN fin 1998, amène Vitrolles et Marignane dans l'escarcelle de son Mouvement national républicain (MNR) en janvier 1999.
Vitrolles devient le laboratoire d'expérimentation des idées du FN puis du MNR, et même une base pour les collaborateurs parisiens de Mégret. Un ancien du GUD, Gauthier Guillet, devient adjoint à la culture. Moins ambitieux, Yvain Pottiez, un cogneur bien connu du même mouvement, est embauché comme agent d'entretien. La police municipale est confiée à Patrick Bunel, un ancien responsable du service d'ordre du FN.
Le couple municipal multiplie les décisions controversées. Supprime les subventions aux associations culturelles supposées de gauche, licencie la directrice d'un cinéma géré par la mairie sous prétexte qu'elle a programmé un film sur le sida. Change les noms des rues honorant des figures progressistes et inaugure une rue Jean-Pierre-Stirbois, nom d'un ancien secrétaire général du FN mort en 1983. Vire les éducateurs de rue.
Le parti de la loi et de l'ordre bascule carrément dans l'illégalité. En janvier 1998, le conseil municipal vote la création d'une allocation de naissance réservée aux enfants de parents français ou ressortissants de l'Union européenne. Le préfet se fâche, fait annuler la délibération. Catherine Mégret est condamnée pour discrimination à 3 mois de prison avec sursis. Parfois, Mme Mégret fait dans la provocation très nulle. Témoin son slogan pour la Journée des femmes : « Ni femmes à poil ni femmes à voile »…
Elle est réélue en 2001, mais le scrutin est annulé par le Conseil d'État car elle a diffusé un tract diffamatoire envers son adversaire du RPR-UDF. Les électeurs sifflent la fin de la récréation en octobre 2002 en redonnant la ville au PS lors d'une élection partielle. Dans les rues, après que le résultat est tombé, des gens crient *« les Mégret dehors ! »* et *« Vitrolles libérée ! »*.

Jean-Yves Camus est chercheur associé à l'IRIS
(Institut de relations internationales et stratégiques)

> Après le succès de son livre *Entre nous*, Juppé prépare la suite : *Démerdez-vous.* >

> Proverbe. Un Corse qui meurt, c’est une armurerie qui brûle. >

CHARLIE HEB
10F
GASTON EST MORT, HÉLAS LAGAF' EST TOUJOURS VIVANT
Le guide Michelin des foyers pour SDF
Evita-Madonna : le fascisme sexy
Riss, rédac' chef de « Elle »
CENTRAFRIQUE
LE RPR SOUTIENT TOUS LES RÉGIMES CORROMPUS
...À COMMENCER PAR LA FRANCE !
cabu
M 5777 - 238 - 10,00 F
N° 238 • Mercredi 8 janvier 1996 • 10 francs • 70 francs belges • 3 francs suisses • 3,50 dollars canadiens • US dollars $ 2,95 • 2900 lires

> La République a versé 35 millions de francs d'aide au FN. Jamais un suicide n'aura coûté aussi cher. >

CHARLIE 10F HEBDO
STAGES-DIPLÔMANTS
Jarnac : Tonton soldé
Monaco : 700 ans de presse poubelle
La Corée découvre le Front populaire
J'EN AI MARRE QUE TF1 MONTRE CLAIRE CHAZAL...
... C'EST MA VIE PRIVÉE !
cabu
M 5777 - 239 - 10,00 F
N° 239 • Mercredi 15 janvier 1997 • 10 francs • 70 francs belges • 3 francs suisses • 3,50 dollars canadiens • US dollars $ 2,95 • 2900 lires

CHARLIE 10F HEBDO
JUSTICE
Crédit foncier : crédit à chier
Stages diplômants stages dégradants
CHIRAC VEUT COUPER LE CORDON OMBILICAL
QUI ÉTRANGLE LE RPR.

CHARLIE 10F HEBDO
ALGÉRIE
Vitrolles : Mégret, le fan de Goebbels
Bobigny : la justice fast-food
Michel Polac dans « Charlie »
LE SILENCE DE NOS INTELLECTUELS
CARLOS
CANDELORO
PATRICK SÉBASTIEN
THIERRY ROLAND
OPHÉLIE WINTER
VOYEZ LE RÉSULTAT QUAND L'ARBITRE EST ARABE !
cabu

CHARLIE 10F HEBDO
SPÉCIAL VITROLLES
Le coup de gueule de Guy Bedos : voter ou crever
LE G.I.A FRANÇAIS EN TÊTE À VITROLLES
F.N.

CHARLIE 10F HEBDO
Vitrolles : 40 dessins dans la gueule à Mégret
Banlieues : interview du réalisateur d'Hexagone
Le FN directeur des programmes de TF1
VITROLLES Le pays du soleil a élu Mr Nuit et Mme Brouillard
HONORÉ

CHARLIE 10F HEBDO
Pour la peine de mort ou contre le carnaval?
Mars attaque Vitrolles
Encore 2 900 journalistes contre la loi Debré
LES INTELLOS CONTRE LA LOI DEBRÉ
ON S'EN FOUT...
...LES CONS SONT POUR NOUS !
TIGNOUS

> Les Suisses ne veulent pas rendre leur argent aux anciens déportés sous prétexte que le numéro qu'ils portent sur le bras ne correspond à aucun numéro de compte. >

CHARLIE HEBDO
10 F
SPÉCIAL LOIS DEBRÉ
Avec Tavernier, Moustaki, Diop et 1400 journalistes
ALLÔ, LA PRÉFECTURE ?...
IL RENTRE, IL SORT, IL RENTRE, IL SORT...
LUZ
M 5777 - 244 - 10,00 F
N° 244 ▪ Mercredi 19 février 1997 ▪ 10 francs ▪ 70 francs belges ▪ 3 francs suisses ▪ 3,75 dollars canadiens ▪ US dollars $ 2,95 ▪ 2900 lires

> Sardou n'a que cinquante ans. Il y a des siècles où les minutes sont plus longues. >

CHARLIE HEBDO
10F
Loi Debré : « Charlie » fait le vrai sondage
Test : Êtes-vous intello ou populo ?
Bouygues / TF1 : l'intégrale des combines louches
LE PEN VOIT DES JUIFS PARTOUT
ET ENCORE, IL ME MANQUE UN OEIL...
Willem
M 5777 - 246 - 10,00 F
N° 246 • Mercredi 5 mars 1997 • 10 francs • 70 francs belges • 3 francs suisses • 3,75 dollars canadiens • US dollars $ 2,95 • 2900 lires

> En France, on va pouvoir être juré à dix-huit ans. En Corse, à cet âge-là, on peut être bourreau. >

CHARLIE HEBDO
10F
AVEC SCHWEITZER
Luz saute sur la mairie de Vitrolles
Sondage « Charlie » à Renault : « votre patron est-il un enculé ? »
LES CONSEILS DE CHIRAC AUX JEUNES:
MARIEZ-VOUS AVEC UNE MÉMÈRE PLEINE DE POGNON !
RISS

CHARLIE HEBDO
10F
La police RPR flingue la justice
Monsieur Paul drague castriste par Wolinski
Les VRP réécrivent les droits de l'homme pour la Chine
SÉCHERESSE: INTERDICTION DE BAPTÊME
M 5777 - 252 - 10,00 F
N° 252 • Mercredi 16 avril 1997 • 10 francs • 70 francs belges • 3 francs suisses • 3,75 dollars canadiens • US dollars $ 2,95 • 2900 lires

CHARLIE HEBDO
10F
Chirac ferme une MJC en Corrèze
Trautmann ouvre sa gueule contre le FN à Strasbourg
CARPENTRAS
MON PÈRE BUVAIT...
MA MÈRE SE PROSTITUAIT...
...MON PARTI RATONNAIT!
LUZ

Spécial Strasbourg : les affiches à brandir, 24 pages
CHARLIE HEBDO
15F
TOUS À STRASBOURG
ACHTUNG !.. LE FN TIENT SES PROMESSES...
DEMAIN, ON GAZE GRATIS!
CABU

CHARLIE HEBDO
10F
60 000 à STRASBOURG
Amiante : le plan du métro cancérigène
Temple solaire : la main du SAC sous la robe templière
FINALEMENT, C'EST FACILE...
CABU

CHARLIE HEBDO
10F
Cuba : reportage de Charb et Wolinski
Foot : Chirac contre la fuite des mollets
Sondage : les Français veulent être sur écoutes
MADELIN
LA PETITE FRAPPE QUI MONTE
N'AYEZ PAS PEUR DE L'AN 2000!
LUZ

> L'action Eurotunnel décotée. Ça apprendra aux cons à investir dans un trou. >

CHARLIE HEBDO
10F
Révélation : Mitterrand gouvernait avec une astrologue
Dissolution : les affiches du RPR
Topor
page 11
CHIRAC INVENTE LE SEPTENNAT DE 2 ANS.
PROFITONS-EN
VIRONS-LE !
CHARB.
N° 253 • Mercredi 23 avril 1997 • 10 francs • 70 francs belges • 3 francs suisses • 3,75 dollars canadiens • US dollars $ 2,95 • 2900 lires

CHARLIE HEBDO
10F
EN CAMPAGNE
Après la pétition anti-FN, on continue : les lois qui obligent l'État à dissoudre le FN
Jospin,
FAIS-NOUS RÊVER !

CHARLIE HEBDO
EN CAMPAGNE
Reportages : Dassault à Beauvais, les candidats du XVIe face à leurs pauvres
Censier cache son amiante
LA GAUCHE REMONTE!
Y AURA-T-IL DES MINISTRES SOCIALISTES ?
J'HÉSITE...

CHARLIE HEBDO
EN CAMPAGNE
Reportage : à Saint-Étienne, la droite « humaniste » et raciste
Des candidats pas frais sur le marché
LA DROITE REMONTE DANS LES SONDAGES
LUZ

> Le César du plus mauvais vin a été attribué à Gérard Depardieu pour l'ensemble de ses vignes. >

CHARLIE HEBDO
10F
EN CAMPAGNE
Les flics qui demandent la dissolution du Front national
FÊTE DES MÈRES
OFFREZ UN GOUVER-NEMENT DE GAUCHE !
Cabu

CHARLIE HEBDO
10F
1er COUAC DE LA COHABITATION
Voynet, Hollande, Chevènement, Braouezec : les trois mesures d'urgence pour la gauche
VIRE TON SAC À PUCES DU PIEU !
Cabu

CHARLIE HEBDO
10F
EN CAMPAGNE
Reportage : le dernier soubresaut de Juppé
Ces vieux débris qui refusent le droit d'asile, par Cabu
ADIEU JUPPÉ
L'AMOUR PLUS FORT QUE LA DROITE
RISS.

CHARLIE HEBDO
10F
Claude Allègre, ministre floqué à l'amiante
La première journée d'une ministre coco
LES FRANÇAIS IMPATIENTS
ALORS, LES CONNERIES, ÇA VIENT ?
RISS

> Fin du ramadan, le GIA va enfin pouvoir égorger avant le coucher du soleil. >

CHARLIE HEB 10F
BONNES VACANCES À LA HAGUE
AU DÉBUT ELLE EST CHAUDE MAIS APRÈS ELLE EST BONNE !
Le restau pas cher de la trésorière du RPR
Vitrolles : Mégret gaze la culture
Superphénix : le sodium qui tue
EURO-GAYPRIDE
OUI AUX CRITÈRES DE CONVERGENCE
cabu
N° 262 • Mercredi 25 juin 1997 • 10 francs • 70 francs belges • 3 francs suisses • 3,75 dollars canadiens • US dollars $ 2,95 • 2900 lires

CHARLIE 10F HEBDO
Procès : l'AGRIF, ces fachos qui nous harcèlent
Le Bourget : sondage et reportage
Euro de gauche ou dictature de la monnaie ?
RAPPROCHEMENT RPR-FN
Ne laissons pas la Patrie à Le Pen, ne laissons pas la famille à Le Pen !
Ne laissons pas Mégret à Le Pen !

NUMÉRO DOUBLE 20F VENDU AVEC SON SUPPLÉMENT
CHARLIE HEB
LA GAUCHE À L'ASSEMBLÉE, LA DROITE À LA TÉLÉ !
POUR LES 5 ANS DE "CHARLIE" !
ON A PERDU VILVORDE... ON A GAGNÉ HONGKONG !
cabu

CHARLIE 10F HEBDO
France-Inter : le service public menacé
ENCORE UN BOUDIN ÉLU MISS RPR !
MISS R.P.R. 97

CHARLIE 10F HE
POLYPHONIES BASQUES
Enfin disponibles en coffret
Médecine : les soins qui tuent
Plans sociaux : la mode de l'été
Orange : la culture au four
LA COHABITE
LA DANSE DE L'ÉTÉ
cabu

> Deng Xiaoping va mieux. Il vient de chier le grain de riz qu'il a mangé il y a quinze jours. >

CHARLIE HEBDO
10F
LA GAUCHE TAXE LES PATRONS
AVEC QUEL ARGENT VAIS-JE POUVOIR LICENCIER MES EMPLOYÉS?
LUZ
La Hague : reportage chez les illuminés du tuyau
Budget : Jospin préfère l'armée au grand capital
CHASSE AUX ENFANTS APRÈS MINUIT
SORTEZ DE LÀ !
VOUS N'AVEZ AUCUNE CHANCE !
willem
M 5777 - 266 - 10,00 F
N° 266 • Mercredi 23 juillet 1997 • 10 francs • 70 francs belges • 3 francs suisses • 3,75 dollars canadiens • US dollars $ 2,95 • 2 900 lires

> Le FN aide les petites vieilles à traverser la rue et les Arabes à sauter les ponts. >

CHARLIE 10F HEBDO
Anémone nous écrit : « J'aime la corrida »
Reportage : Tristes tropiques à Palavas-les-Flots
Prud'hommes : Aubry se dégonfle devant le FN
35 HEURES D'EMBOUTEILLAGE
...PAYÉES 39 !
RISS
N° 267 • Mercredi 30 juillet 1997 • 10 francs • 70 francs belges • 3 francs suisses • 3,75 dollars canadiens • US dollars $ 2,95 • 2 900 lires

CHARLIE 10F HEBDO
« Charlie » dans le Vatican de la Scientologie
Reportage : La chaise électrique, attraction de l'été
Emploi : les charognards de la faillite
CANICULE :
PAPAMOBILE À MICRO-ONDES

CHARLIE 10F HEB
Enquête : Dassault, Ubu roi à Corbeil
Cavanna et Riss au Puy-du-Fou
LES ARNAQUES DE L'ÉTÉ
POPEYE II
ET SES HOSTIES AVARIÉES

Interview : l'ancien patron de Volkswagen dénonce le capitalisme
CHARLIE 10F HEBDO
LA VILLE LUMIÈRE ACCUEILLE L'OBSCURANTISME
RISS

Comment sortir vivant du XXe siècle
Un poster de Willem à conserver
NOUVEAUX EMPLOIS...
CHARLIE 10F HEBDO
LES CRS DE St BERNARD, UN AN APRÈS...
ON A BIEN FAIT DE VOTER SOCIALISTE
CHARB.

> Le Pen : « Je ne suis pas d'accord avec ce que vous dites, mais je vous torturerai jusqu'au bout pour que vous puissiez le dire. » >

Interview : Dominique Voynet dit tout !
CHARLIE 10F HEBDO
FAUT-IL STÉRILISER LES HANDICAPÉS MENTAUX ?
M'EN FOUS ! J'SUIS DÉJÀ MINISTRE DE L'ÉDUCATION !
Cabu

CHARLIE 10F HEBDO
« POURQUOI JE N'AI PAS EU BESOIN DE ME FAIRE REFAIRE LE NEZ » par Lady D.

Stérilisations forcées : la France aussi
CHARLIE 10F HEBDO
LADY DI MOBUTU TERESA
VIANDE FROIDE
SUR TOUTES LES CHAÎNES
... AVEC CORNICHONS !

Allègre s'autocensure pour épargner l'Église
CHARLIE 10F HEBDO
« L'Humanité » relooké
Bertrand Blier : l'interview
LES RICHES N'AURONT PLUS D'ALLOCS
Si j'avais su, j'aurais mis une capote !

CHARLIE 10F HEBDO
SPÉCIAL ALGÉRIE
L'or des généraux algériens planqué en Suisse. Par Jean Ziegler
MELLBA : LA BAVURE
MA MOB !
CHARB.

> Le drame, avec les Tiberi, c'est que ce qu'ils ont fait illégalement est moins grave que ce qu'ils ont fait légalement. >

Affaire Yann Piat : Léotard, innocent professionnel page 4
CHARLIE 10F HEBDO
DOPAGE !
LA MASCOTTE DE L'ÉQUIPE DE FRANCE EST UN POULET AUX HORMONES !
Cabu
M 5777 - 280 - 10,00 F
N° 280 • Mercredi 29 octobre 1997 • 10 francs • 70 francs belges • 3 francs suisses • 3,75 dollars canadiens • US dollars $ 2,95 • 2 900 lires

Papon, levez-vous ! Amouroux, taisez-vous ! pages 8 et 9
CHARLIE 10F HEBDO
AFFAIRE YANN PIAT :
ENCORNET ET TROTTINETTE ONT UN ALIBI
J'ÉTAIS CHEZ LUI !

Michel Polac a lu « L'Affaire Yann Piat »
CHARLIE 10F HEBDO
CHAQUE SEMAINE LE PROCÈS PAPON PAR RISS
35 HEURES :
GANDOIS BERNÉ
VOUS M'AVEZ FAIT CHIER...
...JE ME DÉLOCALISE À TAÏWAN !
Cabu

On a laissé assassiner Yann Piat
CHARLIE 10F HEBDO
« CHARLIE » RECRUTE TUEUR POUR DIRIGER CNPF
VAR
LE MILIEU, LA PÈGRE, LA MAFIA...
J'PENSAIS PAS QU'Y AVAIT AUTANT DE COURANTS À L'U.D.F !
CHARB

> Vasarely est mort. Qui va nous faire nos grilles de mots croisés ? >

CHARLIE 10F HEBDO
Routiers : quand le CNPF rêve de Pinochet
Médias : les «Express» auxquels vous avez échappé
Affaire Piat : Léotard pris en flagrant délit de mensonge
LES PATRONS ENCERCLÉS PAR LES ROUTIERS…
ALLONS-NOUS MANQUER DE SACS À MERDE ?
N° 281 • Mercredi 5 novembre 1997 • 10 francs • 70 francs belges • 3 francs suisses • 3,75 dollars canadiens • US dollars $ 2,95 • 2 900 lires

CHARLIE 10F HEBDO
Quand Chirac enterre le crime contre l'humanité
Comment Notat a baisé les routiers
"Chasse, pêche, nature..." et gros biftons
LES BOURSES ASIATIQUES EN BAISSE…
… LES BOURSES DE MONTAND EN HAUSSE !
N° 282 • Mercredi 12 novembre 1997 • 10 francs • 70 francs belges • 3 francs suisses • 3,75 dollars canadiens • US dollars $ 2,95 • 2 900 lires

Le livre qui va faire pleurer les journalistes page 3
CHARLIE 10F HEBDO
Les médicaments tuent plus que la route
Vitrolles: élection de miss FN
St-Nicolas-du-Chardonnet ouvre une succursale à Noisy-le-Grand
BILAN DU COMMUNISME:
85.000.001 MORTS
N° 283 • Mercredi 19 novembre 1997 • 10 francs • 70 francs belges • 3 francs suisses • 3,75 dollars canadiens • US dollars $ 2,95 • 2 900 lires

CHARLIE 10F HEBDO
Enquête : Notat, patron de choc
Interview : Serge Halimi contre les journalistes « chiens de garde »
Reportage chez les fachos du Colorado
PAPON SAUVÉ PAR L'ORDRE DES MÉDECINS
DITES 44
N° 284 • Mercredi 26 novembre 1997 • 10 francs • 70 francs belges • 3 francs suisses • 3,75 dollars canadiens • US dollars $ 2,95 • 2 900 lires

> Le livre de Robert Hue est tellement nul que même Jean Ferrat a refusé de le mettre en musique. >

Les coulisses du Sommet de Kyoto
CHARLIE 10F HEBDO
NOËL
À L'ÉLYSÉE
N° 287 • Mercredi 17 décembre 1997 • 10 francs • 70 francs belges • 3 francs suisses • 3,75 dollars canadiens • US dollars $ 2,95 • 2 900 lires

CHARLIE 10F HEBDO
Amouroux : on en apprend tous les jours
Elf échange baril de putsch contre pétrole au Congo
La foire de Paris du maintien de l'ordre
TUEUR DE L'EST PARISIEN
TUEUR DU CNPF
7 VICTIMES
3 MILLIONS DE CHÔMEURS

Spécial Sommet de Kyoto
VAL ET LUZ AU JAPON
CHARLIE 10F HEBDO
RÉCHAUFFEMENT DE LA PLANÈTE
JE SUIS POUR !

Enquête dans les bas-fonds de Disneyland Paris
CHARLIE 10F HEBDO
1,3 million de poulets exécutés à Hong Kong
INCORRIGIBLES COMMUNISTES...

> Pédophilie : *Pomme de pine*, *Okapipe* et *Le Journal de Niqué* ont été retirés de la vente. >

Mondial 98 : le rapport confidentiel de la Cour des comptes
CHARLIE 10F HEBDO
● Noël : le top facho des jeux vidéo ● Enquête : les serial-cogneurs du patronat
FLIC ASSASSIN
POLICE
POLICE
J'ESPÈRE SORTIR À TEMPS POUR FAIRE VIGILE AU MONDIAL !
cabu
M 5777 - 288 - 10,00 F
N° 288 ▪ Mercredi 24 décembre 1997 ▪ 10 francs ▪ 70 francs belges ▪ 3 francs suisses ▪ 3,75 dollars canadiens ▪ US dollars $ 2,95 ▪ 2 900 lires

> La mémoire de l'eau, c'est quand on pisse et qu'on ne tire pas la chasse : quinze jours après, elle est toujours là. >

1998

> Soldes : ce qui était inutile et cher le mois dernier n'est plus qu'inutile. >

Vikash Dhorasoo Merci !

Les *seventies*, les *eighties*, ça sonne vraiment pas mal. Les *nineties*… Pas terrible. Après le duvet et l'appareil dentaire des années 80 (les Indiens n'ont pas d'acné, j'ai échappé à ça), dix ans de merde étaient programmés, sauf que, dans les années 90, il y a eu 1998… et la naissance d'Hugo, le premier petit enfant de la famille.
1998. J'ai 24 ans, et, à l'âge où certains se biturent dans les soirées étudiantes et crèchent encore chez leurs parents, moi, je dois déjà choisir entre jouer à Bordeaux ou à Lyon. C'est le tournant de ma carrière.
« Merci ! » Forêt de Montgeon, au Havre, ma ville natale. Pour la seule fois de la saison, et ce, pour le dernier footing avec mes copains « Hacmen », j'ai soutenu le rythme de mon génial coach moustachu, Denis Troch, et ce fou me balance un simple « merci ». Pour services rendus ? Parce que je viens de réaliser une très belle saison ? Peut-être tout simplement parce que je me casse. *« Good luck my friend ! »* (En 2011, on dirait « casse-toi, pov' con ») Car le HAC sans toi va quand même jouer à onze. (Le foot se joue toujours à onze, au moins au début.)
Moi, j'ai choisi depuis un moment et je m'envole (ou plutôt, je prends le train) pour Lyon, la capitale des Gaules, Lyon, ville des lumières, rentrée au patrimoine mondial de l'UNESCO.
Quelques mois plus tôt, le 24 janvier, j'ai signé un contrat de quatre ans, dans ma chambre d'hôtel, avant de jouer contre le PSG, que nous avons éclaté, grâce à deux buts de Cyrille Pouget, le dopé à la nandrolone.
Ce soir-là, dans le vestiaire, je pleure (de joie, de tristesse ?). Je viens de trahir mes copains, je me sens « Clandestino » (Manu Chao).
J'ai peur aussi. Soudainement, en ce mois de janvier 1998, je réalise que je viens de prendre une autre voie, celle du foot-bizness. Adieu, ma ville natale, mon club de cœur et mes T-shirts Petit Bateau. Je rentre dans le système. Salut, l'ambition et la carrière. J'ai une valeur marchande, donc un agent, le meilleur, paraît-il, le croisement entre Joe Pesci et Al Pacino. Un mec qui se balade avec des « Pascal » plein les poches et qui inquiète les présidents Aulas et Hureau. Plus gros transfert de l'histoire du HAC et de l'OL. J'ai enfin un gros salaire, des collègues de boulot, une clause libératoire à 40 millions de francs pour partir dans mon club de dans deux ans (« putain, deux ans »)… Oui, en cette année 1998, le foot devient pour moi un vrai métier, et Lyon, un tremplin.
Premier match à domicile et premier carnaval *do Brasil*. 6-1 contre Toulouse, je marque le dernier but. Les Lyonnais m'adoptent comme « le petit prince de Gerland ».
Je croise Yannick Noah en bas de chez moi, le soir de notre qualification à Blackburn en Coupe d'Europe. On se salue. Je comprends que c'est la coutume chez les « people ». Cinq minutes plus tard, le beau Yannick se retrouve dans mon minuscule canapé, à siroter un Jack Daniel's. *« Nique-les tous »*, petit conseil d'un grand champion à un joueur de D1 ! « Suprême NTM » représente !
Je rêve de l'équipe de France, mais l'équipe de France préfère bouffer chez McDo. Comme un symbole, Fernand Sastre meurt le 13 juin, au début de la Coupe du monde, pendant que Don Blatter prend le pouvoir à la FIFA pour les quinze prochaines années…
Le 12 juillet, j'ai fait un barbecue chez Patrice Carteron et mes nouveaux collègues. Ce soir-là, la France est devenue championne du monde sans chanter *La Marseillaise*. Après le match, les Français semblaient heureux. La France « black-blanc-beur » était dans les rues… pour pas longtemps : *« Je crois que ça va pas être possible, pas être possible… »*

Vikash Dhorasoo est ancien footballeur, cofondateur du mouvement Tatane :
www.tatane.fr • dhorasoo.blog.lemonde.fr

> Afin de protéger la couche d'ozone, cette année, les Africains écrasés par la caravane du Paris-Dakar ne seront pas incinérés. >

Chômeurs, ne demandez pas la lune, vous l'avez déjà ! pages 3, 4, 8 et 9
CHARLIE HEBDO
10F
SÉRIE NOIRE POUR MERCEDES
LA "CLASSE A" CRAME DANS LES VIRAGES
LUZ
M 5777 - 290 - 10,00 F
N° 290 ▪ Mercredi 7 janvier 1998 ▪ 10 francs ▪ 70 francs belges ▪ 3 francs suisses ▪ 3,75 dollars canadiens ▪ US dollars $ 2,95 ▪ 2 900 lires

> Les suppositoires interdits en Jordanie pendant le ramadan. Mais après le coucher du soleil on peut les manger. >

Lettre aux pauvres, par Cavanna
CHARLIE 10F HEBDO
LES CHÔMEURS SE SOULÈVENT
ÇA VA CHIER !
TIGNOUS
M 5777 - 291 - 10,00 F
N° 291 • Mercredi 14 janvier 1998 • 10 francs • 70 francs belges • 3 francs suisses • 3,75 dollars canadiens • US dollars $ 2,95 • 2 900 lires

Sarkozy fait des chèques
Balladur et le Stade de France
CHARLIE 10F HEBDO
JEAN-PAUL II / FIDEL CASTRO
FAUDRAIT PAS VIEILLIR...
...SURTOUT LES ATHÉES !

Les chômeurs occupent quatre pages !
CHARLIE 10F HEBDO
LES 35 HEURES ÇA PEUT PAS MARCHER !
BEN ALORS, 15
CNPF
TIGNOUS

Charb : « Comment peut-on fumer et être de gauche ? »
CHARLIE 10F HEBDO
CLINTON PLUS POPULAIRE QUE JAMAIS
GOÛT FRAISE
GOÛT VANILLE
GOÛT CASSIS
GOÛT PISTACHE

Les bonnes raisons de ne pas se suicider !
CHARLIE 10F HEBDO
A.M.I. : le coup d'État des multinationales
Le scandale des plombages contaminés
CORSE : L'INDIGNATION
APRÈS LUI C'EST MOI !
APRÈS LUI C'EST MOI !
APRÈS LUI C'EST MOI
CABU

Jean-François Mancel, RPR et millionnaire : 0 F d'impôts !
CHARLIE 10F HEBDO
« LES VISITEURS »... L'A.M.I...
LE MOYEN ÂGE À LA MODE
AMI
SIGNEZ LÀ !
LUZ

> Un nouveau-né balancé dans le vide-ordures du 4e étage. Arrivé au 3e étage, il avait déjà revu toute sa vie, ensuite il s'est fait chier jusqu'au rez-de-chaussée. >

Régionales : interview de Marie-Christine Blandin p. 8-9
CHARLIE 10F HEBDO
DUMAS : LES GODASSES À 11 000 BALLES
J'AI BESOIN DE BOTTINES. VENDONS DES FRÉGATES AU KOSOVO.
M 5777 - 299 - 10,00 F
N° 299 • Mercredi 11 mars 1998 • 10 francs • 70 francs belges • 3 francs suisses • 3,75 dollars canadiens • US dollars $ 2,95 • 2 900 lires

Tiberi, ni coupable, ni innocent : corse
CHARLIE 10F HEBDO
La guerre du re-Golfe
Reportage : la peur de Le Pen face aux juges
LE PORTE-AVIONS MONICA
MOUILLE DANS LE GOLFE

Neuilly-Auteuil-Passy au secours de Papon p. 10
CHARLIE 10F HEBDO
LA CROISSANCE !
FAITES ENTRER

CHARLIE 10F HEBDO
Régionales : les exclus font le bilan de la gauche
Non-violence urbaine : reportage à Grigny, Essonne
Papon en ballottage défavorable
MAINTENANT QUE LES ÉLECTIONS SONT FINIES ...
TU FERMES TA GUEULE !
FN
LUZ

> Les Français sont très joueurs. Ils ont laissé 118 milliards à la Française des jeux, au PMU, aux casinos, et trois villes au Front national. >

Dans ce numéro, pour le même prix, “Charlie” + “Le Monde” + TF1
CHARLIE 10F HEBDO
TOUBON VEUT PARIS
IL FAUDRA ME PASSER SUR LE CORPS!
M'EN FOUS! JE FERAI UN PÉRIPHÉRIQUE!
RISS
M 5777 - 304 - 10,00 F
N° 304 • Mercredi 15 avril 1998 • 10 francs • 70 francs belges • 3 francs suisses • 3,75 dollars canadiens • US dollars $ 2,95 • 2 900 lires

CHARLIE 10F HEBDO
RPR
UDF

Ce que vous ne lirez jamais dans la presse sur la presse p. 8-9
CHARLIE HEBDO
REDYNAMISONS LA VIE POLITIQUE!

CHARLIE 10F HEBDO
● Expulsés : Chevènement contre l'anti-France
● Reportage : les voleurs de nains de fast-food
● Coopération : la torture en Afrique francophone
RWANDA, LA FILLE CACHÉE DE MITTERRAND
ALLÔ, MICHEL FIELD ?
Willem

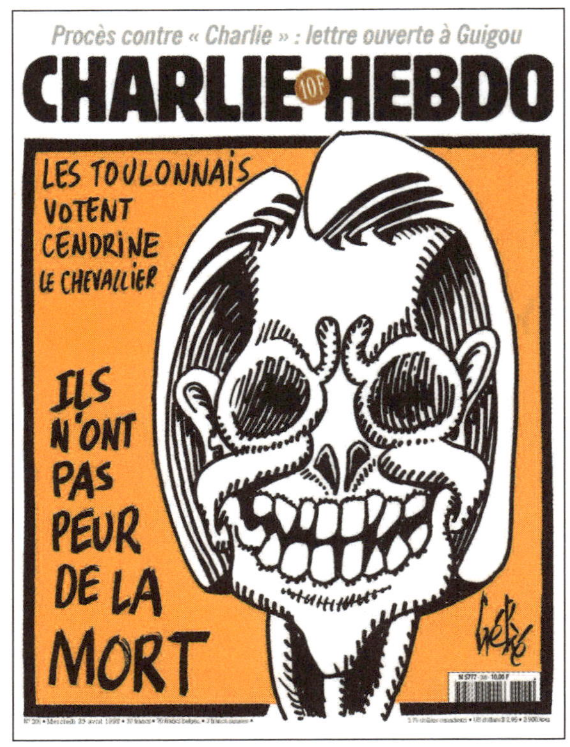

Procès contre « Charlie » : lettre ouverte à Guigou
CHARLIE 10F HEBDO
LES TOULONNAIS VOTENT CENDRINE LE CHEVALLIER
ILS N'ONT PAS PEUR DE LA MORT

> Bientôt, à Lille, une statue de Mitterrand de 5 mètres de haut. C'était ça ou une statue de Mauroy de 5 mètres de large. >

CHARLIE 10F HEBDO
Pétition anti-homos : les fantasmes de Felletin-en-Creuse
Reportage : Gébé en Chine
Une journée dans un collège de Seine-Saint-Denis
MAI 68
«JOUISSEZ SANS ENTRAVES»
EN 68 ON VOULAIT LA PILULE…
…EN 98 ON VEUT LA PILULE POUR BANDER !

Reportage chez Charles Millon page 4
CHARLIE 10F HEBDO
MADAME JÉSUS NOUS DIT :
"MON MARI SALIT ÉNORMÉMENT…"
…POUR SON SAINT SUAIRE J'UTILISE
JAVEL LA CROIX
cabu
N° 305 • Mercredi 22 avril 1998 • 10 francs • 70 francs belges • 3 francs suisses • 3,75 dollars canadiens • US dollars $ 2,95 • 2 900 lires

AVEC LE SUPPLÉMENT ANTI-MONDIAL : "L'HORREUR FOOTBALLISTIQUE"
CHARLIE 20F HEBDO
L'HORREUR FOOTBALLISTIQUE
PROCÈS YANN PIAT
MONSIEUR L'ENCORNET, LEVEZ LE TENTACULE ET DITES : "JE LE JURE"
cabu

Dernière séance pour le cinéma d'art et essai à Lyon page 14
CHARLIE 10F HEBDO
LA PILULE QUI FAIT DÉBANDER LE R.P.R.
XAVIÈRE
LUZ

CHARLIE 10F HEBDO
Double peine : reportages à Lyon et à Casablanca
Elf : les étranges pudeurs d'une affaire d'État
LE JOURNAL DE L'ANTI-MONDIAL
ROLAND-GARROS ET LE MONDIAL : NON À LA DOUBLE PEINE !

> Trois policiers meurent flambés. Le syndicat des bananes en tenue porte plainte pour concurrence déloyale. >

Foot : C'est pas commencé qu'on en a déjà marre !
CHARLIE 10F HEBDO
La science fait peur aux Suisses
Immigration : une louche d'humanitaire, une louche de démagogie
LE JOURNAL DE L'ANTI-MONDIAL
PARIS ACCUEILLE LE MONDE ENTIER
ATTENTION AUX PICKPOCKETS !
cabu

CHARLIE 10F HEBDO
Le journal de l'anti-Mondial
De nouveau dans les kiosques
L'HORREUR FOOTBALLISTIQUE
A partir du 13 juin : 10 F
Thierry Roland
LA VITRINE DE LA FRANCE
BIENVENUE AUX MÉTÈQUES !...
TF1

CHARLIE 10F HEBDO
Le journal de l'anti-Mondial
De nouveau dans les kiosques
L'HORREUR FOOTBALLISTIQUE
A partir du 13 juin : 10 F
HOOLIGANS À MARSEILLE
DOMMAGE QU'ILS SOIENT ANGLAIS, ILS FERAIENT D'EXCELLENTS COLLEURS D'AFFICHES !
LUZ

Le journal de l'anti-Mondial
CHARLIE 10F HEBDO
De nouveau dans les kiosques : 10 F
L'HORREUR FOOTBALLISTIQUE
Reportage : le saint suaire au banc d'essai
SUPPORTER = SS !
cabu

> Ne confondez pas la Saint-Valentin avec la fête des Mères. C'est un coup à faire vingt ans de psychanalyse. >

« J'ai été bénévole au Mondial » Reportage pages 8 et 9
CHARLIE HEBDO
10F
Clinton à Pékin
QUELQU'UN POURRAIT-IL M'EXPLIQUER LE MANIEMENT DES BAGUETTES ?
ON SERA À TOI DANS UNE MINUTE !

CHARLIE HEBDO
10F
Reportage : la Bourgogne vendue au Front national page 11
La préfecture de police abrite des ateliers clandestins page 5
L'ALGÉRIE S'ARABISE
ALLAH AKBAR
TIGNOUS

Expulsés : voyagez avec Accor ! page 11
CHARLIE HEBDO
10F
People : Le Pen vu à un spectacle de strip-tease masculin
Les chiens de garde font de la résistance
Viagra, mon amour
TOUR DE FRANCE DU DOPAGE
AVEC MA NOUVELLE SELLE, J'AI PLUS MAL AU CUL...
CHARB.

Cour internationale : au «Mondial» de la justice, 120 pays ont gagné
CHARLIE HEBDO
10F
Val et Cabu au Festival d'Avignon
Ségolène Royal faisait trimer ses secrétaires pour pas un rond
Thon au mercure et salade au plomb
DÉPÉNALISONS LE SPORT !
VIRENQUE
FESTINA
...POUR UNE FRANCE QUI GAGNE !
Cabu
M 5777 - 318 - 10,00 F
N° 318 • Mercredi 22 juillet 1998 • 10 francs • 70 francs belges • 3 francs suisses • 3,75 dollars canadiens • US dollars $ 2,95 • 2 900 lires

> Quand la femme de Johnny fête la Saint-Valentin, elle a l'impression de souhaiter la fête des Pères. >

Luz et Val aux États-Unis
CHARLIE HEBDO
10F
LES ABBÉS EN SOUTANE
SAUVENT LES ÂMES, NOIENT LES SCOUTS

USA : Val et Luz testent un vaccin contre le chômage !
CHARLIE HEBDO
10F
BERNADETTE JALOUSE
MONICA, C'EST PAS DES TACHES DE MAYONNAISE !
CHARB.

Val et Luz dans l'archipel du goulag américain
CHARLIE HEBDO
10F
Léotard dans le Guinness des records
JE SUIS LE PLUS "PRÉSUMÉ INNOCENT" DU MONDE !
cabu

Val et Luz aux USA : un maire noir pour la ville du Ku Klux Klan
CHARLIE HEBDO
10F
NOYADES, VIOLS, TERRORISME...
UN ÉTÉ CATHOLIQUE
ON S'EST BIEN MARRÉS !
ALSACE
BRETAGNE
IRLANDE
cabu

Lady Di : interview du treizième poteau
CHARLIE HEBDO
10F
McDo bombarde une croissanterie
TIGNOUS

Que choisir : Le Pen ou Mégret?
CHARLIE HEBDO
10F
INTERVIEWS
Daniel Cohn-Bendit : « La politique, c'est sensuel »
Zebda : « La radicalité, c'est pas de crier Nique la police ! »
CHEZ LES MONDAINS
ON COMMENCE À SE FAIRE CHIER...
ET SI ON DISAIT DU MAL DE BOURDIEU ?
LUZ

Chevènement s'est décommandé : on a interviewé Robert Hue...
CHARLIE HEBDO
10F
CHEVÈNEMENT, FAIS GAFFE !
LES MÉDECINS MILITAIRES ONT DROIT À 7% DE PERTES
cabu

> Épidémie d'aphtes à Washington. Cette semaine, Clinton ne s'est fait sucer par personne. >

Huit classiques à la sauce Depardieu et TF1
CHARLIE HEBDO
10F
Bordeaux : la camisole de force à domicile
En 2002, l'armée remplace la police
Cavanna les moustaches dans le lisier
CLINTON
LA DÉMOCRATIE FOND DANS LA BOUCHE, PAS DANS LA MAIN !
LUZ
M 5777 - 326 - 10,00 F
N° 326 • Mercredi 16 septembre 1998 • 10 francs • 70 francs belges • 3 francs suisses • 3,75 dollars canadiens • US dollars $ 2,95 • 2 900 lires

> Un homme accusé de vol s'est fait amputer la main à Kaboul et non pas les boules à Kamain, comme l'affirmait notre précédente dépêche. >

Dictateurs sans frontières, unissez-vous ! pages 8 et 9
CHARLIE HEBDO
10F
Reportage : en Franche-Comté, y a du Satan dans le bénitier
États-Unis : le Jerry Springer Show
le Monicagate pour tous
BERNADETTE CONTRE LES HOMOS
VOUS SAVEZ PAS CE QUE VOUS PERDEZ !
cabu
M 5777 - 332 - 10,00 F
N° 332 • Mercredi 28 octobre 1998 • 10 francs • 70 francs belges • 3 francs suisses • 3,75 dollars canadiens • US dollars $ 2,95 • 2 900 lires

CHARLIE HEBDO
10F
l'enfer des Algériens expulsés de France
Les BHL se rebiffent
Toulon : 40 mois de fascisme
Cavanna et Riss à Disneyland
LES MAQUEREAUX DU FN …
TOULON VOTEZ CENDRINE
… ENVOIENT LEURS GONZESSES AU TAPIN
cabu

CHARLIE HEBDO
10F
Et l'Allemagne devint rose
Les cartes postales de Willem à l'Est
Vidéosurveillance : souriez, vous êtes fliqués !
LA CHASSE À SALMAN RUSHDIE EST FERMÉE
SALAUDS DE TECHNOCRATES DE BRUXELLES !

CHARLIE HEBDO
10F
Langues régionales : à bas tous les patois !
Consommation : 30 % de la planète bouffés en 25 ans
Cartes postales : Willem à Auschwitz
TOUS DOPÉS
SAUF MOI

Ces banlieues qui font peur à "Paris Match" pages 4, 8 et 9
CHARLIE HEBDO
10F
MANIFS ÉTUDIANTES
Leurs revendications sont légitimes …
ALLÈGRE DÉMISSION
HONORÉ

> Maurice Papon était résistant : il a caché 1 690 Juifs dans des trains. >

CHARLIE HEBDO
10F
Langues régionales : lettre ouverte à Lionel Jospin
Reportage : visite du Limousin radioactif
QUE VEULENT LES LYCÉENS?
NE PAS FINIR COMME ÇA !
BERNARD TAPIE & DOC GYNÉCO
LUZ

CHARLIE HEBDO
10F
REPORTAGE EN GUYANE FRANÇAISE
FUSILLÉS EN 1917, REFUSILLÉS EN 1998
par la droite
par la droite
TARDI

CHARLIE HEBDO
10F
RHÔNE-ALPES CONTRE MILLON
Dumas et Tiberi se tiennent par la barbichette
Reportage en Guyane
PINOCHET : ON SE L'ARRACHE !
SUÈDE
SUISSE
FRANCE
ESPAGNE

CHARLIE HEBDO
10F
LA BIBLE
Nucléaire : par ici la sortie !
Medef : après avoir changé les plaques, le CNPF maquille le moteur
POURQUOI LE PACS ?...
cabu
... POUR NE PAS SE MARIER AVEC CHRISTINE BOUTIN !
N° 333 • Mercredi 4 novembre 1998 • 10 francs • 70 francs belges • 3 francs suisses • 3,75 dollars canadiens • US dollars $ 2,95 • 2 900 lires

CHARLIE HEBDO
10F
SPÉCIAL PINOCHET
CIA
CHILI
TARDI
« AU CHILI, PAS MÊME UNE FEUILLE NE BOUGE SANS QUE JE LE SACHE. »
M 5777 - 337 - 10,00 F
N° 337 • Mercredi 2 décembre 1998 • 10 francs • 70 francs belges • 3 francs suisses • 3,75 dollars canadiens • US dollars $ 2,95 • 2 900 lires

> Rwanda : les militaires français ont entraîné les miliciens hutus à décapsuler leur bière avec des machettes. Et puis ça a mal tourné. >

CHARLIE 10F HEBDO
Reportage
NICE PLEURE SON PARRAIN
LA PLANÈTE NE SE RÉCHAUFFE PAS POUR TOUT LE MONDE.
TIGNOUS

CHARLIE 10F HEBDO
Interview de Daniel Mesguich
Industrie nucléaire ch. vide-ordures
MON PIED BOT ME FAIT MAL !
Cabu

CHARLIE 10F HEBDO
Affaire Dumas : les prochaines révélations !
Grandes surfaces : le Père Noël est un esclavagiste
L'ONU ENVOIE KOFI ANNAN…
…RÉCONCILIER LES FRANÇAIS
DISSOLUTION DU FN :
LE PEN SIGNE LA PÉTITION !
…UN PARTI "VIOLENT ET RACISTE !"
M 5777 - 339 - 10,00 F
Cabu
N° 339 • Mercredi 16 décembre 1998 • 10 francs • 70 francs belges • 3 francs suisses • 3,75 dollars canadiens • US dollars $ 2,95 • 2 900 lires

Incroyable mais vrai :
Charlie s'empare de la marque « Front national » !
CHARLIE 10F HEBDO
TOULOUSE Reportage AU MIRAIL
LA FOLIE DU PORTABLE
RISS.
DEVINE D'OÙ JE T'APPELLE ?

« CHARLIE » REND LE « FRONT NATIONAL » AUX RÉSISTANTS DE 1941
et présente ses vœux à ses lecteurs
CHARLIE 10F HEBDO
1999
ANNÉE SANS FACHOS !
VAUT MIEUX ENTENDRE ÇA QUE D'ÊTRE BORGNE !
URUGUAY
Cabu

> Les hommes prétendent avoir eu 12 rapports sexuels au cours du dernier mois, tandis que les femmes en avouent 3. Éternelle querelle de chiffres entre les organisateurs et la préfecture. >

1999

> Que tu paies tes cigarettes en euros ou en francs, ça ne change rien. On te rend toujours la monnaie en cancer. >

Noël Mamère

L'égalité et le mariage des pédés

Ce vendredi 9 octobre 1998, devant la désertion des parlementaires de la majorité de gauche, je n'ai pas trouvé d'autres mots pour qualifier leur lâcheté.

Après de longues heures de discussion, émaillées de propos homophobes, de précautions en tout genre, notamment de la part du gouvernement, la gauche avait buté sur la dernière marche. En désertant l'hémicycle, elle avait permis à la droite la plus réactionnaire, dont la principale chef de file sur le sujet était Christine Boutin, Bible au poing, de s'opposer à l'adoption de l'une des grandes réformes sociales de la gauche française. Il a fallu plus d'un an pour que, cette fois, dans sa version gouvernementale, le PACS soit adopté, le 15 novembre 1999, après beaucoup d'incertitudes, de guerres d'experts, de mobilisations sociales, et un marathon parlementaire très conflictuel.

Il me reste en mémoire la violence des injures homophobes, proférées parfois par des parlementaires aujourd'hui au gouvernement, les larmes de Roselyne Bachelot, le malaise d'une partie de la gauche avec l'homosexualité. Le PACS, c'était l'aboutissement de vingt ans de lutte.

Nous étions entrés dans les années 1990, dans l'ère de la tolérance, que l'épidémie du sida a nourrie de compassion solidaire.

Avant le sida, l'homosexualité semblait tenir à distance la revendication du mariage, après la pandémie, la question du couple homosexuel s'impose, portée par l'exigence de reconnaissance des amours homosexuelles.

Lors du mariage de Stéphane et Bertrand, que j'ai eu l'honneur de célébrer à Bègles en juin 2004, j'ai entendu à nouveau les mêmes cris de haine : *« Les pédés au bûcher ! Les pédés en camp de concentration ! »* J'ai reçu plus de quatre mille lettres, tombereaux d'injures et d'obscénités, de racisme, d'homophobie et d'antisémitisme mêlés, pendant les deux mois précédant la cérémonie. J'ai été suspendu de mon mandat de maire par Dominique de Villepin, alors que des élus condamnés pour malversations, faux électeurs ou agressions sexuelles ne l'ont jamais été…

Et j'ai à nouveau constaté comment la gauche contournait l'une de ses valeurs cardinales de la République : l'égalité. Si la droite assume souvent une homophobie explicite, une partie de la gauche croit encore à une hiérarchie des sexualités, qui met l'homosexualité dans une place subordonnée. Je sais que la société n'a pas la frilosité de la classe politique, je regrette néanmoins que la France, qui était en avance en adoptant le PACS, soit aujourd'hui distancée par de nombreux pays où l'égalité fait loi.

L'égalité des droits n'est pas négociable. Si la gauche accède au pouvoir en 2012, elle aura la responsabilité d'ouvrir le mariage aux couples de même sexe. Avec les mêmes droits que pour les couples homosexuels. L'égalité ne peut plus attendre.

Noël Mamère est Député EELV de Gironde

> 66e miraculé à Lourdes. Ça y est, on peut faire six équipes de foot ! >

Label « Front national » : les résistants attaquent !
Reportage
WILLEM EN AFRIQUE
CHARLIE HEBDO
10F
APRÈS "LE DîNER DE CONS"
LE FILM DE CONS
FRANÇAIS
LUZ
M 5777 - 342 - 10,00 F
N° 342 ▪ Mercredi 6 janvier 1999 ▪ 10 francs ▪ 70 francs belges ▪ 3 francs suisses ▪ 3,75 dollars canadiens ▪ US dollars $ 2,95 ▪ 2 900 lires

> En hommage aux victimes du sang contaminé, l'ordre des médecins organise un grand concours de mangeurs de boudin. >

Conférence de presse des résistants du «Front national» avec Charlie
Reportage MILLON BATTU Luz a tout vu
CHARLIE 10F HEBDO
● Le « Charles-de-Gaulle » tue ses marins
● Vive la bagnole, qui nous a débarrassés d'eux !
SÉGUIN LÂCHÉ PAR SES AMIS
QUELS AMIS ?
LUZ
M 5777 - 343 - 10,00 F
N° 343 ▪ Mercredi 13 janvier 1999 ▪ 10 francs ▪ 70 francs belges ▪ 3 francs suisses ▪ 3,75 dollars canadiens ▪ US dollars $ 2,95 ▪ 2 900 lires

Charlie conserve toutes ses chances de récupérer le "Front national", déclare le tribunal
Cabu chez Charles Baur À AMIENS
CHARLIE 10F HEBDO
● Cohn-Bendit et Marie-Christine Blandin nous parlent de leur Europe
FRONT NATIONAL DE LA RÉSISTANCE
FRONT NATIONAL DE LA COLLABORATION
F.F.I.
Riss

Un seul vrai "Front national" : celui des résistants et de Charlie ! page 5
CHARLIE 10F HEBDO
● Bagnole : le président du lobby interviewé
● Luz refusé au congrès mégrétiste
● Cogema : des intérimaires irradiés
le président devient intouchable
● Selon le Conseil constitutionnel, le chef de l'Etat bénéficie d'une immunité pénale
ALLÔ ? TIBERI ? T'AURAIS PAS UN HLM POUR ROLAND DUMAS ?
Cabu

Spécial Davos : Philippe Val, Oncle Bernard, Honoré
CHARLIE 10F HEBDO
● Freud et Riss psychanalysent le FN
● Angoulême tire sur la censure
● La torture, nouveau droit de l'Homme
Anti-Pacs L'UNION SACRÉE DES RELIGIONS
À BAS LES HOMOS
CHARB

Reportage en BOURGOGNE chez les bouddhistes
CHARLIE 10F HEBDO
● Le commerce de la peur
● Le foot encore plus pourri... C'est possible !
● Le FN au tribunal : la suite
LA FRANCE VA BIEN...
COGEMA
MOTARDS EN COLÈRE
PAYSANS EN COLÈRE
CULS-BÉNITS EN COLÈRE
CHASSEURS EN COLÈRE
Cabu
...TOUS LES CONS SONT EN COLÈRE !

CHARLIE 10F HEBDO
ORANGE
● "Charlie" met la main sur le "FN" (suite) : déjà deux claques pour Le Pen !
AVALANCHE : LA CHASSE D'EAU À CRÉTINS !
VIVE LE HORS-PISTE !
CHARB

> 1 250 kg de cocaïne saisis dans la narine gauche de Johnny Hallyday. La semaine prochaine, la police perquisitionnera la narine droite. >

CHARLIE HEBDO
10F
On vous attend au
SALON DU LIVRE
Reportage à Moscou, par Riss et Bou
Banlieues : ça swingue à Sarcelles, ça spécule à Grigny
Elf : après Dumas, Pasqua
RÉFORME ALLÈGRE
TOUT ÉLÈVE DE SIXIÈME DOIT SAVOIR LIRE LES COURS DE LA BOURSE !
CHARB.
N° 352 • Mercredi 17 mars 1999 • 10 francs • 70 francs belges • 1,53 €uro (France métropolitaine) • 3 francs suisses • 3,75 dollars canadiens • US dollars $ 2,95 • 4,50 Deutsche Mark

CHARLIE HEBDO
10F
Papon : les Algériens remontent à la surface, par Riss
Salon de l'agriculture : la ferme modèle de Charb
Robert Namias, "patron" de TF1, vu par Bernar
CHASSE : UN ACQUIS DE LA RÉVOLUTION
ROBESPIERRE, RAPPORTE !
TIGNOUS

CHARLIE HEBDO
10F
Reportage : dans la peau d'un sauvageon au Forum des Halles
Le voile à l'école : faut-il se moucher dedans?
ALLÔ, "PARIS MATCH" ?
LES CRÉTINS DES ALPES FONT DES PETITS.
CHARB.

CHARLIE HEBDO
10F
Le Grand Duduche recense les Français
Grigny : à la Grande Borne, c'est les dealers ou les CRS
KUBRICK EST MORT...
L'ULTRA-VIOLENCE PROGRESSE
DÉMOCRATIE LIBÉRALE
Cabu

> Ronald Reagan, 88 ans, ne se rappelle plus qu'il a été président des États-Unis. Ceux qui sont morts SDF sous sa présidence non plus. >

CHARLIE 10F HEBDO

EDF : électricité gratuite sous les lignes haute tension

Incroyable ! Seillière absent de la liste Verts-Cocos

Elf : après Dumas, Chevènement

CHIRAC INTOUCHABLE

PHOTO B. RHEIMS (d'après)

HONORÉ

M 5777 - 353 - 10,00 F

N° 353 • Mercredi 24 mars 1999 • 10 francs • 70 francs belges • 1,53 €uro (France métropolitaine) • 3 francs suisses • 3,75 dollars canadiens • US dollars $ 2,95 • 4,50 Deutsche Mark

> Le tennis nous fait chier ! On préférerait qu'Amélie Mauresmo soit lesbienne à temps complet. >

CHARLIE HEBDO
10F
ENQUÊTE SUR LE MAIRE DE CHAMONIX
Va-t-en guerre contre va-t-en paix par Philippe Val
La guerre, solution à tous vos problèmes par Charb
COVOITURAGE
AU KOSOVO, ÇA MARCHE !
bernar.
M 5777 - 356 - 10,00 F
N° 356 • Mercredi 14 avril 1999 • 10 francs • 70 francs belges • 1,53 € (France métropolitaine) • 3 francs suisses • 3,75 dollars canadiens • US dollars $ 2,95 • 4,50 Deutsche Mark

Le disque du pape vu par « Les Inrockuptibles »
CHARLIE HEBDO
ENGAGEZ-VOUS !
Il n'y a que les civils qui se font tuer

La liste des meilleurs lycées brûlés au Kosovo!
CHARLIE HEBDO
Ferroutage : les petits trains contre les gros culs
Toulon : Le Chevallier à la casse!
Kosovo : la Légion saute sur le Web
DE NOTRE ENVOYÉ SPÉCIAL À BELGRADE
ICI, À BELGRADE, LES GENS ONT PERDU LEUR AMABILITÉ !
KAMAGURKA

Kosovo : les bénéfices collatéraux des profiteurs de guerre
CHARLIE HEBDO
La guerre : combien ça coûte?
Matra : Lagardère, la justice viendra-t-à toi!
Reportage au Salon du grand gibier
DÉSERTEUR EN TEMPS DE GUERRE !
DOUZE BALLES DANS LA PEAU !
Cabu

> On s'extasie toujours sur le chien qui a fait 700 km pour rejoindre son maître, mais on ne parle jamais du maître qui a réussi à lancer la balle aussi loin. >

Tout en couleurs : la peinture comme vous ne l'avez jamais vue, nous non plus !
CHARLIE HEBDO
10F
Censure sur France 2 : le droit de réponse du producteur et la réponse de Val
Reportage : Tignous chez les anti-tunnel du Somport
MILOSEVIC A ACHETÉ DES ACTIONS AÉROSPATIALE MATRA
POUR ALLER JUSQU'AU BOUT DE MES RÊVES
BOUM
M 5777 - 363 - 10,00 F
N° 363 • Mercredi 2 juin 1999 • 10 francs • 70 francs belges • 1,53 € (France métropolitaine) • 3 francs suisses • 3,75 dollars canadiens • US dollars $ 2,95 • 4,60 Deutsche Mark

Un écrivain serbe antinationaliste nous parle
CHARLIE HEBDO
10F
L'armée française est nulle, mais chère
NÉGOCIONS AVEC MILOSEVIC !
France : pas d'asile pour les déserteurs serbes
ECHANGE 3 PRISONNIERS U.S...
...CONTRE 3 TÊTES DE NOEUD FRANÇAISES

CHARLIE HEBDO
10F
Corse : les gendarmes, as de la bavure politique
Gaullisme pas mort : Sarkozy bouge encore !
Retraites, fonds de pension : la stratégie de la peur
PRINTEMPS À PRISTINA
ÇA MANQUE DE FEMMES !

CHARLIE HEBDO
10F
Reportage : Bob Denard aux assises
Corse : l'affaire d'État est au coin de la rue
Reportage : Neuilly, banlieue chaude
LE DÉCHIRANT ADIEU DES SERBES AU KOSOVO
PARTIR...
...C'EST MOURIR UN PEU

CHARLIE HEBDO
8 pages de plus
ATTENTION ! 24 PAGES, 15 F
Numéro spécial reportages :
Le Kosovo vu d'Albanie, le Kosovo vu de Macédoine, le Kosovo vu de Grèce
RÉGIS DEBRAY AU KOSOVO
PIZZA PINOVIĆ
LAISSEZ... C'EST "MARIANNE" QUI INVITE.

> À l'occasion de la Journée de la femme, Roland Dumas est allé acheter ses chaussures tout seul. >

Kosovo : interview de l'ambassadeur de Russie
CHARLIE HEBDO
10F
FÊTE DES MÈRES
Européennes : Pasqua et de Villiers recyclent les fachos
Cannes : télé, mondanités... et un peu de cinéma
MILOSEVIC A DES PROJETS.
JE PRÉSENTERAIS BIEN "NULLE PART AILLEURS" SUR CANAL+ À LA RENTRÉE...
CHARB.

Dioxine, mercure, hormones, transgénique... Les fiches-cuisine de "Charlie"
CHARLIE HEBDO
10F
Justice mondiale : c'est pas gagné
Élections : les petites listes auxquelles vous avez échappé
EUROPÉENNES
LA FIN DU POULET À LA DIOXINE
M 5777 - 364 - 10,00 F
N° 364 • Mercredi 9 juin 1999 • 10 francs • 70 francs belges • 1,53 € (France métropolitaine) • 3 francs suisses • 3,75 dollars canadiens • US dollars $ 2,95 • 4,50 Deutsche Mark

Patrick Font nous écrit p. 13
CHARLIE HEBDO
10F
Européennes : un scrutin label bio
Interview : Wenders danse la salsa
Reportage : Cuba, la révolution qui plaît aux capitalistes
ALAIN ET ARLETTE :
LA VIE COMMENCE À 60 ANS
STRASBOURG
Cabu

Chasseurs : la déclaration des droits du sniper
CHARLIE HEBDO
10F
Cintegabelle : quand le nationalisme fait boum !
Macédoine : il est Kosovo moins une
Tabac : la SEITA connection
COCA COLA
AUGMENTE LE TROU DE LA SÉCU !
COCA
COLA
Riss

« L'Épiquouze », le journal des dopés du Tour
CHARLIE HEBDO
10F
Esclavage : reportage chez Daewoo
Saint-Simon : le club de la pétanque libérale dépose son bilan
Philo : interview de Robert Misrahi
CONFÉRENCE DE PRESSE À L'HÔTEL DE VILLE DE PARIS :
LIBÉREZ TIBERI
Cabu

> Le sculpteur César est mort il y a six mois, mais ses œuvres demeurent. Dommage, on aurait préféré le contraire. >

12 recettes pour gâcher ses vacances
CHARLIE HEBDO
10F
Les prisons, entre mafia et zone franche
Le musée des clochards de Joinville-le-Pont
Inde-Pakistan : l'Apocalypse signée Dassault
VIVE LES LANGUES RÉGIONALES !
ALORS, LOU PIGEONOU, ON VEUT ACHETER DE LA MERDOU ?
SOUVENIROU
LUZ

Reportage : Val et Luz retournent aux USA
PROCÈS CHAMBÉRY : DIVORCE AU FUSIL
CHARLIE HEBDO
10F
Bœuf aux hormones : OMC, label libéral
Toulon : les flics fichent les adultères
Apocalypse du 11 août : l'escroquerie du millénaire
MIEUX QUE LES LUNETTES !
LE SLIP SPÉCIAL ÉCLIPSE
CHARB.

Philippe Torreton : comment j'ai gagné à Azincourt !
Reportage AVIGNON
CHARLIE HEBDO
10F
Xavière Tiberi rajeunie en Suisse avec des piqûres de cervelle de mouton !
L'Algérie de Y. B.
PLAGES POLLUÉES
LE RETOUR DES VIEILLES MÉDUSES

On a retrouvé le mur de Berlin, il est entre le Mexique et les USA. REPORTAGE
CHARLIE HEBDO
10F
APOCALYPSE
Opposition Serbe : interview de Vesna Pesic
Prêts du FMI : Russie, capitale Jersey
VOUS AVEZ TROUVÉ CE NUMÉRO EN KIOSQUE ?
PACO RABANNE EST UN ESCROC !
LUZ

Tour : "Charlie" a retrouvé les douaniers de l'affaire Festina
AVIGNON SUPERMARCHÉ DU THÉÂTRE
CHARLIE HEBDO
10F
Écologie : pourquoi la France ne protège pas ses sites
France : Tsiganes, interdits de séjour à vie
Les bonnes idées pour sauver la droite
APRÈS LES KENNEDY
LA MALÉDICTION DE LA FAMILLE DE GAULLE
CHARB.

Foire aux armes à Tucson, Arizona. REPORTAGE
CHARLIE HEBDO
10F
Nîmes : le juge encorne les toreros
France : les gouvernements passent, le FMI reste
Reportage : Monténégro, fortunes mafieuses
DOUBLE ÉTIQUETAGE POUR LES LÉGUMES
EN CORSE 2F
À PARIS 200 000F
cabu

> En hommage à Stanley Kubrick, TF1 rediffuse PSG-Monaco. >

Etats-Unis : reportage chez les drogués du sexe
CHARLIE 10F HEBDO
Gosses de Sierra Leone : pas de médaille, pas de papiers
Reportage : la Serbie attend son homme providentiel
Interview de Roman Polanski
VENGEANCE
McDO DÉVERSE DES TONNES DE BURGERS DANS UNE PORCHERIE
CHARB

Le Top 50 des dictateurs
CHARLIE 10F HEBDO
REPORTAGE
ROMILLY : LES PENDUS DE LA SNCF
HLM : Tiberi, l'innocent de Paris
Topor : le rire jugé à titre posthume
L'Afrique à l'école du crime française
HASSAN II, DICTATEUR !
DICTATEUR... ÉCLAIRÉ !
RISS
M 5777 - 371 - 10,00 F
N° 371 ▪ Mercredi 28 juillet 1999 ▪ 10 francs ▪ 70 francs belges ▪ 1,53 € (France métropolitaine) ▪ 3 francs suisses ▪ 3,75 dollars canadiens ▪ US dollars $ 2,95 ▪ 4,50 Deutsche Mark

Reportages
Au festival de Bayreuth et au festival d'été des Verts à Lorient
CHARLIE 10F HEBDO
UNE SEULE BANQUE
UN SEUL SUPERMARCHÉ
UN SEUL CHEF !
cabu

CHARLIE 10F HEBDO
Douce France : des carottes à l'eau d'égout
Paysans : l'Internationale antimondialiste
Luz achève « Les Mégret gèrent la ville »
CANAL +
cabu
NUIT GRAVEMENT À LA SANTÉ

CHARLIE 10F HEBDO
Le XXIe siècle sera scientologue ou ne sera pas
Loi de l'évolution : le bogue de l'an 800000
Reportage en Colombie : 30000 morts par an
JUSTICE FRANÇAISE
SCIENTOLOGUE
SCIENTOLOGUE
SCIENTOLOGUE
SCIENTOLOGUE
SCIENTOLOGUE
SCIENTOLOGUE
HARE KRISHNA
DRING
DRING
CHARB.

CHARLIE 10F HEBDO
REPORTAGE COLOMBIE
Programme RPR : entre Thatcher et Mao
Autriche : Jörg Haider, mon Führer chez les libéraux
Mondialisation : la dictature libérale
« L'ÉTAT NE PEUT TOUT FAIRE »
Pièces jaunes
C'EST POUR ÇA QUE JE SUIS LÀ !...

> Miss Israël est arabe. Les Palestiniens voulaient une terre, ils ont eu un maillot de bain à paillettes. >

CHARLIE HEBDO
10F
REPORTAGE COLOMBIE
Enquête : 24 heures dans la peau d'un Arabe
Selby : un écrivain vu par ses personnages
CELUI QUI A DIT OUI
Oui à la bombe
Oui à la spéculation
Oui à la bagnole
N° 379 • Mercredi 22 septembre 1999 • 10 francs
• 70 francs belges • 1,53 € (France métropolitaine)
• 3 francs suisses • 3,75 dollars canadiens
• US dollars $ 2,95 • 4,50 Deutsche Mark
RISS

CHARLIE HEBDO
10F
REPORTAGE COLOMBIE
Japon : après le nucléaire, la bougie
Reportage : comment TF1 change la merde en 7 d'or
Fonds éthiques : la Bourse qui vote à gauche
SEILLIÈRE : POURQUOI TANT DE HAINE ?
... PARCE QUE J'ÉTAIS UN ENFANT MARTYR !
cabu

CHARLIE HEBDO
10F
REPORTAGE CHEZ LES ESCROCS ZEN
Trains anglais : la catastrophe de la privatisation
17 octobre 61 : les grandes bavures sont muettes
Nice : quand la Justice égare les dossiers des fachos
MANIF DU 16 OCTOBRE
LA DÉBANDADE
DIS DONC, ROBERT, C'EST PAS ENCORE LE GRAND SOIR !
cabu

CHARLIE HEBDO
10F
Expo : Wolinski a vu Daumier au Grand Palais
TGP Saint-Denis : interview de Stanislas Nordey
Reportage : José Bové occupe Vivendi
PARIS VILLE PROPRE
OH, NON ! T'AS ENCORE FAIT TIBERI SUR LE TROTTOIR !
CHARB.

CHARLIE HEBDO
10F
PROCÈS L'ABBÉ COTTARD, TARTUFFE TUEUR D'ENFANTS
« Celui qui a dit non » : le Puy-du-Fou du RPR
Reportage : les anti-mondialistes attaquent à La Ciotat
Maurice Papon et les réseaux gaullistes
HALLOWEEN EN VISITE OFFICIELLE EN FRANCE
J'AI ACHETÉ 28 AIRBUS !
RISS

> Le dalaï-lama n'est pas rentré chez lui depuis quarante ans : « Ma maison, c'est la tête des cons qui croient en moi. » >

CHARLIE 10F HEBDO
● *Charlie Men* : le journal des nouveaux hommes qui ont des nouvelles couilles
● Tapie au théâtre : celui qui a dit « Ma poule! »
● Recherche : la bombe H de proximité
LE BOEING DSK S'ABÎME
GROS CON!
M 5777 - 385 - 10,00 F
N° 385 ▪ Mercredi 3 novembre 1999 ▪ 10 francs ▪ 70 francs belges ▪ 1,53 € (France métropolitaine) ▪ 3 francs suisses ▪ 3,75 dollars canadiens ▪ US dollars $ 2,95 ▪ 4,50 Deutsche Mark

CHARLIE 10F HEBDO
● Reportage : à la recherche du Kosovar perdu
● France-Culture : Cavada louche sur le « marché »
● Gènes brevetés : l'être humain bientôt privatisé
CHIRAC JOSPIN
LA GUERRE À 2 HEURES D'AVION DE LA TCHÉTCHÉNIE!
RISS.

CHARLIE 10F HEBDO
● Reportage à Sarajevo : la guerre racontée aux touristes
● Le sport : drogue de substitution collective
● Tchétchénie : le pétrole réclame l'indépendance
LA DROITE REVIENT!
GARDAREM LOU MORAL!
cabu

CHARLIE 10F HEBD
REPORTAGE
● Marion : les « grands flics » font de la basse police
● Pasqua-Villiers : le retour des comiques pas drôles
● Chasseurs : à la prochaine manif, ils tirent
ÉLECTION AU RPR
LE CHAPON OU LA DINDE?
CHARB.

> Sagan a fait l'intermédiaire entre le gouvernement ouzbek et Elf. Parce que les Ouzbeks sont les seuls à la comprendre. >

CHARLIE HEBDO
10F
Cadeaux : Pinault-Printemps-La Redoute flique ses salariés
An 2000 : la Terre sainte rend fou
Miracles : Jésus, un David Copperfield au rabais
GAGNEZ
DE MERVEILLEUX CADEAUX GRÂCE AUX POINTS TOTAL
UNE PELLE
UN SEAU
-RISS-
M 5777 - 392 - 10,00 F
N° 392 ▪ Mercredi 22 décembre 1999 ▪ 10 francs ▪ 70 francs belges ▪ 1,53 € (France métropolitaine) ▪ 3 francs suisses ▪ 3,75 dollars canadiens ▪ US dollars $ 2,95 ▪ 4,50 Deutsche Mark

CHARLIE HEBDO
15F avec le supplément jeunesse
Gargouille
Supplément jeunesse : Gargouille, le journal qu'on aurait aimé lire quand on était gosse
CHANGEONS L'EAU
Roquefort SOCIÉTÉ
LA CRÊCHE RPR
ALLIOT-MARIE
ALLIOT-JOSEPH
ALLIOT-JÉSUS

CHARLIE HEBDO
10F
Seattle : les maquignons de l'OMC ont échoué
Interview : Li Sun-ok, rescapée du goulag de Corée du Nord
Cambadélis : le jackpot des foyers d'immigrés
PLOUCS POLLUEURS CONTRE JOSÉ BOVÉ
TU PUES LA CHÈVRE !
TU PUES LE FRIC !
FNSEA
cabu

CHARLIE HEBDO
10F
REPORTAGE
VAULX-EN-VELIN
COLLOQUE CHIC SUR LA BANLIEUE
Miss France : la viande label bleu-blanc-rouge
Presse : Le Figaro fusionne avec Rouge
Mal-bouffe : après la vache folle, la dinde pourrie
EXCLUSIF
LA GUEULE DU BOGUE DE L'AN 2000 !
cabu

> *Le Parisien* cherche à rajeunir son lectorat. Hier, journal des concierges, aujourd'hui, journal des digicodes. >

CHARLIE HEBDO
10F
Toulouse : le Mirail, quartier de haute sécurité
Nationalisme : les Russes ont voté contre l'Occident
Festivités 2000 : le jour le plus con
LES PLUMES AU CUL
POUR ENTRER DANS LE 3e MILLÉNAIRE
N° 393 • Mercredi 29 décembre 1999 • 10 francs • 70 francs belges • 1,53 € (France métropolitaine) • 3 francs suisses • 3,75 dollars canadiens • US dollars $ 2,95 • 4,50 Deutsche Mark

> Eltsine déclare tous les jours la Troisième Guerre mondiale. Mais le lendemain il ne se rappelle plus dans quel bistrot il a déclaré ça. >

2000

> C’est en voulant stériliser son pitbull que Jamel Debbouze a perdu son deuxième bras. >

Marie-Christine Blandin

Les écolos sur tous les fronts

Huit heures de travail, huit heures de sommeil, huit heures de plaisir. C'était le slogan de la manifestation du 1er mai 1981 à Fourmies, là où l'armée tira sur la foule, faisant neuf morts !

En 2000, la gauche au pouvoir fait voter les 35 heures, poursuivant dans la voie du progrès social, malgré la rage du Medef.

Nous nous y étions essayés avec modestie, sur la base du volontariat, dès 1996 en Nord-Pas-de-Calais, mais nous avions davantage insisté sur le partage que sur la réduction. Les entreprises participantes passaient les unes à 36, les autres à 35, et les heures libérées devenaient des emplois pour d'autres.

Paradoxalement, la « rentabilité », terme suspect en d'autres circonstances, avait augmenté : tout simplement parce que la mise en commun des postes de travail, ordinateurs ou tours à fraiser, amenait les salariés à se parler, à échanger les bons « trucs ».

La gauche n'a pas eu le temps de finir son travail : ajustements non faits dans certaines PME, recrutements insuffisants à l'hôpital ont servi de prétextes à la droite pour souffler sur les braises et discréditer les 35 heures.

Pourtant, plus que jamais en ces temps de chômage, plus que jamais en ces temps d'effet de serre où il faut réduire les déplacements, il est nécessaire de réduire le temps de travail, soit par 32 heures hebdomadaires, soit par des années de respiration tout au long de la vie, pour se former, pour découvrir autre chose, pour vivre, tout simplement.

Vivre… À condition que l'on ne nous empoisonne pas…

On le savait bien, que l'agroalimentaire nous faisait manger des additifs indésirables.

On le voyait bien, qu'il y avait moins de prairies, et moins de vaches en plein air.

On s'étonnait des records des « laitières » : elles dépassaient les 30 litres de lait par jour !

Mais que l'on faisait manger aux bovins de la poudre de cadavres de moutons malades, sous le nom de farines animales, là, quand même, on ne l'avait pas vu venir.

Soudain, les certitudes volaient en éclats, y compris celles de biologistes qui, jusque-là, classaient les microbes des champignons aux parasites, des bactéries aux virus, pour solde de tout compte.

Le « prion », objet non identifié, bousculait les frontières entre l'inerte et le vivant, engendrait des pathologies affreuses.

Le mouton qui tremblait, la vache qui perdait l'équilibre sans pouvoir se relever, des cerveaux humains qui s'alvéolaient, déstabilisaient au plus haut point la confiance dans les filières censées veiller à notre alimentation.

Comme si la société voulait exorciser ses turpitudes, on fit de gigantesques bûchers, allant à l'excès condamner des troupeaux entiers.

Les stocks de farines indésirables furent logés dans des territoires peu réactifs.

Un préfet alla jusqu'à en porter une poignée à sa bouche pour en vanter l'innocuité, espérant peut-être que le geste lui apporterait considération de ses supérieurs.

Dix ans plus tard, l'émotion est retombée. Malades et morts sont oubliés.

Comme l'hécatombe promise n'a pas eu lieu, doucement, insidieusement, les filières de l'agroalimentaire ressortent l'argument du besoin de protéines et du monde à nourrir. Et si on remettait un peu de farine animale au menu des élevages ou des aquacultures ? Mais juste un peu, et de la bien propre, c'est promis.

Bon appétit.

Marie-Christine Blandin est Sénatrice EELV du Nord
et ex-présidente du conseil régional du Nord-Pas-de-Calais

> À cause de l'épidémie de gastro-entérite, le mois du blanc est reporté en février. >

CHARLIE 10f HEBDO

Reportage à la fac Pasqua

Interviewé par *Charlie*, Pasqua avoue : « J'aurais voulu être ministre de l'Éducation, pour faire mieux qu'Allègre. » Pages 2 et 3

Grozny Exterminator

En exclusivité, le jeu vidéo préféré de Poutine. Toi aussi, massacre un maximum de Tchétchènes et deviens président de Russie. Pages 8 et 9

ENTREZ DANS L'AN 2000 AVEC UN "CHARLIE" TOUT NEUF SOUS LE BRAS

Ouvrez les frontières !

Interview de C. Wihtol de Wenden, chercheur au Ceri : « Fermer, c'est inefficace et ça crée de l'immigration clandestine. » Pages 10 et 11

POUTINE SUCCÈDE À ELTSINE
IL M'A LAISSÉ TOUS SES DOSSIERS
-RISS-

M 5777 - 394 - 10,00 F

N° 394 • Mercredi 5 janvier 2000 • 10 francs • 70 francs belges • 1,53 € (France métropolitaine) • 3 francs suisses • 3,75 dollars canadiens • US dollars $ 2,95 • 4,50 Deutsche Mark

> Bernard-Henri Lévy écrit un livre sur Sartre. En espérant que Sartre lui renvoie l'ascenseur. >

CHARLIE 10' HEBDO

Ziegler au Liban
Balade dans la région de Tyr, où les tueurs fous du Hezbollah sont aussi populaires qu'Oum Kalsoum. Pages 2 et 3

John Carpenter : interview
Le réalisateur de *Halloween* parle de l'Amérique : « Le politiquement correct nous a rendus fous. » Pages 10 et 11

IMMIGRÉS : 700 000 PAR AN, SINON PAS DE RETRAITES !

Beaubourg rouvre ses portes
Luz y est allé croquer les gens qui regardent et commentent l'art contemporain. Pages 8 et 9

LIMITATION DE VITESSE
DES MOUCHARDS SOUS LES CAPOTS
BIP! BIP! BIP! BIP!
PARIS-DAKAR
TA GUEULE!
CHARB.

M 5777 - 395 - 10,00 F

N° 395 • Mercredi 12 janvier 2000 • 10 francs • 70 francs belges • 1,53 € (France métropolitaine) • 3 francs suisses • 3.75 dollars canadiens • US dollars $ 2.95 • 4.50 Deutsche Mark

CHARLIE 10' HEBDO

Faut-il stériliser les magistrats !
Lundi, le Congrès examinera le projet de réforme de la justice. Albert Levy, du Conseil national du Syndicat de la magistrature, fait le point. Pages 2 et 3

30 millions de francs pour le Paris-Dakar
Pont aérien : les plus gros avions pour les plus gros cons. Page 13

PIPI AU LIT : LE BOURREAU PINOCHET RÉFORMÉ

Vienne : brisez l'ennui, votez nazi
Reportage en Autriche, pays sans chômage ni banlieues chaudes, qui a voté à 27 % pour le néo-führer Jörg Haider. Pages 8 et 9

LE VIOL EN PRISON
CHIC! UNE PRISON 3 ÉTOILES!
LUZ

CHARLIE 10' HEBDO

Zebda : interview
« Puisque la télé n'offre que des espaces de promotion, on peut au moins s'en servir pour y promouvoir une urgence, un combat. » Pages 10 et 11

Supermarchés :
La grande distribution tient l'entonnoir, pendant que la FNSEA gave le consommateur. Pages 2 et 3

PINOCHET : LE POSTER !

Du plomb dans les cervelles
Reportage dans le Pas-de-Calais, où la plus grande usine de plomb française file le saturnisme aux enfants et aux salades. Page 7

ENCORE UNE MAÎTRESSE DE MITTERRAND
CHARB.

CHARLIE 10' HEBDO

Si la télé vous emmerde, zappez sur les conteurs
Interview de Yannick Jaulin au Festival des conteurs. Pages 10 et 11

Exclusif : « la constitution sociale » du Medef
Seillière achète les syndicats pour le franc symbolique. Pages 8 et 9

REPORTAGE A DAVOS, NID D'AIGLES DU LIBERALISME

Angoulême censure Crumb
Le supermarché de la bande dessinée met au panier l'affiche du plus grand dessinateur du monde. Pages 6 et 7

L'AUTRICHE REMPORTE L'EUROVISION
HEILI HEILO

CHARLIE 10' HEBDO

La marée noire : ça pue, mais c'est beau
Le pétrole sur les plages, c'est pas le plus laid sur la côte. Pages 8 et 9

Chasseurs hors la loi !
Pasquini a interviewé le président des oiseaux : « Cui, cui ! Il faut démanteler les fédérations de chasse. » Pages 10 et 11

ZIEGLER EN AUTRICHE «IL COURT, IL COURT, LE FUHRER»

L'effet Haider : le PS tire les marrons du four
Le Pen bouge encore, Jospin se frotte les mains. Page 4

PEUT-ON IMAGINER L'EUROPE SANS L'AUTRICHE ?
OUI !

> Sachant que la température sur notre planète augmente d'un degré par siècle, en quelle année pourra-t-on pêcher des langoustines déjà cuites ? >

CHARLIE HEBDO
10f
L'Autriche apprend la résistance avec 60 ans de retard
Reportage à Vienne sur ceux qui ont dit « Nein ! ». Pages 2 et 3
SNOOPY EST MORT. CAVANNA, WOLINSKI, SINÉ, NE REMUENT PLUS LA QUEUE
Interview d'Ettore Scola
L'auteur du Dîner parle de la gauche italienne, de la télé italienne, du cinéma italien et du fascisme autrichien. Pages 10 et 11
Lang et Séguin candidats ?
ILS FONT RÊVER LES PARISIENS
"PLUME AUX FESSES" & "GRAS DU CUL"
LUZ
M 5777 - 400 - 10,00 F
N° 400 • Mercredi 16 février 2000 • 10 francs • 70 francs belges • 1,53€ (France métropolitaine) • 3 francs suisses • 3,75 dollars canadiens • US dollars $ 2,95 • 4,50 Deutsche Mark

CHARLIE HEBDO
10f
Reportage au Costa Rica
Cabu et Oncle Bernard sont allés reluquer les deux mamelles du pays : le pacifisme et l'écologie. Pages 2, 3 et 15
La Tchétchénie et ses traditions vues par TF1
Massacres, viols et tortures de proximité. Pages 8 et 9
JACK LANG, CANDIDAT BENETTON À LA MAIRIE DE PARIS
Interview : Ariane Mnouchkine
« Le théâtre nous permet de comprendre que l'actualité n'est pas seulement médiatique, mais aussi historique. » Pages 10 et 11
QUEL AVENIR POUR LES AYATOLLAHS ?
SOUTIEN-GORGE
N° 401 • Mercredi 23 février 2000 • 10 francs • 70 francs belges • 1,53 € (France métropolitaine) • 3 francs suisses • 3,75 dollars canadiens • US dollars $ 2,95 • 4,50 Deutsche Mark

CHARLIE HEBDO
10f
Cavanna et Riss au Salon de l'agriculture
Les vaches vont chez le coiffeur. Pages 2 et 3
"ERIKA" : COMMENT ATTRAPER LE CANCER BENEVOLEMENT
La parité, c'est le pied !
Si, après ça, le nombre de nos lectrices ne grimpe pas en flèche, c'est à désespérer... Pages 10 et 11
AXA REFUSE D'ASSURER JOSPIN
cabu
M 5777 - 402 - 10,00 F
N° 402 • Mercredi 1er mars 2000 • 10 francs • 70 francs belges • 1,53 € (France métropolitaine) • 3 francs suisses • 3,75 dollars canadiens • US dollars $ 2,95 • 4,50 Deutsche Mark

CHARLIE HEBDO
10f
La préfecture, zone de non-droit
À Montpellier, obtenir une carte de séjour est plus dur que d'être premier à Fort Boyard. Pages 2 et 3
Éloge de la désobéissance
Comment on apprend la barbarie grâce aux tests d'embauche et à la « pulsion d'emprise ». Pages 10 et 11
« HARA-KIRI » : CHEF-D'ŒUVRE EN PÉRIL, PAR CAVANNA
CPNT : après les tourterelles, la correctionnelle ?
338 millions de francs détournés par les fédérations de chasse. Pages 8 et 9
PINOCHET AFFAIBLI !
JE RESTE CLOUÉ SUR MA CHAISE ROULANTE.
RISS
N° 403 • Mercredi 8 mars 2000 • 10 francs • 70 francs belges • 1,53 € (France métropolitaine) • 3 francs suisses • 3,75 dollars canadiens • US dollars $ 2,95 • 4,50 Deutsche Mark

> Conséquence inattendue du réchauffement de la planète : les jupes raccourcissent et les bites rallongent. >

CHARLIE 10F HEBDO
Iran : Allah de moins en moins akbar
Aujourd'hui, les Iraniens ne crient plus « Mort aux Américains », mais « Mort aux taliban ». Pages 2 et 3
Pinochet : l'éternelle jeunesse
Comment transformer un vieux dictateur en jeune globe-trotter, par Riss. Pages 8 et 9
SPÉCIAL SALON DU LIVRE : 4 PAGES DE PLUS POUR LE MEME PRIX !
J.-C. Zylberstein, directeur de collection «10/18»
L'éditeur qui n'aime pas les écrivains chouchous des médias. Pages 10 et 11
LA GREFFE N'A PAS PRIS :
UNE TÊTE DE NOEUD SUR UN CORPS ENSEIGNANT !
cabu
M 5777 - 404 - 10,00 F
N° 404 • Mercredi 15 mars 2000 • 10 francs • 70 francs belges • 1,53 € (France métropolitaine) • 3 francs suisses • 3,75 dollars canadiens • US dollars $ 2,95 • 4,50 Deutsche Mark

CHARLIE 10F HEBDO
Allègre, Thénardier de l'enseignement
L'école du futur vue par un ministre de l'Éducation qui rêve de vendre nos enfants au Medef. Pages 8 et 9
« trous-du-cul.com », enquête sur les start-up
Le monde merveilleux de la cyber-escroquerie. Pages 2 et 3
PROCÈS CAPA-CHARLIE : FRANCE 2 RACHETÉE PAR VIVENDI ?
Corruption quinze étoiles
Interview de Paul van Buitenen, le fonctionnaire qui a fait tomber la Commission Santer. Pages 10 et 11
QUI A CASSÉ LA GAUCHE ?
Si PERSONNE NE SE DÉNONCE, TOUTE LA CLASSE SERA PUNIE !
N° 405 • Mercredi 22 mars 2000 • 10 francs • 70 francs belges • 1,53 € (France métropolitaine) • 3 francs suisses • 3,75 dollars canadiens • US dollars $ 2,95 • 4,50 Deutsche Mark

CHARLIE 10F HEBDO
Le monde à l'envers : Xavier Pasquini est mort avant le pape !
Comment résister aux "C.A.P. McDo"
Enquête à Boulogne-sur-Mer, dans un LP où le proviseur ne se borne pas à gérer une antichambre de l'atelier. Pages 2 et 3
Le Medef remplace Allègre
Le départ d'Allègre ne résout pas le problème de fond de l'école, qu'on veut depuis longtemps « associer à l'entreprise ». Pages 10 et 11
POUTINE AUX RUSSES
Retraites : rentabilisons les vieux
Charb nous livre ses recettes pour que nos grands-parents aient enfin une vieillesse utile et productive. Page 7
COMMENT ? MAZARINE N'A PAS DE MINISTÈRE ?

CHARLIE 10F HEBDO
Les Russes ont encore passé l'hiver
Reportage au fin fond de la campagne russe, entre isbas, terrains vagues et bureaux de vote. Pages 2 et 3
Wolinski à Prague
Pour changer de Cuba et des pays communistes qui le sont toujours, Wolinski est allé visiter un pays communiste qui ne l'est plus. Page 7
FLICS EN COLÈRE : GARDAREM LOU GARDE À VUE !
André Tournon révèle le vrai salaire de Montaigne
Interview. Pages 10 et 11
SEILLIÈRE AVOUE !
LE VRAI SALAIRE DES BRANLEURS :
7,2 MILLIONS... ET EN PLUS, JE ME GAUSSE DES RADARS !

> Moulinex va fabriquer des fers à repasser au Mexique. Un espoir pour les culs-de-jatte mexicains. >

CHARLIE 10f HEBDO

Albert Lévy, ennemi public n° 1
Nouvelle mise en examen pour un magistrat à qui l'on reproche de trop bien faire son boulot. Pages 2 et 3

Frais de brushing de Mme Messier
La femme du P-DG de Vivendi incluse dans les frais généraux de la maison. Page 5

TROP D'IMPÔTS : LES RATS QUITTENT LE NAVIRE

Le travail, drogue de substitution
Interview de l'écrivain Yves Pagès, qui explique le grand jeu de rôle du travail moderne. Pages 10 et 11

BALLADUR CANDIDAT
UNE VIEILLE BOUGIE POUR LA VILLE LUMIÈRE

N° 408 • Mercredi 12 avril 2000 • 10 francs • 70 francs belges • 1,53 € [France métropolitaine] • 3 francs suisses • 3,75 dollars canadiens • US dollars $ 2,95 • 4,50 Deutsche Mark

CHARLIE 10f HEBDO

"CHARLIE" à Washington
10 000 manifestants venus gueuler contre la finance et empêcher Fabius d'atteindre le buffet. Pages 2 et 3

La secte des enfants morts
Reportage dans la Nièvre, où la secte Joie et loisirs gavait les gosses de chlorure de sodium. Page 7

OGM : GRACE AUX EURODÉPUTÉS, LA NATURE VA POUVOIR S'ECLATER

Dieudonné :
« Je me représente à Dreux. » Page 10

CE SALOPARD A ENCORE BOUFFÉ LA SOURIS !
L'ÉTHIOPIE A ENFIN SON SITE INTERNET
miam-miam.com
LUZ

N° 409 • Mercredi 19 avril 2000 • 10 francs • 70 francs belges • 1,53 € [France métropolitaine] • 3 francs suisses • 3,75 dollars canadiens • US dollars $ 2,95 • 4,50 Deutsche Mark

CHARLIE 10f HEBDO

Iran : islam vainqueur
Deux mois après la victoire électorale des réformateurs, « Charlie » est allé voir ce qui se cache sous le voile des Iraniennes. Pages 8 et 9

La peine de mort conviviale
Reportage en Illinois, où le gouverneur a déclaré un moratoire sur les exécutions pour éviter les erreurs judiciaires définitives. Pages 2 et 3

L'ARB, QUATRIÈME ARMÉE DU MONDE

L'école, usine à sauvageons
Interview de Bernard Defrance, prof de philo en Seine-Saint-Denis : « C'est l'institution scolaire qui engendre la violence. » Pages 10-11

QUE VEUT L'ARB ?
ENVAHIR LA POLOGNE POUR AVOIR UNE OUVERTURE SUR LA MER
LUZ

N° 410 • Mercredi 26 avril 2000 • 10 francs • 70 francs belges • 1,53€ [France métropolitaine] • 3 francs suisses • 3,75 dollars canadiens • US dollars $ 2,95 • 4,50 Deutsche Mark

CHARLIE 10f HE

CHARLIE LYON
LYON, FOND DE SAUCE DU CENTRISME

MUNICIPALES 2001 CHARLIE SAUTE SUR LYON

4 PAGES CENTRALES

VOTE DES IMMIGRÉS :
ISOLOIR
JE CROIS QUE ÇA VA PAS ÊTRE POSSIBLE !
RISS

N° 411 • Mercredi 3 mai 2000 • 10 francs • 70 francs belges • 1,53 € [France métropolitaine] • 3 francs suisses • 3,75 dollars canadiens • US dollars $ 2,95 • 4,50 Deutsche Mark

> Les coquillages sont contaminés par la marée noire. Mangez des palourdes, chiez du super ! >

CHARLIE HEBDO
Les réfugiés cubains de Miami
La France, poule de luxe à New York
REPORTAGE : CALAIS RATE LA COUPE, MAIS PAS LA CUITE
Libéralisme contre république
CANNES 2000
FESTIVAL DU NAVET

CHARLIE HEBDO
Le paradis fiscal où les anges trèvent d'ennui
Irlande du Nord : l'IRA désarme
AVEC TOTAL-ELF-FINA DEGAZEZ MALIN !
Interview d'Edward Bond
PHILIPPINES SURENCHÈRE DES PRENEURS D'OTAGES
ON VEUT DES PLACES POUR ROLAND-GARROS !

CHARLIE HEBDO
Football : l'Europe de Cro-Magnon
Eurosatory 2000 : le Salon de la guerre
DOUVRES : LA REFONDATION SOCIALE FAIT 58 MORTS
Johnny Hallyday : le poster anniversaire
SEILLIÈRE · KESSLER
COMMENT ÇA SE PASSE, AVEC NOTAT ?
MAL... ELLE VEUT PIQUER TA PLACE...

CHARLIE HEBDO
Ben Brik a gagné
Fellag psychanalyse l'Algérie
LE SOUS-COMMANDANT MARTIN BOUYGUES VOUS PARLE
Giuliani et Hillary en campagne
QUINQUENNAT ?
...OUI, POUR RACCOURCIR LE MANDAT PRÉSIDENTIEL !

CHARLIE HEBDO
Le tourisme à risques
Polar encore privé de télé
MUNICIPALES 2001 : CHARLIE SAUTE SUR LILLE
4 PAGES CENTRALES
FAUX ÉLECTEURS, FAUSSES ÉLECTRICES...

CHARLIE HEBDO
Loi antisectes : TF1 tremble
Total remercie les bénévoles birmans
LE 30 JUIN, À MILLAU, LES DESSINATEURS DE CHARLIE EN DIRECT SUR ÉCRAN GÉANT
La révolte des anti-Millau
LA LIBERTÉ CONTRE LE LIBÉRALISME
TOUS À MILLAU !
MEDEF

CHARLIE HEBDO
Echelon, la toile de l'espionnage US
L'Europe, État unique !
IRLANDE DU NORD : ATHÉE ET DE GAUCHE CHEZ LES CHRÉTIENS DE DROITE
Reportage aux Hot d'or à Cannes
FAUT-IL UNE EUROPE FÉDÉRALE ?
NON !... FAUT RECONSTRUIRE LA LIGNE MAGINOT !

CHARLIE HEBDO
Notat et Kessler réinventent le travail obligatoire
L'UNICE : le super-Medef européen
OTAGES AUX PHILIPPINES : ENVOYEZ-LEUR DES CARTES POSTALES !
Lille : le Woodstock tzigane
L'ESSENCE À 8F
CETTE ANNÉE, ON N'ABANDONNE NI LA GRAND-MÈRE, NI LE CHIEN...

SPÉCIAL MILLAU : LE MONDIAL DE L'ANTIMONDIALISATION
CHARLIE HEBDO
Capitalisme et utopie :
« Putain, je suis heureux ! »
BOVÉ MARQUE...
UN BUT EN OR !
FNSEA

> Le marché français de l'électricité ouvert à la concurrence. On pourra acheter son électricité chez l'Arabe du coin, il pédale même le dimanche. >

CHARLIE HEBDO
10f
Cathos intégristes : "Charlie" a infiltré leur sanctuaire
Reportage au monastère du Barroux, près d'Avignon. Pages 2 et 3
Clinique de la mort : logé, nourri, débranché
Au menu, cocktail à la ciguë et bouillon de onze heures. Pages 8 et 9
APPRENEZ "LA MARSEILLAISE" AVEC CAVANNA !
Écrivains vietnamiens : les rizières ou le Goncourt ?
Interview de l'écrivain vietnamien Nguyen Huy Thiep. Pages 10 et 11
COMMENT FINANCER UN ÉTAT CORSE ?
EN INSTAURANT UNE VIGNETTE SUR LES CAGOULES !
CHARB.
N° 422 ▪ Mercredi 19 juillet 2000 ▪ 10 francs ▪ 70 francs belges ▪ 1,53€ (France métropolitaine) ▪ 3 francs suisses ▪ 3,75 dollars canadiens ▪ US dollars $ 2,95 ▪ 4,50 Deutsche Mark

CHARLIE HEBDO
10f
PARIS : MUNICIPALES 2001
CHARLIE SAISIT L'ONU
POUR ASSURER LE BON DÉROULEMENT DU SCRUTIN
HUMANISER LES PRISONS ?
..OU METTRE DES BARREAUX À L'ÉLYSÉE ?
RF
CHARB.

CHARLIE HEBDO
10f
En remontant la rue Bigeard
Reportage à Trimbach, en Alsace, où celui qui justifie la torture en Algérie a une rue qui porte son nom. Pages 2 et 3
Manfred Deix, dessinateur d'Autrichiens
Interview pages 7, 8 et 9
TÉLÉ : LE CSA VEUT ZAPPER CANAL +
Bavure : pistolet ou revolver ?
Un emploi-jeunes prend une balle dans la nuque et lance un débat de société dans les commissariats. Page 15
UNEDIC L'ACCORD NOTAT-SEILLIÈRE REJETÉ
...ET EN PLUS, IL PLEUT
CFDT
CFDT
MEDEF
LUZ

CHARLIE HEBDO
10f
EXCLUSIF : REPORTAGE À L'ASSEMBLÉE DE CORSE
Concorde : Cavanna mène l'enquête
IVG : ouf ! Le XXIe siècle ne sera pas religieux
Interview de la présidente du Planning familial. Pages 2 et 3
Dieu sauve le rodéo !
Reportage au Nebraska, le pays du steak aux hormones et des cow-boys républicains. Pages 8 et 9
TALAMONI
"SOLIDARITÉ AVEC TOUS LES CORSES POURSUIVIS..."
AMNISTIE POUR LES TIBERI
LUZ

> 300 prêtres catholiques sont morts du sida aux États-Unis depuis 1987. Désormais, le sang du Christ devra être soit chauffé, soit recraché. >

CHARLIE HEBDO
10f
Bush : un bon à rien pour la Maison-Blanche
Reportage à la Convention républicaine. Pages 8, 9 et 10
Pitbull : le chien dont le maître est un crétin
Comment apprendre à son chien à manger entre les repas. Pages 6 et 7
NAPOLÉON À SAINTE-HÉLÈNE, CHIRAC À L'ÎLE MAURICE
José Bové en Colombie
Quand les paysans du Larzac vont aider les Indiens à se battre contre le libéralisme. Pages 2 et 3
DERNIER ESPOIR POUR PINOCHET :
LA CORSE !
LE SEUL PAYS OÙ ON PEUT TUER IMPUNÉMENT.
RISS
N° 425 • Mercredi 9 août 2000 • 10 francs • 70 francs belges • 1,53 € (France métropolitaine) • 3 francs suisses • 3,75 dollars canadiens • US dollars $ 2,95 • 4,50 Deutsche Mark

CHARLIE HEBDO
ROME : LES JMJ RATÉES
De la vache folle à la vache cularde
DEVENEZ RICHE! LE FRIC C'EST TENDANCE
Madagascar : bordels, saphirs et casinos
LES LIONS REFUSENT DE BOUFFER LES CHRÉTIENS !
ILS ONT GOÛT DE McDo !
RISS

CHARLIE HEBDO
Journées mondiales de la jeunesse
Kadhafi reconverti
INTERVIEW M.-C. BLANDIN : « SÉNATEUR, MOI? ÇA VA PAS? »
Les amours de l'été
LES VERTS : L'AFFRONTEMENT DES TENDANCES
LA NUIT DES LONGS POIREAUX
cabu

CHARLIE HEBDO
Mondialisation
Incendies
LE NATIONALISME CORSE APPLIQUÉ À LA COPROPRIÉTÉ
Corrida du pauvre
CHEVÈNEMENT VA MIEUX : IL A FOUTU LE FEU À LA CORSE
cabu

CHARLIE HEBDO
Le Medef courtise les politiques
Internet peut encore être sauvé
OCDE : CHEZ LES EXPERTS EN INCOMPÉTENCE
Gitans, hongrois et persécutés
LES MISÉRABLES SUR TF1
devant
CHARB.

> *Le Journal d'Anne Frank* adapté en dessin animé. À la fin, elle retrouve les 101 dalmatiens. >

CHARLIE HEBDO
10F
Blocus du purin et des camions
L'argent donné par Jospin aux routiers finira dans les poches de la grande distribution. Pages 2 et 3
Bush Jr. : « Avec l'aide de Dieu »
La Bible, la peine de mort, l'armée... Bush Jr. dit tout sur ses passions dans son dernier bouquin. Pages 8 et 9
Ben Brik revient en Tunisie
Pour le retour de l'enfant prodigue, Ben Ali n'a pas tué le cochon. Reportage pages 3, 4 et 5
J.O. : NOS ATHLÈTES EN COLÈRE
BAISSEZ LES TAXES SUR NOTRE CARBURANT !
RISS
N° 430 • Mercredi 13 septembre 2000 • 10 francs • 70 francs belges • 1,53 € (France métropolitaine) • 3 francs suisses • 3,75 dollars canadiens • US dollars $ 2,95 • 4,50 Deutsche Mark

CHARLIE HEBDO
10F
« Le quinquennat ? Un septennat de dix ans »
Interview de Dominique Chagnollaud, constitutionnaliste. Pages 2 et 3
Exclusif : voilà le Goncourt ! voilà le Femina !
« Charlie » les a lus pour vous. Bon courage ! Page 12
MUNICIPALES 2001 : CHARLIE SAUTE SUR MARSEILLE
4 PAGES CENTRALES
CHARLIE MARSEILLE
QUINQUENNAT
UN PETIT MANDAT...
... POUR UN PETIT PRÉSIDENT !
RISS
N° 431 • Mercredi 20 septembre 2000 • 10 francs • 70 francs belges • 1,53 € (France métropolitaine) • 3 francs suisses • 3,75 dollars canadiens • US dollars $ 2,95 • 4,50 Deutsche Mark

CHARLIE HEBDO
10F
La marine française fait le tri
Comme dans les discothèques, elle filtre les entrées. Pages 2 et 3
La cassette vidéo sur les pots-de-vin
Quelques médailles de plus aux J.O. et Chirac s'en tire. Page 3
Spécial Marseille
Le port, les décharges, l'écologie... et les inondations. Pages 8 à 11
CHIRAC : LE BILAN
URNES VIDES
VALISES PLEINES
RISS
N° 432 • Mercredi 27 septembre 2000 • 10 francs • 70 francs belges • 1,53 € (France métropolitaine) • 3 francs suisses • 3,75 dollars canadiens • US dollars $ 2,95 • 4,50 Deutsche Mark

CHARLIE HEBDO
10F
Savonnettes pour les sans-papiers
Un décret prévoit de remplacer l'aide juridique par une trousse de toilette et une brosse à dents. Pages 2 et 3
L'intégrisme la fleur aux dents
Reportage au Sud-Liban, chez les très raisonnables fous de Dieu du Hezbollah. Pages 8 et 9
LA LUTTE FINALE
L'esprit Canal Plus : beauf et branché
Comment réconcilier la pensée rebelle avec le souci du conformisme. Pages 10 et 11
DÉJÀ NOËL EN PALESTINE :
PANOPLIE POUR ENFANT ISRAÉLIEN
PANOPLIE POUR ENFANT PALESTINIEN
RISS
N° 433 • Mercredi 4 octobre 2000 • 10 francs • 70 francs belges • 1,53 € (France métropolitaine) • 3 francs suisses • 3,75 dollars canadiens • US dollars $ 2,95 • 4,50 Deutsche Mark

> La majorité sexuelle des gays anglais à 16 ans. Ils ont jusqu'à 15 ans pour se taper des gonzesses. >

CHARLIE HEBDO
10f
Milosevic s'en va, les nationalistes restent
Pourquoi l'Europe doit surveiller Kostunica. Interview de Paul Garde, spécialiste des Balkans. Pages 8 et 9
« Les Dix Commandements »
Dans la comédie musicale d'Obispo, Dieu n'est plus amour, il est pognon. Reportage page 15
MILOSEVIC LA CHUTE DU 1er RÉGIME ROUGE-BRUN
Procès Junot : exclusif !
Tiberi apporte son soutien à un ancien sous-préfet de Vichy. Page 7
¡ISRAÉLIENS-PALESTINIENS!
ARRÊTEZ TOUT! DIEU N'EXISTE PAS!
M 5777 - 434 - 10,00 F
N° 434 • Mercredi 11 octobre 2000 • 10 francs • 70 francs belges • 1,53 € (France métropolitaine) • 3 francs suisses • 3,75 dollars canadiens • US dollars $ 2,95 • 4,50 Deutsche Mark

ADHÉREZ AU COMITÉ DE SOUTIEN À TIBERI
Carte de soutien à Jean Tiberi
CHARLIE HEBDO
10f
LE MUR DES LAMENTATIONS DE « CHARLIE »
Martine à l'assaut de la Mairie de Lille
Portrait d'une langue de bois battante. Page 4
Le meilleur des cybermondes
Interview de Jeremy Rifkin. Pages 10 et 11
ATTENTATS ANTISÉMITES EN FRANCE
PENDANT CE TEMPS-LÀ, ILS NE BRÛLENT PAS LE MEDEF !
M 5777 - 435 - 10,00 F
N° 435 • Mercredi 18 octobre 2000 • 10 francs • 70 francs belges • 1,53 € (France métropolitaine) • 3 francs suisses • 3,75 dollars canadiens • US dollars $ 2,95 • 4,50 Deutsche Mark

CHARLIE HEBDO
10f
0,3 % de vache folle
Prion, sang contaminé, malbouffe... Soyons modernes, résolument spongiformes, et crevons ! Page 3
Sommet du Caire
Pour que l'ONU condamne Israël, les dictatures de la Ligue arabe découvrent les droits de l'Homme. Page 11
MUNICIPALES 2001 : CHARLIE SAUTE SUR RENNES
4 PAGES CENTRALES
CHARLIE RENNES
RENNES, LA VILLE DONT LE PRINCE DE BRETAGNE EST UN ARTICHAUT
HISTOIRE TRÈS ABRÉGÉE DE LA BRETAGNE
ÉPARGNEZ LES VACHES!
MANGEZ DIRECTEMENT DE LA FARINE ANIMALE!
FARINE
CHARB.
M 5777 - 436 - 10,00 F
N° 436 • Mercredi 25 octobre 2000 • 10 francs • 70 francs belges • 1,53 € (France métropolitaine) • 3 francs suisses • 3,75 dollars canadiens • US dollars $ 2,95 • 4,50 Deutsche Mark

CHARLIE HEBDO
10f
Séguin, Tiberi : reportage comparatif
Meetings : le candidat officiel du RPR au stade Charlety, le renégat à la Mutualité. Page 7
La repentance, c'est tendance
« Elle peut guérir les névroses de nos sociétés », explique Ph. Moreau-Defarges, de l'IFRI. Pages 10 et 11
ÉLECTION U.S. LES SECTES ONT DÉJÀ GAGNÉ
Cabu regarde passer les palombes
Deux jours dans un mirador, en attendant les pigeons. Reportage dans une palombière. Pages 8 et 9
MALBOUFFE
VA TE LAVER LES MAINS AVANT...
... DE MANGER TA VIANDE POURRIE DEPUIS 15 JOURS !
RISS
M 5777 - 437 - 10,00 F
N° 437 • Mardi 31 octobre 2000 • 10 francs • 70 francs belges • 1,53 € (France métropolitaine) • 3 francs suisses • 3,75 dollars canadiens • US dollars $ 2,95 • 4,50 Deutsche Mark

> Loi sur le cumul des mandats. On ne pourra pas être à la fois mis en examen et président de la République. >

CHARLIE HEBDO

10f

DÉBAT DE L'ANNÉE
J.-M. MESSIER / PH. VAL
Première partie du compte rendu pages 8 et 9

Saccage du bureau de Voynet : qui enterre l'enquête ?
Pages 2 et 3

ENCORE DE LA MERDE A BOUFFER !
BOEUFS CANNIBALES

USA: ÉLECTION SANS SURPRISE

ENCORE UN BLANC!
cabu

M 5777 - 438 - 10,00 F

N° 438 ▪ Mercredi 8 novembre 2000 ▪ 10 francs ▪ 70 francs belges ▪ 1,52 € (France métropolitaine) ▪ 3 francs suisses ▪ 3,75 dollars canadiens ▪ US dollars $ 2,95 ▪ 4,50 Deutsche Mark

> La police s'oppose à l'enregistrement sonore des gardes à vue : « On n'a pas envie de payer des droits d'auteur à Pinochet. » >

CHARLIE HEBDO 10F

Envoyez les Casques bleus en Floride!
La plus vieille démocratie du monde vote sous elle. Michael Moore alerte l'ONU. Pages 2 et 3

DÉBAT DE L'ANNÉE J.-M. MESSIER / PH. VAL
Suite et fin du compte rendu pages 8 et 9

Marcel Ophuls veut la Légion d'honneur
Interview-portrait du réalisateur du film « Le Chagrin et la Pitié ». Pages 10 et 11

L'adieu de Gabriel Garcia Marquez
L'auteur de « Cent Ans de solitude » envoie une dernière lettre à ses amis. Page 7

DÉTÉRIORATION DU CLIMAT...
J'ARRIVE MÊME PLUS À BOUFFER MA VACHE FOLLE!
CHARB

CHARLIE HEBDO 10F

Conférence sur le climat à La Haye
Les pays riches se battent sur la façon d'utiliser les pays pauvres pour continuer à polluer. Pages 2 et 3

Un maton sponsorise le Vendée Globe
Un voilier est financé par le n° 2 mondial de la « sécurité », gestionnaire de prisons pour enfants. Page 7

CAVANNA EXPLIQUE LA DÉMOCRATIE AMÉRICAINE

Taoufik Ben Brik rit comme une baleine
Six mois après sa grève de la faim, interview de l'auteur d'un « livre sur une dictature ridicule ». Pages 10 et 11

DEVENEZ VÉGÉTARIEN
ENGRAISSÉ AUX FARINES ANIMALES
ENGRAISSÉ AUX SUBVENTIONS
FNSEA
RISS

CHARLIE HEBDO 10F

Conférence sur le climat à La Haye
Le libéralisme veut racheter l'écologie pour un franc symbolique. Reportage pages 2 et 3

Têtes de gondole françaises en Pologne
Après la dictature communiste, la dictature d'Auchan, Carrefour, Leclerc, Castorama et Go Sport. Pages 8 et 9

La Playstation 2 est arrivée
Elle a goût de banane et de chimpanzé. Reportage au Virgin Mégastore. Page 15

CAVANNA REFUSE L'ABSOLUTION AUX TORTIONNAIRES

LA HAYE : L'AMÉRIQUE A GAGNÉ
J'ACHÈTE VOTRE PERMIS DE POLLUER!

CHARLIE HEBDO 10F

Les 10 commandements de la FNSEA
Le syndicat des gros agriculteurs conjugue la rigueur stalinienne et la cupidité ultralibérale. Pages 2 et 3

ALGÉRIE : LES FICHES TORTURE DE L'ARMÉE FRANÇAISE

Économie : qui a le droit de survivre ?
Susan George, vice-présidente d'ATTAC, imagine un comité chargé de sauver le capitalisme. Interview pages 10 et 11

LES VOEUX DE L'ÉLYSÉE
– VIVE LA RÉPUBLIQUE, VIVE LA FRANCE –
LA VISITE EST TERMINÉE!
LE SOMMET DE LA MAFIA À NICE

N° 442 • Mercredi 6 décembre 2000 • 10 francs • 70 francs belges • 1,52 € (France métropolitaine) • 3 francs suisses • 3,75 dollars canadiens • US dollars $ 2,95 • 4,50 Deutsche Mark

CHARLIE HEBDO 10F

"CHARLES-DE-GAULLE" LE PROGRAMME DES NOUVELLES AVARIES

Un SDF programmé par IBM
La boîte informatique pratique le harcèlement comme mode de gestion du personnel. Page 7

Toute la méthode Chirac
Criminels de tous les pays, reprenez les arguments utilisés par le chef de l'État! Pages 2 et 3

Les chômeurs bientôt à l'Académie
Ricardo Montserrat a fait écrire aux chômeurs de Roubaix un succès de Série noire. Interview pages 10 et 11

CRÈCHE 2000
L'ÂNE
LE BOEUF
LE PETIT JÉSUS
FARINE ANIMALE
LUZ

CHARLIE HEBDO 10F

LE MONDE SELON BUSH
LA TERRE EST PLATE, LE TEXAS EST ROND

Boisset, le cinéaste le plus censuré de France Interview pages 10 et 11

Auxerre : disparues et enterrées deux fois
Sept filles assassinées, et pas d'enquête. Dans l'Yonne, on ne s'inquiète que des riches. Pages 2 et 3

LE RETOUR DE LA COHABITATION CHIRAC-MITTERRAND
BONNE ANNÉE 2001...
AÏE!
WOLINSKI

> Si AXA refuse d'indemniser votre enfant handicapé, faites-le passer pour un dégât de tempête. >

CHARLIE HE[BDO] 10f

CHARLIE-TOULOUSE

LA VILLE ROSE DONT LE FUTUR MAIRE EST INCOLORE

EDITO ONCLE BERNARD, LE RÉGIONAL DE L'ÉTAPE, VOTE ZEBDA!

ISRAËL-PALESTINE
LES ATHÉES SE TOURNENT VERS LA MECQUE

NICE : l'anti-sommet
Reportage et gaz lacrymogènes
Pages 2 et 3

MUNICIPALES 2001 : CHARLIE SAUTE SUR TOULOUSE

4 PAGES CENTRALES

ENCORE UN JOUET DE NOËL QUI NE DURERA PAS UN AN !

-RISS.

M 5777 - 443 - 10,00 F

N° 443 • Mercredi 13 décembre 2000 • 10 francs • 70 francs belges • 1,52 € (France métropolitaine) • 3 francs suisses • 3,75 dollars canadiens • US dollars $ 2,95 • 4,50 Deutsche Mark

> Ah, si Hitler avait connu Internet, il aurait envahi Pologne.com ! >

2001

> *Paris Match*, soucieux de respecter la dignité humaine, ne publiera ni les photos de Chirac à poil, ni celles de Bernadette habillée. >

Elliott Murphy

Le jour qui a changé le monde

L'année était déjà presque finie, mais, pour tout le monde, désormais, 2001 commence ce matin d'automne à Manhattan. Dans un ciel bleu et dégagé, deux avions sombres entrèrent dans les deux tours du World Trade Center comme un viol, comme une lame acérée, et terrifièrent le monde. C'était la fin de l'après-midi et j'étais à Paris, pas sur la route, pour une fois, je sortais de chez le pédiatre avec mon fils Gaspard, qui avait alors 11 ans. Je ne me rappelle pas ce qu'il avait, rien de grave sans doute, heureusement. Nous marchions vers le métro quand nous avons vu ces deux types qui harcelaient une jeune fille, ils l'attrapaient par le bras et ne la laissaient pas partir, lui coupaient la route et la menaçaient. Au début, elle essaya d'être polie, mais ils ne partaient pas et elle commença à paniquer. Nous les avons suivis jusqu'au coin de la rue, simplement pour être là en cas de besoin, si cela devenait nécessaire. La jeune fille était apeurée mais intelligente, elle leur échappa en entrant dans une école d'où une femme plus âgée, imposante, prof sans doute, sortit et dit aux types de partir et rapidement, sans quoi elle appellerait la police. Les lâches obéirent sans demander leur reste.

Alors que nous arrivions au métro Place d'Italie, mon frère Matthew m'appela de New York, disant que quelque chose de terrible venait d'arriver : un avion s'était écrasé dans le World Trade Center — un accident ? Je me suis arrêté au premier kiosque venu et j'ai demandé au vendeur s'il avait entendu parler d'un crash d'avion à New York. Il secoua la tête, *« non, rien, monsieur »*. Une fois à la maison, j'allumai CNN, où l'horreur était diffusée en temps réel : une fumée noire dégoulinait des deux tours.

En 2001, je vivais à Paris depuis déjà plus de dix ans, mais ces tours représentaient déjà quelque chose pour moi avant qu'elles ne deviennent le symbole mondial du terrorisme du XXIe siècle. Elles avaient été construites en 1973, l'année de la sortie de mon premier album, *Aquashow*, et j'avais dîné au moins fois deux ou trois fois au restaurant du dernier étage, Windows on the World. J'avais pensé, en embrassant la ville du regard : *« Je suis trop haut… »*

Les tours s'effondraient et je ne pouvais que répéter en boucle : *« Oh, my God, oh, my God. »* Gaspard était assis à côté de moi, abasourdi, la bouche ouverte et les larmes aux yeux. Quand je me ressaisis, je lui dis qu'il n'oublierait jamais ce jour et que nous allions nous en sortir, et ce fut le cas. Après, mon téléphone n'arrêta pas de sonner, surtout des amis parisiens qui demandaient si ma famille était saine et sauve, puisque j'étais presque plus connu en tant que New-Yorkais que comme Américain. Je n'ai jamais ressenti une solidarité franco-américaine si sincère, si chaleureuse, que dans les jours qui suivirent. Après, il y eut l'Irak…

En décembre 2001, à peine trois mois plus tard, j'ai visité Ground Zero, où il y avait des annonces affichées partout, posant toutes la même question : Avez-vous vu mon frère ? Avez-vous vu ma sœur ? Mon père, ma mère, mari ou femme, ou simplement mon ami ? Accompagnées des photos d'albums privés, déchirantes, les visages souriants de ceux qui travaillaient dans les tours et qui disparurent en ce jour qui a changé le monde en 2001. J'ai commencé une chanson, *Ground Zero*. Olivier Durand, mon fidèle guitariste, a écrit un couplet en français, et nous l'avons chantée en concert pendant quelques années, avant de passer à d'autres chansons, à de nouveaux albums. Mais les visages sur ces petits bouts de papier, chahutés par le vent d'hiver, me hantent toujours.

Elliott Murphy est auteur-compositeur-interprète et musicien.
www.elliottmurphy.com

> Les Européens ont peur de la réaction de Bush. « On n'a pas peur qu'il balance une bombe sur Kaboul, on a peur qu'il croie que Kaboul est à côté de Chartres. » >

CHARLIE HEBDO 10f

Les cinquante têtes à claques qu'on ne veut plus voir en 2001

La France, trafiquante d'armes

Chaque année, la France encaisse des milliards en vendant des armes aux pires régimes. Pages 2 et 3

LES BONNES RÉSOLUTIONS

C'EST PROMIS, CETTE ANNÉE, JE MEURS !
DIESES JAHR STERBE ICH, DAß VERSCHPRECHE ICH EUCH.
¡ESTE AÑO OS ASEGURO QUE ME MUERO!
I SWEAR I'LL DIE THIS YEAR
È PROMESSO QUEST'ANNO MUOIO!
会死了今年我说了!
cabu

M 5777 - 446 - 10,00 F

N° 446 ■ Mercredi 3 janvier 2001 ■ 10 francs ■ 70 francs belges ■ 1,52 € (France métropolitaine) ■ 3 francs suisses ■ 3,75 dollars canadiens ■ US dollars $ 2,95 ■ 4,50 Deutsche Mark

> Les kamikazes s'entourent le sexe de bandelettes pour le retrouver intact au paradis. Les chefs, eux, ont compris que c'était la tête qu'il fallait s'entourer de bandelettes. >

CHARLIE 10f HEBDO
Le palace birman de Michel Roussin
Quand l'ex-bras droit de Chirac voulait construire un Sofitel chez les dictateurs de Rangoon. Enquête page 7
Quand les anars espagnols faisaient leur cinéma
Pages 10 et 11
FELLAG ÉVOQUE L'ALGÉRIE DANS UNE NOUVELLE PRÉMONITOIRE
BONNE ANNÉE DE CHIOTTES !...
... ET SURTOUT UNE SANTÉ DE MERDE !
Cabu
N° 447 • Mercredi 10 janvier 2001 • 10 francs • 70 francs belges • 1,52 € (France métropolitaine) • 3 francs suisses • 3,75 dollars canadiens • US dollars $ 2,95 • 4,50 Deutsche Mark

CHARLIE 10f HEBDO
Vous voulez crever d'ennui chez les bouddhistes ? Charlie l'a fait pour vous
INTERNET : LA KOMMANDANTUR LIBÉRALE
Interview : l'ex-entraîneur du RC Strasbourg... de gauche et viré
UNE ARMURERIE EN BANLIEUE
Dassault aux Tarterêts : un marchand d'armes de proximité
LE VRAI SURNOM DE J.-C. MITTERRAND
C'ÉTAIT "PASQUA M'A DIT !"
TIGNOUS
N° 448 • Mercredi 17 janvier 2001 • 10 francs • 70 francs belges • 1,52 € (France métropolitaine) • 3 francs suisses • 3,75 dollars canadiens • US dollars $ 2,95 • 4,50 Deutsche Mark

CHARLIE 10f HEBDO
La Californie invente l'ordinateur à pédales et s'éclaire à la bougie
LE GRAND MENSONGE DES RETRAITES
Le haut fonctionnaire Papon aurait refusé sa mise en liberté
Spécial Bordeaux : 4 pages
LE MEDEF PRÉSENTE
PRENDS LES RETRAITES ET TIRE-TOI !
AVEC : SEILLIÈRE, KESSLER ... ET 60 MILLIONS DE FIGURANTS !
Cabu
N° 449 • Mercredi 24 janvier 2001 • 10 francs • 70 francs belges • 1,52 € (France métropolitaine) • 3 francs suisses • 3,75 dollars canadiens • US dollars $ 2,95 • 4,50 Deutsche Mark

CHARLIE 10f HEBDO
Seillière : il n'a pas eu la chance d'avoir une enfance malheureuse
INTERNET : LES CORBEAUX SONT SUR LE WEB
Sécurité : Chirac échange sa tête de veau contre un nerf de bœuf
Porto Alegre, le sommet anti-Davos : la mondialisation vue d'en bas
JOSÉ BOVÉ : L'APRÈS PORTO ALEGRE
J'ABANDONNE LE LARZAC !
Jul.
N° 450 • Mercredi 31 janvier 2001 • 10 francs • 70 francs belges • 1,52 € (France métropolitaine) • 3 francs suisses • 3,75 dollars canadiens • US dollars $ 2,95 • 4,50 Deutsche Mark

> Karl Lagerfeld perd 40 kg. Il a laissé sa montre sur la table de nuit. >

CHARLIE 10F HEBDO
Algérie : interview d'un ancien officier des forces spéciales
PORTO ALEGRE : NOUS SOMMES TOUS DES JOSÉ BOVÉ
Municipales à Blois : Jack Lang regrette déjà Paris
Municipales à Vitrolles : un Reich de quatre ans, ça suffit !
UN ESPOIR POUR SIRVEN
QUE LE TRIBUNAL ACCEPTE LA CARTE BLEUE ...
CHARB.
N° 451 • Mercredi 7 février 2001 • 10 francs • 70 francs belges • 1,52 € (France métropolitaine) • 3 francs suisses • 3,75 dollars canadiens • US dollars $ 2,95 • 4,50 Deutsche Mark

CHARLIE 10F HE
JE T'ATTENDRAI de la part de LA PORTE DU GARAGE
Kurdes : un « accueil humain », avec barbelés et militaires
MUNICIPALES : SPÉCIAL MONTPELLIER
Start-up : vous y avez cru ? Vous êtes virés.com !
LA LÉGÈRETÉ EST MORTE
LA LOURDEUR TRIOMPHE
cabu
N° 453 • Mercredi 21 février 2001 • 10 francs • 70 francs belges • 1,52 € (France métropolitaine) • 3 francs suisses • 3,75 dollars canadiens • US dollars $ 2,95 • 4,50 Deutsche Mark

CHARLIE 10F HE
SÉGUIN DÉCRYPTÉ.
ON A DÉCOUVERT LE GÈNE DE L'ÉCHEC
ELF : le Quai d'Orsay, vitrine légale des pétroliers
CANAL+ : l'amour, dernier tabou de la pornographie
JOSÉ BOVÉ CONTRE LES SAVANTS FOUS
SAINT-VALENTIN
Le boucher et... la vieille escalope !
RISS
N° 452 • Mercredi 14 février 2001 • 10 francs • 70 francs belges • 1,52 € (France métropolitaine) • 3 francs suisses • 3,75 dollars canadiens • US dollars $ 2,95 • 4,50 Deutsche Mark

CHARLIE 10F HEBDO
Cohn-Bendit : on brûle l'hérétique à quinze jours des élections
Municipales à Carpentras : les femmes attaquent
PAUL MORAND : L'ANTISÉMITISME BRANCHÉ
Au Brésil, misère au soleil pour les sans-terre et les sans-toit
AFFAIRE COHN-BENDIT :
LES LANGUES SE DÉLIENT
RECHERCHÉ
IL A GÂCHÉ MA JEUNESSE ...
CHARB.
N° 454 • Mercredi 28 février 2001 • 10 francs • 70 francs belges • 1,52 € (France métropolitaine) • 3 francs suisses • 3,75 dollars canadiens • US dollars $ 2,95 • 4,50 Deutsche Mark

> Les autorités indiennes décident de mesurer le pénis des Indiens afin d'adapter les préservatifs. Pour les intouchables, les mesures seront prises par satellite. >

CHARLIE 10F HEBDO
SPÉCIAL ESCROCS
Bernard Tapie à Marseille !
Élizabeth Teissier à la Sorbonne !
… et, comme chaque année : Jean-Paul II au balcon !
Marseillais !
FERIEZ-VOUS UNE BOUILLABAISSE AVEC CETTE VIEILLE RASCASSE ?
O.M
500
cabu
M 5777 - 460 - 10,00 F
N° 460 • Mercredi 11 avril 2001 • 10 francs • 70 francs belges • 1,52 € (France métropolitaine) • 3 francs suisses • 3,75 dollars canadiens • 4,50 Deutsche Mark

CHARLIE 10F HE
MUNICIPALES
NI GAUCHE, NI DROITE, ROND-POINT !
Municipales : Zebda à Toulouse… et Armani à Saint-Germain-des-Prés !
LES SOIXANTE-HUITARDS SONT-ILS DES MONSTRES ?
Les taliban inaugurent le musée des Arts barbares
DERNIERS JOURS AVANT L'ABATTOIR
RISS

CHARLIE 10F HEBDO
Sida : trithérapie pour les riches, bientôt bûchers pour les pauvres
Bosnie : pour 5 marks une fille, pour 5 000 marks un ministre
ÉLECTIONS, BALLOTTAGES ET TRIPATOUILLAGES
Corcuff : membre de la LCR, mais ni communiste, ni révolutionnaire
ÉLECTIONS PIÈGE À CON !
LUZ

CHARLIE 10F HEBDO
Élections : la vague bleue recouvre les caisses noires
« Stalingrad » : l'éloge des snipers signé Jean-Jacques Annaud
CHIAPAS : WOLINSKI RELUQUE SOUS LA CAGOULE DE MARCOS
Fièvre aphteuse : tuez tout ! Le virus reconnaîtra les siens
DELANOË : DÉJÀ TROIS JOURS
ET TOUJOURS PAS DE CRÈCHES !
RISS

CHARLIE 10F HEBDO
Vlaams Blok : dans le port d'Anvers, y a des fachos qui chantent
Prostitution : pétition pour sauver la rue Saint-Denis
LE BULLETIN MUNICIPAL DE LA FRANCE
Ordre moral : comment « Le Figaro » parle de l'homosexualité du maire de Paris
QUEL AVENIR POUR LE PC ?
DE NOTRE FUTUR FAISONS TABLE RASE !
LUZ

CHARLIE 10F HEBDO
Jacques Chirac : on a trouvé son ADN sur des valises pleines de billets
Alerte : les musées nationaux livrés au privé !
BIENTÔT UNE FRANCE SANS PAYSANS
George W. Bush : Amérique profonde et Texas über alles, par Cavanna
NON AU CUMUL DES MANDATS !
MAÎTRE DU MONDE…
…ET ROI DES CONS !
cabu

> 23 jeunes homosexuels égyptiens condamnés pour mépris du Coran. Ils ne s'enculaient pas tournés vers La Mecque. >

CHARLIE 10F HEBDO
OUI, ON PEUT AVOIR L'ARGENT DE L'OZONE ET DU TROU D'OZONE
Délinquance : tolérance zéro pour les patrons
Aussaresses : tolérance zéro pour les bourreaux
Astrologie : tolérance zéro pour les escrocs
Voyeurisme : tolérance zéro pour « Loft Story »
OUI, LA TORTURE ÉTAIT NÉCESSAIRE !
SANS ELLE, ON AURAIT PERDU L'ALGÉRIE.
M 5777 - 464 - 10,00 F
N° 464 • Mercredi 9 mai 2001 • 10 francs • 70 francs belges • 1,52 € (France métropolitaine) • 3 francs suisses • 3,75 dollars canadiens • 4,50 Deutsche Mark

CHARLIE 10F HEBDO
SPÉCIAL RUMEURS
IL PARAÎT qu'on a échappé à la 3e Guerre mondiale
IL PARAÎT que Lionel Jospin se balladurise
IL PARAÎT que Paolo Coelho écrit des livres
IL PARAÎT que les animaux en batterie ne souffrent pas
JOSPIN PRÊT À TOUT...
... POUR RECONQUÉRIR L'ÉLECTORAT POPULAIRE

CHARLIE 10F HEBDO
Vatican : après Jean-Paul II, Jean-Paul Pot ?
Selon « Le Monde les Tunisiens se foutent pas mal de la démocratie
PASQUA : « J'AI DES DOSSIERS SUR VOUS ! »
Climat : au nord les gros cons, au sud les pauvres cons !
IL FAUT TERRORISER LES TERRORISTES DE TERRORISTES !
JE TREMBLE !

CHARLIE 10F HEBDO
Foot : pas d'argent public pour les milliardaires
Tchernobyl : joyeux anniversaire, les thyroïdes !
SOCIAL : SALAIRES EN BAISSE ESCLAVES EN HAUSSE
Télé-braguette : les beaufs matent les beaufs
« LOFT STORY »
QUI C'EST QU'A PÉTÉ ?

> Aussaresses sort un deuxième livre. Parce qu'il explique comment il arrachait les couilles, il est pressenti pour le Femina. >

CHARLIE HEBDO
10f
Service militaire : le dernier des bidasses raconte
Roland-Garros : les hooligans en socquettes blanches
Environnement : « Le Figaro » veut discréditer les Verts
RAVE-PARTIES : ÇA VA PAS ÊTRE POSSIBLE !
LES HORREURS DE LA SCIENCE :
LAGUILLER MÈRE À 62 ANS
RISS.
M 5777 - 468 - 10,00 F
N° 468 • Mercredi 6 juin 2001 • 10 francs • 70 francs belges • 1,52 € (France métropolitaine) • 3 francs suisses • 3,75 dollars canadiens • 4,50 Deutsche Mark

CHARLIE HEBDO
10f
LE LAY CONTRE M6 : « CHARLIE » SOUTIENT TF1
DANS SA LUTTE CONTRE L'ARGENT-ROI ET LA DÉCADENCE MORALE
LOFT STORY
UN TREMPLIN POUR LA GLOIRE
MOI JE SUCE
MOI J'AVALE

CHARLIE HEBDO
10f
Non aux JO à Paris : conservons nos trottoirs propres
EXCLUSIF : « CHARLIE » A LU LA THÈSE D'ÉLIZABETH TEISSIER
Profs : têtes de gondole au supermarché de l'éducation
LOFT STORY
DASS
FÊTE DES MÈRES
OFFREZ-VOUS LOANA !

CHARLIE HEBDO
10f
Ni Dieu ni gène : la génétique perd son pouvoir
Aussaresses-Deviers-Joncour : idylle à Tataouine
NICE : OFFREZ DES CRS AUX BANLIEUSARDS
Adoptez un condamné à mort ! Reportage à Huntsville, Texas
LA RAVE-PARTY LA PLUS LONGUE
ON FATIGUE !
BOUM
BOUM
BOUM
BOUM
BOUM
BOUM
BOUM
TIGNOUS

CHARLIE HEBDO
10f
Jersey : une journée au paradis de l'argent sale
TROTSKI : « JE N'AI JAMAIS ÉTÉ AU PARTI SOCIALISTE ! »
Le coup de gueule d'Anne Sinclair
Après Jospin :
LE PASSÉ TROTSKISTE DE LOANA
LA BARBICHETTE DE TROTSKI !
TIGNOUS

CHARLIE HEBDO
10f
Ce que Cavanna n'a pas dit chez Pivot
Émeutes à Alger : « CHARLIE » Y ÉTAIT
Premier Congrès mondial contre la peine de mort à Strasbourg : « CHARLIE » Y SERA
LE TEMPS DES POTS DE BUREAU...
NULLE PART AILLEURS
MESSIER

> Comment Berlusconi a-t-il pu être élu ? Quand un peuple vole des autoradios, il ne faut pas s'étonner que son président du Conseil vole des chaînes de télé. >

CHARLIE 10F HEBDO
Charniers en Algérie : de Bigeard à Bouteflika, 40 ans de massacres
Magouilles du foot : opération pieds propres !
MILOSEVIC : UN ALLER SIMPLE POUR LA HAYE
La traçabilité de la connerie : le Salon du tatouage
PARTIE DE CHASSE CHEZ LES VERTS
À MOI LE PARTI !
À MOI LA PRÉSIDENTIELLE !
MERDE !... ME RESTE PLUS QUE L'ÉCOLOGIE !
cabu

CHARLIE 10F HEBDO
Alcatel : au nord l'esprit, au sud le cambouis
CSA : pour une télé totalement débile
À PARTIR DE CETTE SEMAINE : l'actualité des médias dans « Charlie »
Ménages : combien se vendent les hommes politiques
VACANCES À KABOUL
ELLE EST OÙ, MAMAN ?
SOUS LE CHATEAU DE SABLE...
CHARB

CHARLIE 12F HEBDO
Justice : Milosevic plaide les circonstances atténuantes
Reportage : Raël, la secte officielle des Martiens
IMMIGRATION
À nous les cerveaux, dehors les cons !
Médias : Lagardère tisse sa toile
"Mes astuces pour draguer en vacances"
PAR JACQUES CHIRAC
LUZ
M 5777 - 473 - 12,00 F
N° 473 • Mercredi 11 juillet 2001 • FRANCE MÉTRO : 12 FF, 1,83 € • DOM : 18 FF, 2,74 € • BEL : 84 FB, 2,08 € • CH : 3,60 FS • AND : 12 FF, 1,83 € • CAN : 6,50 $C • D : 5,40 DEM, 2,76 € • GR : 900 GRD, 2,64 €
• LUX : 84 LUF, 2,08 € • MAY : 18 FF, 2,74 € • NL : 6 NLG, 2,72 € • PORT. CONT : 600 ESC, 2,99 € • ZONE CFA : 1200 CFA

CHARLIE 12F HEBDO
Wolinski montre tout à Avignon
JO à Pékin : huit mesures pour faire respecter les droits de l'Homme
G8 à Gênes : les racketteurs s'isolent pour parler affaires
Intégristes : un mort chez les scouts fachos
INSÉCURITÉ
UN VOYOU À L'ÉLYSÉE
cabu

CHARLIE 12F HEBDO
4 PAGES SUR GÊNES
Carlo, premier viré du Loft
Les pauvres vivent au-dessus de leurs moyens
FERIEZ-VOUS UN BON PSY CATASTROPHE ?
TF1 « Le Maillon faible » vu par Bernar
G8
MORT ACCIDENTELLE D'UN ANARCHISTE
ON A RÉDUIT SA DETTE !
cabu

CHARLIE 12F HEBDO
CLONAGE : CE QUI NOUS ATTEND !

> Le Pen à 10 % dans les sondages. « Si je bénéficiais du même temps d'antenne que Ben Laden, je serais à 18 %. » >

CHARLIE 12F HEBDO
Fonds secrets : comment Chirac a tout claqué
NE BRONZEZ PLUS COMME UNE TRUFFE, LISEZ CORCUFF !
Sectes : une raëlienne répond à « Charlie »
L'APRÈS-JOLO
TF1 PREND EN OTAGES
"LES AVENTURIERS DE KOH-LANTA"

CHARLIE 12F HEBDO
Pic de pollution : pas touche au lobby de la bagnole !
SDF en été : régime et bronzage obligatoires
Après des femmes à poil, Cavanna veut des vélos sans selle
LE VRAI PROGRAMME DES UNIVERSITÉS D'ÉTÉ
PRISONNIERS POLITIQUES
LES EXIGENCES DE TALAMONI
LIBÉREZ NAPOLÉON DES INVALIDES !

CHARLIE 12F HEBDO
Léotard : du mieux-disant au mal-foutu
AOM-Air Liberté : Seillière invente la promotion Kleenex
Willem : de Belgrade à Budapest
NOUS SOMMES TOUS DES CORSES ALLEMANDS !
CORSE : ILS ONT GAGNÉ !
LES SÉPARATISTES ENFIN REGROUPÉS
SANTONI
NAPOLÉON
JOSEPH
GILOU
TONIO
JOSÉ
ANTOINE
ÉMILE
KEVIN
ANGE
DOUMÉ

CHARLIE 12F HEBDO
Cavanna passera-t-il l'euro ?
Tunisie Ben Ali sacré champion à vie
Chirac dénonce le complot trotskiste
ARLES : ATTAC PRÉPARE AU BAC
OGM : un nouveau maïs
IL RÉSISTE À LA CONFÉDÉRATION PAYSANNE...

CHARLIE 12F HEBDO
Australie : Skippy le kangourou allié des taliban
Les Verts : l'arrachage des candidats OGM
Houellebecq : enfin ! le messie qu'on attendait !
AUSSARESSES N'A RIEN INVENTÉ
Français ! VOUS VOTEREZ POUR MOI PARCE QUE JE VOUS RESSEMBLE !

CHARLIE 12F HEBDO
Sculpture : après le Mandarom, rasons le Sacré-Cœur !
Goncourt : les dix astuces pour le décrocher
CHIRAC : PLUS IL FAIT DE CONNERIES, PLUS IL MONTE
Emploi : le chômage vaincu par les statistiques
MAMÈRE-LIPIETZ : ÇA S'AGGRAVE !
IL A REÇU MA FEUILLE D'IMPÔTS
IL A PAYÉ L'IMPÔT RÉVOLUTIONNAIRE !

> Chirac réclame un deuxième porte-avions pour pousser le premier dans les côtes. >

> Le Concorde revole. Mais, par souci de sécurité, il lui est interdit de traverser le tunnel du Mont-Blanc. >

CHARLIE 12f HEBDO
AFGHANISTAN : LE GUIDE DU ROUTARD DE L'OCCUPANT
Téléphone de l'avenir : racket d'aujourd'hui
Berlusconi : « La loi, c'est moi ! »
Sécurité : pour sauver la démocratie, faut-il la détruire ?
Ils vont sauver la démocratie !
3 HOMMES ET UN COUFFIN
POUTINE
BUSH
JIANG ZEMIN
Cabu
N° 488 • Mercredi 24 octobre 2001 • FRANCE MÉTRO : 12 FF, 1,83 € • DOM : 18 FF, 2,74 € • BEL : 84 FB, 2,08 € • CH : 3,60 FS • AND : 12 FF, 1,83 € • CAN : 4,50 $C • D : 5,40 DEM, 2,76 € • GR : 900 GRD, 2,64 € • LUX : 84 LUF, 2,08 € • MAY : 18 FF, 2,74 € • NL : 6 NLG, 2,72 € • PORT. CONT : 600 ESC, 2,99 € • ZONE CFA : 1 200 CFA

CHARLIE 12f HEBDO
Patriotisme économique : gros porteurs et petits cocus
BUSH CONTRE BEN LADEN : OPÉRATION « ÉPILATION TOTALE »
Notre envoyé spécial à Toulouse : « Va falloir que je rachète une bagnole ! »
SPÉCIAL MOBILISATION GÉNÉRALE
QUI EST PRÊT À MOURIR POUR CES 2 TÊTES DE CON ?
Cabu

CHARLIE 12f HEBDO
JOSPIN : coulé par ses fringues
TONY BLAIR : le va-t-en-guerre libéral
NEW YORK : reportage chez les derniers Mohicans pacifistes
ANTITERRORISME BOMBARDONS LES PARADIS FISCAUX !
AFGHANISTAN :
LES COMMANDOS SPÉCIAUX DÉJÀ SUR PLACE
BIJOUR MON FRÈRE, IL EST OÙ, BIN LADEN ?
SI VOUS PLAIT
CHARB.

CHARLIE 12f HEBDO
Bioterrorisme : la variole redevient tendance
PAS CE SOIR, Y A LA GUERRE À LA TÉLÉ !
Récession : vive la consommation patriotique !
Ben Laden : la Palestine a bon dos...
TI CHAUFFES... TI CHAUFFES... TI BRÛLES
CHARB.

CHARLIE 12f HEBDO
SHOW-BIZ : Ben Laden plus populaire que Loana
REPORTAGE : notre envoyée spéciale en Journalistan
GUERRE : un intello américain nous parle !
WOLINSKI : « POURQUOI JE SUIS TALIBAN »
APRÈS "LA TOUR INFERNALE"...
US
Cabu
..."LA GUERRE DES BOUTONS" !

> Les arbitres vont avoir de la pub sur le maillot. On savait qu'ils étaient vendus, maintenant on sait qui les achète. >

CHARLIE 12F HEBDO
BIOTERRORISME : CHARLIE VA VOUS SAUVER LA VIE !
Guerre sainte : Saint-Barthélemy pour tout le monde !
Gayssot : les camions sont sympas
« Le Monde » de Beuve-Méry tapine en Bourse
BEN LADEN CHANTE BRASSENS
AU VILLAGE SANS PRÉTENTION, J'AI MAUVAISE RÉPUTATION...
Jul.

CHARLIE 12F HEBDO
Guerre de religions : dix conseils sexuels pour choisir votre camp
QUAND LES TALIBAN OCCUPERONT L'AMÉRIQUE
Cliniques privées : les marchands de santé font grève
La Hague : 60 fois Tchernobyl à la portée de Ben Laden
POUR LA SÉPARATION DE LA MOSQUÉE ET DE L'ÉTAT.
ET HOP !
BAOUM
TIGNOUS

CHARLIE 12F HEBDO
Palestine : chez les SDF d'Hébron
Pub : comment vendre la guerre
OMC : José Bové contre les émirs transgéniques
JOURNALISTAN : REPORTAGE À DOUCHANBE
CRASH DE NEW YORK
SANS LES MAINS !
CHARB.

CHARLIE 12F HEBDO
Convoi de déchets : 36 heures avec les antinucléaires allemands
Palestine : flânerie entre check-points et miradors
Sécurité : les hommes naissent louches et suspects
BEN LADEN : L'AMI DES ÉMIRS
KABOUL
LES CHENILLES DEVIENNENT PAPILLONS
CHARB.

> Les kamikazes de Ben Laden, qui s'attendaient à se taper 70 vierges au paradis, sont déçus. « Les kamikazes japonais de 1945 sont passés avant nous. » >

CHARLIE 12F HEBDO
Afghanistan : la France donne des leçons de cohabitation
LES GENDARMES ÉTERNUENT, JOSPIN CRÈVE DE TROUILLE
Sectes : le procès du gourou de l'instinctothérapie
PENDANT LES FÊTES, LES BOMBARDEMENTS CONTINUENT
HUÎTRES
FOIE GRAS
N° 495 • Mercredi 12 décembre 2001 • FRANCE MÉTRO : 12 FF, 1,83 € • DOM : 18 FF, 2,74 € • BEL : 84 FB, 2,08 € • CH : 3,60 FS • AND : 12 FF, 1,83 € • CAN : 4,50 $C • D : 5,40 DEM, 2,76 € • GR : 900 GRD, 2,64 € • LUX : 84 LUF, 2,08 € • MAY : 18 FF, 2,74 € • NL : 6 NLG, 2,72 € • PORT. CONT : 600 ESC, 2,99 € • ZONE CFA : 1200 CFA

CHARLIE 12F HEBDO
EXCLUSIF : on a retrouvé la cassette testament de Ben Laden !
MILIPOL : le Salon de l'électroménager des flics
LA GROGNE DES SOSIES DE BEN LADEN
ON EN A MARRE DE SE FAIRE TIRER DESSUS POUR 9000 BALLES PAR MOIS !

CHARLIE 12F HEBDO
Israël-Palestine : la guerre comme programme politique
Srebrenica : envoyons Chirac au Tribunal de La Haye !
TF1 a raté les seins de Loana, pas les cuisses de Zidane !
AUSSARESSES, LE BON TEMPS DE LA GÉGÈNE
CHIRAC 69 ANS
C'EST PAS TOUS LES JOURS !

CHARLIE 12F HEBDO
Proche-Orient : dernière minute, Arafat toujours vivant
LA CRÈCHE DE « CHARLIE » IL EST NÉ LE DIVIN EURO
Foi : un kamikaze peut cacher un curé
CHARLIE HEBDO A ÉLU BERNADETTE
HOMME DE L'ANNÉE

> La devise du mollah Omar : « Œil pour œil, œil pour œil ». >

> Vergès défendra Milosevic. Du coup, on commence à avoir de sérieux doutes quant à l'innocence de Milosevic. >

2002

> Le jour où on a brûlé les gogues, je n'ai rien dit, le jour où ils ont brûlé des synagogues, il était trop tard. >

Clémentine Autain

La vie après le 21 avril

Incrédule. Lorsqu'un proche m'avait demandé, six mois avant la présidentielle de 2002, ce que je ferais si le second tour opposait Jacques Chirac à Jean-Marie Le Pen, j'ai ricané longuement en refusant de répondre à une question aussi loufoque. Résultat : contre tout pronostic et sans grande fierté, j'ai voté Chirac. Si, si.

La claque fut collective et mérite une réflexion de plus grande ampleur que le simple procès du nombre de candidatures à gauche. Si traumatisme il y a bien eu, la résilience passe par un travail profond de refondation à gauche. De quoi la progression de l'extrême droite et la faiblesse électorale de la gauche est-elle le nom ? Autant dire que, dix ans plus tard, nous n'avons toujours pas un paysage politique clarifié, démontrant que la gauche a bel et bien surmonté ce qui lui a fait défaut en 2002. Mais on avance…

Ce 21 avril qui nous hante aura traduit un pic dans la baisse tragique de la conflictualité politique. L'idée que droite et gauche n'incarnent pas deux projets fondamentalement différents s'est ancrée dans le pays. La logique d'alternance a pris le pas sur l'alternative. Les discours, les mots, les postures se ressemblent. Après les graves échecs des expériences dites socialistes et la panne sévère de la social-démocratie en Europe, c'est la gueule de bois à gauche. Ses deux traditions, réformiste et révolutionnaire, sont affaiblies. Le tranchant d'une vision du monde, d'un avenir meilleur, fait défaut. Quand le plus grand parti à gauche, le PS, entérine le caractère structurant et indépassable des normes de marchés, dès le Congrès de l'Arche en 1991, je me demande si la messe n'est pas dite. Les socialistes proposaient de changer la vie, n'y sont pas arrivés et ont donc cessé de le promettre. C'est l'histoire de Lionel Jospin, qui, s'adressant aux salariés licenciés de Michelin, qui venait de supprimer 7 500 emplois, lance : *« Il ne faut pas tout attendre de l'État. »* Le virage du PS n'est pas qu'économique. Le fameux *« j'ai été naïf »* du candidat Jospin a aussi donné à voir le tournant sécuritaire des socialistes.

Si la gauche au pouvoir avait permis de changer substantiellement et durablement les conditions de vie du plus grand nombre, nous n'en serions pas là. Elle a perdu son lien avec les classes populaires. Son défi, c'est de renouer avec les catégories subalternes. Les ponts se sont également rompus avec le monde culturel et intellectuel. Pour éviter un « nouveau 21 avril », c'est la qualité du projet, sa force transformatrice, mais aussi les formes politiques pour parler *du* et *au* monde contemporain qu'il faut renouveler. Avec la crise du capitalisme, la donne a bougé, l'horizon s'ouvre, l'esprit critique s'aiguise, l'esprit de résistance gagne. Reste à faire entendre politiquement qu'il y a un avenir en dehors des plans de rigueur.

En attendant, j'ai pris ma revanche, celle de la génération qui se souviendra longtemps de ce second tour de présidentielle : ma fille, âgée d'un an, est née un certain… 21 avril. Manière de dire qu'il y a une vie après le 21 avril 2002.

Clémentine Autain, féministe, dirige le mensuel *Regards*.
Dernier livre paru : *Transformer, à gauche* (Seuil, 2009)

> Jospin : « Mon programme n’était pas socialiste, mais ma défaite, elle, est bien socialiste. » >

CHARLIE HEBDO

1,83€

PARIS-DAKAR :
après l'*Erika* et Toulouse, Total pollue le désert

BERLUSCONI :
« Demain, je privatise la RAI »

NAMIBIE :
DIAMANTS POUR NOUS, SIDA POUR EUX !

EURO: LES CHIMPANZÉS MÉCONTENTS
NON À LA MONNAIE DE SINGE !
50 50 EUROS
RISS

M 05777 - 498 - 1,83 €

N° 498 ▪ Mercredi 2 janvier 2002 ▪ FRANCE MÉTRO : 1,83 € ▪ DOM : 2,74 € ▪ BEL : 2,08 € ▪ CH : 3,60 FS ▪ AND : 1,83 € ▪ CAN : 4,50 $C ▪ D : 2,76 € ▪ GR : 2,64 € ▪ LUX : 2,08 € ▪ MAY : 2,74 € ▪ NL : 2,72 € ▪ PORT. CONT : 2,99 € ▪ ZONE CFA : 1200 CFA

> Baisse de la fertilité : les paroles de la chanson « Titine ma pine, tonton mes roustons » seront réécrites. >

CHARLIE HEBDO
1,83€
Chiracomania : reportage chez Bernadette à Sarran
GRÈVE DES MÉDECINS : les profiteurs de la santé-marchandise
Marchiani : l'honnêteté d'un truand mise en cause
Reportage en Afghanistan : les femmes se terrent toujours
ET SI HUGO REVENAIT
BONJOUR, MON P'TIT, JE M'APPELLE JEAN-MARIE MESSIER ET JE SUIS TON NOUVEAU PATRON !
RISS

CHARLIE HEBDO
1,83€
Enron : Bush et ses ministres dans la faillite frauduleuse
Disparues de l'Yonne : qui est derrière Émile Louis ?
PRÉSIDENTIELLE : CHIRAC VOTE MEDEF
Loi Guigou : l'opportunisme contre la démocratie
HALPHEN : LA RÉPUBLIQUE DES JUGES...
...QUI SE CASSENT.
RISS

CHARLIE HEBDO
1,83€
FMI : la couleur de l'argent détourné
Droite : Conseil constitutionnellement vôtre
EXCLUSIF : LA FICHE RG DE PASQUA
Outreau : pédophile et pauvre, non au cumul des mandats !
Quand Le Pen soufflait à Chirac
LE BRUIT...
... ET L'ODEUR

CHARLIE HEBDO
1,83€
AVANT CHIRAC ET JOSPIN, CHARLIE ENTRE EN CAMPAGNE !
Forum HEC : les futurs patrons se cuisinent à la sauce new-age
YVES SAINT LAURENT HABILLAIT LES FEMMES...
...LE HAMAS LES DÉSHABILLE !
RISS

> Au musée Grévin, la statue de cire de Jospin a été remplacée par l'original. >

CHARLIE HEBDO
2€
Pasqua : « Retrouvons nos couleurs »... et notre guillotine
Égyptomania : on vous ment sur les pharaons
Berlusconi : la gomina ne passera pas !
EXCLUSIF : LA DÉFENSE DE MILOSEVIC PAR VERGÈS !
LE CHOIX
CORRUPTION OU CONSTIPATION ?
RISS
N° 505 • Mercredi 20 février 2002 • FRANCE MÉTRO : 2 € • DOM : 3 € • BEL : 2,30 € • CH : 3,90 FS • AND : 2 € • CAN : 4,90 $C • D : 3 € • GR : 2,90 €
• LUX : 2,30 € • MAY : 3 € • NL : 3 € • PORT. CONT. : 3,25 € • ZONE CFA : 1300 CFA

CHARLIE HEBDO
1,83€
Tunisie : avant d'être coffré, le principal opposant de Ben Ali nous a accordé une interview
PORTO ALEGRE : REPORTAGE D'ONCLE BERNARD
Insécurité : même Douillet n'ose plus sortir le soir !
À PORTO ALEGRE, ON A REFAIT LE MONDE...
... À NEW YORK, ON L'A REVENDU !
Cabu

CHARLIE HEBDO
2€
Schuller : pourquoi j'ai quitté le paradis
Chevènement : je sortirai la France du coma !
Politique : faut-il remuer la merde ?
HAUSSE SCANDALEUSE DU SALAIRE DES PATRONS
ASSEZ DE CANDIDATURES FANTAISISTES !
Cabu

CHARLIE HEBDO
2€
Bayrou : un sauvageon UDF saccage la fête chiraquienne
Chirac : président de la République souterraine
Larrouturou : pour un quinquennat de quatre jours
ENRON EXPLIQUÉ À MA FILLE
HARCÈLEMENT SEXUEL
TOURNANTE AU SALON
DES SUSPECTS INTERPELLÉS
Cabu

> Luc Ferry est à Jules Ferry ce que Jean-Paul II est à Jean-Paul Sartre. >

CHARLIE 2€ HEBDO
11 SEPTEMBRE : À QUI PROFITE LE CRIME ?
Israël-Palestine : que fait la police planétaire ?
Madelin : la grenouille-ye aussi grosse que Berlusconi-ye
Ardisson : le corbeau du service public
LES FRANÇAIS SONT-ILS DES CONS ?
...EN TOUT CAS, ON S'ENTEND BIEN !
cabu
M 05777 - 512 - F: 2,00 €
N° 512 • Mercredi 10 avril 2002 • FRANCE MÉTRO : 2 € • DOM : 3 € • BEL : 2,30 € • CH : 3,90 FS • AND : 2 € • CAN : 4,90 $C • D : 3 € • GR : 2,90 €
• LUX : 2,30 € • MAY : 3 € • NL : 3 € • PORT. CONT. : 3,25 € • ZONE CFA : 1500 CFA

CHARLIE 2€ HEBDO
« Amen » : les prochaines affiches pour emmerder l'Église
Adoption homo : deux Fêtes des mères et deux Fêtes des pères
Abus sexuels en Afrique : l'humanitaire selon Houellebecq
SCHULLER : QUI A PAYÉ LA CAUTION ?
30% DE BAISSE D'IMPÔTS, C'EST POSSIBLE !...
...SI JE RENDS LES SOUS !
cabu

CHARLIE 2€ HEBDO
Insécurité : nos banlieues, nouveaux territoires coloniaux
Turquie : "Charlie" en visite chez sa sœur jumelle
Robert Hue : troisième homme ! Non, cinquième roue du carrosse
NOIR DÉSIR MENACE MESSIER !
"USÉ, VIEILLI..."
C'EST PAS VRAI !...JE VIENS DE CHANGER DE PNEUS !
cabu

CHARLIE 2€ HEBDO
SALON DU LIVRE
«CHARLIE» SAUTE SUR BERLUSCONI
L'Italie, ma grosse entreprise
Le Salon des livres brûlés
La culture recrute à la télé
VOICI LES 5 FEMMES DE BEN LADEN...
...ET VOILÀ POURQUOI BEN LADEN EST EN FUITE !
cabu

CHARLIE 2€ HEBDO
Bayrou : mou de veau président !
Insécurité : double peine pour un titi de Barbès
Boeing sur le Pentagone : bouquin bidon pour info bidon
Ardisson, Beigbeder, Durand : la télé humilie les écrivains
le 3e Reich
HOMME
LUZ

CHARLIE 2€ HEBDO
Tuerie de Nanterre : armes de guerre, la loi tire à blanc
Moyen-Orient : les gagas font la guéguerre
M6 : PARLE À MON QI, MA TÊTE EST MALADE !
Prochain ministre de l'Intérieur : Bilalian ou Pernaut ?
E.T. REVIENT
MAISON !

> Le lait maternel rendrait les bébés plus intelligents. Claude Chirac n'aurait pas dû téter son père. >

CHARLIE HEBDO
2€
Télé-beauf : des années Canal+ aux années M6
Madagascar : deux têtes de nœud pour un ventre vide
VOTEZ CUL : 16 CANDIDATS SIMULENT L'ORGASME
Mondrian : c'est pas avec ça qu'on va meubler le Loft !
LOFT STORY
POUR QUI VOTERA CASTALDI ?...
...POUR, CHRISTINE BOUTIN...
...ÇA ME CHANGE DU BUREAU !
Cabu

CHARLIE HEBDO
2€
ÇA SENT LE GAZ !
Cabu

CHARLIE HEBDO
2€
HARA-KIRI
PRENDRE L'UN
POUR TAPER SUR L'AUTRE
Tignous

NUMÉRO DOUBLE 3€ VENDU AVEC SON SUPPLÉMENT
DANS LES JARDINS DE L'ÉLYSÉE
CHARLIE HEB
HARA-KIRI
CHIRAC, DÉMISSION !
2 JOURS ÇA SUFFIT !
Cabu

CHARLIE HEBDO
2€
HARA-KIRI
Gouvernement : la France du 13 h au pouvoir
Colombie : pendant les élections, la guerre continue
MORT À LA COM' : PAS D'AMNISTIE POUR SÉGUÉLA !
Luc Ferry : un illuminé à l'Éducation
CE QUE VEULENT LES FRANÇAIS :
UNE BONNE FESSÉE !
CHARB.

CHARLIE HEBDO
2€
HARA-KIRI
CAVANNA A VU « LOFT STORY » : IL VEUT MOURIR
Libertés locales : Devedjian, ministre du Dépouillement de l'État
Tchétchénie : un Disneyland pour soldats sadiques
Législatives : Oncle Bernard candidat Vert à Paris. On déménage !
PREMIÈRES MESURES POUR LES JEUNES
FOOTBALL
FLASH-BALL
TROU DE BALL
LUZ.

CHARLIE HEBDO
2€
HARA-KIRI
Élections : exil forcé pour les Kabyles
Corruption : au Pérou, mieux que la cassette Méry !
Sangatte : dernier bagne avant l'Angleterre
LES PAPES NE SE CACHENT PLUS POUR MOURIR
ÉLECTIONS
ON N'A PAS LA TÊTE À ÇA !

> Selon le mollah Omar, Ben Laden serait vivant. C'est aussi ce que le mollah Lustiger dit du pape depuis des années. >

Le journal de la France d'en haut!
HARA-KIRI
CHARLIE 2€ HEBDO
Insécurité : Sarkozy harcèle les prostituées, pas les maquereaux
FOOT : TFI, LE COCU DE LA COUPE
Après Bové : le jour où Chirac ira en prison
PARTEZ TRANQUILLES
ON A LA VASE-LINE !
EMPLOIS
RETRAITES
SMIC
cabu
M 05777 - 523 - F: 2,00 €
N° 523 • Mercredi 26 juin 2002 • FRANCE MÉTRO : 2 € • DOM : 3 € • BEL : 2,30 € • CH : 3,90 FS • AND : 2 € • CAN : 4,90 $C • D : 3 € • GR : 2,90 €
• LUX : 2,30 € • MAY : 3 € • NL : 3 € • PORT. CONT. : 3,25 € • ZONE CFA : 1500 CFA. Imprimé en France.

Le seul journal sans foot !
CHARLIE 2€ HEBDO
HARA-KIRI
Clones : trop tard, on est des millions !
Pêche : les pêcheurs disparaîtront-ils avant les poissons ?
SOISSON : PLUTÔT PERDRE SON ÂME QUE LES ÉLECTIONS
LES RAISONS D'UN SUCCÈS
JE POSE LES BONNES QUESTIONS !
GÉGÈNE
cabu

Le seul journal sans foot!
HARA-KIRI
CHARLIE 2€ HEBDO
Horreur dans les urnes : la faute à « Scream »?
Nîmes : ville-laboratoire pour les maisons de correction
Europe et immigration : les quinze salopards
VAGUE VERTE : ONCLE BERNARD FAIT 11 % À PARIS!
LES VEAUX ONT CHOISI LEUR MAQUIGNON !

Le journal de la France d'en haut!
HARA-KIRI
CHARLIE 2€ HEBDO
LA NOUVELLE ASSEMBLÉE:
Oiseaux migrateurs : Bougrain Dubourg va à la chasse au Raffarin
Ventes d'armes : la France presque championne du monde
FAO : LES PAYS RICHES ORGANISENT LA FAMINE
UNE GRANDE SURFACE BOURRÉE DE PETITS COMMERÇANTS !
cabu

Le journal de la France d'en haut!
HARA-KIRI
CHARLIE 2€ HEBDO
Messier : krach boursier, déjà un mort
EXCLUSIF : L'HOROSCOPE D'ARAFAT
Cour pénale internationale : les États-Unis contre l'axe du bien
Play Time, de Tati : 50 ans d'avance
MESSIER À LA RUE
J'ACCEPTE TOUT TRAVAIL DE MAÎTRE DU MONDE
LUZ

> Le corps du journaliste du *Wall Street Journal* assassiné au Pakistan a été retrouvé découpé. Ses collègues de bureau ont fait autant de pots de départ qu'il y avait de morceaux. >

Le journal de la France d'en haut
CHARLIE HEBDO
2€
Algérie : procès d'un bourreau offusqué
L'Europe et l'IVG : le cul entre deux Saints-Sièges
Développement : les USA pour l'obésité durable
ESSAIS NUCLÉAIRES FRANÇAIS : LA FACTURE DE LA BOMBE
L'ÎLE DE LA TENTATION
WHISKY, SUZE... OU AMNISTIE ?
... AMNISTIE, AVEC 2 GLAÇONS !
cabu

Le journal de la France d'en haut
CHARLIE HEBDO
2€
Charabia : parlez le Raffarin sans peine
SANG CONTAMINÉ : JUSQU'À ÉPUISEMENT DES STOCKS !
Avant-première : le nouveau film de Michael Moore
ATTENTAT MANQUÉ
J'AI FAILLI ÊTRE KENNEDY !
... ET MOI MARILYN MONROE !

Le journal de la France d'en haut
CHARLIE HEBDO
2€
Loi Perben : tout le monde en taule, sauf Chirac !
Délinquance : l'île aux Enfants délocalisée sur l'île du Diable
Prostitution : Berlusconi légalise le proxénétisme
AVIGNON : LES SAUVAGEONS SONT SUR SCÈNE
PRISON À 13 ANS :
ENFIN DES VACANCES TRANQUILLES !
RISS.
M 05777 - 527 - F: 2,00 €
N° 527 • Mercredi 24 juillet 2002 • FRANCE MÉTRO : 2 € • DOM : 3 € • BEL : 2,30 € • CH : 3,90 FS • AND : 2 € • CAN : 4,90 $C • D : 3 € • GR : 2,90 €
• LUX : 2,30 € • MAY : 3 € • NL : 3 € • PORT. CONT. : 3,25 € • ZONE CFA : 1500 CFA. Imprimé en France.

Le journal de la France d'en haut
CHARLIE HEBDO
2€
Revue de presse : sea, sex and kiosques
CÔTE D'AZUR : LA MAFIA SQUATTE LE LITTORAL
Europe : le Guide du routard des sans-papiers
LA PRISON À 13 ANS
100% DE RÉCIDIVE
QUAND JE SERAI GRAND, JE SERAI CHIRAQUIEN !
cabu

Le journal de la France d'en haut
CHARLIE HEBDO
2€
Marciac : le jazz d'en haut
Régionalisme : le Puy-du-Fou partout
Irak : Bush veut changer de pompiste
Scientologie : les dossiers disparaissent, la secte progresse
PATINAGE ARTISTIQUE :
C'EST LAID
C'EST CON
C'EST CHIANT
RISS.
C'EST POUR ÇA QUE ÇA PLAÎT À LA MAFIA !

> 30 % de voix pour Le Pen à Cannes. Les Cannois en ont marre de voir Youssef Chahine venir manger le pain de Luc Besson. >

Le journal de la France d'en haut
CHARLIE 2€ HEBDO
Loi Perben : pour un juron, la prison, pour un tag, le goulag
France 2 : Lagardère à l'affût
ITALIE : COMMENT RIRE AVEC BERLUSCONI
Montpellier : les écolos victimes du tri collectif
ÉTÉ POURRI
IL PLEUT DES FLICS

Le journal de la France d'en haut
CHARLIE 2€ HEBDO
Côte d'Azur : « Charlie » libère les plages
Aillagon : la nouvelle star du politique « people »
SOMMET DE LA TERRE : JOHANNESBURG OU LA MORT
SDF à Tours : brèves de trottoir
VIVENDI ABANDONNE SES PETITS ACTIONNAIRES
FAUT PAS SE PLAINDRE : ILS NE NOUS ONT PAS PIQUÉS.
RISS

Le journal de la France d'en haut
CHARLIE 2€ HEBDO
L'apartheid en Namibie : ça eut payé !
Rave-party ou boîte de nuit ? À vous de choisir
URGENTISTES : VEDETTES À LA TÉLÉ, SOUTIERS À L'HOSTO
ATTAC : des idées révolutionnaires, des idées réactionnaires
BUSH N'IRA PAS À JOHANNESBURG
J'AI PISCINE
SHELL
EXXON
LUZ

> Johnny, Depardieu et Renaud jouent des gangsters au cinéma. C'est dommage, ils ont tous le gyrophare au milieu du visage. >

Le journal de la France d'en haut
CHARLIE HEBDO
2€
Charlton Heston : de « La Planète des singes » à Alzheimer
BONNET D'ÂNE POUR FERRY
Tapie : TF1 réinsère le repenti
JOHANNESBURG LE SOMMET DU DÉVELOPPEMENT DURABLE
RECYCLER LES DÉCHETS, C'EST POSSIBLE…
REGARDEZ… … MOI !
CABU

Le journal de la France d'en haut
CHARLIE HEBDO
2€
Johannesburg expliqué à Bachelot
Ben Laden expliqué aux tout-petits
L'ANTI-AMÉRICANISME EXPLIQUÉ AUX XÉNOPHOBES
Les sans-papiers expliqués à Sarkozy
AUX CHIOTTES L'ARBITRE !
ONU
CABU

Le journal de la France d'en haut
CHARLIE HEBDO
2€
Mondial de l'auto : le Salon du lobby des pollueurs
Reportage à Vitrolles : que fait l'ONU ?
INTERVIEW : MICHEL BOUQUET JOUE POUR NOS LECTEURS
Loi Sarkozy : nul n'est censé ignorer l'arbitraire
PETIT AVEC DE GRANDES OREILLES
LUZ

Le journal de la France d'en haut
CHARLIE HEBDO
2€
Budget Défense : un deuxième fer à repasser
Corrida : la tradition ou la loi ?
LES JÉSUITES DU "MONDE" RACHÈTENT LES DOMINICAINS DE "TÉLÉRAMA"
LE RPR ENTERRE SA VIE DE GARÇON
MAIRIE DE PARIS
CASSETTE MÉRY
TIBERI ET CIE
EMPLOIS

Le journal de la France d'en haut
CHARLIE HEBDO
2€
"Ground Zero" : Willem à New York
"Popstars" : la chance aux couillons
CLIMAT : LES CONFIDENCES DE ROSELYNE BACHELOT
Livres : Lagardère veut racheter Gutenberg
NOUVELLE HUMILIATION
CHARB

Le journal de la France d'en haut
CHARLIE HEBDO
2€
SPÉCIAL "BOWLING FOR COLUMBINE"
Interview de Michael Moore, le cinéaste qui veut désarmer les Américains
PETIT
CRUEL
ARRIVISTE
LE RETOUR DE NAPOLÉON
RISS
M 05777 - 538 - F: 2,00 €
N° 538 • Mercredi 9 octobre 2002 • FRANCE MÉTRO : 2 € • DOM : 3 € • BEL : 2,30 € • CH : 3,90 FS • AND : 2 € • CAN : 4,90 $C • D : 3 € • GR : 2,90 €
• LUX : 2,30 € • MAY : 3 € • NL : 3 € • PORT. CONT. : 3,25 € • ZONE CFA : 1500 CFA. Imprimé en France.

> Ferry traque l'illettrisme à l'école. Il a déjà trouvé un point-virgule dans les toilettes. >

Le journal des chiens d'infidèles
CHARLIE HEBDO
2€
Élargissement :
l'Europe d'en haut
et l'Europe d'en bas
PORNO :
POSTER NON CENSURÉ
DE RAFFARIN
DIEU
PRIX NOBEL
DE LA
GUERRE
Cabu
M 05777 - 539 - F: 2,00 €
N° 539 ▪ Mercredi 16 octobre 2002 ▪ FRANCE MÉTRO : 2 €
▪ DOM : 3 € ▪ BEL : 2,30 € ▪ CH : 3,90 FS ▪ AND : 2 € ▪ CAN : 4,90 $C
▪ D : 3 € ▪ GR : 2,90 € ▪ LUX : 2,30 € ▪ MAY : 3 € ▪ NL : 3 €
▪ PORT. CONT. : 3,25 € ▪ ZONE CFA : 1500 CFA. Imprimé en France.

> Le CSA ne veut plus de porno à la télé. Ardisson va être obligé de porter un slip sur sa tête de nœud. >

Le journal de la France d'en haut
CHARLIE 2€ HEBDO
Décentralisation : la France vendue par appartements
"France Soir" : "Les Grosses Têtes" ou la mort
CANAL PLUS : BEIGBEDER NE VAUT MÊME PLUS 99 F
Gauche radicale : il y a une vie après Mélenchon
6 MOIS DE CHIRAC...
PAPON LIBÉRÉ
UN 2e PORTE-AVIONS
2
SHEILA REVIENT
J'AI REMIS LA FRANCE SUR LES RAILS !
Cabu

Le journal de la France d'en haut
CHARLIE 2€ HEBDO
Côte d'Ivoire : le pays où les Aryens sont noirs
Moscou : la mode, par Wolinski
LONDRES : CHARLIE CHEZ LES INTÉGRISTES ISLAMISTES
Assemblée nationale : l'écologie d'en bas
LE THÉÂTRE RUSSE SE MODERNISE
LE PETIT CHAT EST MORT...
Riss
M 05777 - 541 - F: 2,00 €
N° 541 • Mercredi 30 octobre 2002 • FRANCE MÉTRO : 2 € • DOM : 3 € • BEL : 2,30 € • CH : 3,90 FS • AND : 2 € • CAN : 4,90 $C • D : 3 € • GR : 2,90 €
• LUX : 2,30 € • MAY : 3 € • NL : 3 € • PORT. CONT. : 3,25 € • ZONE CFA : 1500 CFA. Imprimé en France.

Le journal de la France d'en haut
CHARLIE 2€ HEBDO
Turquie : le parti de la lapidation modérée au pouvoir
Cindy : le bide de Plamondon
CHIRAC : APRÈS SUPER-MENTEUR SUPER-GAUCHISTE
Côte d'Ivoire : tous les ingrédients d'un bon génocide
L'ABBÉ PIERRE CONTRE SARKOZY
MENDICITÉ SOUS LA MENACE D'UN ANIMAL DANGEREUX !

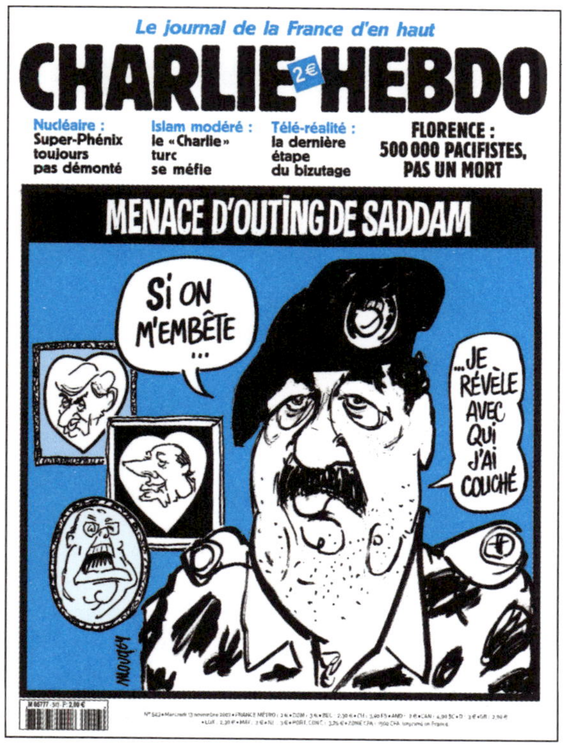
Le journal de la France d'en haut
CHARLIE 2€ HEBDO
Nucléaire : Super-Phénix toujours pas démonté
Islam modéré : le « Charlie » turc se méfie
Télé-réalité : la dernière étape du bizutage
FLORENCE : 500 000 PACIFISTES, PAS UN MORT
MENACE D'OUTING DE SADDAM
SI ON M'EMBÊTE...
...JE RÉVÈLE AVEC QUI J'AI COUCHÉ

> C'est le goûteur de Mohammed VI qui a passé la nuit de noces avec la reine. >

Le journal de la France d'en haut
CHARLIE 2€ HEBDO
Chine : du PC faisons table rase
UMP : Après Chirac, Juppé élu à 82 %
ACCOR : LES ESCLAVES ANTILLAIS VEULENT LES 35 HEURES
Messier : « Charlie » lui offre une seconde chance
FINI LE PORNO À LA TÉLÉ
cabu
M 05777 - 544 - F: 2,00 €
N° 544 • Mercredi 20 novembre 2002 • FRANCE MÉTRO : 2 € • DOM : 3 € • BEL : 2,30 € • CH : 3,90 FS • AND : 2 € • CAN : 4,90 $C • D : 3 € • GR : 2,90 €
• LUX : 2,30 € • MAY : 3 € • NL : 3 € • PORT. CONT. : 3,25 € • ZONE CFA : 1500 CFA. Imprimé en France.

Le journal de la France d'en haut
CHARLIE 2€ HEBDO
Pologne : on essuie ses bottes avant d'entrer dans l'Europe !
Paysans et routiers : les mous du blocus
Après Cuba, Wolinski chez les Khmers
NIGERIA: MISS MONDE REMPLACÉE PAR MISS CHARNIER
UNE NOUVELLE ESPÈCE VICTIME DE LA MARÉE NOIRE
L'ESPINGOUIN MAZOUTÉ

Le journal de la France d'en haut
CHARLIE 2€ HEBDO
Rapport Kriegel : 100 % des assassins ont regardé la télé
LE RACKET DE LA DROITE SUR L'ÉCOLOGIE
Enseignement : des barbelés pour les lycées
Architecture : la France bâtisseuse de prisons
LE COUPLE DE L'ANNÉE
ILS VEULENT DÉTRUIRE LA PLANÈTE !
cabu

Le journal de la France d'en haut
CHARLIE 2€ HEBDO
Économie : ouverture de la chasse aux parasites
Hommes nus : sous la ceinture, la pub
APRÈS LES MENACES, "CHARLIE" SE CONVERTIT À L'ISLAM !
Contrats-jeunes : Fillon crée le travail en miettes
L'IRAK NE JOUE PAS LE JEU
LA CHEMINÉE EST TROP ÉTROITE !

Le journal de la France d'en haut
CHARLIE 2€ HEBDO
Cambodge : après Castro, Wolinski chez Pol Pot
ON L'AIME : ON A TOUS QUELQUE CHOSE DE SARKOZY...
Chypre : le passeport européen de la Turquie
Spécial cadeaux : July, Jean Daniel et Edwy Plenel habillés pour Noël
BOVÉ
"NON AU SACCAGE DE SANGATTE !"
C'EST PAS UN SACCAGE, C'EST UN DÉMONTAGE !
CHARB

Le journal de la France d'en haut
CHARLIE 2€ HEBDO
Les Verts vont-ils faire crever l'écologie ?
Cadeau : une vitrine de Noël à briser
UN PRISONNIER DES KHMERS ROUGES SE CONFIE À WOLINSKI
Côte d'Ivoire : Noël à Bouaké, Pâques au charnier
LA FRANCE DÉCENTRALISE SES CHAUFFARDS
PARIS DAKAR
PARIS DAKAR

> Elton John se sépare de son petit ami. Il a fini d'écouter les deux faces. >

Le journal de la France d'en haut

CHARLIE HEBDO

2 €

Bilan : ce qui aurait dû arriver en 2002

Réveillon : comment gâcher la fête

Sécurité routière : chauffard à Paris, héros à Dakar

CLONAGE : QUAND RAËL ATTAQUAIT "CHARLIE" EN JUSTICE

QUELLE CONNERIE LE CLONAGE !
RISS.

M 05777 - 550 - F: 2,00 €

N° 550 ▪ Mardi 31 décembre 2002 ▪ FRANCE MÉTRO : 2 € ▪ DOM : 3 € ▪ BEL : 2,30 € ▪ CH : 3,90 FS ▪ AND : 2 € ▪ CAN : 4,90 $C ▪ D : 3 € ▪ GR : 2,90 € ▪ LUX : 2,30 € ▪ MAY : 3 € ▪ NL : 3 € ▪ PORT. CONT. : 3,25 € ▪ ZONE CFA : 1500 CFA. Imprimé en France.

> Si Marilyn Monroe était encore vivante, elle ressemblerait à Elvis Presley. >

2003

> La différence entre les sunnites et les chiites ? Les sunnites frappent les chiites, tandis que les chiites se frappent tout seuls. >

Patrick Pelloux Sous le soleil exactement

2003 restera la première grande catastrophe humanitaire du monde occidental due au réchauffement climatique. Entre 70000 et 90000 morts en quatre semaines en Europe. Ces chiffres ont été difficiles à obtenir, notamment en Italie ou en France, car le drame de la canicule est la conséquence de l'insouciance des politiques et de leur incompétence. Une nuit de ce mois d'août 2003, il y a eu plus de 1000 morts en Ile de France, plus qu'aucun bombardement en France lors la seconde guerre mondiale !
C'est aussi la révélation pour le peuple de France que sa classe politique s'en fout totalement ! En plein milieu de l'été 2003, personne ne sait où est le président de la République, et tout le monde verra un ministre de la santé vaniteux entouré de conseillers orgueilleux, et carriéristes, nier la réalité. À l'automne, une commission parlementaire a tout étouffé et protégé tout le monde politique et administratif : la faute à personne. Le ministre de la santé Mattei est devenu président de la Croix-Rouge française et président du conseil d'administration de l'École des Hautes Études en Santé Publique ! Sans oublier Claude Allègre, pour qui à l'été 2003 il n'y avait pas de surmortalité. Huit ans après, il expliquera qu'il n'y a pas de réchauffement climatique.
En neuf ans, je n'ai jamais vu autant de clans, de castes, de réseaux, utiliser la France pour leurs propres ambitions, au mépris des générations futures. J'ai appris qu'il ne faut jamais faire confiance aux politiques ! Le plus drôle, c'est que tous m'ont imaginé faire une carrière politique. J'ai eu des propositions de postes de tous les côtés, pour tous les mandats.
Mais aussi des propositions affligeantes, comme celle de Claude Askolovich venu me voir pour écrire le livre « Canicule », prendre un petit pactole, tout en me demandant de quelle tendance socialiste j'étais. Autres bonimenteurs, les vendeurs de climatiseurs qui m'ont proposé une montagne de pognon pour faire leur campagne de publicité, un peu comme un joueur de foot… j'ai tout refusé. C'est Alain Dugrand, journaliste à l'Humanité, qui m'a aidé à faire mon premier bouquin, *Urgentiste*, où j'ai raconté toute la canicule. Je ne le regrette pas et j'ai découvert le plaisir d'écrire, des univers merveilleux et qui ont un nom : la liberté.
2003, c'est aussi la rencontre avec l'équipe de *Charlie Hebdo*. Philippe Val me demandait d'écrire depuis 2002 et, avec la canicule, il a su prendre le temps pour me montrer le chemin de la table et de l'« écriture des choses vues ». Les dessins de Cabu ont été le meilleur résumé de la situation dans les urgences de Paris lors de la catastrophe. Sans oublier la rencontre lors des rassemblements des « K-O sociaux » avec Charb, Luz, Tignous, les Têtes Raides, Bénabar…
Malgré la répression sociale que j'ai subie, je ne regrette rien du tout et surtout pas mon travail à l'hôpital ni à *Charlie Hebdo*. Mais après toutes ces années, l'écologie n'a pas encore toute sa place dans la vie politique ni au quotidien.
Dans les années futures, il y aura encore et encore des canicules et des vagues de morts. Le Grenelle de l'environnement n'a servi à rien et la crise sociale fait flamber les misères. Notre pays est proche du K-O tant redouté. C'est pourquoi jamais nous n'avons eu autant besoin de politique, de syndicalisme et d'analyse philosophique et intellectuelle.
2003 a prouvé que la misère est toujours pire au soleil !

Patrick Pelloux est urgentiste au Samu de Paris et chroniqueur à *Charlie Hebdo*

> Simon Wiesenthal, le chasseur de nazis, prend sa retraite. C'est le seul chasseur qui avait su nous réconcilier avec la chasse. >

> Premier rôle de Laura Smet au cinéma. Elle tient de ses parents. Elle joue aussi bien que Nathalie Baye, mais, curieusement, chante comme Eddy Mitchell. >

Le journal de la France d'en haut

CHARLIE 2€ HEBDO

Irak : un mezze pour 50 tribus

Berlusconi : fâché avec la Mafia

DOCUMENT : L'AGENDA DE ROSELYNE BACHELOT

Test : êtes-vous prêts à passer à droite ?

5 CENTIMÈTRES DE NEIGE
LA PROCHAINE FOIS, JE VOTERAI JOSPIN !

M 05777 - 551 - F: 2,00 €

N° 551 ▪ Mercredi 8 janvier 2003 ▪ FRANCE MÉTRO : 2 € ▪ DOM : 3 € ▪ BEL : 2,30 € ▪ CH : 3,90 FS ▪ AND : 2 € ▪ CAN : 4,90 $C ▪ D : 3 € ▪ GR : 2,90 € ▪ LUX : 2,30 € ▪ MAY : 3 € ▪ NL : 3 € ▪ PORT. CONT. : 3,25 € ▪ ZONE CFA : 1500 CFA. Imprimé en France.

> Feignants ! Dépêchez-vous de rien foutre aujourd'hui, parce qu'en 2020 il faudra travailler 42 ans. >

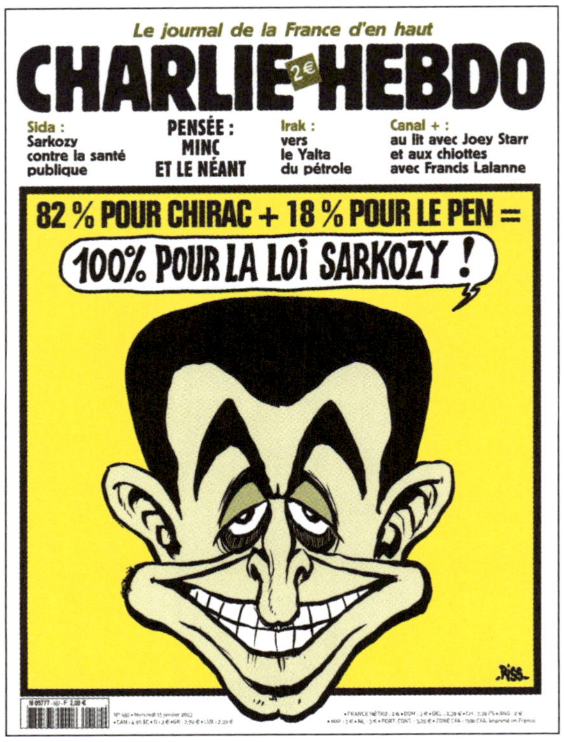
Le journal de la France d'en haut
CHARLIE 2€ HEBDO
Sida : Sarkozy contre la santé publique
PENSÉE : MINC ET LE NÉANT
Irak : vers le Yalta du pétrole
Canal + : au lit avec Joey Starr et aux chiottes avec Francis Lalanne
82 % POUR CHIRAC + 18 % POUR LE PEN =
100% POUR LA LOI SARKOZY !

Le journal de la France d'en haut
CHARLIE 2€ HEBDO
Gbagbo : le socialisme de souche multiséculaire
COMMENT PARLER POLIMENT AUX POLICIERS
Porto Alegre : Lula, l'espoir dans un étau
Raffarin au Medef : Travail Entreprise Patrie
INCERTITUDE EN IRAK
TU CROIS QUE CE SONT DES ARMES DE DESTRUCTION MASSIVE ?
USA
USA
USA
USA

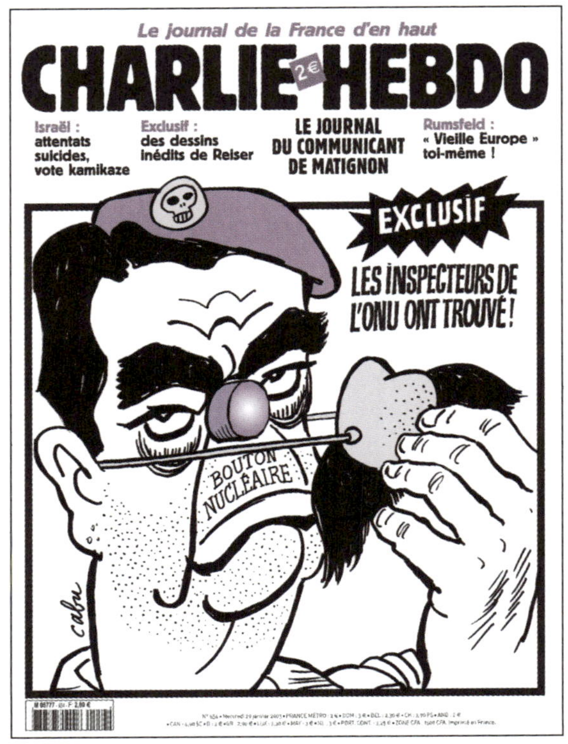
Le journal de la France d'en haut
CHARLIE 2€ HEBDO
Israël : attentats suicides, vote kamikaze
Exclusif : des dessins inédits de Reiser
LE JOURNAL DU COMMUNICANT DE MATIGNON
Rumsfeld : « Vieille Europe » toi-même !
EXCLUSIF
LES INSPECTEURS DE L'ONU ONT TROUVÉ !
BOUTON NUCLÉAIRE

Le journal de la France d'en haut !
CHARLIE 2€ HEBDO
MARINE LE PEN : la créature de Frankenstein des médias
LES PREUVES CONTRE SADDAM : exclusif, avant Bush !
8 FAYOTS CONTRE L'EUROPE pour l'amour de l'OTAN
"NI PUTES NI SOUMISES"
LA MARCHE DES FEMMES
NON AU RACOLAGE PASSIF !

Le journal de la France d'en haut !
CHARLIE 2€ HEBDO
PUNITION PRÉVENTIVE : arrêtés avant de traverser hors des clous
PUBLICITÉ MENSONGÈRE : après avoir bradé le PS, Séguéla vend l'UMP
CHARLIE AVEC LES PACIFISTES AMÉRICAINS
PLUTÔT MORT QU'EN PANNE D'ESSENCE !
US

Le journal de la France d'en haut !
CHARLIE 2€ HEBDO
ARTHUR PENN : INTERVIEW EXCLUSIVE
L'EUROPE DES LUMIÈRES CONTRE L'AMÉRIQUE DE LA CHAISE ÉLECTRIQUE
CHIRAC SURFE SUR LA PAIX
MAIS PRÊT À ROULER POUR BUSH

Le journal de la France d'en haut !
CHARLIE 2€ HEBDO
AFFAIRE Le Monde La « une » que vous ne trouverez pas en kiosques
POTS-DE-VIN À L'ONU : Bush achète sa guerre
BUSH ET SADDAM CHEZ ARDISSON
VETO
CHIRAC ! TU AS L'OCCASION DE LAISSER DANS L'HISTOIRE UNE AUTRE IMAGE QUE CELLE DES EMPLOIS FICTIFS ...

Le journal de la France d'en haut !
CHARLIE 2€ HEBDO
Le Monde : les Pieds-Nickelés passent au détecteur de mensonges
SARKOZY ET LES BAVURES : c'est ma tournée !
PLAN RETRAITE RAFFARIN : BOSSER 40 ANS PAYÉS 25
ET SI L'IRAK GAGNAIT LA GUERRE...

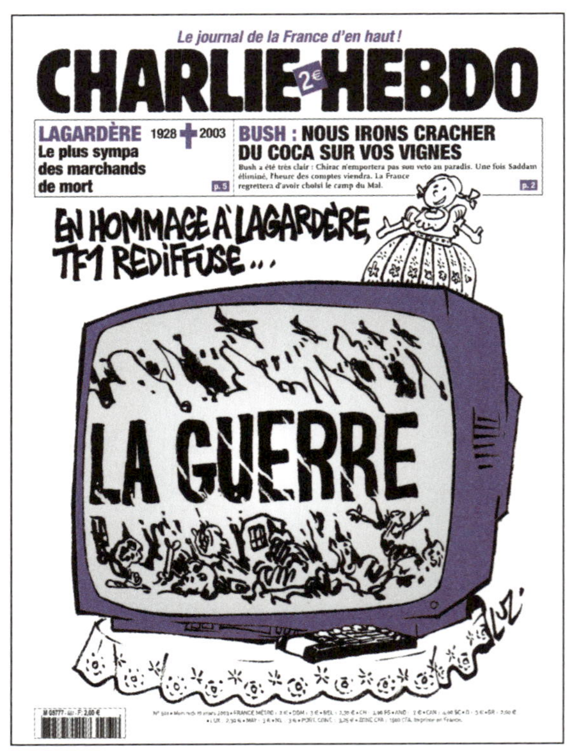
Le journal de la France d'en haut !
CHARLIE 2€ HEBDO
LAGARDÈRE 1928 2003 Le plus sympa des marchands de mort
BUSH : NOUS IRONS CRACHER DU COCA SUR VOS VIGNES
EN HOMMAGE À LAGARDÈRE, TF1 REDIFFUSE...
LA GUERRE

> Graffitis sur la stèle en hommage au préfet Érignac. « Veuve, 50 ans, cherche jeune vigoureux et endurant. » >

Le journal de la France d'en haut !

CHARLIE 2€ HEBDO

INTERMITTENTS : le Medef traque les artistes p. 12

INTERVIEW DE PIERRE PÉAN : « POURQUOI J'AI ENQUÊTÉ SUR "LE MONDE" » p. 2

M 05777 - 558 - F: 2,00 €

N° 558 ▪ Mercredi 26 février 2003 ▪ FRANCE MÉTRO : 2 € ▪ DOM : 3 € ▪ BEL : 2,30 € ▪ CH : 3,90 FS ▪ AND : 2 € ▪ CAN : 4,90 $C ▪ D : 3 € ▪ GR : 2,90 € ▪ LUX : 2,30 € ▪ MAY : 3 € ▪ NL : 3 € ▪ PORT. CONT. : 3,25 € ▪ ZONE CFA : 1500 CFA. Imprimé en France.

> Irak : Ali le Chimique est mort, Mme Microbe a été arrêtée. Leur enfant, Staphylocoque le Doré, a été placé à la DDASS. >

Le journal de la France d'en haut !

CHARLIE 2€ HEBDO

IRAK-AFGHANISTAN : pendant la paix, la guerre continue p. 7

JUSTICE PERBEN : p. 6 le contrat remplace la loi

CHARLIE RETOURNE SA VESTE : DÉBARRASSEZ-NOUS DE CHIRAC !
Appel au peuple américain à nous délivrer du boucher de Brégançon, qui va empêcher nos industriels de s'emparer des marchés juteux de la reconstruction de l'Irak. p. 8

Scènes de pillage en France

MA RETRAITE !
LUZ

M 05777 - 565 - F: 2,00 €

N° 565 • Mercredi 16 avril 2003 • FRANCE MÉTRO : 2 € • DOM : 3 € • BEL : 2,30 € • CH : 3,90 FS • AND : 2 € • CAN : 4,90 $C • D : 3 € • GR : 2,90 € • LUX : 2,30 € • MAY : 3 € • NL : 3 € • PORT. CONT. : 3,25 € • ZONE CFA : 1500 CFA. Imprimé en France.

Le journal de la France d'en haut !

CHARLIE 2€ HEBDO

TERRORISME BIOLOGIQUE : les explosifs plus efficaces que les microbes p. 7

BUSH CONTRE SADDAM : p. 3 l'axe du Bien coule une bielle

NOTRE SUPPLÉMENT GUERRE : « RAMBO HEBDO »
Pendant toute la durée du conflit, nos experts décryptent les tenants et les aboutissants de la plus grosse crise que le monde ait connue depuis la dissolution de l'Assemblée nationale en 1997. p. 8

FAUT-IL MONTRER CES IMAGES ?

Le journal de la France d'en haut !

CHARLIE 2€ HEBDO

LA GUERRE VUE D'ISTANBUL : reportage sur le fil en Turquie p. 7

UN CHARTER PAR SEMAINE : et si l'Afrique faisait pareil ? p. 6

RECONSTRUCTION DE L'IRAK : LES CASSEURS SONT LES ENCAISSEURS
Les entreprises déjà retenues pour reconstruire l'Irak ont deux particularités : elles sont toutes américaines, et elles ont toutes des liens avec l'administration Bush. Après le conflit armé, le conflit d'intérêts. p. 2

BUSH DÉCRÈTE UNE JOURNÉE DE JEÛNE

Quelle connerie, la guerre !

Le journal de la France d'en haut !

CHARLIE 2€ HEBDO

RAPPORT POCHARD : le Conseil d'État vilipende la fonction publique p. 6

INTERVIEW DE DINO RISI : « Nous sommes tous des monstres » p. 12

LE BAGDADI LIBÉRÉ : LE JOURNAL DE BAGDAD
Le journal de la libération de Bagdad. Saddam Hussein s'en est allé comme il est venu, discrètement, par la petite porte blindée. p. 8

MANHATTAN BAGDAD
OUI, ON PEUT ENCORE EMPÊCHER CETTE GUERRE
... LAISSE BÉTON !

Le journal de la France d'en haut !

CHARLIE 2€ HEBDO

ÉLECTIONS EN ARGENTINE : p. 9 Le pays qui s'enfonce contre le pays qui se bat

« WANTED » : le film nominé aux Cirrhoses d'or p. 13

LUC FERRY-JOHNNY : CHEVEUX LONGS ET IDÉES COURTES
Les Français ont besoin de repères. En bon représentant de commerce, Raffarin leur offre deux superbes têtes de gondole de référence : Johnny Hallyday et Luc Ferry. p. 2

À SON RETOUR DE CHINE, RAFFARIN EN QUARANTAINE

IL A ATTRAPÉ LE COMMUNISME !

Le journal de la France d'en haut !

CHARLIE 2€ HEBDO

CLAUDE BÉBÉAR : « Confisquons les scooters des mauvais capitalistes ! » p. 5

ARMÉE EUROPÉENNE : la force ne fait pas l'union p. 7

LUC FERRY : ENCORE PIRE QU'ALLÈGRE
« Pourquoi j'ai mis mes enfants dans le privé ? Parce que je préfère qu'ils fument des curés plutôt que des pétards. » p. 2

RETRAITES

ON N'AURAIT PAS DÛ VOTER À DROITE !

> À l'occasion des cinquante ans de la bataille de Diên Biên Phu, TF1 rediffuse *Pierrot le Phu.* >

Le journal de la France d'en haut !
CHARLIE 2€ HEBDO
DANS CE NUMÉRO
DES AFFICHES POUR VOTRE MANIF DU 13 MAI
T'EN VEUX, DE L'ESPRIT DE MAI ?
TIGNOUS

Le journal de la France d'en haut !
CHARLIE 2€ HEBDO
CHASSE : reportage chez les tueurs de tourterelles p. 8
ENSEIGNEMENT : bientôt le bac Citroën p. 6
EXTRÊME DROITE BELGE : TINTIN SE LAISSE POUSSER LA MÈCHE
Le 18 mai, les Belges iront élire leurs députés, avec le sentiment que ça ne changera pas grand-chose. Pourtant, avec un Vlaams Blok qui risque de se retrouver en position de force, les choses pourraient bien changer quand même. Et pas en mieux. p. 7
RETRAITE ET BEAUTÉ
RISS
M 05777 - 569 - F: 2,00 €
N° 569 • Mercredi 14 mai 2003 • FRANCE MÉTRO : 2 € • DOM : 3 € • BEL : 2,30 € • CH : 3,90 FS • AND : 2 € • CAN : 4,90 $C • D : 3 € • GR : 2,90 € • LUX : 2,30 € • MAY : 3 € • NL : 3 € • PORT. CONT. : 3,25 € • ZONE CFA : 1500 CFA. Imprimé en France.

Le journal de la France d'en haut !
CHARLIE 2€ HEBDO
LUC FERRY PRIS EN OTAGE !
RÉFUGIÉS EN CÔTE D'IVOIRE : de l'accueil au cercueil p. 8
LE VRAI PROCÈS ELF : DEVANT LA COUR PÉNALE INTERNATIONALE
Elf offre des colifichets à ses clients, des villas à ses directeurs, des pots-de-vin aux hommes politiques et des dictateurs aux Africains. C'est de loin le dernier point le plus grave. Pourtant, on n'en parle pas au procès. p. 7
SI LA GRÈVE CONTINUE, J'AURAI PAS MON BAC !
ÉCOLE FERMÉE
CABU

Le journal de la France d'en haut !
CHARLIE 2€ HEBDO
G8 À ÉVIAN : les maîtres du monde se rapprochent de leurs comptes en Suisse p. 8
AUTODAFÉ : Luc Ferry est-il ignifugé ? p. 3
OMC : UN AUTRE MONDE DE CAUCHEMAR EST POSSIBLE
La mort des services publics est programmée. Hier, poussé par son aile gauche, Jospin refusait l'AMI. Aujourd'hui, avec sa « décentralisation », Raffarin ouvre une voie impériale à son clone, p. 7
SALUT JEAN YANNE...
TOUT LE MONDE IL EST BEAU TOUT LE MONDE IL EST GRÉVISTE !
LUZ

> L'esclavagisme devient un crime au Niger. Du coup, les patrons nigériens délocalisent leurs usines en France. >

Le journal de la France d'en haut !
CHARLIE 2€ HEBDO
DANS CE NUMÉRO
CHARLIE VOUS OFFRE LE BAC !
ILS ONT TOUT
_L'ASSEMBLÉE
_L'ÉLYSÉE
_LE SÉNAT
_TF1
_LE CSA...
...SAUF LE PEUPLE !

Le journal de la France d'en haut !
CHARLIE 2€ HEBDO
RÉVÉLATION : LE PRÉFET ÉRIGNAC N'A PAS ÉTÉ ASSASSINÉ !
EXCLUSIF !
LE SUJET DU BAC PHILO 2003
"QUOI MA GUEULE QU'EST-CE QU'ELLE A MA GUEULE ?"
VOUS AVEZ 4 HEURES POUR RÉPONDRE

Le journal de la France d'en haut !
CHARLIE 2€ HEBDO
CUBA : « Monde diplo », Castro, dodo
CONSTITUTION EUROPÉENNE : libres et égaux en droit commercial
CONTRE-MANIF : BLONDEL, T'ES FOUTU, LES VUITTON SONT DANS LA RUE !
« Je vais remettre la France au travail »
CHICHE !
ANPE

Le journal de la France d'en haut !
CHARLIE 2€ HEBDO
PROCÈS ÉRIGNAC : In bed with Colonna
MOUDJAHIDIN DU PEUPLE : L'Iran est content, Total aussi
JOSÉ BOVÉ : COUPABLE DE TOUT !
CHIRAC REMET L'ÉCOLOGIE À SA PLACE !

Le journal de la France d'en haut !
CHARLIE 2€ HEBDO
SANS-PAPIERS : Sarkozy invente le délit de solidarité
GOUROUS : le gouvernement transforme les sectes en religions
BERLUSCONI : UN DUCE MODERNE POUR UNE EUROPE QUI BOUGE
INTERMITTENTS EN GRÈVE...
LA CULTURE NOUS PREND EN OTAGES !

Le journal de la France d'en haut !
CHARLIE 2€ HEBDO
COLONNA : tête haute, groin propre
REPORTAGE : un week-end chez les nazis
RÉFORME : LES INTERMITTENTS SOUS LES PONTS D'AVIGNON
NOUVEAU SPECTACLE À AVIGNON
LE MIME SEILLIÈRE

Le journal de la France d'en haut !
CHARLIE 2€ HEBDO
TVA : Raffarin donne tout aux bistrots du commerce
PEOPLE : Florent Pagny chante sa feuille d'impôt
TÉLÉ-POUBELLE : la revanche de Staline
L'ÉTÉ DES TIMBRÉS : la secte des sorciers cannibales
JACQUES-BERNADETTE : LE TORCHON BRÛLE
LAETICIA, C'EST FINI !

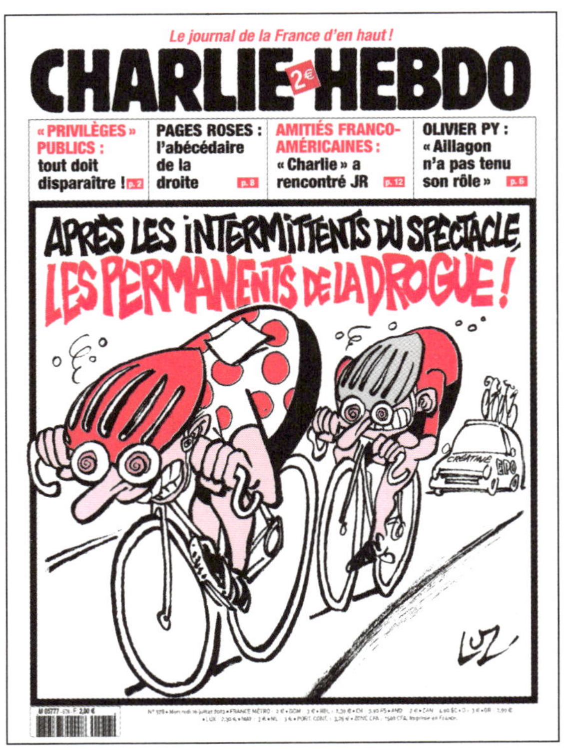
Le journal de la France d'en haut !
CHARLIE 2€ HEBDO
« PRIVILÈGES » PUBLICS : tout doit disparaître !
PAGES ROSES : l'abécédaire de la droite
AMITIÉS FRANCO-AMÉRICAINES : « Charlie » a rencontré JR
OLIVIER PY : « Aillagon n'a pas tenu son rôle »
APRÈS LES INTERMITTENTS DU SPECTACLE, LES PERMANENTS DE LA DROGUE !

Le journal de la France d'en haut !
CHARLIE 2€ HEBDO
TEST-CUL DE L'ÉTÉ : êtes-vous chiraquienne ou vaginale ?
L'ÉVEIL CORRÉZIEN : le journal de Bernadette
INTERMITTENTS : Seillière veut leur apprendre le caniveau du Loft
L'ÉTÉ DES TIMBRÉS : les indigos, la secte des Schtroumpfs
COMME TOUS LES ANS EN ÉTÉ, LES CORSES REDÉCOUVRENT LE FEU

> La retraite à 68 ans. On va pouvoir mourir comme Molière : au boulot ! >

Le journal de la France d'en haut !

CHARLIE 2€ HEBDO

LARZAC : Bové président ! p. 2

FEMMES BATTUES : victimes de la boisson ou victimes de la passion ? p. 8

EXCLUSIF : p. 7 Bush écrit à Fidel Castro pour son anniversaire

ÉLECTION EN CALIFORNIE : d'Alzheimor à Terminator p. 12

CANICULE !
OUH ! OUH ! OUH !
DÉJÀ FINI ? JE COMMENÇAIS À PEINE À ME RAFRAÎCHIR !
WOLINSKI

M 05777 - 582 - F: 2,00 €

N° 582 • Mercredi 13 août 2003 • FRANCE MÉTRO : 2 € • DOM : 3 € • BEL : 2,30 € • CH : 3,90 FS • AND : 2 € • CAN : 4,90 $C • D : 3 € • GR : 2,90 € • LUX : 2,30 € • MAY : 3 € • NL : 3 € • PORT. CONT. : 3,25 € • ZONE CFA : 1500 CFA. Imprimé en France.

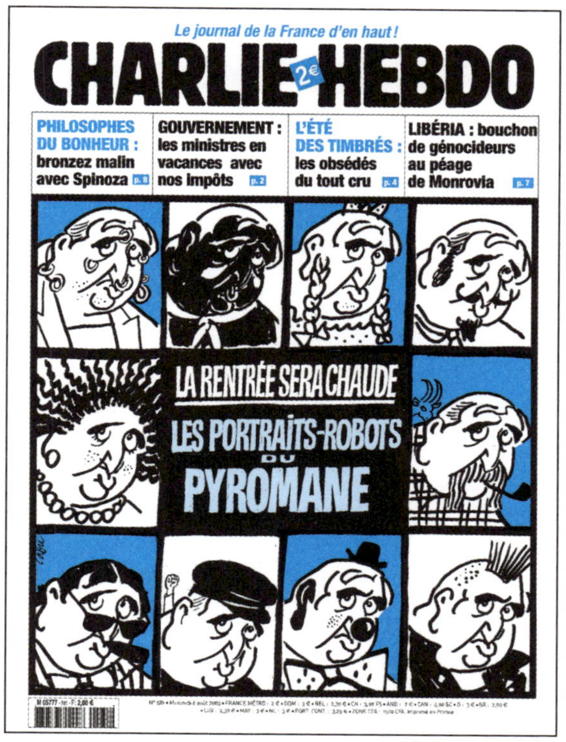
Le journal de la France d'en haut !

CHARLIE 2€ HEBDO

PHILOSOPHES DU BONHEUR : bronzez malin avec Spinoza p. 5

GOUVERNEMENT : les ministres en vacances avec nos impôts p. 2

L'ÉTÉ DES TIMBRÉS : les obsédés du tout cru p. 4

LIBÉRIA : bouchon de génocideurs au péage de Monrovia p. 7

LA RENTRÉE SERA CHAUDE
LES PORTRAITS-ROBOTS DU PYROMANE

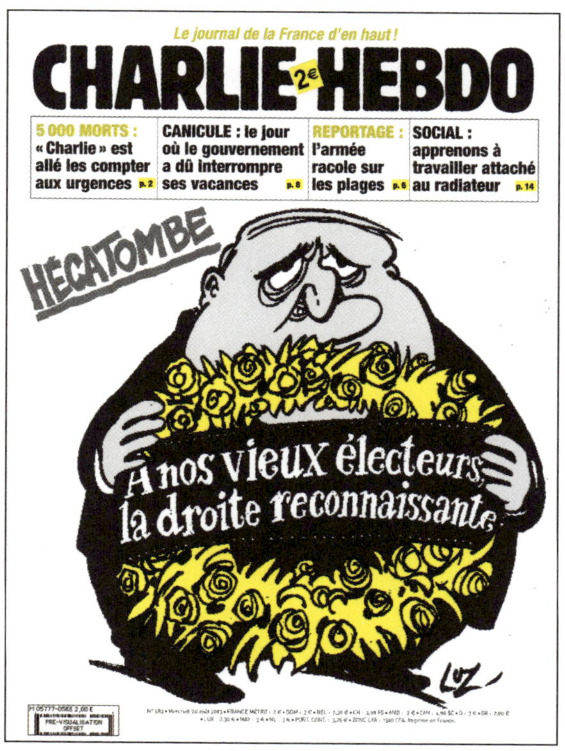
Le journal de la France d'en haut !

CHARLIE 2€ HEBDO

5 000 MORTS : « Charlie » est allé les compter aux urgences p. 2

CANICULE : le jour où le gouvernement a dû interrompre ses vacances p. 8

REPORTAGE : l'armée racole sur les plages p. 6

SOCIAL : apprenons à travailler attaché au radiateur p. 14

HÉCATOMBE
À nos vieux électeurs, la droite reconnaissante
LUZ

Le journal de la France d'en haut !

CHARLIE 2€ HEBDO

LE BILAN DE L'ÉTÉ : c'est « Soleil vert » ! p. 3

LE GRAND COMPLOT : c'est la canicule qui a tué Kennedy p. 8

ONU : trop facile de tirer sur l'ambulance ! p. 10

L'ÉTÉ DES TIMBRÉS : nous sommes tous des Martiens p. 5

LA RENTRÉE SERA CHAUDE
JE M'EN CHARGE !
PROFS EN COLÈRE
INTERMITTENTS EN COLÈRE
PAYSANS EN COLÈRE
FONCTIONNAIRES EN COLÈRE
RISS.

> Découverte d'un charnier en Irak. 15 000 cadavres selon la police, 30 000 selon la CGT. >

Le journal de la France d'en haut !
CHARLIE 2€ HEBDO
REPORTAGE : p. 6 les universités d'été des antigrévistes
CRÉDIT LYONNAIS : Chirac au secours de Pinault p. 5
PEOPLE : p. 2 ce que Birenbaum vous a caché
INTERMITTENTS contre casse-couilles à plein-temps ! p. 12
BEN LADEN AUX « ENFANTS DE LA TÉLÉ »
11 SEPTEMBRE DÉJÀ 2 ANS !
ON A COMMENCÉ AVEC SEULEMENT DEUX AVIONS ET UNE CAMÉRA !...
bernar.
M 05777 - 586 - F: 2,00 €
N° 586 • Mercredi 10 septembre 2003 • FRANCE MÉTRO : 2 € • DOM : 3 € • BEL : 2,30 € • CH : 3,90 FS • AND : 2 € • CAN : 4,90 $C • D : 3 € • GR : 2,90 € • LUX : 2,30 € • MAY : 3 € • NL : 3 € • PORT. CONT : 3,25 € • ZONE CFA : 1500 CFA. Imprimé en France.

Le journal de la France d'en haut !
CHARLIE 2€ HEBDO
PLAN COM' : Raffarin prépare l'administration-Microsoft p. 5
MEDEF : une secte au pouvoir p. 6
CANCÚN : l'OMC liquide les services publics p. 8
MIEUX QUE : LE JOUR FÉRIÉ un Pépéthon pour sauver les vieux p. 2
LUC FERRY MET SES FILLES DANS LE PRIVÉ
QUAND JE VOIS QUI EST À LA TÊTE DE L'ÉDUCATION NATIONALE...
ÉCOLE PRIVÉE
Cabu

Le journal de la France d'en haut !
CHARLIE 2€ HEBDO
EUROPE : p. 8 Raffarin nous enseigne la haine
ENQUÊTE : p. 6 l'usine à cercueils de Bernadette Chirac
ZÈLE : p. 10 Cavanna récompense les fonctionnaires
TENDANCE : p. 12 après la mal-bouffe, la mal-langue
BOVÉ PARTOUT
UN AUTRE PAPE EST POSSIBLE !
LUZ

Le journal de la France d'en haut !
CHARLIE 2€ HEBDO
IMPÔT : p. 2 le retour de la dîme et de la gabelle
RAFFARIN : les fonctionnaires humiliés au mérite p. 8
DÉCLIN : la grande Europe, de la Charente au Poitou p. 3
ITALIE : p. 7 Berlusconi amnistie les promoteurs véreux
APRÈS M6, TF1...
RAFFARIN À "SCRUPULES"
MEDEF
JE SUIS MARIÉ AVEC LA FRANCE D'EN BAS...
...MAIS JE COUCHE AVEC LA FRANCE D'EN HAUT !
Cabu

Le journal de la France d'en haut !
CHARLIE 2€ HEBDO
TEST : p. 8 êtes-vous France qui monte ou France qui tombe ?
JUSTICE, POLICE, ARMÉE : Sarkozy est partout p. 6
NADINE TRINTIGNANT : jamais sans ma fille p. 12
CHIRAC : p. 3 roi à New York, imbécile à Paris
LE CRI D'UNE MÈRE !
DÉBRANCHEZ MON FILS !

> Quand l'euro sera-t-il enfin crédible face au dollar ? Quand il y aura des pétro-euros et des narco-euros. >

Le journal de la France d'en haut !
CHARLIE 2€ HEBDO
REPORTAGE : la Mairie d'Orange appelle à lyncher les journalistes p.11
Le scandale de Bernadette sur France 3 : CHARLIE SAISIT LE CSA
RÉGION PACA : le lycée taudis de Marseille p.6
NON AU STRING À L'ÉCOLE !
ON NE PEUT PLUS METTRE DE GRENOUILLES DANS LES CULOTTES DES FILLES.
RISS

Le journal de la France d'en haut !
CHARLIE 2€ HEBDO
REFUSEZ CE VOILE QUI VOUS TRANSFORME EN SAC-POUBELLE !
RÉCESSION : p. 2 35 heures, mère de tous les vices
EMPLOIS FICTIFS : p. 8 Juppé a tout oublié !
MARSEILLE : p. 6 le lycée bidonville à l'abandon
Cabu
M 05777 - 591 - F: 2,00 €
N° 591 • Mercredi 15 octobre 2003 • FRANCE MÉTRO : 2 € • DOM : 3 € • BEL : 2,30 € • CH : 3,90 FS • AND : 2 € • CAN : 4,90 $C • D : 3 € • GR : 2,90 € • LUX : 2,30 € • MAY : 3 € • NL : 3 € • PORT. CONT. : 3,25 € • ZONE CFA : 1500 CFA. Imprimé en France.

Le journal de la France d'en haut !
CHARLIE 2€ HEBDO
ENQUÊTE : p.6 ces écoles de commerce qui débitent du Raffarin au mètre
PAPE : p.2 le prochain sera-t-il traiteur chinois ou marabout africain ?
RECONSTRUCTION : le gang de Bush braque l'Irak p.7
VOILE : p.10 comment dit-on « cul-bénit » en arabe ?
CHIRAC MENACE LES ÉTATS VOYOUS
CORSE
RISS

Le journal de la France d'en haut !
CHARLIE 2€ HEBDO
ADJUDANT CHANAL : p.8 armée, école du suicide
APRÈS MÈRE TERESA : béatifions Bernadette ! p.2
CHIRAC AU MAROC : les contrats avant les droits de l'Homme p.7
FORMATION : le Medef intoxique les profs p.6
LE CHOC DES CIVILISATIONS
cabu

Le journal de la France d'en haut !
CHARLIE 2€ HEBDO
NOTRE TEST : p.8 feriez-vous un bon psy ?
PLAN CLIMAT : comment Raffarin va sauver la planète p.2
CNN À LA FRANÇAISE : Le Lay et Raffarin piratent l'argent public p.12
BUSH ET L'IRAK : p.7 un si joli charnier...
LA RÉVOLUTION EST EN MARCHE
TREMBLEZ TOPINAMBOURS !
RISS

Le journal de la France d'en haut !
CHARLIE 2€ HEBDO
EXCLUSIF
ENFIN UN VRAI PLAN DE PAIX POUR LE PROCHE-ORIENT ! p.3
FORUM SOCIAL EUROPÉEN 4 jours de débats La sélection de « Charlie »
VIVEMENT MATRIX 4 !
« CE QUI A COMMENCÉ DOIT FINIR... »
cabu

> Quel point commun y a-t-il entre les gays et le mal de dos ? Tous les deux font vendre les hebdos. >

Le journal de la France d'en haut !
CHARLIE 2€ HEBDO
NUCLÉAIRE : la centrale qui fait déborder le vase p. 2
CHIRAC EN TUNISIE : l'amicale des dictateurs fans de la Corrèze p. 7
LOI PERBEN : désengorger les tribunaux en égorgeant la justice p. 8
Avec sa nouvelle loi contre la « grande criminalité », dictée mot à mot par Sarkozy, le garde des Sceaux invente le radar automatique de la justice : t'es flashé, t'avoues, tu payes. Il signe la fin de la présomption d'innocence et, au passage, donne un coup de pied de l'âne au droit à l'IVG.
LE FOETUS EST-IL UNE PERSONNE ?
NOOON !
LUZ
M 05777 - 598 - F: 2,00 €
N° 598 • Mercredi 3 décembre 2003 • FRANCE MÉTRO : 2 € • DOM : 3 € • BEL : 2,30 € • CH : 3,90 FS • AND : 2 € • CAN : 4,90 $C • D : 3 € • GR : 2,90 € • LUX : 2,30 € • MAY : 3 € • NL : 3 € • PORT. CONT. : 3,25 € • ZONE CFA : 1500 CFA. Imprimé en France.

Le journal de la France d'en haut !
CHARLIE 2€ HEBDO
SECTES : Sarkozy défend la Scientologie, "Charlie" défend un flic p. 2
RAFFARIN AUX CHÔMEURS : « Allez vous faire recalculer ! » p. 6
FSE : LE SUPERMARCHÉ DE L'ALTERMONDIALISATION p. 8
On trouve de tout au FSE : des trotskistes sans colorants, des écolos sans émulsifiants, des castristes sans OGM, des maos élevés sous la mère, des islamistes sans édulcorants.
DÉBAT SARKOZY–RAMADAN:
L'INTÉGRATION À COUPS DE MATRAQUE
ANNUAIRE
CORAN
RISS

Le journal de la France d'en haut !
CHARLIE 2€ HEBDO
RÉFORMES : Luc Ferry veut transformer les facs en PME p. 2
SONDAGES BIDON : 100 % des Français répondent à côté de la plaque p. 8
PRESSE : les kiosquiers ne veulent pas crever p. 11
Quatorze heures de boulot par jour. Debout. Parfois, pipi dans une bouteille. Vacances : jamais. Gain : 915 euros par mois. Le gouvernement se plaint que les Français ne veulent plus travailler, mais il ne fait rien pour sauver ceux qui bossent.
QUEL EST LE POINT COMMUN ENTRE...
MICHAEL JACKSON ET LE BEAUJOLAIS NOUVEAU ?
...ILS ONT TOUS LES DEUX UN GOÛT DE BANANE !
cabu

Le journal de la France d'en haut !
CHARLIE 2€ HEBDO
REPORTAGE : une soirée avec les commandos anti-pub p. 7
SHARON-ARAFAT : à l'hospice, les vieux chefs de guerre ! p. 8
INTERVIEW : les Russes ont leur Schwarzenegger, il s'appelle Poutine p. 6
Jacques Sapir est spécialiste de la Russie. Au lendemain des élections législatives, il explique pourquoi Vladimir Poutine est l'homme de l'année pour une majorité des Russes.
LAÏCITÉ:
LE MARTEAU PIQUEUR EST-IL UN SIGNE OSTENTATOIRE POUR LES MUSULMANS ?
RISS

Le journal de la France d'en haut !
CHARLIE 2€ HEBDO
LECTURES ENFANTINES : les héros qui vont enterrer Harry Potter p. 8
ENQUÊTE : les gourous qui exploitent les handicapés p. 6
SADDAM : la raison d'État au banc des accusés p. 3
Il faut absolument que Saddam soit jugé par un tribunal international, car son dossier d'accusation concerne tout le monde : il a épuisé presque tous les cas de figure de ce que la communauté internationale peut manigancer avec un dictateur.
SADDAM NE S'AVOUE PAS VAINCU
MICHELIN
SI JE SUIS RÉÉLU, JE BAISSERAI LA TVA DES RESTAURANTS !
cabu

Le journal de la France d'en haut !
CHARLIE 2€ HEBDO
PHILOSOPHIE : le XXIe siècle sera cholestérol ou ne sera pas p. 2
La crise de foie est venue à bout de la crise de la pensée. Les grands cuisiniers ont remplacé les grands philosophes. Aujourd'hui, pour briller, il convient d'être bocusien, ducassien, robuchonien ou d'avoir un chapeau à la cou comme Veyrat.
HOMME DE L'ANNÉE : le sarkozysme est-il un humanisme ? p. 8
CENSURE : Tex Avery à la moulinette du révisionnisme p. 12
TREMBLEMENT DE TERRE EN IRAN
J'EXIGE QUE MA FEMME SOIT RETROUVÉE PAR UN CHIEN FEMELLE !
CHARB.

> Palmarès des hôpitaux : une fois de plus, comme depuis deux cents ans, la grotte de Lourdes arrive bonne dernière. >

Le journal de la France d'en haut !

CHARLIE HEBDO

2€

VIRGIN : le labo du Medef pour dissoudre le droit du travail p. 6

PRESSE GRATUITE : « Charlie » vous offre deux pages pires que « Métro » p. 8

DOUAI : la délation avec les « citoyens-relais » p. 2

Le commissaire Maréchal cherche des bénévoles pour renseigner la police sur les incivilités de quartier. Une cinquantaine de Douaisiens ont répondu à son appel.

L'HOMME DE L'ANNÉE 2003

N° 601 • Mercredi 24 décembre 2003 • FRANCE MÉTRO : 2 € • DOM : 3 € • BEL : 2,30 € • CH : 3,90 FS • AND : 2 € • CAN : 4,90 $C • D : 3 € • GR : 2,90 € • LUX : 2,30 € • MAY : 3 € • NL : 3 € • PORT. CONT. : 3,25 € • ZONE CFA : 1500 CFA. Imprimé en France.

M 05777 - 601 - F: 2,00 €

> Un cycliste de 22 ans meurt dans son lit. Il avait pissé au lit. Il a été asphyxié par les vapeurs toxiques. >

2004

> Un ancien nazi de 86 ans jugé à Munich. « Je ne suis pas antisémite, mes deux avocats, Alzheimer et Parkinson, sont juifs. » >

Caroline Fourest

« Charlie » lève le voile

En 2004, une partie de la France semble vouloir se couvrir. Pas pour se protéger de la pluie ou du VIH. Mais pour plaire à Dieu. La mode n'est pas nouvelle. Elle monte depuis la guerre du Golfe, le recul de l'État protecteur, de la mixité sociale. Elle prospère sur le pourrissement du conflit israélo-palestinien et, cerise sur le gâteau, sur la déflagration du 11 septembre 2001. Un vent mauvais souffle sur les passions identitaires, donc religieuses. L'intégrisme en profite pour marquer des points et planter des fanions sur la tête de ses nouveaux fidèles.

Le problème n'est pas que des jeunes se passionnent soudainement pour l'uniforme, mais qu'elles veuillent l'imposer à d'autres, au sein de l'école publique, parfois en l'assortissant de demandes dignes d'un autre âge… Comme ne pas assister aux cours de sport pour ne pas montrer son corps. De plus en plus d'enseignants se plaignent d'avoir à arbitrer des choix qui dépassent le cadre de l'école. Une commission est mise en place par le gouvernement. Elle va de découvertes en découvertes : des femmes qui n'osent pas parler en public car leur voix est « impure », d'autres qui ne veulent pas passer leurs examens avec des examinateurs hommes, des parents qui refusent la transfusion sanguine pour leur enfant, d'autres encore qui veulent rater les cours le samedi… La religion est mise à toutes les sauces et l'école boit la tasse. Faut-il détourner le regard ou réaffirmer qu'il s'agit d'un lieu d'apprentissage de la citoyenneté et de l'émancipation, donc de l'égalité hommes-femmes ? Légiférer, c'est prendre le risque de braquer. Refuser de légiférer, c'est abandonner celles qui misent sur l'école républicaine pour ne pas porter le voile jusqu'à leur majorité. Aucun choix n'est parfait. Il divise à gauche.

Il y a ceux qui perçoivent cette loi comme une loi de droite, néocolonialiste, pensée pour « stigmatiser ». Et ceux qui pensent que cette loi est universaliste, puisqu'elle vise tous les signes religieux ostensibles. Et même féministe, puisqu'elle permettra de protéger les jeunes filles souhaitant aller à l'école tête nue sans se faire traiter de traîtresses ou de putes. Ceux-là ont choisi de résister à la poussée intégriste, d'où qu'elle vienne, du catholicisme ou de l'islam. Quitte à endurer les accusations d'« islamophobie » et les amalgames (entre une position raciste et une position laïque). On leur avait promis le déluge et la guerre civile. La loi a plutôt permis de pacifier l'école publique. Mais, surtout, un chemin s'est dessiné : celui d'une gauche qui refuse de renoncer à combattre l'intégrisme par peur du racisme. Tout comme elle refuse de nier le racisme par peur de l'intégrisme. En 2004, cette gauche se sent parfois seule et orpheline. Sauf lorsqu'elle ouvre les pages de *Charlie Hebdo.*

Caroline Fourest
Essayiste. Dernier livre paru : *Marine Le Pen* (avec Fiammetta Venner, Grasset, 2011)

> Joëlle Aubron, l'ex d'Action directe, a été opérée d'une tumeur au cerveau. Elle va beaucoup mieux. Elle s'est inscrite au PS. >

> Le jeu télévisé de TF1 « La Ferme » aura lieu dans le Vaucluse. Les conditions de vie seront du XIXe siècle, mais la coke sera du XIXe arrondissement. >

Le journal de la France sans dieux !

CHARLIE HEBDO 2€

SI LES ATHÉES ÉTAIENT AUSSI CHIANTS QUE LES CROYANTS...

NUMÉRO SPÉCIAL ATHÉES

SI J'ÉTAIS DIEU, NOM DE DIEU !
par Cavanna
p. 10

« TARIQ RAMADAN, C'EST LE McDO DE L'ISLAM »
Interview de Caroline Fourest et Fiammetta Venner
p. 8

LES ATHÉES AMÉRICAINS FONT LEUR OUTING
par Bou et Lecointre
p. 7

SARKOZY FORMEL

OUI, LES CHARTERS SONT SÛRS !

Jul.

M 05777 - 603 - F: 2,00 €

N° 603 • Mercredi 7 janvier 2004 • FRANCE MÉTRO : 2 € • DOM : 3 € • BEL : 2,30 € • CH : 3,90 FS • AND : 2 € • CAN : 4,90 $C • D : 3 € • GR : 2,90 € • LUX : 2,30 € • MAY : 3 € • NL : 3 € • PORT. CONT. : 3,25 € • ZONE CFA : 1500 CFA. Imprimé en France.

> Le raid de l'Otan pour capturer Radovan Karadzic a échoué. Aucun soldat ne savait dire « haut les mains, peau de lapin » en serbe. >

Le journal de la France d'en haut !
CHARLIE 2€ HEBDO
AGRICULTURE : p. 2 la FNSEA et la Chiraquie rackettent les ploucs
Après la mise en examen de Luc Guyau, coup de projecteur sur la courroie de transmission de l'UMP.
PLAN DE GENÈVE : pourquoi on veut oublier ce précieux plan de paix p. 3
GUERRE CONTRE L'INTELLIGENCE : p. 6 Ferry nomme des gogols au jury d'agrégation
EN FRANCE, ON PEUT RIRE DE TOUT...
Moi, JE PRENDS LES NOIRS !
Moi, JE PRENDS LES JUIFS !
cabu
M 05777 - 610 - F: 2,00 €
N° 610 • Mercredi 25 février 2004 • FRANCE MÉTRO : 2 € • DOM : 3 € • BEL : 2,30 € • CH : 3,90 FS • AND : 2 € • CAN : 4,90 $C • D : 3 € • GR : 2,90 €
• LUX : 2,30 € • MAY : 3 € • NL : 3 € • PORT. CONT. : 3,25 € • ZONE CFA : 1500 CFA. Imprimé en France.

Le journal de la France d'en haut !
CHARLIE 2€ HEBDO
MAGISTRATS AU MÉRITE : quand les juges feront des passes… p. 2
DIEUDONNÉ : l'humour est un point de détail p. 13
LETTRES PIÉGÉES : en Europe, le facteur saute toujours deux fois p. 7
PAS UN CHERCHEUR DANS LE TOP 50
LES FRANÇAIS PRÉFÉRÉS DES FRANÇAIS
...ALORS POURQUOI AUGMENTER LA RECHERCHE ?
cabu

Le journal de la France d'en haut !
CHARLIE 2€ HEB
ONCLE BERNARD À BOMBAY : dans les pas de Mère Teresa p. 2
CDD DE LONGUE DURÉE : l'An 01 du baron Seillière p. 3
REPORTAGE : la manif des femmes à barbe p. 11
« CHARLIE » SE MET AU VOILE voir p. 16
MANIF POUR LE VOILE
ELLE MONTRE SON ATTACHEMENT AU VOILE ET À LA FRANCE..
BLEU
BLANC
ROUGE
CHARB.

Le journal de la France d'en haut !
CHARLIE 2€ HEBDO
GOUROU : Latrèche, le voile qui cache mèche et moustache p. 2
ONCLE BERNARD EN INDE : du bidonville au software p. 3
CHINE : à Davos, on a célébré l'année du vautour p. 7
L'ANNÉE DU SINGE COMMENCE BIEN !
J'AURAIS PAS DÛ CHIPER LES CACAHUÈTES !
cabu

Le journal de la France d'en haut !
CHARLIE 2€ HEBDO
CES BOUTIQUIERS qui nous gouvernent p. 6
AFFAIRE JUPPÉ : la loi s'applique enfin à la Chiraquie p. 3
ÉPIDÉMIES : nous sommes tous des poulets grippés p. 2
LE VOILE ET LE BÂILLON
CONTRE !
POUR !
AFFAIRE JUPPÉ
cabu

Le journal de la France d'en haut !
CHARLIE 2€ HEBDO
SECTES : les morts cachés de la Scientologie p. 11
BERLUSCONI : le meilleur d'entre nous, avant Juppé p. 7
RECHERCHE : des Rustines pour boucher les fuites de cerveaux p. 8
RADIO FRANCE, JE M'EN BRANLE...
MON SONOTONE NE CAPTE QUE TF1...
LUZ

> Un chasseur contaminé par un sanglier attrape la brucellose. La connardose, il l'a attrapée tout seul. >

Le journal de la France d'en haut !
CHARLIE HEBDO 2€
RADIO-TÉLÉ : LE SERVICE PUBLIC AU MUSÉE CHIRAQUIEN DES ARTS PREMIERS p. 3
Imaginons un pays où le service public audiovisuel a disparu, où la radio et la télé officielles sont RTL et TF1, et tout le reste des sous-produits...
PUJADAS : p. 12 des pauvres ? Où ça ? Comment ça ?
UMP : Chirac redevient-il la machine à perdre ? p. 4
UMP TOUT SAUF SARKOZY
VOUS AVEZ GARDÉ LE NUMÉRO DE JOSPIN ?
HEIN ?..
CHARB

Le journal de la France d'en haut !
CHARLIE HEBDO 2€
REPORTAGE EN RUSSIE : Poutine aux fourneaux, la démocratie au congélo !
Rencontre avec les jeunes militants des partis politiques russes p. 7
ATTENTATS DE MADRID : p. 2 la mort n'est pas une marchandise
RÉGIONALES : le vieux volcan Giscard ruine l'Auvergne p. 6
BEN LADEN VA-T-IL INFLUENCER LES RÉGIONALES ?
CHASSE, PÊCHE...
TRADITIONS
Jul.
M 05777 - 613 - F: 2,00 €
N° 613 • Mercredi 17 mars 2004 • FRANCE MÉTRO : 2 € • DOM : 3 € • BEL : 2,30 € • CH : 3,90 FS • AND : 2 € • CAN : 4,90 $C • D : 3 € • GR : 2,90 € • LUX : 2,30 € • MAY : 3 € • NL : 3 € • PORT. CONT. : 3,25 € • ZONE CFA : 1500 CFA. Imprimé en France.

Le journal de la France d'en haut !
CHARLIE HEBDO 2€
AFFAIRE DUTROUX : injustice de droit divin
SECTE AUM : tueurs officiels contre tueurs sectaires
LIBERTÉ DE LA PRESSE : la pub déborde en couverture
« LA PASSION DE JÉSUS » : l'Évangile selon saint Mad Max
SURPRISE AU PROCÈS DUTROUX
AVANT, JE VOUDRAIS CONDAMNER L'ATTITUDE DE M. AILLAGON ENVERS LES INTERMITTENTS
CHARB.

Le journal de la France d'en haut !
CHARLIE HEBDO 2€
PROFS DE FAC : des libéraux intégristes au jury d'agrégation d'économie
NON AU FRONT RÉGIONAL ! Raffarin contre la République
DÉMISSION DES CHERCHEURS : Pasteur bientôt SDF
EFFET SARKO À LYON : le bus des prostituées à la fourrière
NOS CHERCHEURS S'EN VONT...
...ENFIN ENTRE CONS !

Le journal de la France d'en haut !
CHARLIE HEBDO 2€
RÉGIONALES : Raffarin, même Jacques Vabre n'en veut plus !
REPORTAGE À LA FAC DE NANTERRE : caméras partout, études nulle part !
MADRID : l'Espagne a voté Zapatero, pas Ben Laden
EXPERTS : le terrorisme expliqué par la numérologie
LE RETOUR DE L'INSÉCURITÉ
ON NOUS PIQUE NOS RÉGIONS !

> Des astronomes anglais et australiens ont découvert des galaxies naines. Mimie Mathy va pouvoir enfin rentrer chez elle. >

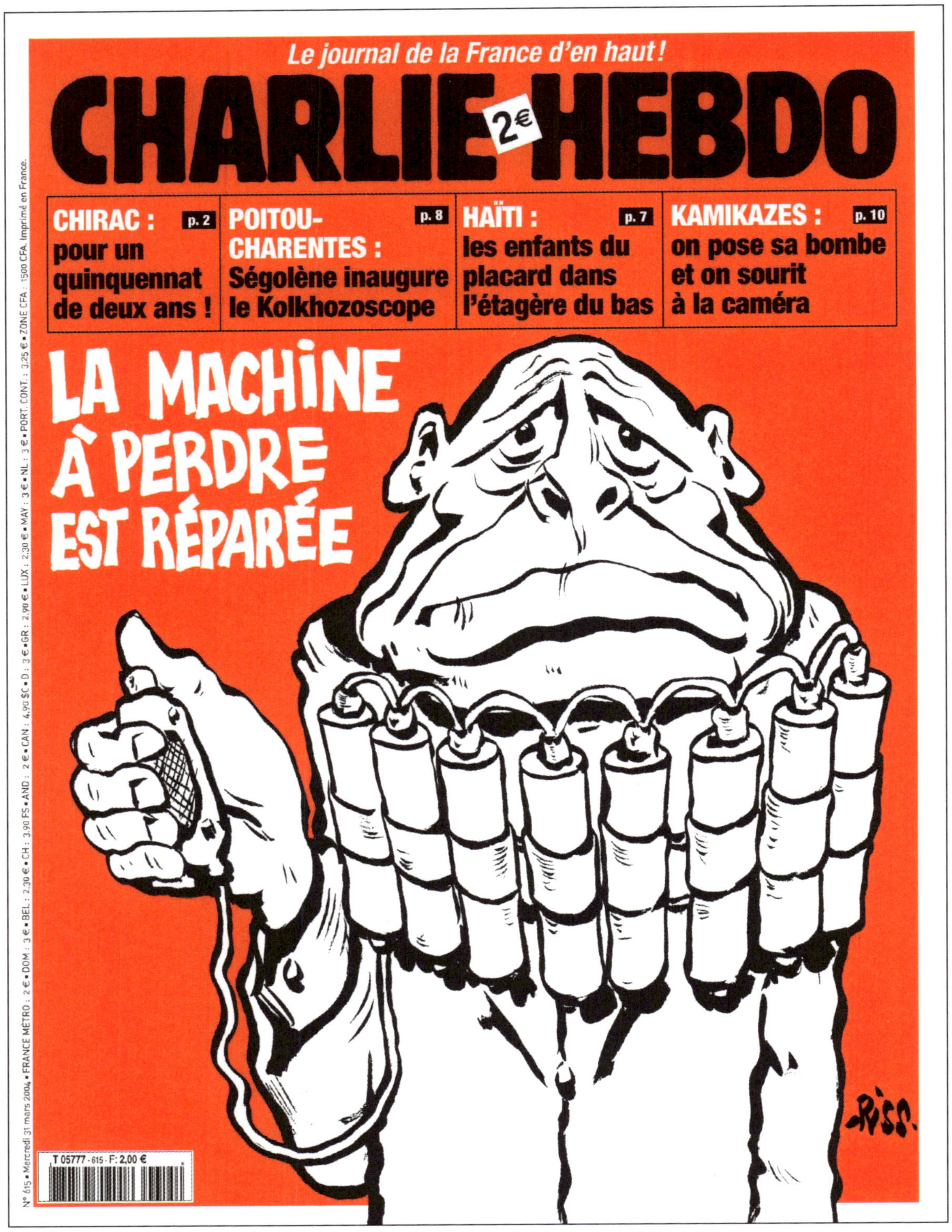
Le journal de la France d'en haut !
CHARLIE HEBDO
2€
CHIRAC : p. 2 pour un quinquennat de deux ans !
POITOU-CHARENTES : p. 8 Ségolène inaugure le Kolkhozoscope
HAÏTI : p. 7 les enfants du placard dans l'étagère du bas
KAMIKAZES : p. 10 on pose sa bombe et on sourit à la caméra
LA MACHINE À PERDRE EST RÉPARÉE
RISS.
T 05777 - 615 - F: 2,00 €

CHARLIE HEBDO
2€
GÉBÉ EST MORT
RAFFARIN III
PLUS JAMAIS ÇA !
Gébé

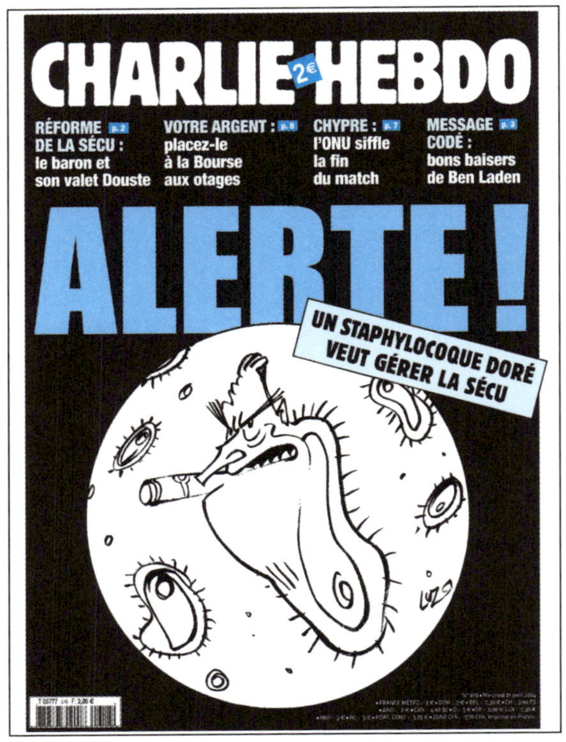
CHARLIE HEBDO
2€
RÉFORME DE LA SÉCU : le baron et son valet Douste
VOTRE ARGENT : placez-le à la Bourse aux otages
CHYPRE : l'ONU siffle la fin du match
MESSAGE CODÉ : bons baisers de Ben Laden
ALERTE !
UN STAPHYLOCOQUE DORÉ VEUT GÉRER LA SÉCU

CHANSON FRANÇAISE : LA POLITIQUE REVIENT À BOURGES
CHARLIE HEBDO
2€
TEST : feriez-vous un bon imam ?
MAISONS DE RETRAITE : le vieux grimpe en Bourse
IRAK : entre les ayatollahs et le Coca-Cola
LE DIR-COM DE RAFFARIN ÉLARGIT L'EUROPE !
LA FRANCE D'EN HAUT
ET LA ROUMANIE D'EN BAS
Cabu

CHARLIE HEBDO
2€
« LA FERME CÉLÉBRITÉS » : l'humanitaire enrichit la télé-poubelle
REPORTAGE : Wolinski retourne à Moscou
L'AGITÉ DE L'ASSEMBLÉE : Sarkozy ! Arrête la coke !
EUROPE : le Medef tapine à l'Est
DROITS DE L'HOMME
L'AMÉRIQUE PEUT-ELLE ENTRER DANS L'EUROPE ?
Jul.

CHARLIE HEBDO
2€
TORTURE : les 120 journées de Bagdad
LIVRES : après la télé-poubelle, l'édition-fond de culotte
CINÉMA : Michael Moore censuré par Disney
SARKOZY : une enzyme gloutonne à Bercy
CANNES 2004 : À GAUCHE TOUTE !
SOLIDARITÉ AVEC LES INTERMITTENTS
Cabu

> Un imam de Brest expulsé vers l'Algérie. Il avait lancé une fatwa contre la complète au jambon. >

En supplément, 16 pages de Gébé

CHARLIE 2€ HEBDO

IRAK : p. 7 Bush à l'étroit dans ses bottes

PETITS PORTEURS : les projets secrets pour rentabiliser Eurotunnel p. 8

EXTRÊME p. 3 GAUCHE : la défaite des raisins secs

DEUX FRÈRES : l'économie aux mains des Sarkozy p. 2

« LA FERME » DE TF1
APRÈS LOANA...
...QUI IRA AVEC DANIÈLE GILBERT DANS LA FOSSE À PURIN ?
RISS

T 05777 - 617 - F: 2,00 €

N° 617 ▪ Mercredi 14 avril 2004 ▪ FRANCE MÉTRO : 2 € ▪ DOM : 3 € ▪ BEL : 2,30 € ▪ CH : 3,90 FS ▪ AND : 2 € ▪ CAN : 4,90 $C ▪ D : 3 € ▪ GR : 2,90 € ▪ LUX : 2,30 € ▪ MAY : 3 € ▪ NL : 3 € ▪ PORT. CONT. : 3,25 € ▪ ZONE CFA : 1500 CFA. Imprimé en France.

> Une Espagnole sur dix est battue. Longtemps on a cru que Picasso faisait de l'art moderne, en fait, il peignait les femmes de son pays. >

CHARLIE 2€ HEBDO
DÉBARQUEMENT : les poches de résistance qui restent à libérer p. 8
« LE MONDE » : les mutinés de la rédaction p. 5
JUSTICE AU RENDEMENT : interview de Raymond Depardon p. 12
PRIVATISATION D'EDF : Sarkozy nous ment ! p. 2
NOUVEAU PDG À RADIO FRANCE
MAINTENANT, RAMENEZ-MOI LES OREILLES DES AUDITEURS ...
LUZ
T 05777 - 624 - F: 2,00 €
N° 624 • Mercredi 2 juin 2004

CHARLIE 2€ HEBDO
IRAK : oui à la torture équitable !
RIAD SATTOUF : « Je ne veux pas être circoncis une deuxième fois ! »
PROGRÈS SOCIAL : le volailler Doux égorge les poulets et les 35 heures
RÉGINE : la « Grosse Tavernière » aux Folies-Bergère
RÉFORME DE LA SÉCU
VOS ANALYSES SONT PARFAITES !
C'EST QUE... J'AURAIS VOULU AVOIR MON CANCER AVANT LA FIN DE LA SÉCU...
CHARB.

CHARLIE 2€ HEBDO
REPORTAGE À OUTREAU : la cité de l'horreur ne tient pas ses promesses
ÉTÉ SPORTIF : grâce aux drogués en short, Raffarin va mettre les Français en slip
MORTS SUR LA ROUTE : les mensonges du gouvernement
BUSH
CANNES 2004
Le premier président avec une palme d'or dans le cul

CHARLIE 2€ HEBDO
L'EUROPE, REMPART CONTRE BUSH
RÉFORME DE LA SÉCU : malades tous coupables !
EUROPE SOCIALE : bougez-vous, c'est pas arrivé !
PEOPLE : Wolinski célèbre le retour de Jospin
EUROPE
LES ABSTENTIONNISTES EUROPÉENS SONT...
... MON MEILLEUR SOUTIEN !
cabu

FIN DU MONDE
• LES 4X4 FONT FONDRE LE PÔLE NORD
• NOTRE ENVOYÉ SPÉCIAL À CHEVAL SUR LE GLACIER
CHARLIE 2€ HEBDO
APRÈS LA FAILLITE ÉLECTORALE
DÉLOCALISONS L'USINE À CONS DE L'ÉLYSÉE !
CORÉE DU NORD
cabu

CHARLIE 2€ HEBDO
NOS ENFANTS VONT MOURIR AVANT NOUS ! Quelle Terre nous laisseront-ils ?
INTERVIEW DE JEAN-PAUL FITOUSSI : croissez et multipliez les travailleurs !
BLUFF : Sarkozy s'écrase sans écraser les prix
La folie du foot
AL-QAIDA AUSSI !
LA PASSE !

Un diplomate de l'ambassade du Qatar contrôlé à 214 km/h au lieu de 70. Son dromadaire avait pris de l'EPO. >

CHARLIE 2€ HEBDO
CESARE BATTISTI : p.3 la revanche de Chirac
LIVRES DE PLAGE : p.8 l'édition rachetée par une méduse
MICHAEL MOORE : Kill Bush, vol. 1 p.2
USA : p.7 Ben Laden, joker électoral
FESTIVALS
ON SE FAIT CHIER ! J'ÉTAIS VENU VOIR LES INTERMITTENTS FOUTRE LA MERDE, MOI !
CHARB.

CHARLIE 2€ HEBDO
MARIAGE HOMO : interview du maire le plus insulté de France p. 2
SCOOP : p. 8 Dassault rachète « Charlie »
PARTAGEZ LES VACANCES DE CEUX QUI FONT L'ACTU : cette semaine, Myriam Badaoui p. 15
COHÉSION SOCIALE : p. 3 Borloo est arrivé-é-é !
BONNES VACANCES !
BON CANCER DE LA PEAU !
RISS
T 05777 - 628 - F: 2,00 €
N° 628 • Mercredi 30 juin 2004 • FRANCE MÉTRO : 2 € • DOM : 3 € • BEL : 2,30 € • CH : 3,90 FS • AND : 2 € • CAN : 4,90 $C • D : 3 € • GR : 2,90 € • LUX : 2,30 € • MAY : 3 € • NL : 3 € • PORT. CONT. : 3,25 € • ZONE CFA : 1500 CFA. Imprimé en France.

CHARLIE 2€ HEBDO
SOCPRESSE : TF1-Dassault, un mariage d'amour p. 12
JOANN SFAR : un taxi contre Sarkozy p. 13
MUSÉE DE L'IMMIGRATION : du bon temps des colonies au bon temps des charters p. 8
JEAN LEFEBVRE : p. 12 une charrue nommée désir
VIOLENCE ANTISÉMITE DANS LE RER
ANTI… QUOI ?
METRO
RISS

CHARLIE 2€ HEBDO
CHANTAGE AUX 35 HEURES : le Diên Biên Phu du travail p. 5
AVIGNON 2004 : Ach ! Gross kultur ! p. 2
SÉCU : du ticket modérateur au ticket de rationnement p. 8
SARKOZY : le caniche de Balladur en trophée à l'Élysée p. 4
SHARON LE MESSAGE D'ESPOIR
JUIFS DE FRANCE, EN ISRAËL VOUS SEREZ EN SÉCURITÉ !
CHARB.

CHARLIE 2€ HEBDO
SUPER-HÉROS : SpiderChirac contre SarkoHulk p. 8
EUROPE SOCIALE : transformer l'Allemand en Albanais p. 7
35 HEURES : dernières vacances avant l'esclavage p. 3
ARRACHAGE D'OGM : j'irai faucher sur vos tombes p. 11
49.3
LES FRANÇAIS S'EN BRANLENT
J'AI MIS DE LA CRÈME…
CHARB.

> Le vin serait efficace contre le cancer des ovaires. Jean-Pierre Soisson soulagé : « Je n'aurai jamais le cancer des ovaires. » >

CHARLIE 2€ HEBDO
BOUYGUES : p.4 des Turcs au noir pour le nouveau siège du "Monde"
RÉFORME : bientôt, la Sécu à péage p.6
SOUTIEN À LA CONSOMMATION : le commerce de luxe est sauvé p.3
RENTRÉE POLITIQUE : p.2 dans quelle poubelle recycler Raffarin ?
L'AVENIR DE ZIDANE ?
...AU SÉNAT !
cabu

CHARLIE 2€ HEBDO
EXCLUSIF : p.7 Sfar rencontre Spiegelman, auteur de "Maus"
PINARD : p.14 après "Fumer tue", "Boire rend con"
JUSTICE : p.4 Marchiani en taule, Pasqua commence à relire la Bible
ABOLITION DES PRIVILÈGES : p.2 Seillière recolle la tête à Louis XVI
LE PAPE CONFESSE CHIRAC
JE VOUDRAIS FLINGUER SARKOZY...
...TANT QUE VOUS NE CONVOITEZ PAS SA FEMME... Y A PAS PÉCHÉ !
cabu

CHARLIE 2€ HEBDO
PELLOUX RÉPOND À BRARD : je transfuse et je t'emmerde !
JO : p.7 la Grèce, médaille d'or de la paranoïa
REPORTAGE À LOURDES : p.4 une dépravée chez les pèlerins
EXCLUSIF : l'ANPE éjecte une chômeuse malade p.6
JEAN-PAUL II EN FORME OLYMPIQUE
PLUS VITE PLUS HAUT PLUS FORT !
cabu

CHARLIE 2€ HEBDO
AMBIEL, l'ex-communicant de Raffarin et un des patrons d'Endemol surpris avec une prostituée, condamné à 1 500 euros d'amende : LA RÉALITÉ, ÇA RAPPORTE MOINS QUE LA TÉLÉ-RÉALITÉ
PRENEURS D'OTAGES : p. 3 ces fanatiques qui nous aiment
OSSÉTIE : p. 8 mitraillage des générations futures
TÉLÉ-RÉALITÉ : p. 6 des enfants pris en otages par FR3 !
PROXIMITÉ : p. 2 les juges du côté du manche
PORT DU VOILE DANS UNE ÉCOLE RUSSE :
500 MORTS !
RISS
T 05777 - 638 - F: 2,00 €
N° 638 • Mercredi 8 septembre 2004 • FRANCE MÉTRO : 2 € • DOM : 3 € • BEL : 2,30 € • CH : 3,90 FS • AND : 2 € • CAN : 4,90 $C • D : 3 € • GR : 2,90 € • LUX : 2,30 € • MAY : 3 € • NL : 3 € • PORT. CONT. : 3,25 € • ZONE CFA : 1500 CFA. Imprimé en France.

CHARLIE 2€ HEBDO
LIBÉRATION DE PARIS : p.8 Dubout mieux que Savary
LA POSTE : p.5 un bureau sur deux délocalisé sur Mars
J.O. : quand p.2 l'homme ne descend plus du singe, il y retourne
RIAD SATTOUF : p.4 la vie secrète des jeunes
ANTISÉMITISME
C'EST INTOLÉRABLE ! INADMISSIBLE !

CHARLIE 2€ HEBDO
IRAK : p.2 humiliés, cette prise d'otages est pour vous
SCANDALE : p.6 les médecins du travail remplacés par des consultants
DON DU SANG : hétérosexualité et fidélité obligatoires p.11
CONVENTION RÉPUBLICAINE : p.8 un New-Yorkais témoigne
MARTINE AUBRY OTAGE DU MEDEF
RETIREZ LA LOI DES 35 HEURES, SINON...
Medef
cabu

> Maradona va mieux. Il s'est retiré la paille de l'oreille, il se l'est remise dans le nez. >

CHARLIE 2€ HEBDO
CONSTITUTION EUROPÉENNE : Ernesto « Che » Fabius dit non p. 3
« DA VINCI CODE » : la véritable histoire p. 9
EUROPE SOCIALE : nous ne souhaitons pas la victoire de l'Allemagne p. 7
REPORTAGE : la forêt de Merlin transformée en poubelle p. 8
ALERTE À LA RAGE !
TROP TARD ! IL A DÉJÀ CONTAMINÉ TOUT L'UMP !
LUZ
T 05777 - 639 - F: 2,00 €
N° 639 • Mercredi 15 septembre 2004 • FRANCE MÉTRO : 2 € • DOM : 3 € • BEL : 2,30 € • CH : 3,90 FS • AND : 2 € • CAN : 4,90 $C • D : 3 € • GR : 2,90 € • LUX : 2,30 € • MAY : 3 € • NL : 3 € • PORT. CONT. : 3,25 € • ZONE CFA : 1500 CFA. Imprimé en France.

CHARLIE 2€ HEBDO
CE QU'ALLAH PENSE DE L'EUROPE, CE QUE L'EUROPE PENSE D'ALLAH
Interview de Chahdortt Djavann p. 8
Des barbus à Bruxelles p. 9
INTERNET : appels au meurtre des inspecteurs du travail ! p. 6
BORLOO : retour des emplois-jeunes p. 5
MOTARDS EN COLÈRE
ON VA FINIR PAR VOTER FABIUS !
cabu

CHARLIE 2€ HEBDO
FORUM SOCIAL EUROPÉEN : Ben Laden décline l'invitation p. 2
TORTURE ANIMALE : les poulets et l'Europe contre p. 8
REPORTAGE : sœur Emmanuelle à l'École de commerce du Havre p. 4
PRÉFÉRENCE CORSE : le FN porte plainte pour plagiat p. 14
Pasqua au Sénat
ENCORE UN CORSE QUI PREND LE MAQUIS !
TIGNOUS

CHARLIE 2€ HEBDO
REPORTAGE EN DORDOGNE : au pays du tueur de fonctionnaires p. 2
INTÉGRISTES : les anti-IVG prêts à dégainer p. 6
BANQUES : le racket en col blanc p. 4
« OUEST-BAGDAD » : le journal de la vie quotidienne en Irak p. 8
QUELLE STRATÉGIE POUR LIBÉRER LES OTAGES ?
BERNADETTE...
ON A DIT PLUS D'INITIATIVES PRIVÉES !

CHARLIE 2€ HEBDO
RACISME : la véritable enquête corse p. 2
LOI ÉVIN : p. 14 le Palais-Bourbon devient le Palais-Gros Rouge
CHAMBRES À GAZ : p. 3 Gollnisch lave plus brun
LE COACHING DES PATRONS : je gagne, donc je suis p. 8
VOTEZ POUR MOI, JE SUIS UN SALAUD !
GEORGE W. BUSH
CE FILS DE PUTE DE KERRY NE VA PLUS POUVOIR LE TRAITER DE MENTEUR !
WOLINSKI

> Lara Fabian rompt avec ses producteurs. Ils étaient trop petits. Elle s'en est fait implanter deux plus gros. >

CHARLIE 2€ HEBDO
DÉCHETS : p. 8 le tri sélectif condamné par les industriels
SANTÉ PUBLIQUE : p. 2 hôpital rentable, malades jetables
ENTREPRISES : p. 6 et Bouygues créa l'ordre des Mouchards
PLUTONIUM : p. 10 Cavanna regarde passer les neutrons
INCIDENT TECHNIQUE
T'ES UN RAPIDE, TOI... T'AS UN RÉGULATEUR DE VITESSE RENAULT ?
CHARB.
T 05777 - 643 - F: 2,00 €
N° 643 • Mercredi 13 octobre 2004 • FRANCE MÉTRO : 2 € • DOM : 3 € • BEL : 2,30 € • CH : 3,90 FS • AND : 2 € • CAN : 4,90 $C • D : 3 € • GR : 2,90 € • LUX : 2,30 € • MAY : 3 € • NL : 3 € • PORT. CONT. : 3,25 € • ZONE CFA : 1500 CFA. Imprimé en France.

CHARLIE 2€ HEBDO
DIEU BOURRE LES URNES !
BUSH
VOTE BUSH
SPÉCIAL ÉLECTIONS AMÉRICAINES
Test : êtes-vous sudiste pro-Bush ou nordiste pro-Kerry ?
Ben Ali réélu avec 94 %. Bush espère faire mieux
Bush assis à l'extrême droite de Dieu
RENAUD DUTREIL SE LÂCHE : « Notre problème, c'est que les gens sont contents des services publics »
NOTRE INVITÉ : Le téléchargement vu par Dominique A

CHARLIE 2€ HEBDO
LES AMÉRICAINS DÉJÀ DÉÇUS
ON N'AURAIT PAS DÛ VOTER POUR CE CONNARD !
WOLINSKI
LAÏCITÉ :
Il faut réclamer la séparation de Sarkozy et de l'État !
FORMATION DES CADRES : les nouveaux petits chefs sortiront de Saint-Cyr
REPORTAGE : quand Coca-Cola sponsorise un Disneyland pour extraterrestres
NOTRE INVITÉ : KENT Chanteurs, engagez-vous, rengagez-vous !
EUROPE : le cul-bénit perd son siège à la Commission et les chefs d'État apprennent à lire la Constitution qu'ils ont signée

CHARLIE 2€ HEBDO
QUI VA SUCCÉDER À L'OURSE CANNELLE ?
JUL.
BUSH A GAGNÉ : Françaises, Français, collaborons !
TEST : feriez-vous un bon successeur d'Arafat ?
INTERVIEW DE CAROLINE FOUREST : Tariq Ramadan, pervers et martyr
REPORTAGE AU PROCÈS D'ÉMILE LOUIS : change de cap, Mimile !
ANTIAMÉRICANISME : ON SE CALME ! 48 % des Américains ont voté Kerry
ÉCONOMIE : la sangsue américaine suce l'Europe

CHARLIE 2€ HEBDO
NUMÉRO SPÉCIAL SARKOZY
SARKOZY VA SE FAIRE CHIER À L'UMP.
WOLINSKI
COMMENT PRIVATISER L'ÉTAT : la loi qui transforme les fonctionnaires en VRP
SECTES ET RELIGIONS : le Néo-Testament de Sarkozy
PROCHE-ORIENT, DARFOUR, CÔTE D'IVOIRE... Le mage Sarko voit tout, guérit tout...
CHIRAC-SARKOZY : la France de Johnny contre la France de Sardou
LA FRANCE DE SARKOZY : fille préférée de l'Église et du Medef

CHARLIE 2€ HEBDO
BUDGET DE L'ÉLYSÉE : 580% D'AUGMENTATION
CHIRAC BOUFFE LA FRANCE EN CHIE
cabu
LE Dr PELLOUX DANS « CHARLIE » : un brancard en liste d'attente
L'EUROPE : le paillasson de Fabius
REPORTAGE : Émile Louis, un Benny Hill chauffeur de bus
LA LOI VEIL A 30 ANS : ce n'est qu'un fœtus, continuons le combat !
AMIANTE : 100 000 morts, sinon rien
CHARLIE ACADEMY : cette semaine, Stef Sanseverino

> Le juge responsable de la bavure judiciaire d'Outreau sera puni. « Je m'en fous, je peux pas être muté dans le Nord-Pas-de-Calais, j'y suis déjà. » >

CHARLIE 2€ HEBDO
ACCOMPAGNEMENT DE FIN DE VIE
SI JE FAIS ÇA C'EST POUR TON BIEN !
RISS
APRÈS NOS RÉVÉLATIONS : Dutreil, démission !
CONTRIBUTION SOCIALE : le trou de la Sécu placé dans les paradis fiscaux !
PROCÈS DES ÉCOUTES DE L'ÉLYSÉE : « Charlie » dévoile la vérité
MARSEILLE : bataille de poubelles sur le Vieux-Port
LE CSA AUTORISE AL-MANAR : en avant pour la Djihad Academy
Le Dr Pelloux dans « Charlie » Les fantômes des urgences

CHARLIE 2€ HEBDO
APRÈS LA DÉFAITE DE FABIUS...
OÙ S'ARRÊTERA HOLLANDE ?
Cabu
FRANCE TROU DE BALLE : racisme et violence, les deux mamelles du foot
EXCLUSIF : Clara Gaymard, l'épouse du ministre de l'Économie, plus libérale que son mari
JUPPÉ : toujours droit dans ses bottes et le droit à sa botte
REPORTAGE : la Turquie s'essuie les pieds sur le Kurdistan avant d'entrer dans l'Europe
CSA : après Al-Manar, aidons Baudis à censurer les extrémistes

CHARLIE 2€ HEBDO
UNE LOI CONTRE L'HOMOPHOBIE
CETTE ANNÉE, LE PREMIER QUI RIGOLE...
ON APPELLE NOTRE AVOCAT !
RISS
BORLOO : l'arbuste social qui ne cache pas la forêt libérale
BERNADETTE CHEZ FOGIEL : la dame patronnesse chez la majorette du Paf
REPORTAGE AU PROCÈS DE MAXIME BRUNERIE : le puceau qui voulait tuer le président
ASSASSINAT DE THEO VAN GOGH : le 11 septembre hollandais
CHINE : la vraie sale gueule du marché
Patrick Pelloux : après la canicule, on crève de froid aux urgences

CHARLIE 2€ HEBDO
APRÈS LE MASSACRE DE PAU...
ENCORE UN FOU DANGEREUX EN LIBERTÉ
RENTABILITÉÉÉ
LUZ
HÔPITAL PUBLIC
• Patrick Pelloux : « On est là pour soigner, pas pour crever ! »
• Psychiatrie : Raffarin lâche les fous
EUROPE : comment se payer des salariés étrangers au tarif local
CHIRAC : oui à la Turquie... qui vient de nous acheter 36 Airbus
INTERVIEW : l'Amérique vue par Paul Schrader, le scénariste de « Taxi Driver »
LES LÉGIONNAIRES DU CHRIST : la main armée du Vatican contre la laïcité

CHARLIE 2€ HEBDO
RAZ-DE-MARÉE EN ASIE DU SUD-EST
UN SEAU D'EAU FROIDE SUR LE TOURISME SEXUEL !
Cabu
LES ZOMBIES FONT DE LA POLITIQUE : p. 8 reportage à Toronto sur le tournage du dernier film de George Romero
« ROUGE CARDINAL » : votre feuilleton-polar sur la plus mystérieuse des sociétés secrètes, le Vatican p. 2
7 JOURS QUE NOTRE CONFRÈRE GEORGES MALBRUNOT EST OTAGE AU « FIGARO »...
FIGARO
CHARB
LA VÉRITÉ SUR LES OTAGES : p. 3 ils étaient retenus à Guantánamo !
THÉÂTRE DE BIRMINGHAM : les sikhs n'ont pas laissé leur sabre au vestiaire p. 7
BOLLORÉ : télés, radios, journaux, Internet, je serai partout ! p. 13
N° 654 • Mercredi 29 décembre 2004 • FRANCE MÉTRO : 2 € • DOM : 3 € • BEL : 2,30 € • CH : 3,90 FS • AND : 2 € • CAN : 4,90 $C • D : 3 € • GR : 2,90 € • LUX : 2,30 € • MAY : 3 € • NL : 3 € • PORT. CONT. : 3,25 € • ZONE CFA : 1500 CFA. Imprimé en France.
T 05777 - 654 - F: 2,00 €

> Dix-huit ouvriers sont morts depuis le début du chantier des JO à Athènes. Sur leur tombe il a été gravé : « L'essentiel est de participer. » >

2005

> La dette se monte à 17 000 euros par Français. Si vous n'avez pas 17 000 euros de côté, vous n'êtes pas français. >

Sophia Aram Ferveur et tremblements

Le 2 avril 2005, Jean-Paul II nous quittait. Vous pouvez vérifier, c'est l'événement de l'année 2005 qui a fait « raisonner » le plus de cloches en 2011.

Le jour de ses funérailles, la foule endeuillée accompagnait la dépouille du Saint Père aux cris de *« Santo Subito »*, qu'il ne faut pas traduire à la hâte par « ça sent la bite », mais plutôt par « sanctifier maintenant ».

Six mois plus tôt, j'avais été choquée par les images de la dernière apparition du Saint Père sur la place Saint-Pierre de Rome. Il ne pétait pas la santé, mais il ne manquait pas de courage. Son fauteuil était actionné par une sorte de bras mécanique. Comme ça, à minuit pile, les volets se sont ouverts pour que le Saint Père apparaisse au-dessus de la place, entre deux gardes suisses, comme… un coucou ! Mais un coucou presque mort, on ne le comprenait déjà plus.

La maladie de Parkinson était en train de faire son œuvre. À l'époque, nous ne le savions pas, mais Jean-Paul venait de remporter une victoire contre la maladie, en guérissant la sœur Marie Simon-Pierre, dont on imagine qu'avec un nom pareil elle n'eut d'autres choix pour en finir avec sa quête d'identité sexuelle que d'entrer dans les ordres ou entamer une carrière de chanteuse transgenre chez Michou.

En tout état de cause, un an après que la mort de Cheikh Yacine nous eut permis de vérifier qu'entre un vieux leader terroriste aveugle en fauteuil et un missile, c'est le missile qui gagne ; la mort de Jean-Paul II prouvait que l'on pouvait guérir miraculeusement une bonne sœur de la maladie de Parkinson et mourir soi-même de… la maladie de Parkinson.

Bien sûr, on aurait aimé lui demander pourquoi ne pas s'être sauvé lui-même ou bien pourquoi n'avoir guéri qu'une seule personne de cette horrible maladie quand on pense à tous ceux qui en souffrent et qui, croyants ou pas, auraient certainement été très contents de recouvrer la santé. Mais, contrairement à Paris Hilton, les voies du Seigneur sont impénétrables.

Pourtant, j'aimerais risquer une hypothèse qui nous permettrait de comprendre pourquoi Jean-Paul II a guéri sœur Marie Simon-Pierre. Si l'on écarte l'hypothèse d'une gratification visant à récompenser ses efforts pour résister à la tentation de l'opération transgenre, on trouve une autre explication en regardant les images de la béatification de Jean-Paul II à l'occasion de la fête du Travail en ce 1er mai de l'an 2011.

Des centaines de milliers de fidèles sont réunis sur la place Saint-Pierre. La foule est prosternée devant une fiole de sang papal, initialement prévue pour permettre une ultime transfusion sanguine et conservée par la magie du freezer et des anticoagulants. La sainte hémoglobine est tenue à bout de main par la bonne sœur qui a été guérie de la maladie de Parkinson par Jean-Paul II lui-même. Je n'invente rien.

Imaginez deux minutes qu'elle ne soit pas totalement guérie, et c'est tout le dispositif qui se transforme en centrifugeuse ! Voilà pourquoi il était essentiel que celle-ci fût guérie. Ce qui n'explique en rien pourquoi les autres continuent à trembler, mais il faut bien conserver un peu de mystère.

Sophia Aram est humoriste

> Le mariage de Charles et Camilla est légal. Les tests génétiques ont prouvé que Camilla n'était pas la maman de Charles. >

> Michael Jackson est arrivé au tribunal en pyjama. Le président n'a pas protesté, mais il lui a demandé d'enlever son thermomètre avant de s'asseoir. >

CHARLIE 2€ HEBDO

UNE MINUTE DE SILENCE POUR LES MORTS D'ASIE.

J'ARRIVERAI JAMAIS À TENIR !

TIGNOUS

CAMPAGNE ÉLECTORALE À GAZA :

BOUM

A VOTÉ !

TIGNOUS

reportage entre la kalachnikov et le bulletin de vote p. 2

32 MOIS DE PRISON POUR RIEN :

incarcéré pour des prunes, indemnisé avec les noyaux p. 6

TSUNAMI :

le supplément des « Échos » auquel vous avez échappé p. 8

FAUT-IL TOUT MONTRER ?

LES DERNIERS INSTANTS D'HITLER AU CINÉMA

RISS

PATRICK PELLOUX :

« Oui, l'hôpital public, ça marche ! » p. 14

LOBBYING ET MARKETING :

invasion de taupes dans les plates-bandes des ONG p. 12

N° 655 ▪ Mercredi 5 janvier 2005 ▪ FRANCE MÉTRO : 2 € ▪ DOM : 3 € ▪ BEL : 2,30 € ▪ CH : 3,90 FS ▪ AND : 2 € ▪ CAN : 4,90 $C ▪ D : 3 € ▪ GR : 2,90 € ▪ LUX : 2,30 € ▪ MAY : 3 € ▪ NL : 3 € ▪ PORT. CONT. : 3,25 € ▪ ZONE CFA : 1800 CFA. Imprimé en France.

T 05777 - 655 - F: 2,00 €

> George Bush va faire des puits de pétrole en Alaska. Les ours blancs n'ont pas fini de faire la queue au pressing. >

CHARLIE 2€ HEBDO

DANS «LA CHUTE»

HITLER HUMAIN

FALLAIT-IL MONTRER CES IMAGES QUI NOUS LE RENDENT SYMPATHIQUE ?

RISS

La mort de Georges Bernier
CETTE FOIS, C'EST CHORON...
Par Cavanna p. 10

REPORTAGE AU NÉPAL : chez les maos, y a tout ce qu'il faut, des faucilles et des marteaux p. 8

FILLON SUR LES TRACES DE LE LAY : l'école doit fournir du «capital humain» aux entreprises p. 6

REPORTAGE EN PALESTINE : fragments de campagne p. 7

CFCM : Dounia Bouzar retourne sa burqa p. 13

PATRICK PELLOUX EN ROUTE POUR L'ASIE : malades sans frontières p. 14

RÉFORME DE LA SÉCU

N° 656 • Mercredi 12 janvier 2005 • FRANCE MÉTRO : 2 € • DOM : 3 € • BEL : 2,30 € • CH : 3,90 FS • AND : 2 € • CAN : 4,90 $C • D : 3 € • GR : 2,90 € • LUX : 2,30 € • MAY : 3 € • NL : 3 € • PORT. CONT. : 3,25 € • ZONE CFA : 1800 CFA. Imprimé en France.

T 05777 - 656 - F: 2,00 €

CHARLIE 2€ HEBDO

LES USAGERS PRIS EN OTAGES !

J'AI PAS PU PRENDRE MON MÉTRO CE MATIN !

RAFFARIN BRADE LES SERVICES PUBLICS : Français, vous êtes en solde ! p. 2

URGENTISTES SANS FRONTIÈRES : Patrick Pelloux raconte ses premiers jours au Sri Lanka p. 14

REPORTAGE AU NÉPAL : des chemins de Katmandou au Sentier lumineux p. 7

LES GÉNÉRALISTES CONTRE LA RÉFORME DE LA SÉCU : «Nous refusons de faire de l'abattage»

LOIS PERBEN : les magistrats ne veulent pas être des flics

CHARLIE 2€ HEBDO

COUCHÉ, DRUCKER !

LE MEDEF AU ZÉNITH : plus vite, plus haut, plus fort... plus profond !

LIBERTÉS LOCALES : Devedjian veut raser la cité universitaire d'Antony

LOI VEIL : Boutin veut classer l'IVG catastrophe nationale

QUELQUE PART DANS CE PAYSAGE EST CACHÉE FLORENCE AUBENAS

ET ON NE TE CONSEILLE PAS DE LA CHERCHER !

BÉNÉVOLAT FORCÉ : la recherche réinvente l'esclavage

LE Dr PELLOUX EN ASIE : ma cabane au Sri Lanka

CHARLIE 2€ HEBDO

BOCCOLINI CORVÉE DE PATATES

«1re COMPAGNIE» SUR TF1

10 MILLIONS DE CERVEAUX DISPONIBLES À ÉPLUCHER

RISS

FLORENCE AUBENAS DÉJÀ 1 MOIS...

BAGDAD POSTE RESTANTE

Sans Florence Aubenas et tous ceux qui pensent que la vérité mérite toujours une enquête, Calas n'aurait jamais été réhabilité, Dreyfus serait mort sur l'île du Diable, les bagnards continueraient à casser des cailloux à Cayenne, Pinochet aurait le prix Nobel d'économie, Nixon aurait fini son mandat dans le respect général, pendant la période chiraquienne la Mairie de Paris aurait été une cellule de réflexion sur l'éthique en politique, les étudiants de Jussieu continueraient à sniffer de l'amiante, Kadhafi serait un leader altermondialiste et Fidel Castro un défenseur de la liberté d'expression, le génocide du Rwanda serait un retour de week-end un peu plus meurtrier que les autres, les Khmers rouges seraient des précurseurs de l'utilisation des soins palliatifs, les disparues de l'Yonne

CHARLIE 2€ HEBDO

LE PAPE VA MIEUX :

IL A CANONISÉ 2 YAOURTS

RISS

NI PUTES NI SOUMISES : Fadela Amara répond aux attaques de «Technikart» p. 12

EXCLUSIF ! Avant de mourir, le pape réalise enfin tous ses fantasmes

SARKOZY : il est partout, même à Auschwitz

MAROC : Mohammed VI invente le devoir de mémoire courte

DUTREIL MENT : Il avait insulté les fonctionnaires, il diffame «Charlie Hebdo»

PRÉVENTION : les ravages du cannabis auxquels vous avez échappé

CHARLIE 2€ HEBDO

L'ORDINATEUR À 1 EURO
LE PERMIS À 1 EURO

ET LE BAC À 1 EURO !

1 EURO POUR MON BAC

RISS

CENTRE ANTI-IVG DE LA ROCHE-SUR-YON : silence, on viole ! p. 8

EN DIRECT DE CHINE : des nouvelles de notre futur

RAPPORT SUR LA DÉLINQUANCE : tous voleurs, de la crèche à la fac

RETOUR DE LA MECQUE : Barnier a-t-il fait entrer Ben Laden en France ?

LA VRAIE VÉRITÉ SUR LE TSUNAMI : le protocole des plages de Sion

> Si, sur les paquets de cigarettes, il y avait la photo de Sartre avec écrit : « Fumer fait loucher », il y aurait beaucoup moins de fumeurs. >

CHARLIE 2€ HEBDO
3 ANS DANS LA JUNGLE
DANS QUEL ÉTAT VA NOUS REVENIR INGRID BETANCOURT ?
RISS
CINÉMA: « Le Cauchemar de Darwin », une arête de poisson dans le gosier de l'Afrique p. 7
THIERRY BRETON: le permanenté de Bercy p. 5
IMMIGRATION: police de l'air et des torgnoles p. 15
LECLERC: libérez-vous de vos chaînes, consommez! p. 12
MANIF DU 10 MARS: le Comité olympique privé de Folies-Bergère? p. 2
FIN DE RÈGNE POUR LE PAPE VENU DU FROID
T 05777 - 663 - F: 2,00 €

CHARLIE 2€ HEBDO
LE CERVEAU DE DIEUDONNÉ:
UN POINT DE DÉTAIL !
ALÈS: l'hôpital public braqué par un cabinet d'audit
ZONE D'ATTENTE DE ROISSY: la Croix-Rouge complice des violences
COLOMBES: la mairie UMP à l'assaut de la MJC
LÉGISLATIVE PARTIELLE: une femme voilée veut piquer les Hauts-de-Seine à Sarkozy
L'INVITÉ: Kent nous explique le téléchargement

CHARLIE 2€ HEBDO
VIREZ BOUDU!
NOS LYCÉES
NOS 35 HEURES
NOS EMPLOIS
NOS SERVICES PUBLICS
RECHERCHE
EMPLOI
35 H
ÉDUCATION
RECHERCHE
cabu
GRÈVE DU 10 MARS: Julia libérera-t-il les usagers pris en otages?
REPORTAGE AUX PAYS-BAS: après Theo Van Gogh, les barbus veulent voiler les tulipes
THIERRY MEYSSAN: l'effroyable imposteur
PELLOUX JAMAIS CONTENT: un coup les morts de chaud, un coup les morts de froid!
NOTRE INVITÉ DE LA SEMAINE: Jeanne Cherhal ouvre les portes du pénitencier

CHARLIE 2€ HEBDO
SALAIRE DES FONCTIONNAIRES:
LE GOUVERNEMENT RECULE!
VICTOIRE!
CHARB
UNE ASSOCIATION MUSULMANE ATTAQUE « CHARLIE »: chassez le Front national, il revient en Coran
DROITS HUMAINS: Amnesty ne veut plus défendre les homos
REPORTAGE: la Creuse, le « Ground Zero » des services publics
INTERVIEW DE GASTON KELMAN: « Je suis noir, je n'aime pas le manioc, et je ne suis pas un indigène de la République »
APRÈS LE MEURTRE DE THÉO VAN GOGH: la Hollande, l'autre pays des ratonnades

> Le Wonderbra a 10 ans. Et pendant ce temps-là la vaisselle moisit dans le lavabo. >

CHARLIE HEBDO
3€
CHARLIE ENTERRE LE PAPE ! NUMÉRO SPÉCIAL 32 PAGES
HEU… YA QUELQU'UN ?
LUZ
N° 668 ■ Mercredi 6 avril 2005 ■ FRANCE MÉTRO : 3 € ■ DOM : 4 € ■ BEL : 3,50 € ■ CH : 5 FS ■ AND : 3 € ■ CAN : 7 $C ■ D : 4 € ■ GR : 4 € ■ LUX : 3,50 € ■ MAY : 4 € ■ NL : 4 € ■ PORT. CONT. : 4 € ■ ZONE CFA : 2500 CFA. Imprimé en France.
T 05777 - 668 - F: 3,00 €

> Bonne nouvelle, la vie s'allonge. Mauvaise nouvelle, la bite rétrécit. >

CHARLIE 2€ HEBDO
FRANCE, PAYS DES DROITS DE L'HOMME
DE L'HOMME, PAS DES LYCÉENS !
RISS
SOCIAL : brisez la grève des urgentistes, soignez-vous vous-même ! p. 8
CSA : le nouveau cahier des charges des journalistes culs-bénits p. 2
CONTESTATION LYCÉENNE : Fillon cogne plus fort que Pasqua p. 6
CONCLAVE : neuf challengers au concours de la plus grosse mitre p. 7
EUROPE : l'idéal du non contre l'horizon du oui p. 3
N° 669 • Mercredi 13 avril 2005 • FRANCE MÉTRO : 2 € • DOM : 3 € • BEL : 2,30 € • CH : 3,90 FS • AND : 2 € • CAN : 4,90 $C • D : 3 € • GR : 2,90 € • LUX : 2,30 € • MAY : 3 € • NL : 3 € • PORT. CONT. : 3,25 € • ZONE CFA : 1800 CFA. Imprimé en France.
T 05777 - 669 - F: 2,00 €

CHARLIE 2€ HEBDO
LE "NON" GAGNE DU TERRAIN !
ON BAISE ?
NON.
CHARB.
EXCLUSIF : la feuille d'impôts des élus de l'UMP
MONTÉE DE SÈVE AU BOURGET : reportage au Salon de l'érotisme
AMIANTE : on attend toujours les procès
ENQUÊTE SUR LE MAIRE DE LONDRES : Ken le Rouge vire au vert islam
CHINE : reportage dans une ville-ghetto pour milliardaires
LES BELLES HISTOIRES DU DR PELLOUX : Rosette et les comptables
CINÉMA : festival des droits de l'Homme

CHARLIE 2€ HEBDO
RAINIER AU PARADIS PAS FISCAL :
ICI, TOUT LE MONDE PAYE SES IMPÔTS !
RISS
HÔPITAL : Douste-Blazy explique aux directeurs comment faire faillite p. 2
CONSTITUTION EUROPÉENNE : le crétinisier du oui et du non
ACTIVISTES : les Yes Men bandent pour l'OMC
VIDÉOSURVEILLANCE : tous à poil avec Loana !
BANQUE MONDIALE : Paul Wolfowitz, le faucon qui tient la vraie caisse
CAVANNA SURFE SUR LE NET : alerte aux blogs !
FAITES DU BRUIT !

CHARLIE 2€ HEBDO
SUPPLÉMENT GRATUIT DE 16 PAGES : « LES TOP MODÈLES DE L'ASSEMBLÉE », PAR MOUGEY
Après le conclave de TF1 :
«HABEMUS GROS NAZE»
RISS
MOUVEMENT LYCÉEN : tabassés mais toujours motivés p. 9
TÉLÉ-EURORÉALITÉ : Chirac kiffe les jeunes
LA GUERRE DES DIVANS : Psys contre comportementalistes
FAMILLES DE FRANCE : les cathos intégristes invités à l'école
UN FRANÇAIS À HOLLYWOOD : interview de Florent Siri, réalisateur d'« Otage »

> Chirac a appelé son chien Sumo. C'est bien la preuve qu'il a une chienne au Japon. >

CHARLIE 2€ HEBDO
RÉFÉRENDUM
LA FRANCE SE TÂTE
WOLINSKI
CONSTITUTION EUROPÉENNE :
y a-t-il un plan B dans l'avion ? p. 8
LICENCIEMENT ABUSIF : quand Raffarin aide Bouygues à licencier les syndicalistes p. 6
TEST : avez-vous bien lu la Constitution ? p. 2
RÉVOLUTION SEXUELLE : quand la Chine s'éveillera, elle aura la gaule p. 7
LES BELLES HISTOIRES DU Dr PELLOUX : les amants sur le brancard p. 14
LE 29 MAI : FLORENCE AUBENAS DANS L'ISOLOIR
COMME D'HABITUDE...
N° 675 • Mercredi 25 mai 2005 • FRANCE MÉTRO : 2 € • DOM : 3 € • BEL : 2,30 € • CH : 3,90 FS • AND : 2 € • CAN : 4,90 $C • D : 3 € • GR : 2,90 € • LUX : 2,30 € • MAY : 3 €
• NL : 3 € • PORT. CONT. : 3,25 € • ZONE CFA : 1800 CFA. Imprimé en France.
T 05777 - 675 - F: 2,00 €

CHARLIE 2€ HEBDO
APRÈS LE PANIER DE LA MÉNAGÈRE
... LE PANIER DU MANAGER !
carrefour
LA CONSIGNE DE VOTE DE « CHARLIE » : p'tête ben qu'oui, p'tête ben qu'non...
Débat sur la Constitution, avec Philippe Frémeaux et Jacques Généreux p. 8
CHIRAC, LE BILAN : 10 ans de réussites !
CHINE : 1,3 milliard de négationnistes p. 7
DÉCHARGE DE BROCÉLIANDE : du prion pour les elfes
NONSENSE : Interview du dessinateur Glen Baxter
AUBENAS : UNE GRANDE PROFESSIONNELLE

CHARLIE 2€ HEBDO
LE TEXTILE CHINOIS PRÊT À ENVAHIR LE MONDE
ON EST DÉJÀ LEADERS SUR LE MARCHÉ DU BÂILLON !
Jul.
RAFFARIN : la route est longue, mais la Pentecôte est forte p. 9
GAY-PRIDE À RUEIL-MALMAISON : les mariés du quatrième sexe
TEXTILE : le retour du péril jaune
ÉLECTIONS EN GRANDE-BRETAGNE : Tony Blair, ami des fonctionnaires p. 7
LES HISTOIRES DU Dr PELLOUX : les vieux s'ennuient à la Pentecôte, à la Pentecôte, les vieux s'ennuient

CHARLIE 4€ HEB
LE SUPPLÉMENT DE « CHARLIE » SUR LA CONSTITUTION : 48 PAGES DE BD PAR LUZ ET BIARD
VOTEZ OUI
SINON NOUS DÉTRUIRONS LA TERRE !
RISS
UN TURC EST ENTRÉ DANS L'EUROPE
JUSTICE BANANIÈRE : Perben aime les avocats, mais en prison
DE L'INFO À L'INTOX : du réseau Voltaire aux réseaux Faurisson
CARLOS GHOSN : Renault dans les mains d'un tueur
MOUVEMENT LYCÉEN : les meneurs passent à table
CONSTITUTION : Front européen ou nombril français ?
PLUS DE 125 JOURS QUE FLORENCE AUBENAS CAMPE EN ATTENDANT LA SORTIE DE STAR WARS

CHARLIE 2€ HEBDO
RÉFÉRENDUM
LE NON MONTE...
...LE NON BAISSE...
LE NON MONTE
...LE NON BAISSE...
...LE NON MONTE
...LE NON... BURP !
CHARB.
CALAIS : la chasse aux sans-papiers ouverte toute l'année. Reportage p. 2
SENS : des handicapées mentales stérilisées de force
DARTH VADOR : QUI ES-TU ? Portrait d'un grand monsieur p. 12
AFFAIRE THEO VAN GOGH : rencontre avec Ayaan Hirsi Ali, la députée néerlandaise, en résistance contre l'obscurantisme islamiste

> La sonde nasale qui a nourri le pape jusqu'aux derniers instants va écrire un livre témoignage : *De la purée dans les trous de nez.* >

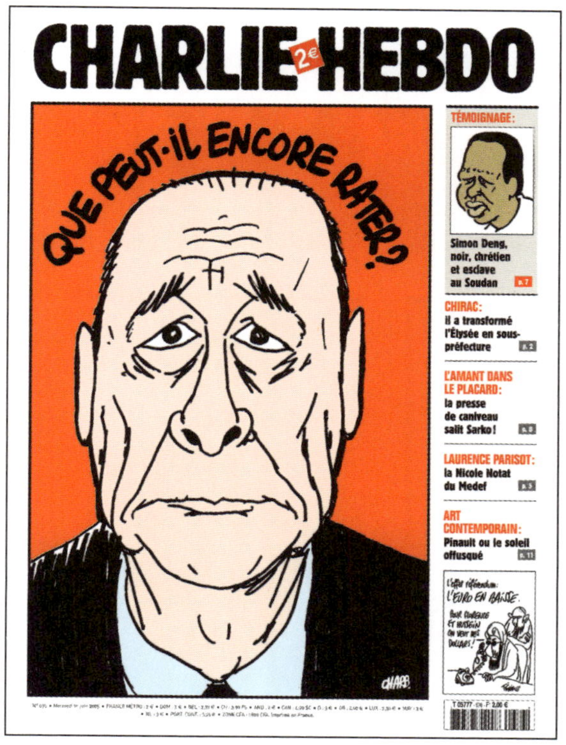
CHARLIE 2€ HEBDO
QUE PEUT-IL ENCORE RATER ?
TÉMOIGNAGE:
Simon Deng, noir, chrétien et esclave au Soudan
CHIRAC: il a transformé l'Élysée en sous-préfecture
L'AMANT DANS LE PLACARD: la presse de caniveau salit Sarko!
LAURENCE PARISOT: la Nicole Notat du Medef
ART CONTEMPORAIN: Pinault ou le soleil offusqué

CHARLIE 2€ HEBDO
ENFIN!
Libération
QUAND?
Épilation
UN LONG DIMANCHE DE RETROUVAILLES
par Philippe Val

CHARLIE 2€ HEBDO
LE MODÈLE SOCIAL FRANÇAIS:
DEUX INFIRMIÈRES POUR UN PETIT VIEUX!
TALC
LOGEMENT PRÉCAIRE:
construisez vous-même votre cabane à lapins p. 8
LES CENT-JOURS DE VILLEPIN: « Mes 100 trucs pour éradiquer le chômage » p. 2
REPORTAGE À PERPIGNAN: le guide touristique d'une ville à sensations p. 6
LE REPENTIR DES OUIOUISTES: Astérix, pardonne-nous! p. 3
LES BELLES HISTOIRES DU DR PELLOUX: les sans-papiers chez les sans-lits p. 14
DE VILLEPIN RÉCLAME 100 JOURS.
ON PEUT L'ÉCHANGER CONTRE FLORENCE ET HUSSEIN!
N° 677 • Mercredi 8 juin 2005 • FRANCE MÉTRO : 2 € • DOM : 3 € • BEL : 2,30 € • CH : 3,90 FS • AND : 2 € • CAN : 4,90 $C • D : 3 € • GR : 2,90 € • LUX : 2,30 € • MAY : 3 € • NL : 3 € • PORT. CONT. : 3,25 € • ZONE CFA : 1800 CFA. Imprimé en France.
T 05777 - 677 - F: 2,00 €

CHARLIE 2€ HEBDO
BLAIR, PRÉSIDENT DE L'EUROPE
ALLONS-NOUS SUPPORTER ÇA 6 MOIS ?
CHIRAC: un grabataire hante la maison de retraite de l'Élysée
SCÉNARIO D'APOCALYPSE: le jour où la PAC s'arrêtera
MISES SOUS TUTELLE: comment cacher la misère sociale sous le tapis
SCIENCE POLITIQUE: bon poujadisme et mauvais cholestérol
BIOÉTHIQUE: en Italie, le petit Jésus a gagné
FASSBINDER: faire des films plutôt que de poser des bombes

CHARLIE 2€ HEBDO
Téhéran–Neuilly
L'INTERNATIONALE DES NETTOYEURS
CHASSE AU GASPI:
la France vit au-dessus de ses moyens
ÉLECTIONS AU CFCM: la victoire des barbus planquée sous le tapis à prières
CLAUDE TURMES, EURODÉPUTÉ VERT: « Sans l'Europe, il n'y aurait pas eu le protocole de Kyoto »
SARKO PRÉSIDENT: nettoyeur hongrois contre plombier polonais
LES HISTOIRES DU DR PELLOUX: la Fête de la musique finit aux urgences
LIBÉREZ LES COUPABLES!

> Grève des aiguilleurs du ciel. Le pape se retrouve par erreur au paradis des musulmans avec 70 vierges. >

CHARLIE 2€ HEBDO
VAUDEVILLE
CES COCUS QUI NOUS GOUVERNENT
cabu
REPORTAGE AU FURYFEST DU MANS:
du bruiiiiiiiiiiiiiiit et de la bonne humeur p. 7 à 9
POLAC ENCORE VIRÉ !
Cette fois, c'est de France-Inter p. 13
SURSAUT DÉMOCRATIQUE :
la France doit nettoyer Sarkozy au Karcher ! p. 3
NOTRE GRAND CONCOURS DE L'ÉTÉ
Qui sera la prochaine première dame de France ? p. 2
PARIS 2012
DELANOË CRÉERA ENFIN DES COULOIRS POUR HANDICAPÉS
N° 681 • Mercredi 6 juillet 2005 • FRANCE MÉTRO : 2 € • DOM : 3 € • BEL : 2,30 € • CH : 3,90 FS • AND : 2 € • CAN : 4,90 $C • D : 3 € • GR : 2,90 € • LUX : 2,30 € • MAY : 3 € • NL : 3 € • PORT. CONT. : 3,25 € • ZONE CFA : 1800 CFA. Imprimé en France.
T 05777 - 681 - F: 2,00 €

> Sept Français meurent dans un accident de car au Maroc. Ouf ! Sept séances diapos en moins. >

CHARLIE 2€ HEBDO
LA FRANCE
PROCHAINE CIBLE D'AL-QAIDA
DANONE
-RISS.
VAL ET WOLINSKI À AVIGNON p. 2
ON VEUT DES SPECTACLES EN COSTUMES D'ÉPOQUE
SCANDE LE PUBLIC D'AVIGNON EN CERVELLE D'ÉPOQUE
« CHARLIE », AU SECOURS ! Tout l'été, le guide des gestes qui sauvent p. 4
DÉCRETS ESTIVAUX : le droit du travail au peloton d'exécution p. 6
VIDE-GRENIERS Cabu explore les archives du Parti communiste français p. 8
ÉTATS-UNIS : la Cour suprême dans les griffes de Dieu p. 7
NOYADE : Cavanna réanime Bombard p. 10
KAMIKAZE EN VACANCES
ÉVITEZ LA CORSE
ÇA RAPPELLE LE BOULOT
N° 684 • Mercredi 27 juillet 2005 • FRANCE MÉTRO : 2 € • DOM : 3 € • BEL : 2,30 € • CH : 3,90 FS • AND : 2 € • CAN : 4,90 $C • D : 3 € • GR : 2,90 € • LUX : 2,30 € • MAY : 3 € • NL : 3 € • PORT. CONT. : 3,25 € • ZONE CFA : 1800 CFA. Imprimé en France.
T 05777 - 684 - F: 2,00 €

CHARLIE 2€ HEBDO
LONDRES MENACE AL-QAIDA
ILS NE CHANGERONT PAS NOTRE MODE DE VIE !
RISS
« MA SUEUR, MA PISSE, MES LARMES... » Wolinski à Avignon
ENTRETIEN AVEC JACQUES ATTALI : lisons Marx, pendant que le G8 discute de la misère du monde
LES HISTOIRES DU Dr PELLOUX : les victimes des attentats aux urgences
TRANSSEXUELS : le mariage interdit de Rueil-Malmaison
4 GARÇONS
DANS LE VENT !

CHARLIE 2€ HEBDO
80% DE REÇUS AU BAC...
REÇUS BAC S
RECALÉS
UN CHIMISTE ET UN KAMIKAZE !
REPORTAGE EN INDE : Tignous chez les prostituées de Calcutta
PROGRÈS SOCIAL : la solution kamikaze
DÉCRETS : Villepin va nettoyer les chômeurs au Kärcher
ÉCONOMIE : l'Europe sonne le glas des paradis fiscaux
GRANDE-BRETAGNE : après les attentats, le Londonistan continue
ATTENTION AUX COUPS DE SOLEIL !

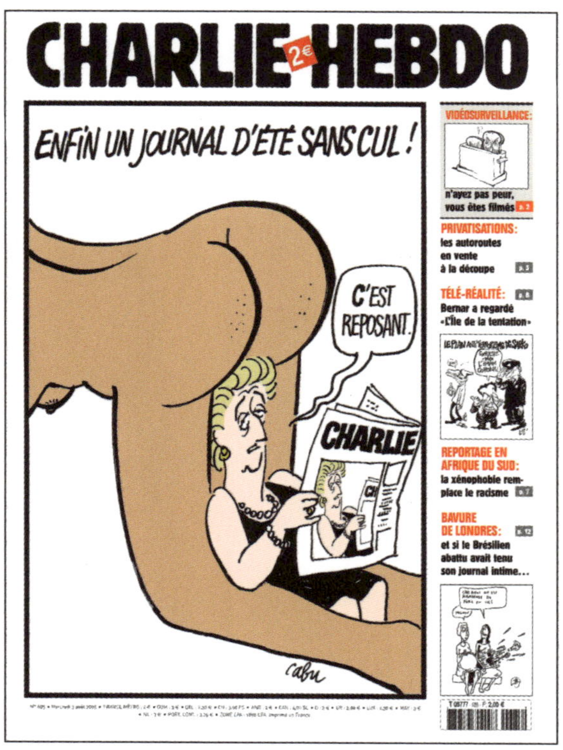
CHARLIE 2€ HEBDO
ENFIN UN JOURNAL D'ÉTÉ SANS CUL !
C'EST REPOSANT.
CHARLIE
VIDÉOSURVEILLANCE : n'ayez pas peur, vous êtes filmés
PRIVATISATIONS : les autoroutes en vente à la découpe
TÉLÉ-RÉALITÉ : Bernar a regardé « L'île de la tentation »
REPORTAGE EN AFRIQUE DU SUD : la xénophobie remplace le racisme
BAVURE DE LONDRES : et si le Brésilien abattu avait tenu son journal intime...

CHARLIE 2€ HEBDO
LES 2 VESSIES DE PORC PRÉFÉRÉES DES FRANÇAIS
REPORTAGE EN BIRMANIE : la dictature qui a gagné tous les points Total
DÉCOLONISATION : Gaza, connais pas
EMPLOI : les ordonnances empoisonnées du Dr Villepin
INTERVIEW DE GEORGE A. ROMERO : les zombies terroristes à l'assaut de l'Amérique
APRÈS SANGATTE : Calais, le piège à sans-papiers
FAIT PEUR !

> Trois islamistes ont été décapités en Arabie saoudite. Riri, Fifi et Loulou se font désormais appeler Ri, Fi et Lou. >

CHARLIE HEBDO
2€
JOURNÉES MONDIALES DES ZOMBIES
LE MAÎTRE DE L'HORREUR EST DE RETOUR
LUZ
REPORTAGE AU CAP D'AGDE
L'office de tourisme aux Arabes: « Ça va pas être possible » p. 8
AVIS DE RECHERCHE: où sont passés les socialistes? p. 6
NUCLÉAIRE IRANIEN: ayatollah Folamour p. 2
AU CŒUR DE LA FRANCE FN: Reportage à Bessan, le pays de l'âne et de la ratonnade p. 5
LOGICIELS CENSEURS: les mormons à l'assaut de Hollywood p. 12
ADIEU GAZA!

CHARLIE HEBDO
2€
FAUT-IL PRENDRE LES COMPAGNIES BAS DE GAMME ?
P.S. AIRWAYS
RISS.
REPORTAGE : Taizé, l'autre filière des filles de l'Est p. 4
PÉTROLE : comment vivre avec un baril à 300 dollars p. 2
L'ÉGLISE ZIONISTE : les Noirs qui veulent rester esclaves p. 7
REPORTAGE À L'OBSERVATOIRE DU PIC DU MIDI : la plus grande caméra de vidéosurveillance du monde p. 12
BUS ATTITUDE : la bêtise autocollante p. 11

CHARLIE HEBDO
2€
GRIPPE AVIAIRE
COMMENT TU AS FAIT ÇA?
J'AI ÉTERNUÉ
CHARB.
REPORTAGE : Mohammed VI fait bouffer du sable aux Sahraouis p. 8
CHOSES VUES: l'incendie de l'immeuble du XIIIe arrondissement p. 11
DES BÉNÉVOLES DANS LES BLOCS OPÉRATOIRES: la médecine du dimanche légalisée p. 14
ROCK-EN-SEINE: de la sueur, du sexe et du bruit p. 13
RENTRÉE LITTÉRAIRE: Houellebeurk p. 12

CHARLIE HEBDO
2€
BILAN DES 100 JOURS DE VILLEPIN :
37.5 !
RISS.
SANS-LOGIS: des J.O. pour nos logements sociaux! p. 2
REPORTAGE À L'UNIVERSITÉ D'ÉTÉ DE L'UMP: bienvenue au Club Sarko p. 6
L'INVITÉE: en attendant d'entrer dans l'Europe, la Turquie entre dans « Charlie » p. 8
ISLAMISME: p. 7 Blair mise sur l'intégrisme modéré
« VISA POUR L'IMAGE » À PERPIGNAN: aujourd'hui, Cartier-Bresson serait obligé de bosser pour « Voici » p. 12

> Il y a 60 000 RMistes à Paris. Le problème, c'est qu'il n'y a pas 60 000 ponts à Paris. >

CHARLIE 2€ HEBDO
LOUISIANE
STARSKY
HUTCH
HUGGY
LES BONS TUYAUX
ÉTATS-UNIS:
le collectif, c'est la merde!
EXCLUSIF:
les caillots cachés de Jacques Chirac
REPORTAGE AU SALON DU SAFARI:
comment massacrer les espèces protégées
PLOMB DANS L'ESSENCE:
du carburateur au poumon du consommateur
PATRICK LE LAY:
pour une Bretagne de TF1 à l'Oural
CHIRAC N'A PAS DE SÉQUELLES

CHARLIE 2€ HEBDO
VILLEPIN:
«LA RENCONTRE D'UN HOMME ET D'UN PAYS»
RISS
ONU:
trop de dictatures dans la démocratie mondiale
POLLUTION AGRICOLE:
l'eau du Gange dans les robinets de Seine-et-Marne
LES BELLES HISTOIRES DU Dr PELLOUX:
chirurgie, on ferme!
MARIONS SARKOZY:
avec Laurence Parisot ou Angela Merkel?
BOURGAIN DUBOURG:
la grippe aviaire, c'est pas la faute aux oiseaux!
MERKEL UN AIR DE FAMILLE

CHARLIE 2€ HEBDO
750€ POUR FAIRE UN 3e ENFANT
ON L'APPELLERA ASSEDIC!
VIOLENCES POLICIÈRES:
il faut nettoyer le commissariat de Saint-Denis au Kärcher!
SOCIAL:
le travail tue deux fois plus que la bagnole
RIAD SATTOUF A RECUEILLI LE DERNIER SCOOP DE MEYSSAN:
les Américains vont envahir la Chine en 2017!
ÉLECTIONS:
les Allemands l'ont dans le consensus
BLOGS:
les ego se la pètent sur le Net

CHARLIE 2€ HEBDO
SARKOZY: IL EST PARTOUT!
CHIRAC VILLEPIN DÉMISSION!
NOS EMPLOIS
NOS RETRAITES
NOTRE SÉCU
NOS FACS
JUSTICE:
bracelet électronique pour tout le monde!
EMPLOI:
l'ANPE transformée en machine à radier
LE BON TEMPS DE OUARZAZATE:
la France frappée d'Alzheimer colonial
ÉCONOMIE:
le culte de la performance entre dans le service public
VATICAN:
pas de soutane pour les homos

CHARLIE 2€ HEBDO
L'EUROPE NE PEUT PAS ACCUEILLIR...
... TOUS LES FOOTBALLEURS DU MONDE
RISS
REPORTAGE AUX PORTES DE L'EUROPE:
Ceuta, nouveau couloir de la mort
INTERVIEW DE RANIA AL-BAZ:
la Claire Chazal saoudienne tabassée par son mari
AFFAIRES ÉTRANGÈRES:
Douste-Blazy, Prix Nobel de la nouille
CHINE:
notre correspondant passé à tabac
EXPO:
Egon Schiele, teenager 1900

CHARLIE 2€ HEBDO
LA NOUVELLE FIANCÉE DE SARKOZY
JE L'AI RENCONTRÉE AU BAL DE LA POLICE...
REPORTAGE AU HAVRE:
on a ouvert les containers-poubelles qu'on envoie en Afrique p. 8
LE LIVRE QUI DONNE LA MIGRAINE À SARKOZY...
... et qui fait peur à Ardisson p. 2
MODE:
Le dernier défilé de Kate Moss p. 11
ÉCONOMIE:
la Bourse détruit du capital et menace le capitalisme p. 5
PÉTROLE CONTRE POURRITURE:
la politique arabe de la France vaut bien un baril p. 3
GRIPPE AVIAIRE
LES PHARMACIES PRISES D'ASSAUT
DÉSOLÉ, MAIS IL N'EXISTE PAS DE VACCIN CONTRE LA PSYCHOSE!
N° 696 • Mercredi 19 octobre 2005 • FRANCE MÉTRO : 2 € • DOM : 3 € • BEL : 2,30 € • CH : 3,90 FS • AND : 2 € • CAN : 4,90 $C • D : 3 € • GR : 2,90 € • LUX : 2,30 € • MAY : 3 € • NL : 3 € • PORT. CONT. : 3,25 € • ZONE CFA : 1800 CFA. Imprimé en France.
T 05777 - 696 - F: 2,00 €

> Au Darfour, les massacres auraient fait 300 000 morts, selon la police. Les participants n'ont pas donné leur estimation. >

CHARLIE 2€ HEBDO
COUVRE-FEU
TU RESTES DANS TA CHAMBRE JUSQU'À NOUVEL ORDRE !
LUZ
LES CITÉS EN FLAMMES:
bilan positif ou négatif ? p. 8
RENÇONTRE AVEC LES ÉMEUTIERS D'AUBERVILLIERS:
«Quand on a été fatigués, on est partis se coucher» p. 7
ISLAM DE FRANCE: p. 2
la fatwa fait un flop
SARKOZY: p. 6
le racisme, un langage que tout le monde comprend
MOTIONS SOCIALISTES:
mesures, mesurettes, modestie et modération p. 5
MINISTRE GRÂCE À LA "DISCRIMINATION POSITIVE"
BIENTÔT VIRÉ PAR DISCRIMINATION TOUT COURT
N° 700 • Mercredi 16 novembre 2005 • FRANCE MÉTRO : 2 € • DOM : 3 € • BEL : 2,30 € • CH : 3,90 FS • AND : 2 € • CAN : 4,90 $C • D : 3 € • GR : 2,90 € • LUX : 2,30 € • MAY : 3 €
• NL : 3 € • PORT. CONT. : 3,25 € • ZONE CFA : 1800 CFA. Imprimé en France.
T 05777 - 700 - F: 2,00 €

CHARLIE 2€ HEBDO
BRETON PREND AUX RICHES
POUR DONNER AUX TRÈS RICHES...
CHARB.
ÉCONOMIE:
le capitalisme occidental est-il en train de se suicider ? p. 2
SOCIAL :
les stagiaires se révoltent
NI CHARS NI CHARIA :
interview du démocrate algérien Saïd Sadi
US MARINES :
rencontre avec un chasseur d'êtres humains en Irak devenu Bambi
PÈLERINAGE :
à Sète avec Brassens
LE PÉRIL JAUNE

CHARLIE 2€ HEBDO
SPECIAL PEURS
« LE MONDE TEL QUE JE LE VOIS ! »
PEUR DE LA GRIPPE AVIAIRE :
Interview de la sénatrice Marie-Christine Blandin
PEUR À TRAVERS LES ÂGES :
des hordes de barbares aux vols de pigeons
PEUR DU VIDE:
on a lu le livre du publicitaire sarkozien Christophe Lambert!
PEUR DE LA MORT:
le Dr Pelloux soigne vos angoisses
RISS

CHARLIE 2€ HEBDO
LES VOITURES EN COLÈRE
ni putes ni soumises
ni putes ni soumises
RISS
BANLIEUES:
à qui profite le barbecue? p. 2
REPORTAGE EN BRETAGNE:
le jour où les poulets ont fait semblant d'attraper la grippe aviaire
SARKOZY:
les mots pour le pire
L'IRAN RAPPELLE UN TIERS DE SES AMBASSADEURS:
en attendant de rayer Israël de la carte, Ahmadinejad kärchérise la diplomatie
LES BELLES HISTOIRES DU Dr PELLOUX:
ta mère aux urgences p. 14

CHARLIE 2€ HEBDO
FRANCE
PAYS DE VIEUX CONS
OUI, MAIS ON AIME LES JEUNES CONS !
RISS
ÉTAT D'URGENCE:
Sarkozy démantèle le cartel de Mondial Moquette p. 2
TRAMWAY DE MARSEILLE:
la privatisation en attendant le déraillement
BALKANY PIÉGÉ PAR LES YES MEN:
« Il n'y a pas de misère en France »
EUROPE:
les industriels de la chimie contre la santé publique
DIEUDONNÉ:
le martyr de la télé, mais pas des prétoires
BOUCLIER FISCAL:
Breton et Copé endettent volontairement la France

> Le pape peut être canonisé, il a fait un miracle : il a chié la balle qui l'avait transpercé sous la forme d'un noyau de prune. >

CHARLIE 2€ HEBDO
NUMÉRO SPÉCIAL ATHÉE
100 ANS de LAÏCITÉ
Loi 1905
NI DIEU NI MAÎTRE !
WOLINSKI
ALSACE-MOSELLE:
tout pour les curés, rien pour les profs, la laïcité selon Sarko
MARIANNE AKBAR:
« Charlie » donne la parole aux musulmans laïques
LA COMMISSION DE SARKOZY :
que des culs-bénits pour réformer la laïcité !
FATWA CONTRE SAMY NACERI:
il joue comme un cochon !
LES HISTOIRES DU Dr PELLOUX:
laïc ou malade, il faut choisir

CHARLIE 2€ HEBDO
1ère GREFFE DE VISAGE RÉUSSIE
Cabu
COUCHE D'OZONE:
la vie sous le trou, reportage au Chili
JEUX: le racisme en s'amusant
RENCONTRE AVEC JAMES CRUMLEY: deux côtes cassées
LES HISTOIRES DU Dr PELLOUX:
« Je n'ai besoin de personne en Harley Corbillard ! »
NINTENDOGS:
« Coucouche, Console ! »
FINKIELKONG

CHARLIE 2€ HEBDO
LES EFFETS POSITIFS DE LA COLONISATION
Jul.
REPORTAGE AU PAKISTAN:
sinistrés, ONG, treillis et barbus
CADEAUX DE NOËL:
les charters du gouvernement aux petits immigrés
« LE FIGARO » CHERCHE UN REMPLAÇANT À FAIZANT:
les dessinateurs de « Charlie » postulent
MARTINIQUE:
Sarkozy arrêté à la frontière
LES HISTOIRES DU Dr PELLOUX:
grève, rêve et crève
King Kong se retire

CHARLIE 2€ HEBDO
NOËL EN BANLIEUE
ILS NE CROIENT PLUS EN RIEN !
CHARB
NÉGATIONNISME:
la Loi ne fait pas l'Histoire, mais l'Histoire fait la Loi
CADEAU DE NOËL:
« Charlie » vous offre une voiture à brûler
SABINA GUZZANTI:
une Coluche italienne contre Berlusconi
MOYEN-ORIENT:
la Syrie veut pulvériser la mosaïque libanaise
FOOTBALL:
des toutes petites couilles dans un grand short
L'IRAN SUR LA VOIE DE LA DÉMOCRATIE

CHARLIE 2€ HEBDO
LES VOEUX DE CHIRAC
C'EST CHIANT, LES BÊTISIERS DE FIN D'ANNÉE !
Cabu
ENTRETIEN EXCLUSIF: p. 8
Jean-Luc Hees a rencontré les toujours résistants Lucie et Raymond Aubrac
« DESSEIN INTELLIGENT »: p. 10
Cavanna mouche les créationnistes et prouve enfin que Dieu n'existe pas !
PRÉSIDENTIELLE:
la liste complète des candidats uniques de la gauche p. 2
REPORTAGE AU PAKISTAN: p. 7
sous la burqa, les chiennes de garde ?
PEER-TO-PEER: p. 5
des flics sur le Web, la solution à tous les problèmes
MEILLEURS VOEUX DE LA CROIX-ROUGE
CREVEZ TOUS !
N° 706 • Mercredi 28 décembre 2005 • FRANCE MÉTRO : 2 € • DOM : 3 € • BEL : 2,30 € • CH : 3,90 FS • AND : 2 € • CAN : 4,90 $C • D : 3 € • GR : 2,90 € • LUX : 2,30 € • MAY : 3 € • NL : 3 € • PORT. CONT. : 3,25 € • ZONE CFA : 1800 CFA. Imprimé en France.
T 05777 - 706 - F: 2,00 €

> Chirac a dit que l'Europe était la fille de 1789. Il était bourré, il voulait dire de 1664. >

2006

> Un trafic de peaux de chiens chinois démantelé à Paris. Si vous avez un sac Louis Vuitton qui se renifle le cul, c'est qu'il vient de Chine. >

Cabu C'est dur de se moquer des cons

Les caricatures de Mahomet, réalisées par des dessinateurs danois, suscitaient des réactions violentes dans certains pays où les manifestations étaient bien souvent organisées par le pouvoir, et alimentées par de fausses caricatures, insultantes et racistes, qui circulaient sur Internet. Les drapeaux danois étaient brûlés, les ambassades attaquées, il y avait des morts. En France, peu de réactions du côté des musulmans. Pourtant, le directeur de *France-Soir* est limogé par son patron pour avoir simplement fait son travail d'information et republié les dessins incriminés. Toute la presse jure de se mobiliser solidairement pour défendre la liberté d'expression et d'information, en publiant simultanément les fameuses caricatures.

À *Charlie*, on prépare un numéro spécial en ajoutant aux dessins des Danois nos propres caricatures. Le lundi, toute l'équipe est réunie pour le bouclage. Assis autour de la table, on dessine Mahomet dans toutes les positions. Avant de passer certains dessins, on appelle notre avocat, Richard Malka, pour évaluer les risques : après douze procès avec la droite intégriste catholique (dire que les associations qui nous ont attaqués pour les caricatures de Mahomet voulaient l'égalité de traitement !), on pensait avoir fait le tour de la jurisprudence sur le blasphème… Wolinski le fait se fendant la gueule et disant : *« Pour une fois que les Danois me font rire ! »* Moi, je le voyais plutôt éploré, la tête dans les mains. J'évitai de dessiner son visage pour ne pas choquer les croyants — du moins en couverture. C'est Philippe Val qui a trouvé le slogan : *« C'est dur d'être aimé par des cons. »* Dans le contexte plutôt tendu de l'époque, on n'a pas voulu laisser de place à l'ambiguïté : on a titré *« Mahomet débordé par les intégristes »*, en faisant rentrer le mot « intégristes » dans le turban, pour rendre plus difficile de détourner le dessin sur Internet. C'était un dessin plutôt sympa pour Mahomet. On n'a pas pensé une seconde que certains auraient la mauvaise foi d'y lire une insulte aux musulmans pacifiques de France.

Mercredi, le numéro « spécial Mahomet » de *Charlie* sort en kiosques… Plutôt isolé. À part *L'Express*, où Denis Jeambar a mis son poste dans la balance pour publier les caricatures contre les demandes de Dassault, tous les autres titres se sont autocensurés. Pour diverses raisons : la peur des représailles, la frilosité des actionnaires, des vendeurs d'armes et de papier qui faisaient des affaires dans le monde musulman.

On s'est donc retrouvés en première ligne dans la polémique : Chirac, déclarant que la publication de ces dessins était *« une provocation »*. Le silence de la gauche, ou d'associations comme Reporters sans frontières, était décourageant. On a reçu des menaces, j'ai dû accepter la protection de deux flics au plus fort de la crise. Les premiers soutiens sont venus, bien avant le procès, des lecteurs : le pic des ventes de ce numéro de *Charlie* nous a montré qu'on était soutenus. Il a fallu un long travail d'explication, pendant près d'un an, pour qu'enfin se crée un relatif consensus autour de cette publication. Heureusement, la justice a tranché cette affaire comme elle l'a toujours fait pour *Charlie :* dans le sens de la laïcité et du droit à la caricature. *Charlie* a encore de beaux jours devant lui !

> Bavure médicale à Épinal : treize patients irradiés. L'hôpital a été reconverti en espace épilation. >

CHARLIE 2€ HEBDO

ENFIN DES BRONZÉS
TELS QUE SARKOZY LES AIME !
Cabu

INFIRMIÈRES BULGARES: p. 2

Kadhafi, terroriste de l'année 2006

REPORTAGE AU NIGERIA:
la rébellion écolo des damnés du pétrole p. 8

LOI DE 1905: p. 6
la bonne parole des adventistes contre la laïcité

SDF: p. 10
le cul sur le bitume, un pavé sous la tête, par Cavanna

LES VŒUX DE SARKOZY AUX IMMIGRÉS:
bonne année, bon voyage p. 4

CHIRAC : IL FAUT CROIRE EN LA FRANCE.
MAIS VOUS N'ÊTES PAS OBLIGÉS DE ME CROIRE.
Wozniak

T 05777 - 707 - F: 2,00 €

N° 707 ▪ Mercredi 4 janvier 2006 ▪ FRANCE MÉTRO : 2 € ▪ DOM : 3 € ▪ BEL : 2,30 € ▪ CH : 3,90 FS ▪ AND : 2 € ▪ CAN : 4,90 $C ▪ D : 3 € ▪ GR : 2,90 € ▪ LUX : 2,30 € ▪ MAY : 3 € ▪ NL : 3 € ▪ PORT. CONT. : 3,25 € ▪ ZONE CFA : 1800 CFA. Imprimé en France.

> Anna Politkovskaïa butée dans la cage d'escalier de son immeuble. Vladimir Poutine : « On ne lui a pas laissé le temps d'aller aux chiottes. » >

CHARLIE 2€ HEBDO
SANS CERVEAU...
...SHARON NE GOUVERNE PLUS
...CHIRAC, SI !
Cabu
ISRAËL-PALESTINE:
Terre promise, mon cul! p. 2
REPORTAGE AU NIGERIA (suite et fin): le pétrole, bon engrais pour les mitraillettes p. 8
IMMIGRATION: Sarkozy ouvre la grande braderie des cerveaux p. 6
PLAGIAT: Chirac reprend la motion finale du PS p. 5
RACISME: foot sans frontières, connerie sans barrières p. 15
LA FILLE CACHÉE DE SHARON: CISJORDANINE
Papicot!
N° 708 • Mercredi 11 janvier 2006 • FRANCE MÉTRO : 2 € • DOM : 3 € • BEL : 2,30 € • CH : 3,90 FS • AND : 2 € • CAN : 4,90 $C • D : 3 € • GR : 2,90 € • LUX : 2,30 € • MAY : 3 € • NL : 3 € • PORT. CONT. : 3,25 € • ZONE CFA : 1800 CFA. Imprimé en France.
T 05777 - 708 - F: 2,00 €

CHARLIE 2€ HEBDO
LA FUITE DES CERVEAUX
Johnny choisit la Belgique
BRUXELLES
Cabu
PLEINS POUVOIRS AU PRÉSIDENT:
Sarko Ier prépare son sacre p. 2
ANNÉE MOZART: il y a 250 ans, Amadeus inventait la sonnerie de portable
DAKAR 2006 : 16 soupapes, 2 morts
RECHERCHE: massacre de mygales à la fac
RÉFUGIÉS POLITIQUES: Sarkozy supprime le droit d'asile
SARKOZY INVENTE LES "MILICES CITOYENNES"

CHARLIE 2€ HEBDO
LE BIDE LITTÉRAIRE DE L'ANNÉE
LIBRAIRIE PARISOT
SOLDES
DA TRAVAIL CODE
MEDEF
CHARB
EXCLUSIF!
Le documentaire interdit sur Bernadette est dans «Charlie»
HAUSSE DE LA NATALITÉ: 1,94 enfant par femme, 2,0 couilles par homme, le bonheur!
ÉLECTIONS EN PALESTINE: ni de gauche, ni de droite, palestinien
ÉGALITÉ DES CHANCES: au casino de Matignon, tout le monde perd
ENSEIGNANTS: LA PSYCHOSE

SPÉCIAL "POLITIQUEMENT INCORRECT"
CHARLIE 2€ HEBDO
INQUIÉTUDES AU PROCHE-ORIENT
RISS
Y AURA-T-IL DES MINISTRES COMMUNISTES DANS LE GOUVERNEMENT HAMAS ?
CHARTE DU HAMAS:
LE CORAN EST NOTRE CONSTITUTION
le «Mein Kampf» du Proche-Orient p. 2
POLITIQUEMENT INCORRECT: quand les conformistes s'encanaillent
MON BEAUF CHEZ MOLIÈRE: Bigard dans « Le Bourgeois gentilhomme »
SIDA: faut-il abattre les amants migrateurs?
CHIKUNGUNYA: toujours ça que la grippe aviaire n'aura pas p. 14
ANNÉE DU CHIEN
Bonne année!
T 05777 - F: 2,00 €

CHARLIE 2€ HEBDO
DESSINE-MOI UN MOUTON...
PAS DE PROVOCATION INUTILE!
RISS
89 % des messages qui nous sont parvenus sont des témoignages de soutien. Parmi eux, de nombreux Juifs, Arabes et chrétiens, d'accord sur un point : le choc des civilisations ne passera pas par eux.
RALF KÖNIG: il blasphème dans «Charlie»!
GREFFE RELIGIEUSE SUR LE MRAP: il y a rejet
MANIFS ISLAMISTES: on y était!
NI EXPULSABLE NI RÉGULARISABLE: l'immigré mutant de Sarkozy
JUDE BURGAUD
UNE TÊTE DE GENDRE IDÉAL QU'ON N'AIMERAIT PAS AVOIR POUR BEAU-FRÈRE

CHARLIE 2€ HEBDO
LA GRIPPE AVIAIRE
BIENTÔT DANS VOTRE ASSIETTE
LUZ
FICHIER ETHNIQUE:
avec Sarkozy, la délinquance prend des couleurs p. 2
OUI AU BLASPHÈME: les Français d'origine maghrébine font leur «coming out»
PRISONS FRANÇAISES: la fosse d'aisances de la justice
BOURGRAIN DUBOURG: l'Homme, premier responsable de la grippe aviaire
L'INVITÉ DE LA SEMAINE: Yves Simon critique le prophète
RETOUR DU CLEMENCEAU
POURQUOI PAS LE FERROUTAGE ?
T 05777 - 714 - F: 2,00 €

CHARLIE HEB
2€
NUMÉRO SPÉCIAL
MAHOMET DÉBORDÉ PAR LES INTÉGRISTES
C'EST DUR D'ÊTRE AIMÉ PAR DES CONS...
Cabu
N° 712 ▪ Mercredi 8 février 2006 ▪ FRANCE MÉTRO : 2 € ▪ DOM : 3 € ▪ BEL : 2,30 € ▪ CH : 4 FS ▪ AND : 2 € ▪ CAN : 4,90 $C ▪ D : 3 € ▪ GR : 2,90 € ▪ LUX : 2,30 € ▪ MAY : 3 € ▪ NL : 3 € ▪ PORT. CONT. : 3,25 € ▪ ZONE CFA : 1800 CFA. Imprimé en France.
T 05777 - 712 - F: 2,00 €

> 60 % des malades sont dénutris en sortant de l'hôpital. Le cassoulet ne passe pas dans les goutte-à-goutte. >

CHARLIE 2€ HEBDO
CHIKUNGUNYA
IL POMPE LE SANG PENDANT 2 ANS
NON AU CPE
SALMAN RUSHDIE, TASLIMA NASREEN... signent le manifeste de «Charlie» contre le totalitarisme islamique
MEURTRE D'ILAN: trois neurones, deux pour le crime, un pour l'antisémitisme
PROJET DE LOI SUR LES OGM:
la planète livrée à Monsanto
L'ÉCOLE PAR SARKOZY: élevage en batterie de futurs CPE
CINÉMA: les indépendants, fond de sauce de la popote hollywoodienne
ISLAMOPHOBIE EN IRAK

CHARLIE 2€ HEBDO
Mangez du chat!
Y A PAS DE DANGER S'IL EST BIEN CUIT.
CPE:
deux ans de bizutage
TÉMOIGNAGE: «J'ai déjà l'étiquette "beur", je ne veux pas celle de "musulman"»
MANIFESTE DES DOUZE: réactions en cascade
BOUYGUES AU TURKMÉNISTAN: une dictature de maçon
SUEZ-GDF: le patriotisme à la sauce Monod-Chirac
IL A TOUT RATÉ!

CHARLIE 2€ HEBDO
CPE
VILLEPIN LE POÈTE PYROMANE
CPE: la jeunesse est un naufrage
CONDITION FÉMININE: femme un jour, esclave toujours
REPORTAGE À MADRID: on a dessiné une bombe dans la couronne d'épines du Christ!
TÉMOIGNAGE: «Ai-je le droit d'être athée, chrétien ou juif en Algérie aujourd'hui?»
CINÉMA: comment sortir du «Cauchemar de Darwin»

CHARLIE 2€ HEBDO
CPE: LES CONSIGNES DE SARKOZY
AUCUN MORT... SAUF VILLEPIN!
CPE: comment sortir de la crise par le haut!
REPORTAGES: parfum de facs, de Poitiers à Paris
FORUM MONDIAL DE L'EAU: il n'y a plus de flotte, sers-moi un canon!
LOI ANTI-BLASPHÈME: Dieu tape l'incruste à l'Assemblée
MOBILISATION ÉTUDIANTE: y a-t-il un médecin dans la manif?

CHARLIE 2€ HEBDO
DE VILLEPIN JOUE LE POURRISSEMENT
CPE
CPE-CNE: pires que la peste, le choléra et la grippe aviaire réunis
CARICATURES: la censure est une religion, Raoult est son prophète
ANPE: bienvenue dans la 4e dimension
ONU: les Casques bleus anti-blasphème
UN SYNDICALISTE DANS LE COMA: coups de matraques médiatiques

CHARLIE 2€ HEBDO
GUERRE des GANGS POUR LE TRIPOT DE L'ÉLYSÉE
RIAD SATTOUF: la véritable histoire des rabatteuses du gang des barbares
AFFAIRE SOHANE: après les tournantes, les crimes d'honneur
ITALIE: Wolinski n'a pas voté Berlusconi
CRIME D'OULLINS: le frère de la victime dénonce les «charognards»
INTERVIEW DU POÈTE RAÚL RIVERO: «À Cuba, les avocats politiques ne demandent pas la justice, mais la "démence"»

> Mort de l'ancien président sud-africain Pieter Botha. Sa dernière volonté : se faire bouffer par des asticots blancs. >

CHARLIE HEBDO
2€
BOURGOGNE: MEURTRES IMPUNIS AU PAYS DES ESCARGOTS P. 8
QUEL AVENIR POUR NOS ENFANTS?
JE ME REPRÉSENTE EN 2007 !
Cabu
T 05777 - 720 - F: 2,00 €

> Il est interdit de monter dans les avions avec plus de 100 ml de liquide sur soi. Les femmes qui allaitent devront laisser leurs seins dans la soute. >

CHARLIE HEBDO
2€
REPORTAGE
LA BIÉLORUSSIE 20 ANS APRÈS TCHERNOBYL: les soviets plus la radioactivité p. 2
LA DERNIÈRE TÉLÉ-RÉALITÉ DE TF1:
JE SUIS UNE CÉLÉBRITÉ...
... SORTEZ-MOI DE LÀ !
RISS

CHARLIE HEBDO
2€
LE ROI DU NÉPAL CÈDE À SA JEUNESSE
JE NOMME VILLEPIN PREMIER MINISTRE
« FRANCE SOIR »
Les repreneurs inventent la presse gratuite payante
ÉCONOMIE: le prix du pétrole flambe… Tant mieux!
« LA MAFIA DES CITÉS »: interview de l'expert en criminologie Jérôme Pierrat
LE MYSTÈRE SÉGOLÈNE: le Da Royal Code décodé
GRAND JEU! À quelles personnalités appartiennent ces sextoys?
CHARB

CHARLIE HEBDO
2€
CLEARSTREAM
HAPPY SLAPPING!
LOI SARKOZY SUR L'IMMIGRATION
Faire de la France le pays des 60 millions de videurs
MÉDIAS : Elie Wiesel vend la Shoah à la pub
L'AFFAIRE CLEARSTREAM: Villepin s'accroche au pinceau pendant que Chirac enlève l'échelle
RÉGIMES MINCEUR: les cadavres pèsent moins lourd
IMMIGRATION CHOISIE
CABU

CHARLIE HEBDO
2€
OUI À L'OURS !
REPORTAGE AU MÉGABORDEL DE BERLIN
Coupe du monde de foot, droit aux putes!
VOCABULAIRE EXTRÊME: Le Pen-Villiers, à chacun ses fantasmes malsains
PEINE DE MORT AUX USA: la seringue farceuse
RATONNADE À NEVERS: deux balles dans la tête, ça va être possible
HAPPY SLAPPING: 60 millions de portables possèdent un con
WOLINSKI

CHARLIE HEBDO
2€
DA VINCI CODE: JÉSUS DÉFEND SON HONNEUR
BON, D'ACCORD, J'AI COUCHÉ AVEC MARIE-MADELEINE
MAIS POUR CLEARSTREAM, LE CORBEAU, C'EST PAS MOI !
CAUCHEMAR DE DARWIN CONTRE-ENQUÊTE
Reportage en Tanzanie
MAMAN PRÉSIDENT! Psychanalyse de la candidate Ségolène
LE SARKO NOUVEAU EST ARRIVÉ: il a un goût de vieille France
VAN RUYMBEKE: ce pelé, ce galeux…
COLUMBO À SARAJEVO: entretien avec Marcel Ophuls
ATTENTION LE 31 MAI CHARLIE BLASPHÈME DANS TOUS LES KIOSQUES
RISS

> Le neveu du comte de Paris soupçonné d'espionnage économique. Il a été accusé d'avoir vendu les plans de la guillotine à l'étranger. >

CHARLIE 2€ HEBDO
GUY DRUT AMNISTIÉ
...POUR "SERVICES RENDUS À LA NATION"
JUSTICE
Hors-série en vente en kiosques 6€
IMMIGRATION CHOISIE : l'Europe excommunie Ayaan Hirsi Ali
PORTRAIT : Ségolène, la dame du catéchisme
COSTA-RICA : des pots-de-vin à la santé d'Alcatel
JUSTICE : Albert Lévy n'est pas Guy Drut
EMPLOI
Villepin recolle le jour ce qu'il casse la nuit
Cabu

CHARLIE 2€ HEBDO
RÉVÉLATIONS EXCLUSIVES
ON A RETROUVÉ LES 500 MILLIONS DE CHIRAC AU JAPON !
C'EST POUR NOURRIR MON FILS CACHÉ !
MARIAGE HOMO
La droite ne veut pas être témoin
CORBEAUX ET FRÉGATES : le jeu des cinq familles Clearstream
L'HISTOIRE D'ALI, RÉFUGIÉ DU DARFOUR : les aventures d'un immigré non choisi
FEMMES DU SUD : les machos aux fourneaux, les barbus chez le coiffeur !
EN DIRECT DE CANNES : Da Escrocs Code
ATTENTION ! LE 31 MAI DANS TOUS LES KIOSQUES HORS-SÉRIE CHARLIE BLASPHÈME
Riss

CHARLIE 2€ HEBDO
LUI CONFIERIEZ-VOUS LA BOMBE ?
À TAAABLE !
LE PROGRAMME DE SÉGOLÈNE :
à gauche, gauche !
NUCLÉAIRE : les bonnes retombées du nuage de Tchernobyl p. 8
GUERRE ÉCONOMIQUE : AXA, maître du futur p. 6
STOCK-OPTIONS : papy Zacharias, le glouton du CAC 40 p. 5
ITALIE : Prodi, à gauche après le crucifix p. 7
HORS-SÉRIE Charlie blasphème en vente chez votre marchand de journaux 6€
Jul.
N° 729 • Mercredi 7 juin 2006 • FRANCE MÉTRO : 2 € • Imprimé en France
T 05777 - 729 - F: 2,00 €

CHARLIE 2€ HEBDO
NUMÉRO SPÉCIAL NON À LA FOOTBALLISATION DES ESPRITS !
L'ARME SECRÈTE DE DOMENECH
118
218
INTERVIEW DE DOMINIQUE STRAUSS-KAHN :
« Je sais, j'ai un côté briseur de rêves… »
MONDIAL 2006 : la dictature des talibans du foot
INDONÉSIE : à Java, l'humanitaire se soigne le nombril
ÉCONOMIE : envoyez le fric pour la FIFA !
HORS-SÉRIE Charlie blasphème en vente chez votre marchand de journaux - 6 €
CHARB.

CHARLIE 2€ HEBDO
UN BUT EN PLUS ...
... 15 000 FONCTIONNAIRES EN MOINS
PRÉVENTION DE LA DÉLINQUANCE
Du Prozac dans le biberon !
SOMALIE : après la loi de la jungle, la charia
HUMANITAIRE : la Croix-Rouge chouchoute les gourous
EAUX : le beau gâchis des privatisations
FONCTIONNAIRES : les chasses du comte Villepin
HORS-SÉRIE Charlie blasphème en vente chez votre marchand de journaux - 6 €
Riss

> Ikea s'implante en Roumanie. Dracula va devoir monter son cercueil Ikea tout seul. >

CHARLIE 2€ HEBDO
MERCI ZIZOU!
DE RIEN.
MONDIAL 2006
SAMU, serre les fesses, on arrive à toute vitesse! p. 2
SANS-PAPIERS: les chars rouges dans les cours de récré? p. 6
ARTS DERNIERS: musée Chirac, la contre-expo p. 7
AVIGNON: comment Jack Ralite a rencontré Jean Vilar p. 8
RENCONTRE AVEC PETER FONDA: besoin de personne en Harley-Davidson! p. 12
L'APRÈS-ZIDANE!
T 05777 - 734 - F: 2,00 €

CHARLIE 2€ HEBDO
SARKOZY A RETROUVÉ BALOU!
PORTRAITS
Lagardère, Zacharias et Forgeard : trois PDG décomplexés réhabilitent la valeur pognon
REPORTAGE: Sarkozy redécouvre la fracture sociale
MARKETING: les romans coupés par de la pub
REPORTAGE: la Normandie avalée par ses carrières
LOI SUR LE RACOLAGE: la police ne harcèle pas que sexuellement
HORS-SÉRIE Charlie blasphème en vente chez votre marchand de journaux - 6 €

CHARLIE 2€ HEBDO
AVIGNON: ENTRETIEN AVEC VINCENT BAUDRILLER
LA FRANCE
BLACK BLANC BURNE

CHARLIE 2€ HEBDO
LES ENFANTS DE FRANÇOIS ET SÉGOLÈNE EXPULSÉS
... À LA MAISON, VOUS PARLEZ FRANÇAIS OU SOCIALISTE?
« PARIS MATCH »
Sarkozy donne un coup de boule dans la liberté de la presse p. 2
LIBAN: pour le Hezbollah, Beyrouth vaut bien une guerre p. 7
CHIRAC: c'est ma dernière garden-party
ATTENTATS À BOMBAY: pourquoi on s'en branle
FESTIVAL D'AVIGNON: Vilar, un héritage sans testament
MOINS DE BRUIT! SHARON DORT!

CHARLIE 2€ HEBDO
POURQUOI ISRAËL ATTAQUE SON VOISIN LIBANAIS?
PARCE QU'IL NE TRAITE PAS SES TAUPES!
JOURNAL DE GUERRE
Le Petit Beyrouth illustré p. 2
REPORTAGE: le Hezbollah à Pigalle
« TÉMOIGNAGE »: le livre que les libraires sont obligés d'acheter
IMMIGRATION CHOISIE: « Charlie » donne la parole aux associations
VOTE ÉLECTRONIQUE: vers le bug électoral p. 10
LES CANDIDATS DU DEUXIÈME TOUR
T 05777 - 736 - F: 2,00 €

> Dans le Loiret, une buraliste a été tuée dans son bar-tabac. Pour une fois qu'une buraliste meurt plus vite que ses clients fumeurs… >

CHARLIE 2€ HEBDO
DOUSTE-BLAZY
ATHLÈTE DE LA PAIX AU LIBAN
J'AI ÉTÉ CONTRÔLÉ NÉGATIF À LA TESTOSTÉRONE
SDF: faut-il mettre les clodos sous tente ou sous cloche?
ISRAËL: la guerre, c'est la faute aux homos
TÉLÉVISION NUMÉRIQUE TERRESTRE: Chirac gave TF1 et M6
LIBAN: la mosaïque libanaise sous la moquette de bombes
EXCLUSIF: les vraies insultes de Materazzi à Zizou
RISS

CHARLIE 2€ HEBDO
LIBAN
LES ARMES SE SONT TUES
ALORS, HEUREUSE?
RISS
LE RETOUR DE LA FRANCE VIRILE
Testostérone président! p. 2
INTERVILLES À NÎMES: bienvenue sur télé-Raffarin p. 7
LES TÉLÉCOMS QUI RENDENT FOUS: Kafka en rêvait, Noos l'a fait p. 8
« MIAMI VICE »: dans l'enfer du capitalisme p. 12
POLITIQUE INTERNATIONALE: pourquoi le Grand Satan n'est pas chinois p. 3
MERCI MONSIEUR BRICOLAGE!
N° 739 • Mercredi 16 août 2006 • FRANCE MÉTRO: 2 € • DOM: 3 € • BEL: 2,30 € • CH: 4 FS • AND: 2 € • CAN: 4,90 $C • D: 3 € • GR: 2,90 € • LUX: 2,30 € • MAY: 3 €
• NL: 3 € • PORT. CONT.: 3,25 € • ZONE CFA: 1800 CFA. Imprimé en France.
T 05777 - 739 - F: 2,00 €

CHARLIE 2€ HEBDO
CUBA
LE COMMUNISME OU LA MORT!
OU ALORS LES DEUX...
CHARB.
MUNITIONS ENTERRÉES: la Grande Muette est aussi une Grosse Dégueulasse
CASTRO HEBDO: le journal des dictatures heureuses
ASSURANCES DES MÉDECINS: le trou de la Sécu dans la poche de Bébéar
CARICATURES: la bombe va faire tic-tac dans le tribunal

CHARLIE 2€ HEBDO
SÉGOLÈNE, TOUT LE MONDE L'AIME...
...Sauf les socialistes!

CHARLIE 2€ HEBDO
VOTEZ «GRAND CORPS MALADE»
J'AI LA RATE QUI S'DILATE...
RISS
UNIVERSITÉ D'ÉTÉ DU PS: la charge des éléphants, la larme du crocodile
RAPPORTS NORD-SUD: pourquoi l'Iran doit avoir la bombe
REPORTAGE: Wolinski à Kaboul
PROCHE-ORIENT: Mahmoud Abbas tire une fusée de détresse
OBJECTIF ÉLYSÉE: «Charlie» bat la campagne
LA FRANCE AU LIBAN

CHARLIE 2€ HEBDO
LE SHOWBIZ SOUTIENT SARKOZY
SARKOZY PRÉSIDENT
POUR EN FINIR AVEC L'ÉTÉ: Reportages à l'université d'été de l'UMP et à celle de l'UDF
REPORTAGE: Wolinski en Afghanistan
DU FRIC AU NOM DE LA MÉMOIRE: Ces familles de déportés qui attaquent la SNCF
CONCERT DE L'EXTRÊME: Madonna en direct
LE CONSEIL DU Dr PELLOUX: amoureux éconduits, ne vous jetez plus dans la Seine, elle déborde!
VIOLENCES À L'ÉCOLE

> Trois Français sur dix connaissent une femme battue. Les autres tentent leur chance sur Meetic. >

CHARLIE 2€ HEBDO
UN MÉDICAMENT CONTRE L'ÉJACULATION PRÉCOCE
OUF...
JE VAIS POUVOIR ME RETENIR JUSQU'EN 2007 !
APRÈS TRENTE-HUIT ANS D'ENQUÊTE, LA DROITE CONCLUT : « Mai 68 est responsable de tout ! » p. 2
FAUX CLIENT : un nouveau métier pour harceler le salarié p. 6
INTERVIEW DE JEAN-CLAUDE BRISSEAU :
c'est pas du sexe, c'est du cinéma p. 12
ÉDUCATION : p. 15
la carte scolaire contre la carte bleue
EXCLUSIF ! Sarkozy veut Natascha Kampusch dans son comité de soutien p. 9
RENAUD : « SARKOZY ME FAIT PEUR ! »
T 05777 - 743 - F : 2,00 €

CHARLIE 2€ HEBDO
CONTRE-ENQUÊTE AZF 5 ANS APRÈS
DIALOGUE INTER RELIGIEUX
RACAILLE !
C'EST CELUI QUI DIT QUI Y EST !
CHARB

CHARLIE 2€ HEBDO
SARKOZY CONTRE LA JUSTICE
SORS PAS DANS CETTE TENUE ! TU VAS TE FAIRE AGRESSER PAR LES FLICS !
Le numéro spécial AZF est toujours en vente
REPORTAGE AU GYMNASE DE CACHAN : Sarkozy réinvente Sangatte
BERNAR EST MORT
LES PEOPLES UNANIMES : « Il ne dessinera plus nos sales gueules »
INTERVIEW DE FRANÇOIS BAYROU : « Chirac n'aime pas l'Europe, c'est sa faiblesse »
2007
CHARB.

CHARLIE 2€ HEBDO
FRANÇOIS HOLLANDE PRÉSIDENT !
FRANÇOIS QUI ?
REPORTAGE EN COLOMBIE
Betancourt et les oubliés de la jungle
CANDIDATS PS : le ségolisme expliqué aux électeurs
MONDIAL DE L'AUTO : reportage au pays du pot d'échappement
BRÉSIL : Lula, altermondialiste ou apôtre de la rigueur ?
ROBERT REDEKER : fallait pas provoquer
MOTEUR HYBRIDE
LIBÉRALISME ÉLECTRIQUE
FASCISME SANS PLOMB

CHARLIE 2€ HEBDO
POUR OU CONTRE LA POLICE SPECTACLE ?
REPORTAGE EN COLOMBIE :
guerre et paix au pays de la coca
PUB : les politiques têtes de gondole
XXIe SIÈCLE : la femme est l'avenir du boucher
ALGÉRIE : la guerre de la mémoire ne fait que commencer
CRS : Claudettes Républicaines de Sécurité
UNE JOURNALISTE RUSSE ASSASSINÉE
RISS
T 05777 - 747 - F : 2,00 €

CHARLIE 2€ HEBDO
LA BANLIEUE DU NORD A LA BOMBE !
NUCLÉAIRE
Faut-il avoir peur de la bombe nord-coréenne ?
COUCHE D'OZONE : Allègre réinvente le négationnisme climatique
EDF-GDF : le grand bluff de Pinault
GOUROU : Ségolène et les sept nains
INTERVIEW D'ABDELWAHAB MEDDEB : « Sauvons l'islam de ses démons islamiques »
LE PROCHAIN PRÉSIDENT :
GAUCHE
DROITE
CHARB
T 05777 - 748 - F : 2,00 €

> Paris : le pistolet électrique fait son entrée dans la police. Il aura fallu cinquante ans pour miniaturiser la gégène. >

CHARLIE 2€ HEBDO
LES PRIMAIRES DE LA DROITE
BANLIEUES
Le gâteau d'anniversaire sent le brûlé p. 2
DÉBATS AU PS:
sainte Blandine a bouffé les lions p. 6
TORTURE:
sachez différencier un interrogatoire d'une boucherie p. 8
PRISONS:
Badinter à l'assaut de la guillotine pénitentiaire p. 7
« LA FACE KARCHÉE DE SARKOZY »:
Riss, Malka et Cohen démasquent Sarko en BD p. 12
BON ANNIVERSAIRE LES BANLIEUES !
RISS

CHARLIE 2€ HEBDO
LA SUISSE ENTRE DANS L'EUROPE POPULISTE
REPORTAGE À GENÈVE P. 8-9
À L'ÉLYSÉE, EN BUS !
FN
Cabu

CHARLIE 2€ HEBDO
SAUVEZ LA PLANÈTE !
ALORS VOTEZ POUR MOI !
RISS
SARKO SCHIZO
Son hémisphère droit ne sait pas ce que fait son hémisphère gauche p. 2
VIDÉOSURVEILLANCE
Faut-il installer des caméras au Conseil des ministres ? p. 9
PS
La revanche des « séries B » p. 5
VATICAN
Le retour de Supercuré p. 7
MURIEL ROBIN
Je chiale, donc je suis p. 8
SADDAM DÉÇU

CHARLIE 2€ HEBDO
ET SI MITTERRAND REVENAIT...
TOULON
Pas de denier du culte pour le Téléthon p. 2
EXCLUSIF p. 7
Les autres vidéos pirates de Ségolène
INFIRMIÈRES BULGARES
L'Europe se couche devant Kadhafi p. 8
USA
Fessée pour l'Américain moyen, radée pour Bush p. 5
NICOLAS HULOT p. 6
Pourquoi ça marche
ÉLECTIONS AU PS

> D'après les pro-bagnole, une vache polluerait plus qu'une bagnole. N'empêche, si Ayrton Senna avait conduit une vache, il serait encore parmi nous. >

CHARLIE HEBDO 2€

LES BŒUFS DU STADE

Calendrier 2007 du XV de France

TALONS HAUTS CONTRE TALONNETTES

LUZ

SÉGOLÈNE: la deuxième fille cachée de Mitterrand

JUSTICE DES MINEURS: interview du président du tribunal pour enfants de Bobigny

CARICATURES: justice danoise contre justice française

LE DRAME DE L'ANOREXIE
UNE TOP-MODEL QUI MEURT, C'EST UNE FORÊT DE POINTS WEIGHT-WATCHERS QUI BRÛLE !

N° 753 • Mercredi 22 novembre 2006 • FRANCE MÉTRO : 2 € • DOM : 3 € • BEL : 2,30 € • CH : 4 FS • AND : 2 € • CAN : 4,90 $C • D : 3 € • GR : 2,90 € • LUX : 2,30 € • MAY : 3 € • NL : 3 € • PORT. CONT. : 3,25 € • ZONE CFA : 1800 CFA. Imprimé en France.

T 05777 - 753 - F: 2,00 €

> En 2024, une base américaine sur la Lune. Ils se donnent jusqu'à 2030 pour y instaurer la démocratie. >

CHARLIE HEBDO
2€
CELLULE PSYCHOLOGIQUE POUR LES SUPPORTERS DU PSG
JE VOUS VENGERAI EN 2007!
ART DÉGÉNÉRÉ
À Bordeaux, les anges ont un sexe
SYNDICATS POLICIERS
Sarkozy en cellule de dégrisement
GÉNOCIDE RWANDAIS
La tentation négationniste
NANOTECHNOLOGIES
Plus c'est petit, plus c'est méchant
FOOT
Il faut dissoudre le PSG
LE PAPE À ISTANBUL
LUZ

CHARLIE HEBDO
2€
ÉCOLOGIE
ENCORE UNE VIEILLE DAME DÉTROUSSÉE
CONGRÈS DES VERTS:
l'écologie descend au troisième sous-sol
BUSINESS
La chambre de commerce accueille le Soudan, mais pas « Charlie Hebdo »
TSAHAL, UN ÉTAT DANS L'ÉTAT?
Interview de Charles Enderlin
PEUT-ON RIRE DE RIEN?
« Charlie » a vu le nouveau spectacle de Michel Leeb

CHARLIE HEB
2€
NOUVEAU
PINOCHET INTERDIT DE STADE
ÇA L'A TUÉ!
LES HOOLIGANS, VRAIS PATRONS DU PSG
L'ex-directeur de la sécurité nous dit pourquoi
MACHINES À VOTER :
la fraude électorale parfaite
FRANCE 24 :
un « regard français » sous l'œil de Bouygues
GAUCHE DE LA GAUCHE :
reportage à Saint-Ouen
UNE ANNÉE DE DESSINS
Jul

CHARLIE HEB
2€
NOUVEAU
JOHNNY, DOC GYNECO, TAPIE...
TOUS LES ESCROCS SE RALLIENT À SARKO
SAUF MOI!
UNE ANNÉE DE DESSINS
VOYAGES DANS LE TEMPS:
le Douste-Blazy à travers les âges
REPORTAGE EN ESPAGNE:
faute de ploucs, on importe des immigrés
ACCIDENTS DE TRAVAIL:
chez Bouygues, on est toujours en bonne santé
IMPÔT À LA SOURCE:
le bluff de Breton
SÉGOLISME: elle est for-mi-da-ble!

CHARLIE HEB
2€
NOUVEAU
Rétrospective 2006
EN VENTE EN KIOSQUES
UNE ANNÉE DE DESSINS
VOLEUR
COMME UN FRANÇAIS
CON
COMME UN BELGE
CHIANT
COMME UN SUISSE
REPORTAGE À TÉHÉRAN p. 2
Holocauste: la conférence où personne n'a rien vu
FICHAGE: p. 8
Sarkozy prélève l'ADN du mouvement social
INTERNET:
comment réussir sa vie en ligne p. 11
CHARB.
N° 757 • Mercredi 20 décembre 2006 • FRANCE MÉTRO : 2 € • DOM : 3 € • BEL : 2,30 € • CH : 4 FS • AND : 2 € • CAN : 4,90 $C • D : 3 € • GR : 2,90 € • LUX : 2,30 € • MAY : 3 € • NL : 3 € • PORT. CONT. : 3,25 € • ZONE CFA : 1800 CFA. Imprimé en France
T 05777 - 757 - F: 2,00 €

> Un passager obèse attaque Air France. La compagnie a estimé que ses couilles étaient trop grosses pour passer en bagages à main. >

2007

> À l'occasion de la Saint-Valentin, Mgr Vingt-Trois va nous présenter sa femme, Mme Soixante-Neuf. >

Princesse de Clèves

Le quinquennat des ténèbres

Cette année-là, je ne suis sortie de mon couvent que pour aller voter. Comme pour le reste, je fais confiance à la mère supérieure pour désigner le candidat le meilleur pour la France, j'ai voté comme elle. J'ai donc contribué à faire élire un rustre, un butor, un parvenu, un arriviste. Quelle conne.
Ne lisant pas les journaux, je ne savais pas qu'en février 2006 monsieur Sarkozy de Nagy-Bocsa avait publiquement déclaré : « *L'autre jour, je m'amusais, on s'amuse comme on peut, à regarder le programme du concours d'attaché d'administration. Un sadique, ou un imbécile, choisissez, avait mis dans le programme d'interroger les concurrents sur* La Princesse de Clèves. *Je sais pas si ça vous est souvent arrivé de demander à la guichetière ce qu'elle pensait de* La Princesse de Clèves, *imaginez un peu le spectacle…* » En février 2008, il remet ça : « La Princesse de Clèves, *bon… Je n'ai rien contre elle, mais bon, enfin… Le fait est que j'ai beaucoup souffert avec elle.* » Je ne connais pas ce monsieur, je ne l'ai jamais rencontré et je ne souhaite jamais le voir. Une nonne, qui avait accepté d'être sa maîtresse en échange d'un poste à la télé, m'a rapporté qu'il était en tout point disgracieux. Il est petit, et par la taille et par l'esprit. Rien à voir avec le duc de Nemours. Passons, je ne vais pas raconter ma vie, Madame de Lafayette l'a déjà largement fait…
En même temps qu'il dénigrait un des romans les plus importants de la littérature française (sans me vanter) pour flatter un électorat populaire qu'il imagine être composé de soudards, il se vautrait dans le luxe et le bling-bling. Monsieur Sarkozy de Nagy-Bocsa ne sait pas lire, hormis l'heure sur une Rolex, c'est là sa gloire. Quatre ans que la France vit dans l'obscurité, quatre ans que monsieur Sarkozy de Nagy-Bocsa fait passer les reflets de ses bijoux pour de la lumière.
L'ostentatoire haine qu'éprouve monsieur Sarkozy de Nagy-Bocsa pour la culture a tout de même eu du bon. Le roman que Madame de Lafayette m'a consacré ne s'est jamais autant lu. Il est même devenu un temps l'étendard de la résistance à la bêtise élyséenne. Une princesse aux côtés du peuple contre un président démocratiquement élu, ce n'est pas banal. Tandis que, au nom de l'ouverture, des socialistes rejoignaient monsieur Sarkozy de Nagy-Bocsa, moi, princesse de Clèves, je gagnais les rangs de l'opposition…
2007 a été un tournant important de ma vie. J'ai quitté le couvent et je me suis enfin tapé le duc de Nemours. Ce ne sont pas mes sentiments pour lui (un peu émoussés après des siècles de réclusion) qui m'ont fait sauter le pas, mais mon nouvel engagement militant. Il n'a pu coucher avec moi qu'en renonçant à sa carte de l'UMP…

> Quatre catholiques sur dix pensent que Marie était vierge. Les six autres pensent qu'elle simulait pendant l'amour. >

CHARLIE HEB
2€
CHARL
NOUVEAU
Rétrospective 2006
EN VENTE EN KIOSQUES
UNE ANNÉE DE DESSINS
BONNE ANNÉE, SADDAM
MERDE! MARIÉ OU PENDU DANS L'ANNÉE...
CHARB.
T 05777 - 759 - F: 2,00 €
N° 759 • Lundi 1er janvier 2007 • FRANCE MÉTRO : 2 € • DOM : 3 € • BEL : 2,30 € • CH : 4 FS • AND : 2 € • CAN : 4,90 $C • D : 3 € • GR : 2,90 € • LUX : 2,30 € • MAY : 3 €
• NL : 3 € • PORT. CONT. : 3,25 € • ZONE CFA : 1800 CFA. Imprimé en France.

> 22 % des cigarettes fumées par les Français en 2006 ont été achetées à l'étranger. Et 100 % des cancers des fumeurs seront soignés en France. >

CHARLIE HEBDO
2€
NOUVEAU
Rétrospective 2006
EN VENTE EN KIOSQUES
UNE ANNÉE DE DESSINS
UN DÉTENU DÉVORE LE CŒUR DE SON COMPAGNON DE CELLULE
RISS
REPORTAGE
Jul en Chine avec Ségolène p. 2
LOGEMENT SOCIAL
Gayssot : « Il faut rendre inéligibles les maires hors la loi » p. 8
VŒUX
Les candidats se ridiculisent sur les blogs p. 12
SOLDES
C'est le moment d'acheter, Chirac brade tout ! p. 9
VILLEPIN NE VOTE PAS SARKOZY
T 05777 - 760 - F: 2,00 €

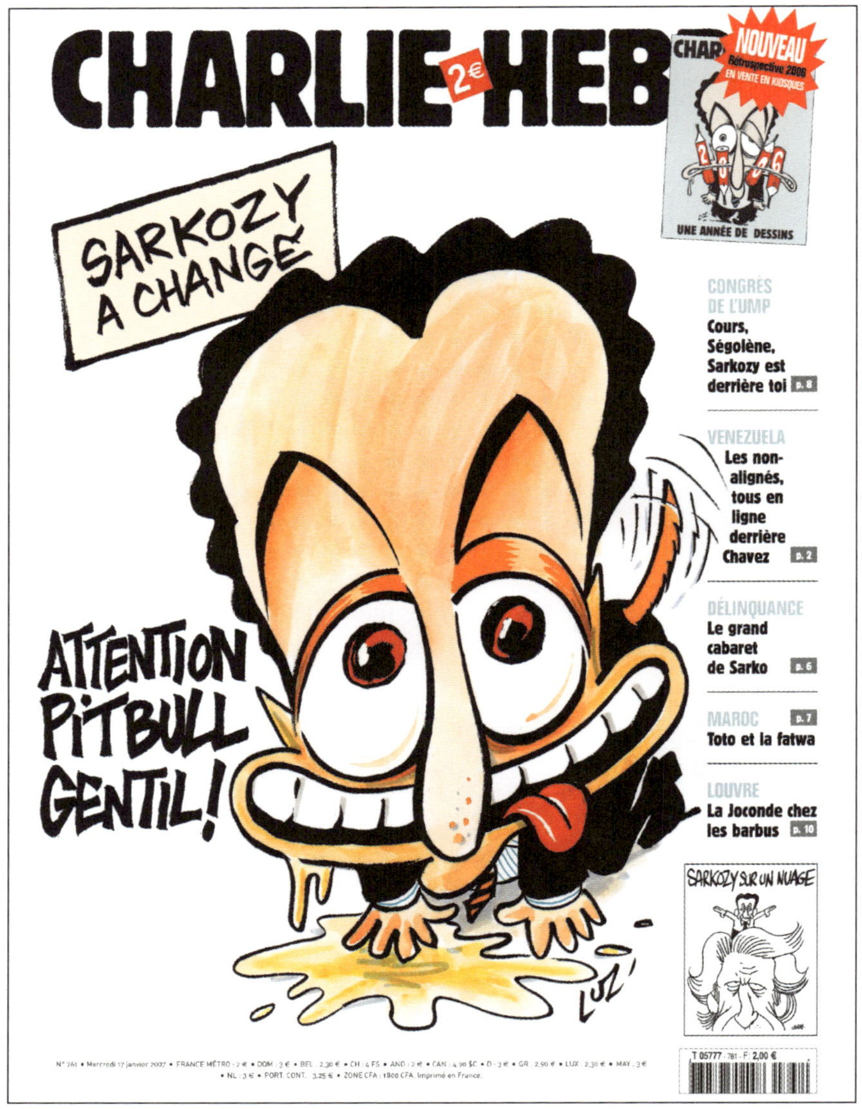
CHARLIE HEBDO
2€
NOUVEAU
Rétrospective 2006
EN VENTE EN KIOSQUES
UNE ANNÉE DE DESSINS
SARKOZY A CHANGÉ
ATTENTION PITBULL GENTIL !
LUZ
CONGRÈS DE L'UMP
Cours, Ségolène, Sarkozy est derrière toi p. 8
VENEZUELA
Les non-alignés, tous en ligne derrière Chavez p. 2
DÉLINQUANCE
Le grand cabaret de Sarko p. 6
MAROC p. 7
Toto et la fatwa
LOUVRE
La Joconde chez les barbus p. 10
SARKOZY SUR UN NUAGE
T 05777 - 761 - F: 2,00 €

CHARLIE HEBDO
2€
NOUVEAU
Rétrospective 2006
EN VENTE EN KIOSQUES
UNE ANNÉE DE DESSINS
L'ABBÉ PIERRE LÈVE L'HYPOTHÈQUE
JE NE SERAI PAS CANDIDAT
CHARB.
PS p. 2
Pourquoi Ségolène patine
FORUM SOCIAL MONDIAL p. 5
L'alter-économie chez les affamés
INTERVIEW
« Les Tchétchènes sont devenus des ombres muettes » p. 7
INJUSTICE
Délit de faciès avec récidive p. 6
RENCONTRE AVEC CLÉMENT ROSSET
Philosopher, c'est apprendre l'allégresse p. 8
PACS ÉCOLOGIQUE
T 05777 - 762 - F: 2,00 €

CHARLIE HEBDO
2€
7 et 8 FÉVRIER
le procès des caricatures contre "CHARLIE"
LES MASQUES VONT TOMBER
CHARLIE HEBDO
NUMÉRO SPÉCIAL
MAHOMET DÉBORDÉ PAR LES INTÉGRISTES
CABU
LOGEMENT
L'abbé Pierre est mort depuis une semaine et c'est déjà le bordel !
Reportages à Montfermeil et à Sevran p. 8
SARKOZY p. 4
« RG, ça veut dire Renseignements sur la Gauche »
HÔPITAUX p. 3
Mahomet a-t-il interdit de tomber malade en dessous de la ceinture ?
SECOND LIFE p. 13
Notre envoyé spécial sur le site de la politique virtuelle
1er FÉVRIER
T 05777 - 763 - F: 2,00 €

> La série télé *24 Heures* accusée de faire la promotion de la torture. Alors que la série télé *Plus belle la vie*, c'est de la torture. >

CHARLIE HEBDO
2€
SPÉCIAL PROCÈS
IL FAUT VOILER "CHARLIE HEBDO"!

CHARLIE HEBDO
2€
LE PROCÈS COMME SI VOUS Y ÉTIEZ
SARKOZY PRÉFÈRE VRAIMENT L'EXCÈS DE CARICATURES...
cabu

CHARLIE HEBDO
2€
PAPON EST MORT...
...AVANT D'AVOIR DIT QUI IL SOUTENAIT
OUF!
CHARB.
ÉLECTORALISME
Les candidats veulent voir la couleur p. 2
PROCÈS « ERIKA »
Après le naufrage, les crabes se mangent entre eux p. 9
IRAN
Ahmadinejad, la nouvelle marionnette des mollahs p. 8
FRANÇAFRIQUE
Guide touristique du Paris des dictateurs p. 7
BAYROU
La stratégie du coucou p. 6
PIAFITUDE

CHARLIE HEBDO
2€
NOUVEAU
LADY CHATTERLEY
ELLE RETROUVE SON HOMME DES BOIS
CATHERINE
REPORTAGE AU VENEZUELA
Chavez, le socialisme pour les nuls
L'« INCIDENT » DU 11 SEPTEMBRE
Le Pen, le détail qui tue
COME-BACK AU PS
Des éléphants pour écraser le troisième homme
ŒCUMÉNISME
L'homophobie, tendance divine
ÉCONOMIE
Sarkozy osera-t-il le libéralisme économique ?
BAYROU RATISSE LARGE

> Les femmes qui boivent du lait entier et mangent des glaces ont plus de chances de tomber enceintes. Le mystère de l'Immaculée Conception enfin éclairci. >

CHARLIE HEBDO
2€
FAUT-IL AVOIR PEUR DE BAYROU ?
BANLIEUES Tous les candidats veulent être sur la photo
AIRBUS: entre crétinisme public et cupidité privée
SREBRENICA: un génocide par inadvertance
UMP: Véronique Vasseur, parachutée et bizutée
Patrick Pelloux jugé pour blasphème par le Conseil de l'ordre!
RISS

CHARLIE HEBDO
2€
CHIRAC: 40 ANS SANS PERMIS!
cabu

CHARLIE HEBDO
2€
IL FAUT UN COACH POUR LA FRANCE
LE JOURNAL D'UN PARANO
Sarkozy, président de tous les givrés p. 2
MACHINES À VOTER Plus de soucis pour bourrer les urnes p. 6
ESPAGNE La droite franquiste relève le nez p. 8
DOCUMENTAIRE «Allez, Yallah!», le road-movie des Chiennes de garde p. 7
LE PEN Les sondages? Ça grimpe tout seul! p. 3
APRÈS SARKO, BAROIN
ON SENT PAS LA DIFFÉRENCE
cabu
N° 772 • Mercredi 4 avril 2007 • FRANCE MÉTRO : 2 € • DOM : 3 € • BEL : 2,30 € • CH : 4 FS • AND : 2 € • CAN : 4,90 $C • D : 3 € • GR : 2,90 € • LUX : 2,30 € • MAY : 3 € • NL : 3 € • PORT CONT : 3,25 € • ZONE CFA : 1800 CFA. Imprimé en France.
T 05777 - 772 - F: 2,00 €

CHARLIE HEBDO
2€
CES IMMIGRÉS QUI VOTENT SARKOZY
LA FRANCE, AIMEZ-LA OU QUITTEZ-LA!
IMMIGRATION ZÉRO La France identitaire de Sarkozy
CABINET FANTÔME Les 101 ministres de Bayrou
REPORTAGE Le Dr Pelloux face au conseil de l'ordre
NÉGATIONNISME Accusé Badinter, levez-vous!
PS Contre Bayrou, Ségolène sort son best-of
MORT DE LUCIE AUBRAC
RISS

CHARLIE HEBDO
2€
LES IDÉES DE LE PEN PRENNENT L'AIR.
QUAND ON LES SORT, APRÈS ELLES NE VEULENT PLUS RENTRER.
PROCÈS DES CARICATURES La victoire en dessinant
EX-MUSULMANS « Hier, on se battait pour avorter, aujourd'hui, on se bat pour abjurer »
AIRBUS, GALILEO L'Europe des nationalismes commerciaux
PROCÈS – ERIKA – Navire en perdition cherche bouc émissaire
AFRIQUE Tous ensemble contre le réchauffement climatique au Darfour!
RISS

> Fidel Castro aurait grossi de 18 kg. En fait, il a remis toutes ses médailles et décorations. >

CHARLIE 2€ HEBDO
18 MILLIONS D'ÉLECTEURS INDÉCIS
INTERVIEW DE SÉGOLÈNE ROYAL:
« Je veux ranimer le désir d'Europe »
p. 2
REPORTAGE AU RWANDA:
p. 8
« C'est dur de vivre avec tous ces gens qui nous ont tués »
BESANCENOT ON TOUR:
c'est la chenille prolétarienne qui redémarre
p. 7
PRÉSIDENTIELLE:
sirènes de flics contre Sarkozy
p. 6
VÉCU:
p. 13
un jour avec le spectre du 21 avril
ATTENTION!
La semaine prochaine, numéro double. 16 pages supplémentaires SPÉCIAL SARKOZY 3 euros
J'HÉSITE...
-RISS-
T 05777 - 773 - F: 2,00 €
N° 773 • Mercredi 11 avril 2007 • FRANCE MÉTRO : 2 € • DOM : 3 € • BEL : 2,30 € • CH : 4 FS • AND : 2 € • CAN : 4,90 $C • D : 3 € • GR : 2,90 € • LUX : 2,30 € • MAY : 3 € • NL : 3 € • PORT. CONT. : 3,25 € • ZONE CFA : 1800 CFA. Imprimé en France.

> *Spider-Man 3* a fait plus d'entrées que *La Môme*. L'araignée a dépassé le morpion. >

CHARLIE HEBDO
3€
ENSEMBLE TOUT DEVIENT SARKOZYBLE
SUPPLÉMENT 16 PAGES, SPÉCIAL SARKOZY
VOTEZ PEUR
DOMINIQUE VOYNET
« Personne ne fera d'écologie si les Verts sont laminés ! » p. 2
ÉCONOMIE
Patrons voyous ? Non, patrons patrons p. 6
RWANDA
Un génocide qualité France p. 7
SCIENCES
Le plan Sarko pour liquider la recherche p. 13
THÉÂTRE PUBLIC
Pas de golden parachute pour la culture p. 8
CHOISISSEZ LE MEILLEUR !
OUI, MAIS SI C'EST PAS LE MEILLEUR QUE JE PRÉFÈRE ?
LUZ
N° 774 • Mercredi 18 avril 2007 • FRANCE MÉTRO : 3 € • DOM : 4 € • BEL : 3,50 € • CH : 6 FS • AND : 3 € • CAN : 7 $C • D : 4 € • GR : 4 € • LUX : 3,50 € • MAY : 4 € • PORT. CONT. : 4 € • ZONE CFA : 2700 CFA • TOM : 740 XPF. Imprimé en France.
T 05777 - 774 S - F: 3,00 €

PRÉSIDENTIELLE
Un second tour sans Le Pen, c'est un point de détail
FRANCE-IRAN
Les mollahs n'enrichissent pas que l'uranium
VIRGINIA TECH
Massacre sur le campus, le making-of
CHARLIE HEBDO
2€
SPÉCIAL SARKOZY TOUJOURS EN KIOSQUES
VOUS N'AVEZ PAS LE MONOPOLE DU COEUR !
LE DÉBAT
VOUS N'AVEZ PAS LE MONOPOLE DES COUILLES !
RISS.

CHARLIE HEBDO
2€
POUR LE BONHEUR DES AUTRES,
FAITES LE MALHEUR DE L'UN
DÉBAT ROYAL-SARKOZY
Que le mieux coaché gagne !
ENTRETIEN AVEC SERGE MOATI
La politique filmée comme un bon polar
FRANCHISE MÉDICALE
La Sécu à la sauce AXA
OGM
La France légalise le culte du secret
DÉBAT BAYROU-ROYAL
Qui a interdit ?
FAUT LUI GARDER SON SOURIRE
VOTONS SÉGOLÈNE !
LUZ
T 05777 - 776 - F: 2,00 €

CHARLIE HEBDO
2€
5 ANS
POUR VOUS HABITUER
10 ANS
POUR M'AIMER

CHARLIE HEBDO
2€
EXCLUSIF
Les dix portraits officiels du président
RÉSEAUX
Sarkozy et Bolloré jouent à la marchande
EFFONDREMENT
UDF et PS à poil devant Sarkozy
JUSTICE
On n'a même plus le droit d'être un jeune con
REPORTAGE
La Vendée veut son génocide
EUPHORIE À DROITE
ADIEU !
RISS.
T 05777 - 778 - F: 2,00 €

CHARLIE HEBDO
2€
LÉGISLATIVES : LE PS DÉVOILE SON NOUVEAU SLOGAN
"TENDRE L'AUTRE JOUE"
SARKO RECYCLE
PS
Les derniers jours de Pompéi
PRESSE
Grands journalistes vont à la soupe
ÉVOLUTION
Les mammifères de droite ont bouffé les dinosaures de gauche
ALGÉRIE
À quoi bon voter ?
LE MAILLON FAIBLE SUPPRIMÉ SUR TF1
JUL
T 05777 - 779 - F: 2,00 €

> La Réunion est le département français où on joue le plus au Loto. Cette fois-ci, les Réunionnais ont gagné un cyclone. >

CHARLIE 2€ HEBDO
AMNISTIE PRÉSIDENTIELLE
LE PS SERA-T-IL GRACIÉ ?
UN HAMSTER À L'ÉLYSÉE
LÉGISLATIVES
Saint François parle aux oiseaux du Modem
LIBAN
C'est la chenille guerrière qui redémarre
SARKOZY AUX FRANÇAIS:
« Pauvres, je vous ferai transpirer plus que moi » p. 2
OPPOSITION
Gauche poitevine ou gauche mondialisée?
NYPD
ROLAND-GARROS GÂCHÉ
Cabu
T 05777 - 780 - F: 2,00 €

CHARLIE 2€ HEBDO
SPÉCIAL LÉGISLATIVES
VOUS REPRENDREZ UNE P'TITE BRANLÉE?
C'EST MOI QUI PAYE!
LUZ
VAGUE BLEUE
A VOTÉ!
La circonscription de Neuilly en ballottage favorable dans toute la France p. 2
DROIT D'INGÉRENCE
Pour ou contre un couloir de bus humanitaire au Darfour? p. 8
POLITIQUE ACADEMY
Endemol élu à l'Assemblée p. 3
LOI SUR LA RÉCIDIVE
Pas encore votée, déjà appliquée p. 7
GRANDS FAUVES
Arno Klarsfeld, droit dans le flou p. 6
LE FN N'EST PAS MORT!
N° 782 • Mercredi 13 juin 2007 • FRANCE MÉTRO : 2 € • DOM : 3 € • BEL : 2,30 € • CH : 4 FS • AND : 2 € • CAN : 4,90 $C • D : 3 € • GR : 2,90 € • LUX : 2,30 € • MAY : 3 € • NL : 3 € • PORT. CONT. : 3,25 € • ZONE CFA : 1800 CFA. Imprimé en France.
T 05777 - 782 - F: 2,00 €

CHARLIE 2€ HEBDO
BIENTÔT L'ÉTÉ!
ÉPILATION INTÉGRALE AU PS
CATHERINE
LÉGISLATIVES
Quatre jours pour faire gagner la gauche p. 2
REPORTAGE À LA MATERNITÉ D'ESQUIROL
Hôpital bien géré, hôpital niqué!
MÉDIAS AUX ORDRES
Les sarkojournalistes
TARANTINO
« Boulevard de la mort », point limite rétro
FRONT NATIONAL
La débâcle en chantant
UN MONDE PARFAIT
T 05777 - 781 - F: 2,00 €

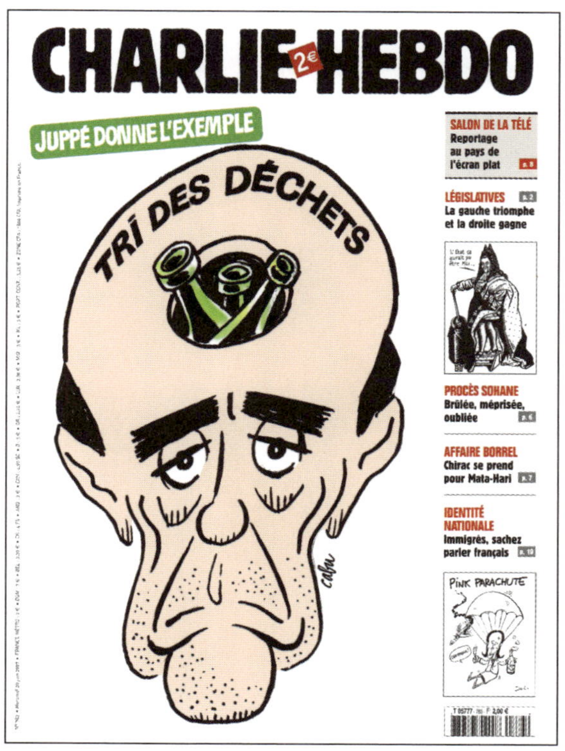
CHARLIE 2€ HEBDO
JUPPÉ DONNE L'EXEMPLE
TRI DES DÉCHETS
Cabu
SALON DE LA TÉLÉ
Reportage au pays de l'écran plat p. 8
LÉGISLATIVES
La gauche triomphe et la droite gagne
PROCÈS SOHANE
Brûlée, méprisée, oubliée
AFFAIRE BORREL
Chirac se prend pour Mata-Hari
IDENTITÉ NATIONALE
Immigrés, sachez parler français
PINK PARACHUTE
T 05777 - 783 - F: 2,00 €

CHARLIE 2€ HEB
EXCLUSIF! À partir de la semaine prochaine.
Amélie Nothomb est durant tout l'été dans CHARLIE
Un récit inédit en feuilleton
JE NE VOUS MENTIRAI PAS
JE NE VOUS TRAHIRAI PAS!
JE VOUS NIQUERAI TOUS!
TRAVAIL EN PRISON
Un rêve sarkozyste p. 2
GAZA
Barbelé au Moyen-Orient, un métier d'avenir
RÉNOVATION
Halte au gavage des oies socialistes!
« PERSEPOLIS »
Dis papa, c'est quoi les mollahs?
LES CERCUEILS DU CŒUR
C'est celui qu'est pas mort qui conduit p. 10
PLAGES POLLUÉES
LE P.S. REMPORTE LA PALME!
T 05777 - 784 - F: 2,00 €

CHARLIE 2€ HEB
EXCLUSIF! P. 15
Amélie Nothomb est durant tout l'été dans CHARLIE
DÉCLARATION DE POLITIQUE GÉNÉRALE
CHER PAPA, CHÈRE MAMAN, JE PASSE DE BONNES VACANCES AU GOUVERNEMENT
CHARB.
MÉDECINS ÉTRANGERS
Condamnés à l'exercice illégal de la médecine
PEINES PLANCHERS
La justice des bas de plafond
ENTRETIEN AVEC CLAUDE LANZMANN
« Je déteste l'idée qu'Israël serait la rédemption de la Shoah. »
MOYEN-ORIENT
Tony Blair finira-t-il en Hamas Pudding?
EUROCKÉENNES DE BELFORT
Du gothique dans la cancoillotte p. 11
RÉSULTATS DU BAC À LONDRES
T 05777 - 785 - F: 2,00 €

> Mazarine Pingeot cambriolée. Comme par hasard, deux jours plus tard, on retrouvait la prostate de Mitterrand en vente sur eBay. >

CHARLIE 2€ HEBDO
AMÉLIE NOTHOMB est dans CHARLIE HEBDO
"L'ÎLE DE LA TENTATION" AU PS
ET BONNE BRANLETTE !
GÉNOCIDAIRES RWANDAIS
Les seuls graciés du 14 Juillet p. 2
POLITIQUE DE CANIVEAU
La gauche enfin décomplexée p. 3
REPORTAGE À ISTANBUL
La Turquie prépare son Mai 68 p. 8
FESTIVALS D'AIX ET D'AVIGNON
Wolinski chevauche les Walkyries p. 11
ÉCONOMIE
Le bonheur est dans l'anchois p. 6
PRISON
PAS DE GRÂCE POUR LES SARDINES À L'HUILE
T 05777 · 787 · F: 2,00 €

CHARLIE 2€ HEBDO
AMÉLIE NOTHOMB est dans CHARLIE HEBDO
SARKOZY POURSUIT L'OUVERTURE
MERDE, STRAUSS-KAHN, MAINTENANT !
SÉGOLÈNE
Elle aura au moins gagné au Solitaire
VERGÈS, L'AMOUREUX DE LA TERREUR
Entretien avec Barbet Schroeder
JUSTICE DES MINEURS
Va te faire éduquer en prison !
CLEARSTREAM
Les secrets de l'ordinateur du général Rondot
LA MÉTHODE SARKOZY POUR DÉTRUIRE AL-QAIDA

CHARLIE 2€ HEBDO
AMÉLIE NOTHOMB est dans CHARLIE HEBDO
CROISEMENT DES JUILLETTISTES ET DES AOÛTIENS
PROMO EN LIBYE
Une centrale nucléaire pour chaque infirmière torturée p. 2
ESPAGNE
Crime de baise-majesté dans les kiosques
SARKO ASSISTANCE
Résout les problèmes partout dans le monde p. 11
FRANCE-RWANDA
Dieu protège les génocidaires
AFRIQUE DU SUD
Grâce à la Scientologie, on réapprend l'apartheid
VACANCES AUX USA AVEC CÉCILIA
T 05777 · 789 · F: 2,00 €

CHARLIE 2€ HEBDO
AMÉLIE NOTHOMB est dans CHARLIE HEBDO
BINGO !
LUSTIGER GAGNE 70 VIERGES

LAURE MANAUDOU
Laissez-la baiser ! p. 2
REPORTAGE À NAPLES
La mafia des ordures p. 8
« CHARLIE » À LA PLAGE
Avec la caravane de l'UMP p. 5
CHARLIE 2€ HEBDO
AMÉLIE NOTHOMB est dans CHARLIE HEBDO
JE CONTRÔLE TOUT
... SAUF MA FEMME !

> La doyenne des Français a 113 ans. C'est dingue de se dire qu'elle a connu Jospin Premier ministre ! >

CHARLIE 2€ HEBDO
AMÉLIE NOTHOMB est dans CHARLIE HEBDO
INFIRMIÈRES BULGARES
AVEC LA RANÇON, TU POURRAS M'ACHETER MES RAFALE !
cabu
SUICIDES AU TRAVAIL
Métro, boulot, caveau p. 2
FRANCE-LIBYE
Les petits dessous des infirmières bulgares p. 7
ENTRETIEN AVEC FRANCESCO ROSI
La Mafia fait la loi p. 8
CHIRAC CHEZ LE JUGE p. 4
Bernadette, bientôt visiteuse de prisons
RÉFORME DE L'ÉTAT
Sarkozy va rendre les fonctionnaires anorexiques p. 6
SOUFFRANCE AU TRAVAIL
N° 788 • Mercredi 25 juillet 2007 • FRANCE MÉTRO : 2 € • DOM : 3 € • BEL : 2,30 € • CH : 4 FS • AND : 2 € • CAN : 4,90 $C • D : 3 € • GR : 2,90 € • LUX : 2,30 € • MAY : 3 €
• NL : 3 € • PORT. CONT. : 3,25 € • ZONE CFA : 1800 CFA. Imprimé en France.
T 05777 - 788 - F: 2,00 €

CHARLIE 2€ HEBDO
APRÈS INGRID BETANCOURT…
…ON VOUDRAIT DES SIGNES DE VIE AU P.S
cabu
CES MUSULMANS QUI DISENT NON À L'ISLAMISME
Günter Wallraff: « Je veux lire "Les Versets sataniques" dans la grande mosquée de Cologne »
ÉCONOMIE
La morsure du krach
TORTIONNAIRES ACQUITTÉS
Ces magistrats italiens qui refusent la démocratie
ÉCOLOGIE
La Terre sauvée par ses vers
PRIME AU MÉRITE
Bachelot arrose les directeurs d'hôpital radins

CHARLIE 2€ HEBDO
1 PROF POUR 40 ÉLÈVES
ET 1 BALLON POUR XV ABRUTIS.
DÉLINQUANTS SEXUELS
Sarkozy réinsère: après la prison, la prison
LES EXPERTS SOLFERINO
Qui a tué le PS?
JOURNÉES D'ÉTÉ DES VERTS
Le Grenelle de l'environnement atomise les écolos
EN DIRECT DE MELLE
Ségolène à la Fête de la rositude
FESTIVAL DE LUSSAS
Les maquisards du documentaire
RAYMOND BARRE ENFIN AU CENTRE

CHARLIE 2€ HEBDO
AVEC TOUTES CES PIERRES, JE RECONSTRUIRAI LE P.S !
cabu
REPORTAGE À LA ROCHELLE
Le PS doit-il éclater?
DÉLINQUANTS SEXUELS
L'hôpital rejoint par la prison
MÉTRO
Le turbin des SDF
PRODUCTIVITÉ
Vie et mort du coach
ÉGALITÉ DES CHANCES:
DOPEZ-LES TOUS !

< Les femmes obèses accouchent plus difficilement. Et leur enfant ressemble trop souvent à un panini aux quatre fromages. >

CHARLIE 2€ HEBDO
LE CALENDRIER DES DÉGONFLÉS DU STADE
2007
COLLÈGE UNIQUE
Tout doit disparaître dans l'Éducation nationale p. 2
INTERVIEW
Comment passer du nucléaire civil à la bombe p. 13
RUGBY
La vérité sur la défaite du XV de France p. 8
LIVRES p. 9
Quand les socialistes règlent leurs comptes
RAMA YADE RAPPECÉE À L'ORDRE
SOIS NOIRE ET TAIS-TOI !

CHARLIE 2€ HEBDO
ET QUE VEUX-TU FAIRE PLUS TARD ?
JE VEUX ME TAPER TA FEMME !
STAGE COMMANDO
TEST ADN
RWANDA
BIODIVERSITÉ

CHARLIE 2€ HEBDO
y'a bon ADN
LOI SUR L'IMMIGRATION
REPORTAGE
PRÉREMANIEMENT
EXPOSITION
JEAN-PAUL II

CHARLIE 2€ HEBDO
NON aux tests ADN
« Charlie » lance une pétition contre la loi sur les tests ADN

Exclusif : SÉGOLÈNE ROYAL et BERTRAND DELANOË écrivent contre la loi sur l'ADN
CHARLIE 2€ HEBDO
MAIS OÙ EST CÉCILIA ?
AU ZÉNITH DE PARIS CONTRE LA LOI SUR L'ADN !
TOUS au Zénith de Paris contre les tests ADN
Dimanche 14 oct. à 18 h
PÉTITION DÉJÀ 150 000

CHARLIE 2€ HEBDO
CÉCILIA EN GRÈVE ILLIMITÉE
ET PAS DE SERVICE MINIMUM !
TOUCHE PAS À MON ADN !
BIOCARBURANTS
TOTAL EN BIRMANIE
RÉFUGIÉS
TRIBUNAL D'EXCEPTION

> Le français est la neuvième langue la plus parlée dans le monde. Quand on parle français, on peut se faire comprendre partout dans Paris. >

CHARLIE 2€ HEBDO
NON AU SERVICE MINIMUM
TCHOU TCHOU
LUZ
SARKOZY ET LA GRÈVE
VIENS VIENS!
Margaret Thatcher, première dame de France p. 2
JUSTICE
Colonna, présumé coupable p. 5
NOSTALGIE
Le Che s'invite au Grand Rex p. 8
ÉCONOMIE
Sarko rachète « Les Échos » p. 6
REPORTAGE
L'homme qui s'éclatait au cul des chevaux p. 15
GRÈVES. LE MOUVEMENT S'ÉTEND!
MINISTRES EN LUTTE!
N° 804 • Mercredi 14 novembre 2007 • FRANCE MÉTRO : 2 € • DOM : 3 € • TOM : 520 F CFP • BEL : 2,30 € • CH : 4 FS • AND : 2 € • CAN : 4,90 $C • D : 3 € • GR : 2,90 € • LUX : 2,30 € • MAY : 3 € • NL : 3 € • PORT. CONT. : 3,25 € • ZONE CFA : 1800 CFA. Imprimé en France.
T 05777 - 804 - F : 2,00 €

GÉNOCIDE RWANDAIS
Péan contre «Charlie»
FRANCHISES MÉDICALES
Sarkozy, ses amis assureurs lui disent merci
REPORTAGE À SILICON VALLEY
Savoir démonter-remonter un ordinateur les yeux fermés
MAI 68
Sarkozy jouit sans entraves
CHARLIE 2€ HEBDO
BILAN DU GRENELLE DE L'ENVIRONNEMENT
COIN COIN
GLOU GLOU
RISS

CHARLIE 2€ HEBDO
L'ARCHE DE ZOÉ
LE MALAISE
ON AVAIT DÉJÀ PRÉPARÉ SA CHAMBRE...
POUVOIR D'ACHAT ET ÉCOTAXE
La frugalité pour les pauvres
REPORTAGE À SAINT-DIZIER
Le neuf-trois au milieu des champs
GRENELLE DE L'ENVIRONNEMENT
Sous les mots le pipeau
LOI HORTEFEUX
Les statistiques ethniques au secours du racisme
REPORTAGE
La Pologne s'ouvre à l'Europe, pas aux femmes
POUVOIR D'ACHAT
T 05777 - F : 2,00 €

CHARLIE 2€ HEBDO
L'ARCHE DE NICOLAS
POUR ADOPTER UN SOCIALISTE, PAS BESOIN DE L'ACCORD DE LA FAMILLE!
MAL-LOGÉS
Une tente de perdue, dix de replantées
LA RUSSIE DE POUTINE
Le KGB, actionnaire majoritaire du Kremlin
LE PERVERS PÉPÈRE À TRAVERS LES ÂGES
Entretien avec Élisabeth Roudinesco
EADS
Comment Lagardère a roulé la Caisse des dépôts
ARCHE DE ZOÉ
Ce qui n'était pas prévu
LE PRIX DE L'ESSENCE EXPLOSE
T 05777 - F : 2,00 €

CHARLIE 2€ HEBDO
MORT ANNONCÉE DES RÉGIMES SPÉCIAUX
ET LA DÉMOCRATIE... CE SERAIT PAS UN "RÉGIME SPÉCIAL"?
CGT
EN DIRECT DU PROCÈS COLONNA
La diagonale du flou
REPORTAGE EN BELGIQUE
Allons Wallons de la patrie!
ADN
Conseil constitutionnel en solde
LES ANTIGRÈVE
Ultraminoritaires mais supermédiatisés
COLOMBIE
Hugo et Ingrid sont dans un tunnel
CHAVEZ EN FRANCE
VOICI MON PREMIER MINISTRE
Jul
T 05777 - F : 2,00 €

> Paris dit stop aux mannequins trop maigres : elles passent au travers des grilles d'égout. >

CHARLIE 2€ HEBDO
POUVOIR D'ACHAT
LES ROLEX PLUS GROSSES QUE LE VENTRE
CONSOMMATION
Achetez plus pour gagner moins p. 2
JUSTICE
Rachida Dati dégraisse l'accès au droit p. 4
RUSSIE
Poutine, l'espion qui jette un froid p. 8
PROCÈS COLONNA
La guerre des polices brouille les pistes p. 11
UNIVERSITÉS
Pécresse glisse la fac sous le tapis p. 6
QUI SUCCÉDERA À POUTINE?
Riss

CHARLIE 2€ HEBDO
MOINS CONNE
MOINS CHIEUSE
MOINS CASSE-COUILLES
LA NOUVELLE SÉGOLÈNE EST ARRIVÉE
FLAMBÉE DE CALME EN BANLIEUE
Reportage à Sevran, là où ça n'a pas pété p. 8
GÉNÉRATION CENTRISTE
L'UDF est morte, vive le Modem p. 4
ENTRETIEN AVEC AYAN HIRSI ALI
« L'Europe est en train de se suicider » p. 7
PROCÈS COLONNA
Au malheur des dames p. 11
BIENTÔT NOËL
Le Monopoly des banlieues p. 2
Riss

CHARLIE 2€ HEBDO
JOYEUX NOËL
HORTEFEUX FAIT DU CHIFFRE
25 000 touristes à expulser avant la fin de l'année! p. 2
LES ENFANTS DE DON QUICHOTTE
SDF et banlieue font tente commune p. 6
PORTRAIT p. 9
Rachida Dati, comme un poulet sans tête
PROCÈS COLONNA
Perpète avec sursis p. 11
SUISSE
Le chardon Blocher viré du bac à géraniums p. 8
Cabu

CHARLIE 2€ HEBDO
BIGARD AU VATICAN
URBI...
...ET OR-BITE!
RÉVEILLON CHEZ NADINE DE ROTHSCHILD
« Charlie » s'est invité chez les dindes p. 8
COMMENT DÉTOURNER L'ATTENTION
Le plan com' de Sarko p. 2
LES FÊTES EN PRISON
Noël entre deux matons p. 6
BELGIQUE
Il est né le divin gouvernement p. 7
VOYAGE AU VATICAN
Sarkozy prie pour la laïcité p. 14
BONNE ANNÉE
BONNE ROLEX
Jul.

> La circoncision recommandée contre le sida. L'ablation du foie recommandée contre l'alcoolisme, l'ablation des poumons contre le tabagisme. >

CHARLIE 2€ HEBDO
KADHAFI PLANTE SA TENTE EN PLEIN PARIS
QU'ON M'AMÈNE RAMA YADE !
Cabu
T 05777 - 808 - F: 2,00 €
N° 808 ▪ Mercredi 12 décembre 2007 ▪ FRANCE MÉTRO : 2 € ▪ DOM : 3 € ▪ TOM: 620 F CFP ▪ BEL : 2,30 € ▪ CH : 4 FS ▪ AND : 2 € ▪ CAN : 4,90 $C ▪ D : 3 € ▪ GR : 2,90 € ▪ LUX : 2,30 € ▪ MAY : 3 € ▪ NL : 3 € ▪ PORT. CONT. : 3,25 € ▪ ZONE CFA : 1800 CFA. Imprimé en France.

> Les Tigres tamouls se sont rabibochés avec les Tigres tabites. >

2008

> Giscard vend son château. C'est le signe qu'il a abandonné tout espoir de devenir un jour roi de France. >

Dominique Sopo

Yes, we can

L'année 2008 restera sans doute comme celle qui vit l'élection du premier président noir des États-Unis. Face à l'incrédulité des Américains eux-mêmes dans les premières semaines des primaires, c'est finalement tout le combat mené par Martin Luther King, par W.E.B. Du Bois, par Harriet Tubman, par Elizabeth Beecher Stowe, par les Quakers et par des millions de militants plus ou moins anonymes qui se traduisait de la façon la plus éclatante qui soit. En 1968, Martin Luther King était assassiné en raison de son combat pour les droits civiques. Quarante ans plus tard, cette nation — dont une partie de ses membres érigèrent l'infériorisation des Noirs et la ségrégation en règles de vie — faisait d'un Noir son plus illustre représentant. Certes, le racisme est loin d'avoir disparu aux États-Unis. Mais comme nous sommes loin de l'esclavage et de la destruction humaine qu'il représenta. Loin du Ku Klux Klan et de ses crimes épouvantables. Loin de l'ignoble assassinat du jeune Emmett Till. Loin des chiens que l'on lâchait contre les militants des droits civiques dans les États du Sud. Loin du meurtre dans le Mississippi du jeune activiste juif Andrew Goodman et de deux de ses amis.

En France, les responsables politiques et médiatiques firent preuve d'un soutien et d'une admiration d'autant plus enthousiastes qu'ils concernaient un pays situé à plusieurs milliers de kilomètres. Comme si cette joie parfois grossière, par ceux-là mêmes qui ici tenaient dans le même temps des paroles de stigmatisation, pouvait faire oublier cette cruelle vérité : notre pays, terre d'asile pour bien des intellectuels noirs américains dans les années 50, était désormais à la traîne, avec une élite traditionnelle jalouse de ses privilèges et de ses postes réservés, telles des charges pouvant *ad vitam aeternam* se transmettre au sein des mêmes familles.

On s'interrogea alors gravement sur cette question : la France était-elle prête à élire un Noir à la présidence de la République ? Comme je répondais alors : oui, elle y est prête. Le problème, c'est que, par le jeu actuel du fonctionnement des partis, jamais un Noir ne serait désigné candidat.

Faut-il alors être pessimiste pour notre pays ? Non, car la leçon de l'élection de Barack Obama renvoie à l'utilité de se battre, de militer, de revendiquer, de pousser les portes, de bousculer les obstacles.

Contraste saisissant. Martin Luther King prononça, le 28 août 1963, son discours, « *I have a dream* », sur les marches du Lincoln Memorial, situé à l'une des extrémités du *Mall* de Washington. Quarante-cinq années plus tard, pratiquement quatre-vingts ans jour pour jour après la naissance de Martin Luther King, Barack Obama prononça son discours d'investiture à l'autre extrémité de ce même *Mall*. Comme si le souffle puissant du pasteur avait permis de traverser ces quelques centaines de mètres pour porter au plus haut niveau l'idée d'une nation américaine réconciliée avec les principes qu'elle affichait.

Quelques mois avant l'élection d'Obama, les citoyens américains qui peinaient à penser que le pays était mûr pour une telle (r)évolution furent sans doute influencés, au-delà du talent personnel d'Obama, par toutes les graines que les militants pour l'égalité avaient semées depuis plus de deux siècles et qui germaient enfin.

En France aussi, elles germeront, sans avertir, sans prévenir.

Dominique Sopo est Président de SOS Racisme.

> Le gouverneur de New York démissionne parce qu'il a couché avec des prostituées. En France, il pourrait se faire élire au premier tour maire de Levallois. >

> Les Français sont moins accros aux antidépresseurs. Du coup, ils votent à gauche aux municipales. >

CHARLIE 2€ HEBDO

SARKOZY IMPOSE SON STYLE

UNE PENSÉE POUR BETANCOURT
LUZ

PARIS-DAKAR
La dernière croisade p. 2

RENCONTRE AVEC KEN LOACH
« C'est un monde libre, mais en guerre ! » p. 12

VŒUX DÉCOMPLEXÉS
...Y A QUELQU'UN QUI M'A DIT QUE VOUS EN CHIEREZ ENCORE...
CHARB.

ÉGYPTOLOGIE SARKOZYSTE
Les Ray-Ban du pharaon p. 3

INTÉGRISTES
Quand Jésus se gèle la croix p. 6

BENAZIR BHUTTO
Une étincelle au pays de la poudre p. 7

QUI A BUTÉ BHUTTO?
BRAVO ET MERCI!
CHARB.

T 05777 - 811 - F: 2,00 €

N° 811 • Mercredi 2 janvier 2008 • FRANCE MÉTRO : 2 € • DOM : 3 € • TOM: 620 F CFP • BEL : 2,30 € • CH : 4 FS • AND : 2 € • CAN : 4,90 $C • D : 3 € • GR : 2,90 € • LUX : 2,30 € • MAY : 3 € • NL : 3 € • PORT. CONT. : 3,25 € • ZONE CFA : 1800 CFA. Imprimé en France.

> Le Bhoutan met fin à la monarchie absolue. Encore une ville qui passe à gauche. >

CHARLIE 2€ HEBDO
CONFÉRENCE DE PRESSE
JE RÉPONDRAI À TOUTES LES QUESTIONS !
VOUS AVEZ L'HEURE ?
CHARB.
LES MINISTRES NOTÉS
Interro surprise pour les fayots de Sarko p. 2
KENYA
Le safari machette en plein essor p. 7
DAKAR 2008 p. 3
500 connards privés de ligne de départ
DES SDF SE PRÉSENTENT AUX MUNICIPALES p. 8
Un bulletin de vote pour rester propre
PÉTROLE CONTRE CROISSANCE
Vive le baril à 100 dollars ! p. 6
QU'EST-CE QU'ON DIT ?
ARRÊTONS LE DAKAR
BEN LADEN
N° 812 • Mercredi 9 janvier 2008 • FRANCE MÉTRO : 2 € • DOM : 3 € • TOM : 620 F CFP • BEL : 2,30 € • CH : 4 FS • AND : 2 € • CAN : 4,90 $C • D : 3 € • GR : 2,90 € • LUX : 2,30 € • MAY : 3 € • NL : 3 € • PORT. CONT. : 3,25 € • ZONE CFA : 1800 CFA. Imprimé en France.
T 05777 - 812 - F: 2,00 €

CHARLIE 2€ HEBDO
RADIN !
LE LANDAU EST PRÊTÉ PAR BOLLORÉ !
PRISE D'OTAGES À L'ASSEMBLÉE
La loi Dati tient les victimes p. 2
SARKOZY
Irradier plus pour gagner plus
COLOMBIE
3 otages de libres, 40 de coincés p. 7
SÉGOLÈNE ROYAL
Votre plus belle histoire, c'est moi
RÈGLEMENT DE COMPTES
Ambiance de chiottes à TF1
VILLEPIN AVOCAT :
T 05777 - 813 - F: 2,00 €

CHARLIE 2€ HEBDO
...ET LE POUVOIR D'ACHAT ?
AU PARADIS, VOUS POURREZ VOUS GOINFRER !
PIERRE ÉTAIX
Rencontre avec un clown invisible
LAÏCITÉ POSITIVE
Dieu, ministre d'ouverture p. 2
AREVA
Le Niger chauffé au nucléaire p. 7
THÉÂTRE
Les vagins tournés vers La Mecque
« CHARLIE » TÉMOIGNE
« Le Cauchemar de Darwin » en procès p. 15
PLAN BANLIEUE DE FADELA
T 05777 - 814 - F: 2,00 €

CHARLIE 2€ HEBDO
TRADER FOU ?
J'AI AGI SUR ORDRE DU DÉMON !
VENDEZ !
TF1
Jean-Marc SYLVESTRE
LUZ
KRACH BOURSIER
JÉRÔME KERVIEL COUPABLE ?
La conjuration des imbéciles
PLAN BANLIEUE
La tournante du gouvernement
RAPPORT ATTALI
Après la gauche caviar, la droite surimi
LE CHARTER DE LA SEMAINE
Noir et avocat, deux fois expulsable
RÉCHAUFFEMENT CLIMATIQUE
Tous les chemins ne mènent pas à Kyoto
T 05777 - 815 - F: 2,00 €

HORS-SÉRIE CHARLIE HEBDO « L'ADN EXPLIQUÉ À SARKOZY », EN KIOSQUES LE 20 FÉVRIER
CHARLIE 2€ HEBDO
MEETING 10 FÉVRIER
NATURALISONS AYAAN HIRSI ALI ! P. 2
Le droit au Bonheur
TON TEXTE
MERCI GUAINO
OUI

CHARLIE 2€ HEBDO
HORS-SÉRIE L'ADN EXPLIQUÉ À SARKOZY EN KIOSQUES LE 20 FEVRIER
ILS ONT VÉRIFIÉ L'INFO !
ÉLYSÉE
VSD
ENTREVUE
PUBLIC
VOICI
L'OBS
CLOSER
FŒTUS p. 3
De l'humanisation à l'interdiction de l'avortement
« CHAROGNARDS »
Faut-il défendre « Le Nouvel Obs » ?
GUYANE
Ces Français oubliés de la forêt
TCHAD
La France sécurise l'oléoduc américain
COMMERCE EXTÉRIEUR
L'alibi des 35 heures
OFFENSIVE DES REBELLES
T 05777 - 817 - F: 2,00 €

> Le magazine du FN, *Français d'abord*, cesse de paraître. Il ne reste plus que le journal de 13 heures de TF1. >

CHARLIE 2€ HEBDO
CALME-TOI, RICHE CON!
DÉTENTION DE SÛRETÉ
Un Guantanamo à la française
LAÏCITÉ
Votez génération Scientologie
REPORTAGE À L'ÎLE D'YEU
Le pays où la vie est plus chère
RUSSIE-SERBIE
La fraternité slave sent le gaz
EXPOSITION-RÉTROSPECTIVE
Les traits d'humeur d'Ettore Scola

CHARLIE 2€ HEBDO
MARION COTILLARD CONTESTE LE 11 SEPTEMBRE
LE CINÉMA C'EST 24 CONNERIES PAR SECONDE!
EN KIOSQUES
GRANDE DISTRIBUTION
Pas de promo sur le pouvoir d'achat des caissières
ENTRETIEN AVEC BERTRAND DELANOË
« Méfions-nous des vagues roses annoncées »
CONDITIONS CARCÉRALES
Comment mincir gourmand en prison
MUNICIPALES
Cabu fait son pèlerinage de Chartres
CANNABIS
Se droguer, ça s'apprend!

CHARLIE 2€ HEBDO
CHARLIE HEBDO
L'ADN EXPLIQUÉ À SARKOZY
EN KIOSQUES
POLITIQUE DE CIVILISATION
J'AI EU 2/20 EN "GUY MÔQUET"!...
ET MOI ZÉRO EN "SHOAH"!
SERVICE PUBLIC
Le cerveau disponible pour la télé sans pub
SIX ANS OTAGE DES FARC
Tristes bougies pour Ingrid
REPORTAGE EN ESPAGNE
L'Église en croisade contre les socialistes
AYAAN HIRSI ALI
L'Europe des mécréants se réveille
SÉRIE
Les Sarkozy gèrent la France
KOSOVO:
NAISSANCE D'UNE NATION
N° 818 • Mercredi 20 février 2008 • FRANCE MÉTRO : 2 € • DOM : 3 € • TOM : 620 F CFP • BEL : 2,30 € • CH : 4 FS • AND : 2 € • CAN : 4,90 $C • D : 3 € • GR : 2,90 € • LUX : 2,30 € • MAY : 3 € • NL : 3 € • PORT. CONT. : 3,25 € • ZONE CFA : 1800 CFA. Imprimé en France.
T 05777 - 818 - F: 2,00 €

CHARLIE 2€ HEBDO
EN ROUTE VERS LA DÉCHARGE
2e TOUR MUNICIPALE
PANAFIEU
MARINE LE PEN
PERBEN
CANADA
DARCOS
EN KIOSQUES
BETANCOURT
Les secrets de l'ordinateur du n° 2 des FARC
ESPAGNE
Les terroristes perdent les élections
LA BARRE DE FER AU POUVOIR
La victoire des anti-soixante-huitards
ENTRETIEN AVEC JOHNNY TO
Le cinéma de Hong Kong pas mort
ÉDITION
Les têtes pensantes devenues têtes de gondole

CHARLIE 2€ HEBDO
SARKO CHANGE DE STYLE:
SI ÇA NE MARCHE PAS, JE ME RETIRE À COLOMBEY-LES-DEUX-GOURMETTES!
EN KIOSQUES
REPORTAGE À LA GRANDE BORNE
Pouvoir d'achat: la banlieue en promo
PROCÈS DES CARICATURES
La laïcité et la démocratie ont gagné
TIBET
La Chine déjà championne olympique de tir
NI DROITE, NI GAUCHE...
SANTÉ PUBLIQUE
Plan handicap de Sarkozy: démerdez-vous!
RENCONTRE
Russell Banks, notre ami américain
PARTENAIRE de la Semaine de la presse

CHARLIE 2€ HEBDO
BEN LADEN MENACE LE PAPE
TU REDESSINES MA GUEULE DANS "CHARLIE HEBDO", JE T'EXPLOSE!
40 ANS APRÈS
De Mai 68 à 1 m 68
SARKOZY AUX HANDICAPÉS
Lève-toi et bosse!
RENCONTRE AVEC MARIO MONICELLI
Un pigeon, des monstres et quelques bourgeois
VIVE LES JO!
Mao de Coubertin
JO. DE PÉKIN:
ENTRETIEN AVEC ÉLISABETH DE FONTENAY
« Demander des droits pour les animaux fait partie de la politique »
L'ADN EXPLIQUÉ À SARKOZY
Hors-série en kiosques

> Le n° 2 d'Al-Qaida appelle à attaquer les intérêts juifs et américains. Il n'y a que les imbéciles qui ne changent pas d'avis. >

CHARLIE 2€ HEBDO
REPENTANCE AU PSG
TOUTES NOS EXCUSES AU PEUPLE CH'TI PÉDOPHILE, CHÔMEUR ET CONSANGUIN
CATHERINE
IDÉAL OLYMPIQUE
Le CIO, combien ça coûte ?
ISRAËL : L'IMPASSE DES LAMENTATIONS
Entretien avec Avraham Burg
FLAMME À PARIS :
JO
La Chine boycotte les droits de l'Homme
DETTE PUBLIQUE
Comment Fillon va dépouiller les Français
ENTENTE CORDIALE
My Europe is rich
ENTRETIEN AVEC SERGEI BODROV
Le réalisateur de « Mongol »
L'ADN EXPLIQUÉ À SARKOZY
Hors-série en kiosques

CHARLIE 2€ HEBDO
LE MESSAGE DE LA CHINE AUX DÉMOCRATIES
VA CHERCHER !
RISS
REVENU DE SOLIDARITÉ ACTIVE
Martin Hirsch, seul contre la rigueur
ÉCONOMIE
« La Princesse de Clèves » coûte trop cher
EN DIRECT D'ISTANBUL
Pas de voile sur la Turquie
LA BEAUTÉ EST DANS LA RUE !
ÉCOLOGIE
Bison Futé pour crapauds en rut
REPORTAGE
Wolinski à Bombay
CHARLIE HEBDO
RIEN À BRANLER
J -21

MANIFS DES LYCÉENS
On veut des profs, pas des CRS !
FONCTIONNAIRES
Comment on veut en faire des délateurs
ÉMEUTES DE LA FAIM
Nathalie Kosciusko-Morizet a tout compris
CHARLIE HEBDO
RIEN À BRANLER
J -14
CHARLIE 2€ HEBDO
LA CARTE FAMILLE NOMBREUSE MAINTENUE…
… ET ÉTENDUE AU CHARTER
CATHERINE

CHARLIE 2€ HEBDO
BIENVENUE CHEZ LÈCH'CUL
avec XAVIER BERTRAND LE BON ÉLÈVE DE SARKOZY
LUZ
FERMETURES DES HÔPITAUX
Allez vous soigner à Bricorama !
ITALIE
Silvio Academy, troisième saison
REPORTAGE À MOULOT, NIÈVRE
Le laboratoire de la rigueur gouvernementale
L'HOMMAGE
PRÊTRES PÉDOPHILES
Quand l'Église organisait des tournantes
THIERRY SAUSSEZ
La clef à molette de l'Élysée
CHARLIE HEBDO
RIEN À BRANLER
J -7

> 700 soldats français en renfort dans l'est de l'Afghanistan. Il y a enfin une chance que les talibans se convertissent à la blanquette de veau. >

FAC DE NANTERRE
40 ans après 68
CUISTOTS SANS PAPIERS
Une grève dans 6 m²
CHARLIE HEBDO
4€
1 FONCTIONNAIRE SUR 2
PAS REMPLACÉ...
...À MATIGNON...
...OU À L'ÉLYSÉE?

CHARLIE HEBDO
2€
40 ANS APRÈS MAI 68
JOUISSEZ SANS ENTRAVES!
CE SOIR, JE ME TAPE 2 BOÎTES DE SARDINES!
REPORTAGE À BOBIGNY
Lycéen de banlieue, redouble ton bac d'abord!
GRAND BOND EN AVANT
Le bouddhisme, discipline olympique
ÉLECTIONS AMÉRICAINES
Obama piégé par la « laïcité positive »
TOUT DOIT DISPARAÎTRE
Le Pen aux enchères
IMMOBILIER DURABLE
Visitez l'éco-maison de Joseph Fritzl
RISS

Le film sur l'affaire des caricatures en sélection officielle
CHARLIE HEBDO
2€
CHARLIE MONTE LES MARCHES À CANNES
ON PEUT JAMAIS ÊTRE TRANQUILLE!
LUZ

CHARLIE HEBDO
2€
INDIANA JONES ET LE CRÂNE DE CRISTAL
JE SUIS CANDIDATE À LA CANDIDATURE DU PS...
« CHARLIE » À CANNES
Ben Laden, excusé, n'a pas monté les marches
JEU VIDÉO: GTA IV
L'ascenseur social est en panne? Prenez le bazooka social...
COTE D'AMOUR
Sarkozy ne fait plus bander l'UMP
LIBAN
Hezbollah, le parti du chaos
CATHY GUETTA ÉCRIT SA VIE
La platine de Proust

CHARLIE HEBDO
2€
VIVE LE LIBÉRALISME!
DELANOË DÉLOCALISE EN ROUMANIE L'USINE À PERDRE
LA FIN DU PÉTROLE
Comment vivre sans essence
SARKOZY ANIMATEUR DE RADIO
AFRIQUE DU SUD
Ratonnades dans les townships
RETRAITES
Les réformes qui vident les caisses
MENOTTAGE ABUSIF
Les Rambo de Sarko
RÉFORME DES INSTITUTIONS
De Villiers sabre le champagne
LES FARC PARTENT EN COUILLES
TRAÎTRES! VOUS SEREZ TOUS FUSILLÉS!
RISS
N° 832 • Mercredi 28 mai 2008 • FRANCE MÉTRO : 2 € • DOM : 3 € • TOM : 620 F CFP • BEL : 2,30 € • CH : 4 FS • AND : 2 € • CAN : 4,90 $C • D : 3 € • GR : 2,90 € • LUX : 2,30 € • MAY : 3 € • NL : 3 € • PORT. CONT. : 3,25 € • ZONE CFA : 1800 CFA. Imprimé en France.
T 05777 - 832 - F: 2,00 €

> 1082 tués en Irak durant le seul mois de mars. En France, on appellerait ça une hécatombe. En Irak, on appelle ça une giboulée. >

CHARLIE HEBDO
2€
LA BÉTONNIÈRE RECRACHE PPDA
TF1
BOUYGUES
LUZ
HILLARY SE RALLIE À OBAMA.
MÉTISSAGE
Obama lave plus blanc
GAUCHE
Besancenot vampirise le PS
EURO 2008
Bière, flics, beaufs et foot
CHAUVINISME
Vive les plaques minéralogiques libres !
CHINE
Les barrages aux pieds d'argile
RACHIDA LA PLEUREUSE DES PRISONS
À CAUSE DES SOCIALISTES, J'AI MOUILLÉ MON DIOR !
T 05777 - 834 - F: 2,00 €

CHARLIE HEBDO
2€
LA MARIÉE N'ÉTAIT PAS VIERGE
L'EMBALLAGE ÉTAIT OUVERT.
RISS.
SERVICE PUBLIC
Qui veut la peau de France Télévisions ?
ÉTRANGERS MALADES
Les charters sanitaires du Dr Sarko
QUÉBEC
Comment accommoder les maudits immigrés
PRIX UNIQUE DU LIVRE
L'UMP contre la hausse du baril de culture
MARIAGE ANNULÉ
Charia chez les Ch'tis
FOURNIRET CONDAMNÉ À LA "PERPÉTUITÉ PERPÉTUELLE"

CHARLIE HEBDO
2€
PRÉSIDENCE FRANÇAISE
"MON PROGRAMME POUR L'EUROPE"...
DIOR
PRADA
ROLEX
CHANEL
HERMÈS
GUCCI
YSL
VUITTON
DUPONT
WESTON
PATEK PHILIPPE
DOLCE GABBANA
Jul.

CHARLIE HEBDO
2€
VINCENNES
LES IDÉES D'HORTEFEUX PARTENT EN FUMÉE
FN
RISS.
LE FEUILLETON DE L'ÉTÉ
Les aventures du petit Christian, par Blutch
REPORTAGE AU PORT DU GUILVINEC
Les marins pêcheurs entre deux eaux
BAVURES POLICIÈRES
La déontologie enterrée au fond du jardin
EN DIRECT DE COPENHAGUE
Bienvenue au Marathon de la masturbation
TOI MA CAME

> Catholicisme : c'est étonnant qu'une religion qui a inventé le bénitier si tôt ait mis autant de temps à inventer le bidet. >

CHARLIE 2€ HEBDO
SÉGOLÈNE CAMBRIOLÉE
1
2
3
4
C'EST LE FACTEUR !
LUZ
ASSURANCE MALADIE
Après les sans-papiers, les sans-santé
REPORTAGE À BÉZIERS
Camps de Roms : poubelle la vie
PUB GOUVERNEMENTALE
Exclusif, les spots inédits !
ZIMBABWE
Mugabe invente le multipartisme unique
LE FEUILLETON DE L'ÉTÉ
Le petit Christian, par Blutch
IMMIGRATION : LE NOUVEAU DRAPEAU EUROPÉEN

CHARLIE 2€ HEBDO
MERCI MON DIEU !
DE RIEN, INGRID !
CHARB.
IMMIGRATION CHOISIE
Ailleurs, les barbelés sont plus verts
JUSTICE
Outrage aux bonnes mœurs policières
COLOMBIE
Désarmer les FARC pour armer la gauche
SESSION EXTRAORDINAIRE
Pour un Parlement qui se lève tôt
PORTRAIT
Joseph Strick, l'œil sauvage de Hollywood

CHARLIE 2€ HEBDO
UNION POUR LA MÉDITERRANÉE
QUI EST CONTRE ?
RISS
GARDEN-PARTY DE L'ÉLYSÉE
Le retour de la France qui compte
REPORTAGE EN ARCTIQUE
Le réchauffement climatique, préliminaire à une guerre froide
TRAVAIL, FAMINE, PARTI
Voyage dans la Chine qui se lève tôt
ENTRETIEN AVEC JOE DANTE
Le caricaturiste d'Hollywood
LE FEUILLETON DE L'ÉTÉ
Le petit Christian, par Blutch
SARKOZY SERA AUX JO

CHARLIE 2€ HEBDO
INVASION DE MÉDUSES
PAS UNE VOIX N'A MANQUÉ À LA MAJORITÉ POUR LE VOTE DU CONGRÈS.
RISS
CENTRE DE RÉTENTION DE VINCENNES
LI-BER-TÉ !
Six mois de fournaise avant l'incendie
REPORTAGE CHEZ GOODYEAR DUNLOP
Dernier round avant l'implosion syndicale
CENTRALE DU TRICASTIN
Sea, sex and uranium
ENTRETIEN AVEC ANTONIO TABUCCHI
« Berlusconi a déstructuré l'État »
LE FEUILLETON DE L'ÉTÉ
Les aventures du petit Christian, par Blutch
LE PEN PARRAIN DE LA FILLE DIEUDONNÉ

AFFAIRE SINÉ : PHILIPPE VAL DIT TOUT
CHARLIE 2€ HEBDO
KARADZIC A CHANGÉ
JE PRÊCHE LE GÉNOCIDE PAR LES PLANTES
EN DIRECT DE LA CHINE
Les cocus de la croissance s'organisent
REPORTAGE EN ARCTIQUE
Pas de drapeau blanc pour l'ours blanc
IDÉAL OLYMPIQUE
Les gonzesses au vestiaire!
AFRIQUE DU SUD
La Chine s'est éveillée, elle fait la grasse matinée en Afrique
ARNAUD MONTEBOURG
Le coq de Bresse en mal de poulailler
LE FEUILLETON DE L'ÉTÉ
Les aventures du petit Christian, par Blutch
FESTIVALS
SOS CIGALES

CHARLIE 2€ HEBDO
SARKOZY AUX J.O
MOI PAS ATHLÈTE MOI PRÉSIDENT
CONTRÔLE ANTI-DOPAGE POUR ÉTRANGERS
ÉQUIPE DE FRANCE
REPORTAGE AU TRICASTIN
Le nucléaire, du berceau au tombeau
PÉKIN 2008
Quand l'idiot montre l'idéal olympique, le sage lui fait un doigt
SCIENCES
Pour un antiracisme sans ADN
RACHIDA TV
Cendrillon lance sa télé pour ne pas finir citrouille
LE FEUILLETON DE L'ÉTÉ
Les aventures du petit Christian
VOUS AVEZ AIMÉ LA CÉRÉMONIE D'OUVERTURE ?

CHARLIE 2€ HEBDO
OBAMA VEUT RASSURER L'ÉLECTORAT BLANC
JE VOUS PRÉSENTE MON COLISTIER!
ÇA NE MARCHERA JAMAIS...
RÉFORME SCOLAIRE
Une blouse pour l'élève, une soutane pour l'instit
ÉLECTION AMÉRICAINE
Jean-Luc Hees sur la route de Washington
CHINE
Shangri-La, la ville où Bouddha a des oreilles de Mickey
SIDA
La circoncision plutôt que la capote
JO
Les sportifs Lagardère ont tout raté
Centrale du Tricastin : ENCORE UNE FUITE !
ON N'AURAIT PAS OUBLIER LES AOÛTIENS !
N° 845 · Mercredi 27 août 2008 · FRANCE MÉTRO : 2 € · DOM : 3 € · TOM : 620 F CFP · BEL : 2,30 € · CH : 4 FS · AND : 2 € · CAN : 4,90 $C · D : 3 € · GR : 2,90 € · LUX : 2,30 € · MAY : 3 € · NL : 3 € · PORT. CONT. : 3,25 € · ZONE CFA : 1800 CFA. Imprimé en France.
T 05777 - 845 - F: 2,00 €

CHARLIE 2€ HEBDO
LA MONTÉE DU BOUDDHISME
JE SUIS HEUREUSE D'ACCUEILLIR LA 4e RELIGION DE FRANCE...
...APRÈS LE FOOTBALL, LE RACISME ET LA FRAUDE FISCALE !
DROITS DE L'HOMME
7 bonnes raisons d'accorder les JO à la France en 2016
GÉORGIE-RUSSIE
La guerre du pétrole ne respecte pas la trêve olympique
CIRCUITS TOURISTIQUES
Les charniers attirent les mouches en short
ÉLECTIONS AMÉRICAINES
Jean-Luc Hees voudrait être un Noir
EMBALLER À LA PLAGE
Petit manuel de drague scientifique
CHINE
Frankenstein fait du basket

> Une entreprise condamnée pour avoir licencié un transsexuel. Il faut dire qu'il prenait des congés de maternité et des congés de paternité. >

CHARLIE HEBDO
2€
RÉCESSION
PRÉPAREZ-VOUS À NAGER DANS LA MERDE!
LUZ
RUSSIE-GÉORGIE
Mon dessous des cartes, par Vladimir Poutine
HÔPITAL PUBLIC
Les conducteurs de Porsche en grève
ÉLECTIONS AMÉRICAINES
1968 : sous les pavés, l'Amérique
VACANCES
Ruée de Rolex sur les séjours dix étoiles
CHINE
Les réfugiés du Sichuan, médaille d'or de surf sur boue
KOUCHNER ZAPPE LE TIBET
T 05777 - 844 - F: 2,00 €

CHARLIE HEBDO
2€
LA SEMAINE PROCHAINE NUMÉRO « SPÉCIAL PAPE » 24 pages, 2 euros
I HAVE A DREAM
LE CAUCHEMAR N'EST PAS TERMINÉ
OBAMA '08
LA ROCHELLE 2008
LE RSA EST-IL DE GAUCHE?
Sarko le Bolcho
I LOVE AMERICA
Jean-Luc Hees et Riss à Denver
DES SANCTIONS CONTRE LA RUSSIE?
BUREAUCRATIE DE DROITE
Kafka, nouveau ministre d'ouverture
LA CAMORRA
Le vol du peuple par le peuple
RENTRÉE
Cavanna pèse le cartable des écoliers
T 05777 - 846 - F: 2,00 €

CHARLIE HEBDO
2€
DIEU N'EXISTE PAS!
LE FUMIER! JE M'EN DOUTAIS!
NUMÉRO SPÉCIAL PAPE
CHARB.
T 05777 - 847 - F: 2,00 €

CHARLIE HEBDO
2€
11 SEPTEMBRE
BIGARD DIT LA VÉRITÉ
AUCUN NEURONE NE S'EST JAMAIS ÉCRASÉ ENTRE MES DEUX OREILLES!
CHARB.
PRIVATISATION DE LA POSTE
Les hyènes attaquent le facteur
J.-L. HEES ET RISS EN AMÉRIQUE
Faut-il se méfier de l'électeur américain ?
BUREAUCRATIE DE DROITE
Les ronds-de-cuir chez le marquis de Sade
Souvenir de Paris
ENTRETIEN AVEC AGNÈS JAOUI
« J'ai essayé le militantisme, après deux tracts, j'ai arrêté à vie »
T 05777 - 848 - F: 2,00 €

> Six enfants frappés par la foudre près d'Avignon alors qu'ils jouaient au foot. Et hop ! Ça fait six Ribéry d'un coup ! >

CHARLIE 2€ HEBDO
SAUVEZ LES BANQUES AVEC LE BANCOTHON
200000000€
BONUS-MALUS
Taxe sur les couverts en plastique jetables
C'est con, avec tous ces lieux à pique-nique !
Pollueurs-payeurs, la taxe à deux vitesses
CRISE FINANCIÈRE
Confiance, croyance et foi dans le marché
ÉLECTIONS AMÉRICAINES
McCain sort l'artillerie lourde contre les médias
RECHERCHE
Massacre de macaques à Strasbourg
« ENTRE LES MURS »
Il faut sauver l'élève Suleyman
EDVIGE SCINDÉ EN TROIS FICHIERS
www.charliehebdo.fr
T 05777 - 849 - F: 2,00 €

CHARLIE 2€ HEBDO
40.000 CHÔMEURS DE PLUS !
DES RENFORTS POUR L'AFGHANISTAN
ÉLECTIONS AMÉRICAINES
Après le dollar, le déluge
COÛT DES EXPULSIONS
L'addition très salée de l'immigration choisie
JUSTICE PÉNALE
Les directeurs de prison mettent Dati au mitard
REPORTAGE
Vendre la peau de l'Ukraine avant de l'avoir tuée
DÉSIRS D'AVENIR
Toute la musique qu'on aime, elle vient de Ségolène
PROCÈS PÉAN
800 000 menteurs dans les charniers du Rwanda !

LA SEMAINE PROCHAINE, NOS SOLUTIONS POUR LA CRISE, NUMÉRO SPÉCIAL 24 PAGES !
CHARLIE 2€ HEBDO
LE MEILLEUR SYSTÈME DE SANTÉ EST AMÉRICAIN !
700 MILLIARDS POUR REFAIRE LES DENTS DE WALL STREET
CRISE FINANCIÈRE
Sachons reconnaître les excès du capitalisme
REPORTAGE EN UKRAINE
Kostopil : du PC, faisons table rase
ÉLECTIONS AMÉRICAINES
Le débat auquel vous avez échappé
ISLAM
La prison, école de la prière
VISITE
Salon de l'autodébile 2008
www.charliehebdo.fr

CHARLIE 2€ HEBDO
NOS SOLUTIONS POUR LA CRISE NUMÉRO SPÉCIAL 24 PAGES !
LE NOUVEAU LOOK DES BANQUIERS
POUR RÉTABLIR LA CONFIANCE !

CHARLIE 2€ HEBDO
CRISE
LE PLAN SŒUR EMMANUELLE
TOUS AU PARADIS FISCAL !
REPORTAGE
Les nuits chaudes de Kaboul
MESRINE
L'homme qui murmurait « non » à l'oreille de la France giscardienne
CRISE FINANCIÈRE
Demain qui pleure ou demain qui rit ?
ETATS-UNIS
Au pays de Joe le plombier, McCain vote Obama
ET SI OBAMA GAGNE, NUMÉRO SPÉCIAL

> Une Ch'ti de 17 ans mannequin chez Elite. À la différence de Kate Moss, elle, elle sniffe du maroilles. >

OUI, LE TASER A DÉJÀ TUÉ
La preuve scientifique
REPORTAGE
Nue sous la burqa à Kaboul
INTERVIEW
Oliver Stone retire le nez rouge de Bush
HORS-SÉRIE CAVANNA RACONTE CAVANNA EN KIOSQUES LE 5 NOVEMBRE
CHARLIE HEBDO 2€
Rachida bientôt maman

VENDREDI 7 NOVEMBRE, NUMÉRO SPÉCIAL ÉLECTION AMÉRICAINE, 8 PAGES, 1 EURO
NOUVEAU CHARLIE HEBDO CAVANNA RACONTE CAVANNA EN KIOSQUES
CHARLIE HEBDO 2€
WHAT ELSE ?
Cabu

CHARLIE HEBDO 2€
NOUVEAU CHARLIE HEBDO CAVANNA RACONTE CAVANNA EN KIOSQUES
SÉGOLÈNE CANDIDATE ÉTERNELLE
PROCÈS
Polémique clitoridienne
REPORTAGE À LYON
Mon voisin a fait Ground Zero dans son jardin
ÇA COMMENCE !
RDC
Manquerait plus que Mobutu revienne !
REPORTAGE À BOMBAY
Quand Dieu frappe à la porte, les murs explosent
NUMÉRO SPÉCIAL OBAMA
toujours en vente
www.charliehebdo.fr
É-TER-NELLE !

CHARLIE HEBDO 2€
HORS-SÉRIE CHARLIE HEBDO CAVANNA RACONTE CAVANNA EN KIOSQUES
PS LE RETOUR DE L'ULTRA-GAUCHE
LA FRANCE PÈTE DE TROUILLE
Ultra-gauche attacks !
HOMOPHOBIE
La justice décide que les homos restent des pédés
PATRICK PELLOUX
En direct du SAMU
REPORTAGE
En Iran avant les bombardements
www.charliehebdo.fr
Riss

> La gauche perd les municipalités de Rome et de Londres. Heureusement, elle garde les villes de Paris et de Pyongyang. >

CHARLIE HEBDO
2€
SAUVEZ UN SDF
RÉCHAUFFEZ-LE AVEC VOTRE TASER !
RISS
Offert dans le prochain numéro, le CD «CHARLIE HEBDO saute sur Noël et bouffe le jour de l'an». L'équipe de «Charlie» massacre Noël en chansons.
T 05777 - 859 - F: 2,00 €

PARTI SOCIALISTE
Poitou-Charentes contre Nord-Pas-de-Calais
JUSTICE
Les magistrats crient « Potemkine! »
RWANDA
L'enquête à la machette du juge Bruguière
HORS-SÉRIE
CHARLIE HEBDO
EN KIOSQUES
CHARLIE HEBDO
2€
GÂTÉ !

CARNETS SECRETS
Les vrais écrits d'Yves Bertrand
L'AGRIF CONTRE «CHARLIE»
L'antifascisme est un racisme
EN DIRECT D'ATHÈNES :
La jeunesse grecque transformée en moussaka
CHARLIE HEBDO
2€
ADIEU LA PUB
ADIEU DERRICK
Adieu Service Publik!
CHARB.
N'OUBLIEZ PAS LE NUMÉRO 860 AVEC LE CD «CHARLIE SAUTE SUR NOËL», TOUJOURS EN KIOSQUES

CENTRES DE RÉTENTION
Le Guide du sans-papelards
« HAPPY NEW YEAR, LOSERS! »
Entretien avec Werner Herzog
PLAN MÉDIAS
Rama Yade, la figurante en trop
CHARLIE HEBDO
2€
VACANCES AU BRÉSIL
Bonnes fêtes à tous les Français !
N'OUBLIEZ PAS LE NUMÉRO 860 AVEC LE CD «CHARLIE SAUTE SUR NOËL», TOUJOURS EN KIOSQUES

ISRAËL-PALESTINE
Que faire de Gaza après sa destruction ?
BRACELET ÉLECTRONIQUE
La prison attachée à la cheville
GRANDE-BRETAGNE
Offensive contre la charia sauce à la menthe
UNE BAGAGERIE POUR SDF
Fini le boulet des sacs plastique
CHARLIE HEBDO
2€
JE RÉGLERAI LE CONFLIT ISRAÉLO-PALESTINIEN AVANT LE DESSERT !
LUZ

> Sarkozy critique violemment Chirac. Après avoir tiré sur une ambulance, il s'en prend à un pacemaker. >

OFFERT DANS CE NUMÉRO, LE CD « CHARLIE HEBDO SAUTE SUR NOËL ET BOUFFE LE JOUR DE L'AN ».
CAVANNA, CABU, MANO SOLO, CHARB, WOLINSKI, BALASKO, BENABAR, PELLOUX, VAL, ONCLE BERNARD, PATRICK MILLE, LUZ... MASSACRENT LES FÊTES EN CHANSONS.
CHARLIE HEBDO
2€
UN NOËL DE CRISE
LA PORTE !
LUZ

> 24 % de la population israélienne vit en dessous du seuil de pauvreté. « Si on avait su, on serait restés chez Pharaon, il ne payait pas si mal. » >

2009

> Le nouveau parti de Besancenot devait s'appeler le NPAAAAA, mais le Syndicat des andouillettes a menacé de porter plainte. >

Bernard Maris

Sarko s'agite

Ah… On s'en souviendra, de 2009 ! 2001, les Twin Towers, 2011, DSK la bête en rut, mais 2009, la crise ! La super crise, conséquence de la chute de Lehman Brothers, la vieille pute et prétendue banque d'affaires américaine, qui vendait de la daube ou du rat en sauce comme le dernier des mercantis roms reconverti dans la cuisine chinoise. Donc la France est en crise. Sarko nous le claironne tous les jours : c'est la crise ! Chômage ? La crise ! Baisse du pouvoir d'achat ? La crise ! Sarko s'agite, réunit des G-machin, tempête contre le système financier irresponsable ! À force de crier, il fait un malaise vagal. La crise mondiale a bon dos, elle permet de faire oublier la politique intérieure, qui matraque à qui mieux mieux. Les prisons françaises se remplissent, les lois s'empilent pour éviter les récidives, les fous sont pénalisés, les juges secoués, les avocats maltraités. En 2009 est inventé le « délit de solidarité ». Le délit de résistance à l'oppression policière ; si vous aidez un sans-papiers, coupable ! La France est fière d'avoir inventé le délit de solidarité.

Tiens ! voilà l'affaire Clearstream. Sarko déclare qu'il pendra à un croc de boucher les salopards qui ont inscrit son nom sur la liste infamante. De Villepin répond qu'il est une victime.

Mais la crise continue. En Guadeloupe et en Martinique, des tas de gens se mettent en grève, défilent dans les rues, réclament du pognon à un État central qui leur en donne déjà pas mal. Vont-ils faire sécession ? Sarko tremble. De Villepin serait-il à l'origine de la sédition ?

Pendant la crise, la réforme libérale bat son plein ! C'est au tour des enseignants de déguster. Du coup, les profs se mobilisent contre Darcos, ça défile beaucoup dans les rues de Paris. Soudain, un Boeing d'Air France reliant Paris et Rio s'écrase en plein océan… Encore de Villepin, le Ganelon plus Ganelon que Besson… Riss a le malheur de se moquer de l'accident, mais on ne rit pas avec le malheur, monsieur : et Frédéric Lefebvre l'inénarrable en appelle au boycott de *Charlie.*

2009, c'est aussi le sommet de Copenhague sur le réchauffement climatique, qui a la particularité d'être encore plus inutile que les autres. C'est tout de même pas en pleine crise que vous allez limiter les émissions de gaz à effet de serre, bande de néandertaliens ! Et pourquoi pas limiter la croissance, tant que vous y êtes !

Mais le plus drôle fut l'affaire de la grippe H1N1. Françaises, Français, on va vous vacciner. Et notre ministre Bachelot de se faire vacciner en direct et de commander des dizaines de millions de doses de vaccins, pour vacciner une population qui n'en a plus besoin : le virus s'est barré. D'ailleurs, il a muté, les vaccins ne servaient à rien. C'est le principe de précaution poussé à l'absurde, et l'une des plus belles gabegies de ce quinquennat qui en compte pas mal.

Enfin, s'il est un événement qui doit gonfler nos paupières et nos cœurs, un événement qui entraîna la décision de Carla et Nicolas, en larmes, de faire un baby, ce fut la mort de Michael Jackson, Bambi, notre Bambi mondial… Carla, Nicolas et *Charlie* ne seront plus les mêmes avant et après Michael Jackson.

Bernard Maris est économiste, chroniqueur à France Inter et à *Charlie Hebdo.*

> Le Loto plus cher aux Antilles qu'en métropole. À cause du prix du transport du pognon du gagnant. >

> Le FN doit trouver 6,3 millions d'urgence pour rembourser un prêt. Ils ont fait appel à Indiana Jones pour retrouver le trésor des nazis. >

GAZA
La colombe, le faucon et le vrai con
LA MÉTHODE À CABU
Pour dessiner à Guantanamo
REPORTAGE
Au milieu des fans de Dieudonné
CHARLIE HEBDO
2€
LA TÉLÉ VA CHANGER LES HABITUDES DES FRANÇAIS
FINIR LA VAISSELLE ET PISSER AVANT 20H35
cabu
T 05777 - 864 - F: 2,00 €

> Manif de charmeurs de serpents en Inde. Les serpents criaient : « CRS = SSSSSSS ! » >

GRÈVES
L'UMP veut libérer les otages
NÉGATIONNISME
Dieudonné XVI et Benoît M'Bala M'Bala
REPORTAGE À KINSHASA
Comment gagner 1 dollar par jour
CHARLIE 2€ HEBDO
45 000 NOUVEAUX CHÔMEURS
OÙ VA-T-ON LES METTRE ?
...DANS TON CUL, FILLON !
LUZ

SUPPLÉMENT DE 8 PAGES : LES AFFICHES POUR LA MANIF DU 17 JANVIER CONTRE LES RÉFORMES DARCOS
CHARLIE 2€ HEBDO
ENCORE UNE ÉCOLE DÉTRUITE À GAZA
AMATEURS !
DARCOS DÉMISSION !
CHARB.

OBAMA
Trop beau pour être vrai ?
REPORTAGE À SARCELLES
Pas de roquettes entre keffiehs et kippas
GAZA
La paix et que ça saute !
CHARLIE 2€ HEBDO
OBAMA FAIT PEUR
IL VA NOUS FOUTRE AU CHÔMAGE !

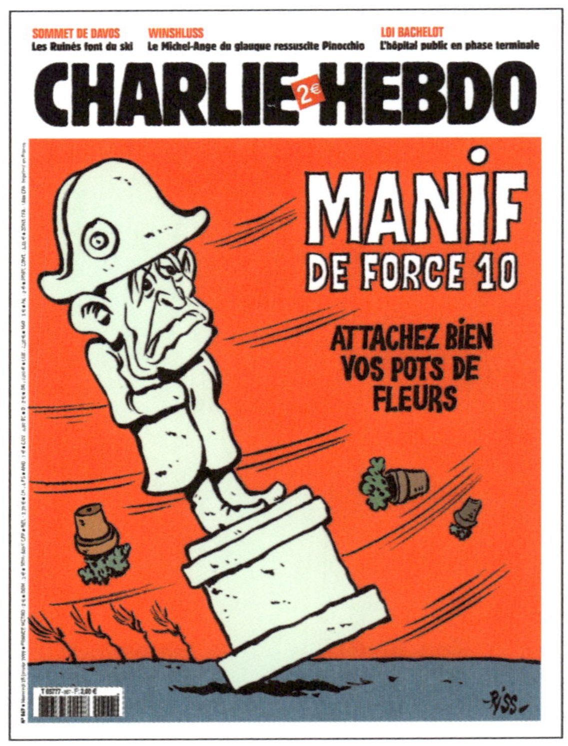
SOMMET DE DAVOS
Les Ruinés font du ski
WINSHLUSS
Le Michel-Ange du glauque ressuscite Pinocchio
LOI BACHELOT
L'hôpital public en phase terminale
CHARLIE 2€ HEBDO
MANIF DE FORCE 10
ATTACHEZ BIEN VOS POTS DE FLEURS

> L'Oréal veut réduire ses effectifs. L'entreprise ne remplacera qu'un bigoudi sur deux. >

CRISE FINANCIÈRE
Les protectionnistes d'abord!
REPORTAGE AU NPA
Il est né le divin enfant de Besancenot
RUSSIE
Pas de récession pour les assassinats politiques
ESSAIS NUCLÉAIRES
150 000 irradiés pour la France
CHARLIE 2€ HEBDO
le Pape et l'évêque négationniste
C'EST LA Sᵀ VALENTIN!
cabu

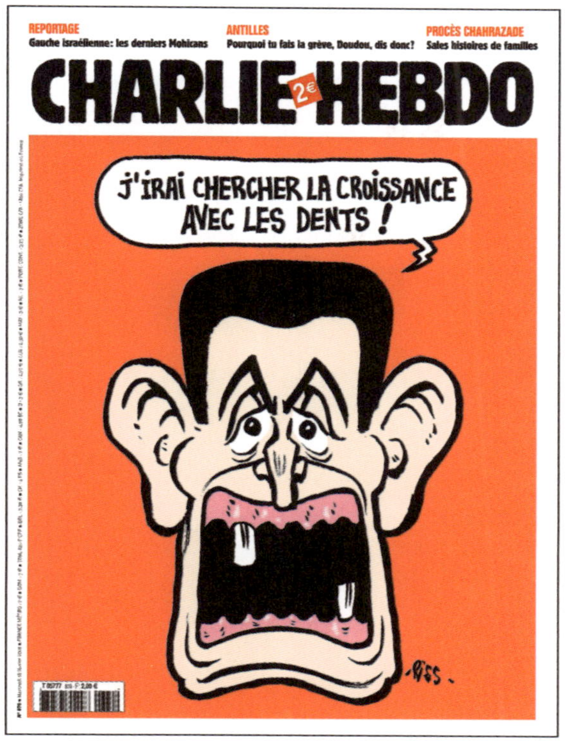
REPORTAGE
Gauche israélienne: les derniers Mohicans
ANTILLES
Pourquoi tu fais la grève, Doudou, dis donc?
PROCÈS CHAHRAZADE
Sales histoires de familles
CHARLIE 2€ HEBDO
J'IRAI CHERCHER LA CROISSANCE AVEC LES DENTS!

VOTRE ARGENT
Journal d'un économiste en crise
COLONNA
De berger tueur à bouc émissaire
JOURNÉE DE LA FEMME
Hortefeux mâle dominant
CHARLIE 2€ HEBDO
BRÉSIL
9 ANS, VIOLÉE, AVORTÉE...
EXCOMMUNIÉE!
cabu

EN CADEAU!
La Rolex de Séguéla
RECHERCHE
Manuel de survie pour naturaliste
AZF
La fumée du procès
REPORTAGE EN ISRAËL
Ariel, colonie géante
CHARLIE 2€ HEBDO
SARKOZY BIENTÔT EN GUADELOUPE
VIVE LE QUÉBEC LIBRE!
LUZ

> La preuve que Dieu n'existe pas : il n'y a jamais de tsunami au moment de l'Enduro du Touquet. >

MOUVEMENT DES UNIVERSITÉS
Les chercheurs en ont ras la cornue
GUADELOUPE
1967 : un massacre sous le tapis
REPORTAGE DANS LE VAR
Big Brother is watching que dalle
CHARLIE 2€ HEBDO
LA TENTATION PROTECTIONNISTE
POURQUOI CHERCHER AILLEURS CE QU'ON PEUT TROUVER CHEZ NOUS ?
RISS.

TÉLÉCHARGEMENT
Quand c'est gratuit, qui paye ?
ÉLECTIONS EUROPÉENNES
FN : tête haute, chairs flasques
REPORTAGE
Les jeunes clubbers avec Karoutchi
CHARLIE 2€ HEBDO
LES FRANÇAIS DANS LA RUE
Ā LA RUE !
BIEN !
CHARB.

PRÉSERVATIF, IVG, NÉGATIONNISME…
Excommunions le pape !
REPORTAGE À BRIGNAIS
Deux ans de loyer pour cadavre oublié
STATISTIQUES ETHNIQUES
Dans quelle cage êtes-vous ?
CHARLIE 2€ HEBDO
SARKOZY, T'ES FOUTU, LE MEDEF EST DANS LA RUE !
NOS STOCK-OPTIONS
cabu

SOMMET DU G20
Assaut sur les paradis fiscaux
BONUS ET STOCK-OPTIONS
Gavage des oies du CAC 40
CONFÉRENCE DURBAN 2
Contre le racisme et pour l'homophobie
CHARLIE 2€ HEBDO
COMMENT RÉFORMER LE CAPITALISME…
RISS.

ENSEIGNANTS-CHERCHEURS
La Princesse de Clèves est dans la rue
VIOLENCES POLICIÈRES
Michèle Alliot-Marie n'a rien vu
CHARLIE 2€ HEBDO
NOUVEAU HORS-SÉRIE
PÂQUES
BENOÎT XVI CONTRE LA CRISE
VENDEZ DUREX, ACHETEZ ROLEX !
LUZ

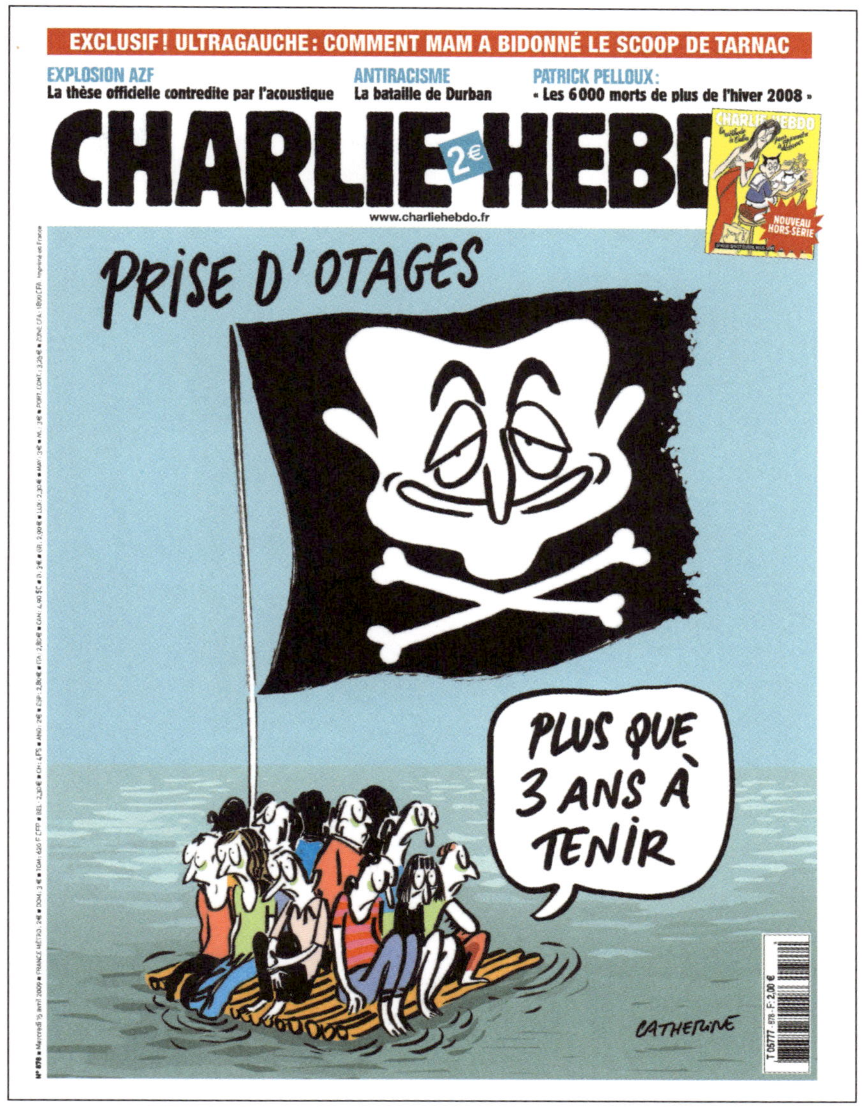
EXCLUSIF ! ULTRAGAUCHE : COMMENT MAM A BIDONNÉ LE SCOOP DE TARNAC
EXPLOSION AZF
La thèse officielle contredite par l'acoustique
ANTIRACISME
La bataille de Durban
PATRICK PELLOUX :
« Les 6000 morts de plus de l'hiver 2008 »
CHARLIE 2€ HEBDO
www.charliehebdo.fr
NOUVEAU HORS-SÉRIE
PRISE D'OTAGES
PLUS QUE 3 ANS À TENIR
CATHERINE

LOI BACHELOT
Les hôpitaux dans la rue
ENTRETIEN AVEC JACK LANG
« L'embargo sur Cuba levé sous six mois »
PROCÈS AZF
Cachez ce son que je ne saurais ouïr
CHARLIE 2€ HEBDO
FESTIVAL DE DURBAN
AHMADINEJAD
dans
LES MONOLOGUES DU CRÉTIN

GRIPPE PORCINE
Pelloux prend votre température
LES LICENCIÉS OUBLIÉS DU JT
Reportage en Isère
RÉVÉLATION
Le lobbying d'Areva pour l'uranium du Niger
CHARLIE 2€ HEBDO
menteurs, délateurs...
IMMIGRÉS ! DEVENEZ DE BONS FRANÇAIS...
TÉMOIGNAGE EXCLUSIF
« Besson ment, j'ai été condamné pour délit de solidarité »
Signez la pétition de Charlie pour l'abrogation de l'article L. 622-1 du Code pénal (voir page 3).
Ont déjà signé : Martine Aubry, Josiane Balasko, Azouz Begag, Marie-George Buffet, Bertrand Delanoë, François Goulard, François Hollande, Arnaud Montebourg, Jean-Michel Ribes, Dominique Sopo, Les Têtes Raides...
...COMME BESSON

> Les saumons sont de retour dans la Seine. L'avantage, c'est qu'avec la pollution ils sont déjà fumés. >

POURQUOI PHILIPPE VAL QUITTE « CHARLIE »
CHARLIE 2€ HEBDO
www.charliehebdo.fr
CONTRÔLÉ POSITIF À LA COCAÏNE
Moi, CONTRÔLÉ?
PÉTITION CONTRE LE DÉLIT DE SOLIDARITÉ
DÉJÀ 12 000 SIGNATURES!
LUZ
T 05777 - 882 - F: 2,00 €

GRIPPE A
Le meilleur vaccin: la recherche
SORTIR DU NUCLÉAIRE
Les droits de la défense entravés
CHARLIE 2€ HEB
5 000 SIGNATURES EN 5 JOURS
2 ANS
BON ANNIVERSAIRE LES LÈCHE-CULS!
CHARB.

VAL À FRANCE INTER
Oui, mais à quel poste?
JUSTICE L'enquête financière qui menace la Scientologie
CHARLIE 2€ HEBD
PÉTITION CONTRE LE DÉLIT DE SOLIDARITÉ DÉJÀ 16 000 SIGNATURES!
EXAMEN RATÉ?
JE L'AURAI EN SEPTEMBRE...
CATHERINE

ARMES NON LÉTALES
L'art de frapper sans buter
FACS
Fillon fait passer les examens
CHARLIE 2€ HEBD
PÉTITION CONTRE LE DÉLIT DE SOLIDARITÉ 18 000 SIGNATURES!
SARKOZY
JE TE VOIS

> Les médecins déclarent les antennes-relais inoffensives. Ça dépend toutefois d'où on se met l'antenne. >

ENQUÊTE Paris planque les dollars du Nigeria
« SARKOZY, JE TE VOIS » Le condamné nous écrit
PÉTITION CONTRE LE DÉLIT DE SOLIDARITÉ 19 000 SIGNATURES !
CHARLIE HEBDO
2€
www.charliehebdo.fr
228 DISPARUS...
AIR FRANCE
Riss
...228 ABSTENTIONS DE PLUS AUX EUROPÉENNES !

FRÉDÉRIC LEFEBVRE appelle au boycott de «Charlie Hebdo»
RIAD SATTOUF « Les Beaux Gosses » à Cannes
PÉTITION CONTRE LE DÉLIT DE SOLIDARITÉ 20 000 SIGNATURES !
CHARLIE HEBDO
2€
www.charliehebdo.fr
SCANDALE !
COHN-BENDIT A NIQUÉ BAYROU !
Cabu

REPORTAGE À VILLIERS-LE-BEL Les bandes de vieux, la face ridée des banlieues
IRAN Comment dit-on « Mai 68 » en farsi ?
PÉTITION CONTRE LE DÉLIT DE SOLIDARITÉ 21 000 SIGNATURES !
CHARLIE HEBDO
2€
www.charliehebdo.fr
EXCLUSIF : LE SUJET DU BAC PHILO !
Comment sucer la droite sans trahir la gauche ?
CHARB.

LE FN ATTAQUE HÉNIN-BEAUMONT Reportage dans le Pas-de-Calais
IRAN Les caricaturistes font la révolution
PÉTITION CONTRE LE DÉLIT DE SOLIDARITÉ 22 000 SIGNATURES !
CHARLIE HEBDO
2€
www.charliehebdo.fr
VOILES
VOUS FAITES LES CHOSES À MOITIÉ...
...COMME LES SOCIALISTES !
Cabu

> La Corée du Nord ne renonce pas à lancer un satellite. Mais il va falloir trouver un gros élastique pour le mettre en orbite. >

REPORTAGE À PERPIGNAN
«Droite-chaussette» et gauche en slip
ATTENTAT DE KARACHI
Des barbouzes plutôt que des barbus ?
SANS-PAPIERS
Ne pas confondre CGT et CRS
CHARLIE HEBDO
2€
www.charliehebdo.fr
MICHAEL JACKSON ENFIN BLANC
LUZ

> Près de deux Français sur trois s'avouent optimistes malgré la crise. Qu'ils continuent surtout à ne pas lire les journaux. >

ENQUÊTE Le parachute doré de Pouzilhac part en torche
FESTIVAL D'AVIGNON Entretien avec Wajdi Mouawad
REPORTAGE Hénin-Beaumont échappe au FN
CHARLIE HEBDO
2€
www.charliehebdo.fr
CRASHS D'ÉTÉ...
... ET AMOURS DE VACANCES
CHARB

ENQUÊTE FINANCIÈRE Le pétrole angolais jaillit en Suisse
JUSTICE Injures, mode d'emploi
MORT À LA PORTE DE L'HÔPITAL Le rapport accablant
CHARLIE HEBDO
2€
www.charliehebdo.fr
GRIPPE A PRENEZ VOS PRÉCAUTIONS
ON VA CHEZ TOI OU CHEZ MOI ?
RISS

REPORTAGE AU XINJIANG Les Ouïgours bouffent trop chinois
MOINES DE TIBÉHIRINE Les vérités divergentes des services
REPORTAGE À BOLLÈNE L'extrême droite en catimini
CHARLIE HEBDO
2€
www.charliehebdo.fr
CRISE: LES FRANÇAIS SE SERRENT LE STRING
CETTE ANNÉE, JE NE ME SUIS FAIT REFAIRE QUE LE GAUCHE.
RISS

IRAN Les disparus de la dictature
LETTRE AU PRÉSIDENT Les conseils médicaux du Dr Pelloux
LA GRIPPE Ennemie publique numéro A
CHARLIE HEBDO
2€
www.charliehebdo.fr
TRAVAILLER PLUS POUR CLAQUER PLUS
LUZ

> La Suisse, le Luxembourg, le Liechtenstein, Jersey et Guernesey défendent leur langue régionale : le silence. >

EXCLUSIF EN PLEIN GÉNOCIDE RWANDAIS, LE BUSINESS DU CAPITAINE BARRIL
N° 899 / 9 SEPTEMBRE 2009 / 2 €
CHARLIE HEBDO
www.charliehebdo.fr
NOUVELLE FORMULE
ENQUÊTE
LA PJ SOUPÇONNÉE DANS LA DISPARITION D'ŒUVRES D'ART
BIDOCHE
CHARAL VEUT CACHER SON ATROCE BOUCHERIE
SÉCU
L'HÔPITAL BIENTÔT PLUS CHER QUE L'HÔTEL
PLUS RENTABLE QUE LA TAXE CARBONE : TAXEZ-LE !
IL NOUS ENFUME !
LUZ

DROIT DU TRAVAIL
Interdisons le suicide en entreprise !
SERVICE PUBLIC
Privatisez avec La Poste
VACANCES À RISQUES
Les conseils de Bernard Kouchner
CHARLIE 2€ HEBDO
TOURISME SEXUEL
ESSAYEZ LES ENFANTS SOLDATS

ÉTATS-UNIS
Obama et la Medical Connection
GAUCHE-DROITE
Trop de clubs, peu de réflexion
SUBVENTIONS AGRICOLES
Remboursez 5 fruits et légumes par jour
CHARLIE 2€ HEBDO
www.charliehebdo.fr
LE SCANDALE DES BONUS
SARKO SE FÂCHE !
LUZ

ENTRETIEN
Han Dongfang, le Krasucki chinois
MODE ENFANTINE
L'été, une belle saison pour mourir
DU BLOC AU POSTE
Infirmières en garde à vue
CHARLIE 2€ HEBDO
www.charliehebdo.fr
LA CROISSANCE ARRIVE !
PUTAIN, QU'EST-CE QU'ELLE FOUT ?!
CHARB.

PRISONS Comment planquer les pendus sous le tapis
VERTS Dany met de l'huile dans le taboulé d'épeautre
IRAN Un terroriste à la Défense
CENSURE Libérez Tarzan !
CHARLIE 2€ HEBDO
www.charliehebdo.fr
UMP
L'OUVERTURE À DROITE : JUSQU'OÙ ?
NE SOYONS PAS SECTAIRES...
CHARB.

ENQUÊTE Le paradis pas si perdu des Bettencourt
MORALISATION FINANCIÈRE
Les « malus » appliqués à Sarkozy
CHARLIE 2€ HEBDO
www.charliehebdo.fr
L'IPHONE DE BAYROU A EXPLOSÉ
JUSTE AU MOMENT OÙ AUBRY L'APPELAIT !
CHARB.

> Le principal du collège Pablo-Picasso de Garges-lès-Gonesse roué de coups. Maintenant, il ressemble vraiment à un Picasso. >

HORTEFEUX DÉMISSION ! SIGNEZ LA PÉTITION DE CHARLIE
CHARLIE HEBDO
NOUVELLE FORMULE
CLEARSTREAM VILLEPIN ESPIONNÉ PAR LE MINISTÈRE DE L'INTÉRIEUR
ENQUÊTE LES HANDICAPÉS ONT DROIT À UNE VIE SEXUELLE
RWANDA NOUVELLES RÉVÉLATIONS SUR PAUL BARRIL
DROITE PLURIELLE
MÉCHANT RACISTE GENTIL RACISTE
EXPULSÉS DU MOIS
TESTS ADN

AFFAIRES : LE PROCUREUR DE PARIS, ROI DES FOSSOYEURS
CHARLIE HEBDO
HORTEFEUX, DÉMISSION ! SIGNEZ LA PÉTITION DÉJÀ 9000 SIGNATURES !
BARRIL AU RWANDA GUERRE DE MARCHANDS D'ARMES EN PLEIN GÉNOCIDE
RÉNOVATION DE LA GAUCHE LES SOCIALISTES VONT DROIT AU SUICIDE
SCIENTOLOGIE RON HUBBARD HANTE L'ASSEMBLÉE
SÉPARATION DES POUVOIRS !
CLEARSTREAM

ÉCOLO BUSINESS BORLOO MÉLANGE LES GENRES
CHARLIE HEBDO
HORTEFEUX, DÉMISSION ! SIGNEZ LA PÉTITION
CASSE SOCIALE LES « CONTI » BOUGENT ENCORE
ANTHROPOLOGIE DU BIDASSE MOURIR POUR LA PATRIE
CLOTILDE REISS SARKOZY : ÉTHIQUE OU PLAN COM' ?
SUICIDES À FRANCE TÉLÉCOM
LE PDG PREND UNE MESURE

PROCÈS CLEARSTREAM TOUJOURS LE BROUILLARD
CHARLIE HEBDO
POLANSKI COMMENT SES AVOCATS ONT TOUT FOIRÉ
SUICIDES AU TRAVAIL LES MÉDECINS AUSSI
LA CIOTAT LES BÉTONNEURS SALENT LA NAPPE PHRÉATIQUE
OPÉRA ROCK MOZART AU MICRO-ONDES
LA POSTE PRIVATISÉE ?
BONJOUR, JE SUIS VOTRE NOUVEAU DRH ...
LA POSTE

LAÏCITÉ LE CODE CIVIL SE PROSTERNE VERS LA MECQUE
14 OCTOBRE 2009 / N° 904 / 2 €
CHARLIE HEBDO
www.charliehebdo.fr
FRANCE TÉLÉCOM LA SOUFFRANCE SUR UN PLATEAU
BRAHIM NAÏT-BALK UN HOMO DANS LA CITÉ
ONU L'IMMIGRATION, C'EST TOUT BÉNEF
NÉPOTISME SARKOZY : MON FILS, MA BATAILLE
PIRE QUE L'AFFAIRE MITTERRAND
L'AFFAIRE JEAN SARKOZY
J'AI COUCHÉ AVEC MON PÈRE POUR RÉUSSIR !
LUZ

> Juppé a hésité pour le titre de son livre entre *Je ne mangerai plus de cerises en hiver* et *Je ne chierai plus de noyaux au printemps.* >

ENQUÊTE LE GROUPE CANAL + RAJEUNIT LA FRANÇAFRIQUE P. 3
28 OCTOBRE 2009 / N° 906 / 2 €
CHARLIE HEBDO
www.charliehebdo.fr
CHARTERS POUR KABOUL BESSON « ASSUME » P. 2
ACADÉMIE FRANÇAISE UN HABIT VERT AUX POCHES PLEINES P. 7
GUERRE DE BOSNIE LES PETITS SECRETS DE KARADZIC P. 10
TUNISIE WOLINSKI AU PAYS DE BEN ALI P. 9
IMMIGRATION
BESSON OUVRE LE DÉBAT
COULOIR OU HUBLOT ?
LUZ
T 05777 - 906 - F: 2,00 €

ENQUÊTE. LA SPA ENGRAISSE LES MARCHANDS DE BIENS
CHARLIE HEBDO
www.charliehebdo.fr
REPORTAGE EN SUISSE GENÈVE, TU L'HABITES OU TU LA QUITTES !
SCANDALE SANITAIRE CES PESTICIDES QUI NOUS NOURRISSENT
REPORTAGE À ORANGE PETITS FACHOS VEULENT ÊTRE GRANDS
ÉLISABETH ROUDINESCO « QU'EST-CE QU'ÊTRE ANTISÉMITE ? »
RÉVÉLATIONS SUR L'ARGENT DE L'OPUS DEI
C'EST DUR D'ÊTRE FINANCÉ PAR DES CONS...
CHARB.

CES ÉCOLOS QUI ADORENT LES PESTICIDES
N° 907 / 2 €
CHARLIE HEBDO
RÉVÉLATIONS AFFAIRES SENSIBLES, JUGES BÂILLONNÉS
IDENTITÉ NATIONALE DEUX AFRICAINS RÉPONDENT
ENTRETIEN AVEC CHARLES ENDERLIN L'AVEUGLEMENT ISRAÉLO-PALESTINIEN
CASTRATION CHIMIQUE LES COUILLES À LA BARRE
LA NOUVELLE IDENTITÉ FRANÇAISE
BÉRET
BAGUETTE
ROLEX
RISS.

TRAFIC D'ARMES : PARIS, ESCALE POUR TÉHÉRAN P. 3
N° 908
CHARLIE HEBDO
www.charliehebdo.fr
SPÉCULATION AGRICOLE LA CHINE RACHÈTE L'AFRIQUE
FOIRE DU LIVRE DE BRIVE CHIRAC DÉDICACE SES SANDWICHS AU PÂTÉ
FLASH-BALL LE FUSIL QUI REND AVEUGLE
COACHING REPORTAGE CHEZ UN SNIPER DE LA DRAGUE
RAMA YADE CRITIQUE LE PAPIER PEINT DE L'ÉLYSÉE
MAIS PAS LA POLITIQUE DE BESSON !
CHARB.

> Sarkozy a décoré Bernadette. La semaine dernière il lui a mis la tringle, la semaine prochaine il lui pose les rideaux. >

LES ALTERMONDIALISTES SOUS L'ŒIL DES BARBOUZES P. 3

18 NOVEMBRE 2009 / N° 909 / 2 €

CHARLIE HEBDO

www.charliehebdo.fr

REPORTAGE
WOLINSKI AU PROCÈS « ERIKA » P. 10

IDENTITÉ NATIONALE
« CHARLIE » DÉCRYPTE LE COCORICO COQUIIIIIZ P. 8

DIJON
SÉGOLÈNE TOUTES DENTS DEHORS P. 5

FESTIVAL D'ANGOULÊME
DRUILLET ATOMISE LA MAIRIE P. 15

LE VACCIN CONTRE LA GRIPPE, C'EST ICI !
LE VACCIN CONTRE LA DROITE, C'EST LÀ !
RISS

N° 909 ▸ FRANCE MÉTRO : 2 € / DOM : 3 € / TOM : 620 F CFP / BEL : 2,30 € / CH : 4 FS / AND : 2 € / ESP : 2,80 € / ITA : 2,80 € / CAN : 4,90 $C / D : 3 € / GR : 2,90 € / LUX : 2,30 € / MAY : 3 € / NL : 3 € / PORT. CONT. : 3,25 € / ZONE CFA : 1 800 CFA

T 05777 - 909 - F: 2,00 €

> La Corée du Nord a demandé aux États-Unis de suspendre son aide alimentaire. Elle en a marre d'avoir des obèses de 42 kg. >

FRANCE TÉLÉCOM : SILENCE, ON VIRE P. 2
16 DÉCEMBRE 2009 / N° 913 / 2 €
CHARLIE HEBDO
www.charliehebdo.fr
CADEAU LE DERNIER POSTER DE JOHNNY
IDENTITÉ NATIONALE DONNONS LA PAROLE AUX ATHÉES ! P. 3
CHAMBRES RÉGIONALES DES COMPTES FLINGUÉES PAR SARKO P. 7
RÉFORME DU LYCÉE « LA SUPPRESSION DE L'HISTOIRE, C'EST POLITIQUE » P. 5
JOHNNY, ON T'AIME !
RISS
T 05777 - 913 - F: 2,00 €

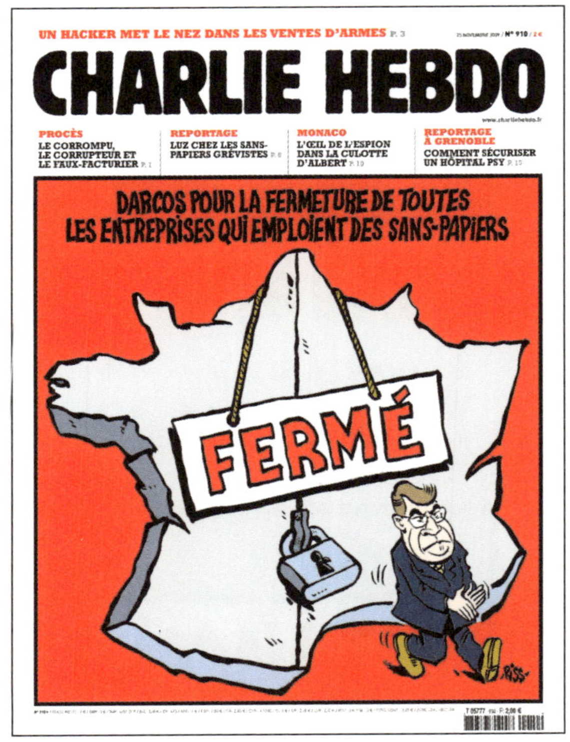
UN HACKER MET LE NEZ DANS LES VENTES D'ARMES P. 3
CHARLIE HEBDO
PROCÈS LE CORROMPU, LE CORRUPTEUR ET LE FAUX-FACTURIER
REPORTAGE LUZ CHEZ LES SANS-PAPIERS GRÉVISTES
MONACO L'ŒIL DE L'ESPION DANS LA CULOTTE D'ALBERT
REPORTAGE À GRENOBLE COMMENT SÉCURISER UN HÔPITAL PSY
DARCOS POUR LA FERMETURE DE TOUTES LES ENTREPRISES QUI EMPLOIENT DES SANS-PAPIERS
FERMÉ
RISS

L'ONU RÉVÈLE : DES REBELLES HUTUS CACHÉS EN FRANCE
CHARLIE HEBDO
GRIPPE A LES LABOS IMMUNISÉS CONTRE LA JUSTICE
RÉGION L'UMP TRUQUE LES CHIFFRES EN ÎLE-DE-FRANCE
ARGENT SALE RAVALEMENT DE FAÇADE À MONACO
BELGIQUE L'EUROPE FAIT TOMBER LE GOUVERNEMENT
LUTTEZ CONTRE LA MYOPATHIE...
VISEZ LES PNEUS
LUZ

FOOT : LES REQUINS DE LA COM' DÉVORENT L'OM P. 2
N° 912
CHARLIE HEBDO
COPENHAGUE LA FIN DU MONDE REPOUSSÉE DE 15 JOURS
IDENTITÉ NATIONALE LA FRANCE MOISIE DE FILLON ET BESSON
UNIVERSITÉ NANTERRE DANS LE VISEUR DE DEVEDJIAN
ULTRA-DROITE LES FACHOS S'INCRUSTENT CHEZ LES « ALTERS »
QUELLE PLANÈTE LAISSERONS-NOUS À NOS ENFANTS ?

CES LOBBIES QUI NOUS POURRISSENT LA SANTÉ P. 2
N° 914
CHARLIE HEBDO
COPENHAGUE DES ÉCRANS PLATS PLUTÔT QUE DES OURS BLANCS P. 3
LE REPAS DE NOËL DE « CHARLIE » N'ATTENDEZ PAS DE MANGER POUR ÊTRE MALADE
DC-10 D'UTA LES MOLLAHS SERAIENT DERRIÈRE L'ATTENTAT
NOËL À CHIER
MERCI, BESSON !
IDENTITÉ NATIONALE
LUZ

> La valeur de la France est estimée à 12 513 milliards d'euros. Sarkozy attend que les prix remontent pour vendre. >

GRIPPE H1N1. LA VÉRITABLE HISTOIRE D'UN VIRUS P. 6

30 DÉCEMBRE 2009 / N° 915 / 2 €

CHARLIE HEBDO

www.charliehebdo.fr

GASTON FLOSSE
ADIEU LE COLLIER DE FLEURS, BONJOUR LES MENOTTES P. 2

DARWIN
L'ÉVOLUTION, CE N'EST PAS CE QU'ON CROIT P. 8

IDENTITÉ NATIONALE
LES INTÉGRISTES CATHOS FONT FLAMBER LA LAÏCITÉ P. 5

EUROSTAR
LA SNCF OFFRE UN WEEK-END EN SARKOZIE P. 3

DERNIER MENSONGE AVANT L'AN PROCHAIN
BONNE ANNÉE ...
CHARB.

N° 915 ► FRANCE MÉTRO : 2 € / DOM : 3 € / TOM : 620 F CFP / BEL : 2,30 € / CH : 4 FS / AND : 2 € / ESP : 2,80 € / ITA : 2,80 € / CAN : 4,90 $C / D : 3 € / GR : 2,90 € / LUX : 2,30 € / MAY : 3 € / NL : 3 € / PORT. CONT. : 3,25 € / ZONE CFA : 1 800 CFA
T 05777 - 915 - F: 2,00 €

> Les enfants de 12 ans n'iront pas en prison. Les détenus pédophiles se remettent à la branlette. >

2010

> Un enfant est retrouvé mort dans la fosse septique familiale. Après les bébés-éprouvette, les bébés-sanisette. >

Patrick Weil

Sarkozy a un problème avec l'identité nationale

Le débat qui a occupé l'année 2010 n'a pas été inventé par Besson : l'intitulé du ministère, annoncé pendant la campagne présidentielle, associait immigration et identité nationale, décrétant ainsi que l'immigration était un problème pour l'identité nationale, ciblant les immigrés ou plutôt certains d'entre eux. L'identité est plutôt un sujet de chercheur ou d'écrivain : ce n'est pas à l'État de dire ce qu'est l'identité nationale, sujet sur lequel tout le monde peut avoir un avis. Elle n'a rien de fixe, de stable comme peut parfois l'être le lien de nationalité à un État. Justement, en tant que ministre, Besson avait à gérer la naturalisation. Et qu'y a-t-il fait ? Appliquer une réforme décidée par Nicolas Sarkozy et Claude Guéant qui démantèle la dimension nationale de la naturalisation, en instaurant un droit de veto, ou de faveur, pour les préfets, qui n'existait plus depuis 1945. Diviser les Français entre eux, déclarer que certains sont meilleurs que d'autres, c'est déjà ce que Nicolas Sarkozy a fait quand il est allé dire devant le pape qu'il avait plus de respect pour le prêtre que pour l'instituteur, implicitement pour le croyant que pour le non-croyant. Ensuite, voyant qu'opposer croyants et non-croyants soulevait des protestations violentes, il a déplacé le clivage entre musulmans et non-musulmans. Au milieu de l'été 2010, il a récidivé : dans son discours de Grenoble, il déclare que nous payons cinquante ans d'erreurs dans la politique d'immigration, insinuant ainsi qu'il regrettait que de Gaulle et Pompidou aient fait venir des immigrés d'Afrique et de Méditerranée, comme s'il semblait dire à nos compatriotes issus de cette immigration « vous êtes là, légalement, je n'y peux rien. Mais si j'avais pu, vous ne seriez pas là ».

C'était en plus une tournure de phrase, une petite musique qui connectait avec Vichy, où le pouvoir pétainiste ne cessait de répéter qu'avec la défaite la France payait cent cinquante ans d'erreurs depuis la Révolution. La laïcité, la mémoire positive de la Révolution sont, avec le principe d'égalité devant la loi et la langue française, les piliers de notre nationalité. Je ne pense pas qu'il faille laisser l'identité nationale à ceux qui disent qu'on ne peut pas vraiment être français si l'on n'est pas catholique, ou si l'on n'a pas de racines assez anciennes... Il faut s'en emparer, et qu'est-ce que l'on découvre : que c'est la droite de Nicolas Sarkozy qui a un problème avec les quatre piliers de notre nationalité inscrits dans l'histoire de la France !

On l'a encore vu avec la récente polémique sur la fête nationale. Eva Joly aurait dû répondre à Fillon qu'il ne connaissait pas le 14 Juillet. Que fête-t-on ? Lisez le débat à la Chambre des députés en 1880, quand fêter le 14 juillet est décidé, ou Alphonse Aulard, spécialiste de la Révolution française du début du XXe siècle. Le 17 juin 1789, le tiers état se proclame Assemblée nationale. Le 20 juin, la salle de l'Assemblée est fermée. Le 23, le roi annule tous les actes de l'Assemblée et la somme de se séparer. Le 11 juillet, le roi renvoie Necker, qui était un ministre populaire et libéral, et nomme un gouvernement réactionnaire. Sur ordre du roi, des troupes de mercenaires, notamment suisses, marchent sur Versailles pour dissoudre l'Assemblée. Seul un miracle pouvait la sauver, dit Aulard, et ce miracle vint de Paris : le peuple de Paris prit les armes là où elles se trouvaient, aux Invalides, et alla chercher la poudre à la Bastille. Le lendemain, 15 juillet, le roi vient lui-même annoncer à l'Assemblée nationale le renvoi des troupes : Paris a sauvé l'Assemblée nationale, suscitant l'enthousiasme dans les autres communes de France. C'est cette alliance, cette fédération des communes qui est célébrée lors de la fête de la Fédération, le 14 juillet 1790. Au fond, les deux 14 Juillet 1789 et 1790 célèbrent l'union du peuple et de ses représentants. On est loin d'un simple défilé militaire !

La vision positive de la Révolution est l'un des piliers de l'identité française. Cet héritage, on le retrouve dans les formes de mobilisation sociales et politiques très particulières à la France.

Avec la polémique sur le 14 Juillet, le gouvernement Sarkozy a confirmé qu'il avait un problème avec l'histoire de notre pays. Il projette sur une partie de nos compatriotes — les non-croyants, les musulmans, les Français d'origine étrangère, les doubles nationaux — sa propre allergie aux valeurs historiques de la France : l'égalité, la laïcité, la langue, ou la Révolution, valeurs historiques qui permettent d'unir tous les Français indépendamment de leur origine, que Nicolas Sarkozy a choisi d'instrumentaliser pour les diviser. Plutôt que se retirer du débat, la gauche doit répondre haut et fort : c'est vous qui ne connaissez pas et qui n'aimez pas notre histoire !

Patrick Weil est historien, auteur de *Être français, les quatre piliers de la nationalité*, éditions de l'Aube, 2011.

> Le guide spirituel du Hezbollah est mort. On ne sait pas très bien ce qu'il y avait de spirituel chez lui, mais ça ne devait pas être ses blagues de bureau. >

APRÈS LES MARÉES NOIRES, TOTAL VISE TCHERNOBYL P. 2

6 JANVIER 2010 / **N° 916** / 2 €

CHARLIE HEBDO

www.charliehebdo.fr

CERCLES DE JEU PARISIENS
BRELAN DE CORSES POUR SARKOZY P. 8

TAXE CARBONE
OFFRONS UN ANTIDÉPRESSEUR À NICOLAS HULOT P. 3

VENTES D'ARMES À L'IRAN
LE DOUBLE JEU D'UN TRAFIQUANT P. 6

ASSURANCES
LES CROQUE-MORTS DE LA CRÉATION ARTISTIQUE P. 15

QUE FONT LES LABOS AVEC L'ARGENT DU VACCIN ?
ON CHERCHE UN REMÈDE CONTRE LE MAL DE CRÂNE !
CHARB.

N° 916 ▸ FRANCE MÉTRO : 2 € / DOM : 3 € / TOM : 620 F CFP / BEL : 2,30 € / CH : 4 FS / AND : 2 € / ESP : 2,80 € / ITA : 2,80 € / CAN : 4,90 $C / D : 3 € / GR : 2,90 € / LUX : 2,30 € / MAY : 3 € / NL : 3 € / PORT. CONT. : 3,25 € / ZONE CFA : 1 800 CFA

T 05777 - 916 - F: 2,00 €

> Les restes des époux Ceausescu exhumés. Le Danube de la pensée est devenu le Terreau des géraniums. >

PROGLIO À VEOLIA L'ARROSEUR DES POLITIQUES P. 2
3 FÉVRIER 2010 / N° 920 / 2 €
CHARLIE HEBDO
www.charliehebdo.fr
AUBRY VS FRÊCHE
LA MORALE POUR RESTER LA PATRONNE P. 5
HAÏTI
LES FAUX MIRACULÉS DE PORT-AU-PRINCE P. 11
PSYCHIATRIE
LA FABRIQUE DES NOUVEAUX FOUS P. 8
POLICE MUNICIPALE
BIENTÔT DES GARDES À VUE EN MAIRIE ? P. 7
OUI AU PORT DE LA BURQA...
...À L'INTÉRIEUR!
LUZ
T 05777 - 920 - F: 2,00 €

MANO SOLO PAR PATRICK PELLOUX P. 7
N° 917
CHARLIE HEBDO
BOURSIERS AUX GRANDES ÉCOLES : LA RÉFORME BIDON
JOHNNY HALLYDAY : SUISSE POUR LE FISC, FRANÇAIS POUR LES INDEMNITÉS
RÉFUGIÉS AFGHANS : UN VILLAGE FRANÇAIS DÉFIE BESSON
YÉMEN : L'OCCIDENT S'AMUSE À SE FAIRE PEUR P. 2
SCIENCE
LE POINT G N'EXISTE PAS
J'AVAIS UN DOUTE...
CHARB.

TRACFIN : DES ENQUÊTES À LA TÊTE DU CLIENT P. 2
N° 918 / 2 €
CHARLIE HEBDO
SÉISME
DES SPARADRAPS POUR HAÏTI
NANOTECHNOLOGIES
ZÉRO DÉMOCRATIE DANS L'INFINIMENT PETIT
NIGERIA
MICHELIN PLANTE DES ARBRES À PNEUS
GÉNOCIDE
LE PLAN COM' DE MAM ET KOUCHNER
HAÏTI:
CONCURRENCE USA-FRANCE
C'EST LE MIEN!
JE L'AI VU LE PREMIER!
CHARB.

EXCLUSIF LE NOUVEAU LIVRE DE JOE SACCO, REPORTER-DESSINATEUR À GAZA
N° 919 / 2 €
CHARLIE HEBDO
www.charliehebdo.fr
ENQUÊTE
DUBAÏ BIENTÔT EN RUINE
BLASPHÈME
20 ANS DE PROCÈS EN FRANCE
COLUCHE MENACÉ
DE MORT PAR LES RG
FRANCE TÉLÉCOM
CASSE LES SYNDICATS AU CAMEROUN
SARKO EN RUINE
TF1 ENVOIE SES SAUVETEURS

RÉGIONALES UN PARATONNERRE POUR GEORGES FRÊCHE P. 2
N° 921 / 2 €
CHARLIE HEBDO
www.charliehebdo.fr
SARCELLES
LES FRAIS BLING-BLING DU MAIRE
DIVERSITÉ NATIONALE
LES BONS COMPTES FONT LES BONNES ETHNIES
EUTELSAT
L'ŒIL DE MOSCOU SUR ORBITE FRANÇAISE
CONTRACEPTION
LIBERTÉ MENACÉE
Pour la Saint-Valentin
BESSON EMBRASSERA TOUS LES ÉLECTEURS DU FRONT NATIONAL
LUZ

> Un supermarché londonien vend de la viande d'écureuil. Depuis, Amy Winehouse n'ose plus sortir de chez elle. >

DUBAÏGATE L'ESCAPADE PARISIENNE DES ESPIONS ISRAÉLIENS P. 3
3 MARS 2010 / N° 924 / 2 €
CHARLIE HEBDO
www.charliehebdo.fr
TEMPÊTE
LES SERVICES PUBLICS INDISPENSABLES P. 4
LAÏCITÉ
JOURNÉE DE LA FEMME OU JOURNÉE DE LA VIERGE ? P. 5
AFFAIRE SOUMARÉ
SARKOZY VOIT ROUGE P. 5
RÉGIONALES SPÉCIAL PACA
JOURNÉE DE LA FEMME
COMPTEZ PAS SUR MOI POUR PASSER LA SERPILLIÈRE !
tempête Xynthia
CATHERINE
T 05777 - 924 - F: 2,00 €

RÉGIONALES SPÉCIAL ALSACE
N° 922
CHARLIE HEBDO
ÉDUCATION NATIONALE
L'ÉCOLE AU FEU, LES PROFS AU MILIEU
ALGÉRIE
FEMMES LYNCHÉES ET OUBLIÉES
RENCONTRE
JOSEPH STIGLITZ DIALOGUE AVEC ONCLE BERNARD
IVG
PELLOUX RÉPOND À ZEMMOUR
RÉFORME DES RETRAITES
SI T'AS PAS UNE ROLEX À 120 ANS, C'EST QUE T'AS RATÉ TA VIE.
LUZ

VIOLENCES SCOLAIRES. UN GILET PARE-BALLES POUR LES PROFS P. 3
N° 923
CHARLIE HEBDO
PÔLE RELIGIONS
LA NOUVELLE BIBLE DU QUAI D'ORSAY
ÉLISABETH BADINTER
« HALTE À LA DICTATURE DES PONDEUSES ! »
OUTRE-MER
LES RÉSEAUX PASQUA DANSENT LA BIGUINE AU TRIBUNAL
RÉGIONALES SPÉCIAL NORD PAS-DE-CALAIS
GRAND EMPRUNT
Tout ça pour ça

QUAND LES CONSEILS RÉGIONAUX SE PAYENT LA PRESSE LOCALE P. 3
CHARLIE HEBDO
LE RETOUR DES RIPOUX
BOTTON ET CARIGNON SE RECYCLENT
NÉOCOLONIALISME
BOLLORÉ, MONSIEUR AFRIQUE À PAPA
PEOPLE
FRÈCHE MONTRE TOUT DANS « VOICI »
RÉGIONALES SPÉCIAL RHÔNE-ALPES
TEMPÊTE SUR LES RÉGIONALES
JE N'AURAIS PAS DÛ CONSTRUIRE L'UMP SUR UNE ZONE INONDABLE...
LUZ

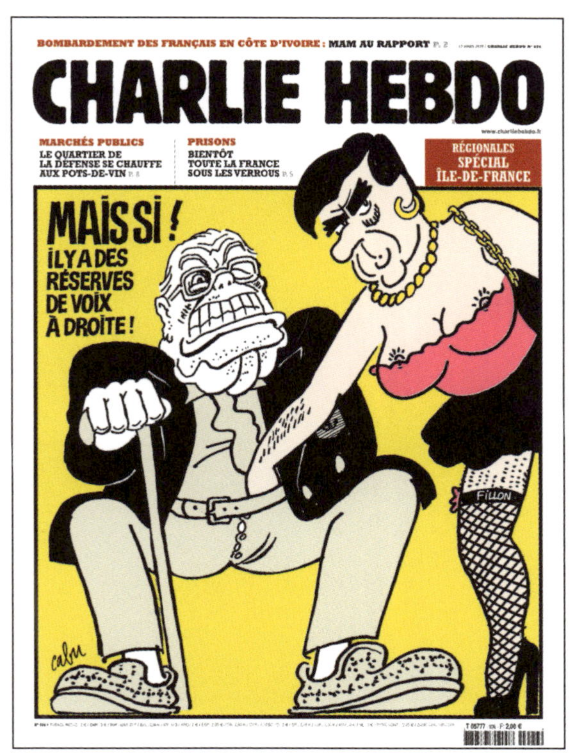
BOMBARDEMENT DES FRANÇAIS EN CÔTE D'IVOIRE : MAM AU RAPPORT P. 2
CHARLIE HEBDO
MARCHÉS PUBLICS
LE QUARTIER DE LA DÉFENSE SE CHAUFFE AUX POTS-DE-VIN
PRISONS
BIENTÔT TOUTE LA FRANCE SOUS LES VERROUS
RÉGIONALES SPÉCIAL ÎLE-DE-FRANCE
MAIS SI ! IL Y A DES RÉSERVES DE VOIX À DROITE !
FILLON
cabu

> 66 % des Français ont une mauvaise image de la corrida. Ils préfèrent « L'amour est dans le pré », c'est plus calme, et à la fin, c'est le taureau qui se tape le fermier. >

BUSINESS : L'INDUSTRIE DE L'ARMEMENT FRANÇAISE CARTONNE P. 2
21 AVRIL 2010 / N° 931 / 2 €
CHARLIE HEBDO
www.charliehebdo.fr
SANS-PAPIERS
CES ÉTRANGERS QUI VIENNENT PAYER LES IMPÔTS DES FRANÇAIS P. 5
FREUD
ONFRAY SE TAPE UNE PETITE HYSTÉRIE P. 3
TÉLÉ SARKOZY
CALIMÉRO DIRECTEUR DES PROGRAMMES P. 8
AMÉRIQUE LATINE
QUAND LE WWF REPEINT L'INDUSTRIE EN VERT P. 11
C'EST BIEN LA PREMIÈRE FOIS QU'UN NUAGE DE FUMÉE M'EMPÊCHE DE DÉCOLLER...
ISLANDE
LUZ
T 05777 - 931 - F: 2,00 €

JUSTICE. L'AFFAIRE BOULIN SORT DE LA VASE P. 2
N° 927 / 2 €
CHARLIE HEBDO
www.charliehebdo.fr
SÉCURITÉ
LES CLUBS DE FOOT VEULENT LES FLICS, PAS LA FACTURE
CURÉS PÉDOPHILES
LES 36 POSITIONS DE L'AMOUR DE DIEU
BIODIVERSITÉ
LE TIGRE, UN THON ROUGE AVEC DES POILS
DÉSINFORMATION
LES RÉSULTATS SECRETS DU « JEU DE LA MORT »
L'OUVERTURE, C'EST FINI
TU PEUX RETOURNER CHEZ TA MÈRE !
RISS
T 05777 - 927 - F: 2,00 €

BESSON-GUILLON. LES CARICATURES BLASPHÉMATOIRES P. 8
N° 928 / 2 €
CHARLIE HEBDO
BOTUL
L'AGONIE DU PHILOSOPHE PRÉFÉRÉ DE BHL P. 15
AUTONOMES
UNE NOUVELLE AFFAIRE TARNAC
ÉCOLOGIE
L'AMAZONIE, UN CHAMP DE SOJA
TERRORISME
SARKOZY REND HOMMAGE À L'ETA P. 14
ÉVÊQUES PÉDOPHILES
FAITES DU CINÉMA, COMME POLANSKI...
cabu
T 05777 - 928 - F: 2,00 €

FRANCE-SOIR PILOTÉ PAR LE BANQUIER DE POUTINE P. 8
N° 929 / 2 €
CHARLIE HEBDO
SARKOZY
LÂCHÉ PAR LES SIENS, BOUFFÉ PAR LES CHIENS P. 2
BORDELS
CAVANNA BANDE ENCORE ! P. 16
ALERTE !
LES LOBBIES MENACENT LA SANTÉ PUBLIQUE P. 7
CINÉMA
GODARD, VISITE GUIDÉE D'UN MONUMENT P. 15
ALLÈGRE
LA SCIENCE PERD LE CONTRÔLE DE SA CRÉATURE
PAGE 3
RISS

REPORTAGE : LA MEUSE ACCUEILLE UN CIMETIÈRE ATOMIQUE P. 9
N° 930 / 2 €
CHARLIE HEBDO
RUMEURS
DES BARBOUZES SOUS LES JUPES DE LA RÉPUBLIQUE P. 2
TRAVAIL AU NOIR
LE PATRONAT AU SECOURS DES SANS-PAPIERS P. 7
ESPAGNE
LE JUGE GARZON ATTAQUÉ PAR LES ASTICOTS DE FRANCO P. 11
JUSTICE
TOTAL REPLONGE DANS LE PÉTROLE IRAKIEN P. 2
VOTRE RETRAITE À LA CARTE
ÉRIC WOERTH
cabu

> Publication d'écrits inédits de Marilyn Monroe. On va enfin savoir avec qui elle n'a pas couché. >

PROCÈS : LE CLAN PASQUA ARROSÉ À L'INSU DE SON PLEIN GRÉ P. 2
28 AVRIL 2010 / N° 932 / 2 €
CHARLIE HEBDO
www.charliehebdo.fr
FRANCE TÉLÉCOM
L'IRRADIATION, C'EST SIMPLE COMME UN COUP DE FIL P. 7
CHINE
UNE DICTATURE EN PLEINE SANTÉ ÉCONOMIQUE P. 3
FOOT ET SEXE
LA LIBIDO ZÉRO DES DIEUX DU STADE P. 8
ITALIE
LES JEUNES POUSSES BRUNES DE LA LIGUE DU NORD P. 11
RISS
2012 : LE FN EN EMBUSCADE
T 05777 - 932 - F: 2,00 €

ENQUÊTE : LA JUSTICE FRANÇAISE CONTRE LE GANG BEN ALI P. 2
N° 933 / 2 €
CHARLIE HEBDO
NI PUTES NI SOUMISES
« LA BURQA, C'EST LA MORT SOCIALE DES FEMMES »
NORIEGA
NOTRE AMI LE NARCO-PRÉSIDENT P. 11
SANTÉ PUBLIQUE
VINCI ACCUSÉ D'OUVRIR LA ROUTE AU CANCER P. 7
NI DIEU NI FOOT
LE NOUVEAU HORS-SÉRIE DE CHARLIE HEBDO
3 ANS DE SARKOZY
DU FOUQUET'S À CAMPING 2
Cabu

COCAÏNE : LES COLOMBIENS CARTONNENT EN MARKETING P. 9
N° 934 / 2 €
CHARLIE HEBDO
www.charliehebdo.fr
CINÉMA
SÉTIF ENSANGLANTE CANNES P. 2
IDENTITÉ NATIONALE
LA POLYGAMIE MADE IN FRANCE P. 8
GRENELLE II
LES PESTICIDES, ESPÈCE PROTÉGÉE P. 7
NI DIEU NI FOOT
LE NOUVEAU HORS-SÉRIE DE CHARLIE HEBDO
FAUT-IL SAUVER L'€URO ?
ON S'EN FOUT ! VIREZ DOMENECH !
FRANCE

THINK TANKS LE PRÊT-À-PENSER POLITIQUE P. 2
N° 935 / 2 €
CHARLIE HEBDO
GRENELLE II
COCHET DÉNONCE L'AMENDEMENT PRONUCLÉAIRE
ÉCOLOGIE
LES DÉLIRES DES ANTI-ÉOLIENS
CANNES
ONCLE BERNARD, STAR DU DERNIER GODARD P. 9
NI DIEU NI FOOT
LE NOUVEAU HORS-SÉRIE DE CHARLIE HEBDO
APÉROS GÉANTS
CHÂTEAU FACEBOOK 2010
LA CIRRHOSE À 30 ANS PLUTÔT QUE LA RETRAITE À 70 ANS !

VENTE D'ARMES DU SANG DANS LES POTS-DE-VIN P. 2
N° 936 / 2 €
CHARLIE HEBDO
MARSEILLE
DU RIFIFI DANS LES CALANQUES P. 7
BURQA MONTREUIL
LES BARBUS POURRISSENT LE DÉBAT P. 11
DRAPEAU FRANÇAIS
NON AU DÉLIT DE BLASPHÈME P. 3
NI DIEU NI FOOT
LE NOUVEAU HORS-SÉRIE DE CHARLIE HEBDO
JOHNNY REVIENT EN FRANCE !
VIDER LES CAISSES DE LA SÉCU !
CHARB.

> Roissy classé comme le pire aéroport du monde. Finalement, les passagers du vol Paris-Rio sont mieux là où ils sont. >

RIGUEUR PATRONAT DOMINATEUR CHERCHE CONSTITUTION SOUMISE P. 2
2 JUIN 2010 / N° 937 / 2 €
CHARLIE HEBDO
www.charliehebdo.fr
TÉMOIGNAGE
MON AMI LE MERCENAIRE P. 8
JEAN-LOUIS BORLOO
LE BATELEUR DU SARKOZYSME DURABLE P. 5
COLOMBIE
UN RAIL D'AIR PUR À BOGOTÁ P. 11
NI DIEU NI FOOT
LE NOUVEAU HORS-SÉRIE DE CHARLIE HEBDO
4 MILLIONS DE CHÔMEURS !
ON S'EN FOUT, ON A UN DOUDOU !
CHARB.
T 05777 - 937 - F: 2,00 €

ENQUÊTE : UN COPAIN DE SARKOZY CROQUE DU LOGEMENT SOCIAL P. 2
N° 938
CHARLIE HEBDO
TAYLORISME ET ÉDUCATION
COMMENT SUPPRIMER 16 000 PROFS
JUSTICE
MAM, TOUJOURS MINISTRE DE LA GRANDE MUETTE
POLLUTION
AREVA, LA BONNE FÉE NUCLÉAIRE DU NIGER
NI DIEU NI FOOT
LE NOUVEAU HORS-SÉRIE DE CHARLIE HEBDO
POULES DE LUXE, HÔTEL DE LUXE,
ÉQUIPE DE NAZES !

REPORTAGE EN BELGIQUE LE LION DE FLANDRE DEMANDE LE DIVORCE
N° 939
CHARLIE HEBDO
DÉLINQUANCE FINANCIÈRE
LES DESSOUS BALLADURIENS DE JEAN-MARIE MESSIER
BRÉSIL
DU PARTI DES TRAVAILLEURS AU PARTI DES BÉTONNEURS
PSYCHIATRIE
CAMISOLE INFORMATIQUE POUR LES FOUS
NI DIEU NI FOOT
NOTRE HORS-SÉRIE
L'APPEL DU 18 JUIN
FAIS PAS CHIER ! Y A LA COUPE DU MONDE SUR L'AUTRE CHAÎNE !
CHARB.

YAZID SABEG, COMMISSAIRE À LA DIVERSITÉ DU BUSINESS P. 2
N° 940
CHARLIE HEBDO
AFFAIRE BETTENCOURT
Mme WOERTH PLUS POLIE QU'ANELKA
CENSURE ET TURBANS
PORTRAIT D'UN CARICATURISTE IRANIEN
POLLUTION
LA SAÔNE, LA JOLIE RIVIÈRE QUI MOUSSE
MONDIAL
LE HORS-SÉRIE ANTI-FOOT
MERCI !
CHARB.

FRANCE INTER : LE RIRE LICENCIÉ P. 3
N° 941
CHARLIE HEBDO
AFFAIRE BETTENCOURT
QUAND LE FISC REGARDE AILLEURS
ÉGYPTE
TÉMOIGNAGE EN DIRECT DU PAYS DE L'EXCISION
CÔTES-D'ARMOR
MARC LE FUR, L'AMI DES COCHONS
MONDIAL
LE HORS-SÉRIE ANTI-FOOT
L'HUMOUR TOUJOURS PRÉSENT SUR FRANCE INTER
FAUT QUE JE FASSE TOUT ICI.
RISS

FRAUDE FISCALE : LA MÉMOIRE SÉLECTIVE D'ÉRIC WOERTH P. 2
7 JUILLET 2010 / N° 942
CHARLIE HEBDO
REPORTAGE DANS L'ALLIER
LE VILLAGE OÙ L'ASILE EST DANS LE PRÉ
ANTILLES
DES MÉTASTASES AU MILIEU DES BANANES
JEAN MOULIN
UNE AGONIE POUR LA FRANCE LIBRE
NOUVEAU
HORS-SÉRIE SPÉCIAL ÉTÉ
WOERTH ? JUST A GIGOLO !
CHARB.

> La moitié de l'île de La Réunion inscrite au patrimoine mondial de l'Unesco. L'autre moitié de l'île est inscrite au Pôle emploi. >

RENCONTRE : HIGELIN AUX FRANCOFOLIES
CHARLIE HEBDO
GRENELLE
BORLOO SAUVE LES AUTOROUTES
PROCÈS MAUROY-CHARLIE
LA SAGA DU CLITO
NOUVEAU
HORS-SÉRIE SPÉCIAL ÉTÉ
LE TUBE DE L'ÉTÉ
Y'A PLUS D'AFFAIRE WOERTH!
Y'A PLUS D'AFFAIRE WOERTH!
Y'A PLUS D'AFFAIRE WOERTH!
CHARB.

DIPLOMATIE : LE BORDEL DES AMBASSADES FRANÇAISES
CHARLIE HEBDO
IMMIGRATION
VISAS : LES BARBELÉS ADMINISTRATIFS
JOHANNESBURG
LA VIE REPREND DANS LES BIDONVILLES
« CLIMATGATE »
RETOUR SUR UNE MANIPULATION
NOUVEAU
HORS-SÉRIE SPÉCIAL ÉTÉ
LES AFFAIRES QU'ON ENTERRE...
CHARB.

AFFAIRE TARNAC LES BALANCES ANONYMES DES FLICS SE RENIENT
CHARLIE HEBDO
FACEBOOK
VOTRE VIE PRIVÉE À LA BIBLIOTHÈQUE NATIONALE
BIOCARBURANTS
COMMENT NOURRIR DES BAGNOLES AVEC DES AFFAMÉS
GENS DU VOYAGE
SARKOZY N'AIME PLUS LES GIPSY KINGS
NOUVEAU
HORS-SÉRIE SPÉCIAL ÉTÉ
SEXE
FRIC ET ROCK N' ROLL
...POURQUOI ROCK'N'ROLL?

AFFAIRES : PAS DE POT-DE-VIN SANS LÉGION D'HONNEUR
CHARLIE HEBDO
WIKILEAKS
LE MEILLEUR DES MONDES
AFFAIRE BETTENCOURT
QUAND LA JUSTICE FUIT
BELGIQUE
UNE AMNISTIE POUR LES COLLABOS
NOUVEAU
HORS-SÉRIE SPÉCIAL ÉTÉ
DEUX BOULES INSÉCURITÉ/IMMIGRATION
C'EST DÉGUEULASSE MAIS LE P'TIT ADORE ÇA!
LUZ

REPORTAGE : VIE DE CHÂTEAU POUR MAMANS DE BANLIEUE
CHARLIE HEBDO
SÉCURITÉ
OVERDOSE DE SARKOZYSME POUR LES TOXICOS
RUSSIE
LES FORÊTS QUI NE BRÛLENT PAS FINISSENT SOUS LE BITUME
SANS-PAPIERS
PAS DE DATE DE PÉREMPTION POUR L'EXPULSION
HORS-SÉRIE SPÉCIAL ÉTÉ
LE CHASSÉ-CROISÉ DES VACANCES
UMP
CHASSÉS
CROISÉ
Jul.

AFFAIRISME : LE PARRAIN DE MARSEILLE EST UNE MARRAINE P. 2
11 AOÛT 2010 / N° 947 / 2,50 €
CHARLIE HEBDO
www.charliehebdo.fr
INSÉCURITÉ
ALORS, CETTE GUILLOTINE, ÇA VIENT ? P. 3
ENVIRONNEMENT
CHANTAL JOUANNO BRASSE DE L'AIR POLLUÉ P. 5
VACANCES
GUIDEZ VOS CAMBRIOLEURS GRÂCE À TWITTER P. 7
MAISONS DE RETRAITE
KORIAN MISE SUR L'OR VIEUX P. 4
LES GENS DU VOYAGE...
ILS MENACENT LA FRANCE!
KIRI
ON VA NIQUER VOTRE RACE!
CHARB d'après Jean Image

> Sarkozy reçoit les nageurs médaillés à l'Élysée. Et comme par hasard, pas un seul Rom parmi eux. >

REPORTAGE : LES VERTS ENFIN UNIS À NANTES P. 2
25 AOÛT 2010 / N° 949 / 2,50 €
CHARLIE HEBDO
www.charliehebdo.fr
DUBOUT
LE PLUS GRAND DESSINATEUR DU SIÈCLE P. 8
ENVIRONNEMENT
MÊME EN VACANCES, BORLOO CRACHE DU CARBONE P. 5
CONQUÊTE DE L'ESPACE
LA NASA VEND MARS À LA DÉCOUPE P. 7
HORS-SÉRIE
SPÉCIAL ÉTÉ
VIVEMENT LA MANIF POUR LES RETRAITÉS
CRS
ILS COURENT MOINS VITE QUE LES ROMS !
LUZ

SPÉCIAL RETRAITES
8 PAGES GRATOS D'AFFICHES POUR VOS MANIFS
CHARLIE HEBDO
LES RETRAITÉS ?
UN CHARTER POUR LA ROUMANIE !
CHARB.

ENQUÊTE : LES PILLARDS DU PROTOCOLE DE KYOTO P. 2
CHARLIE HEBDO
KOUCHNER :
LES ÉTATS D'ÂME DE KOUKOUCH'PANIER P. 13
FARINES ANIMALES :
ILS VEULENT NOUS LES REFOURGUER P. 7
CENSURE
« CHARLIE HEBDO » CONTRE APPLE P. 5
ON A MARCHÉ SUR LA BURNE !
RÉFORME DES RETRAITES WOERTH
LUZ

TAPIE RAFLE 210 MILLIONS : MERCI, SARKOZY !
CHARLIE HEBDO
ESPAGNE
EQUO, PREMIER PARTI ÉCOLO
NUCLÉAIRE
COMMENT DÉSOSSER UNE CENTRALE
BOUCS ÉMISSAIRES
APRÈS LES ROMS, À QUI LE TOUR ?
ENTRETIEN
RÉFORME DES RETRAITES RÉFORME DE CLASSES
BESSON S'EST MARIÉ EN BLANC
CHARB.

MOINES DE TIBÉHIRINE RONDOT CHEZ LE JUGE P. 2
CHARLIE HEBDO
PSYCHIATRIE
LA PIQÛRE OU L'ENFERMEMENT
MURAKAMI À VERSAILLES
LA GAIE CAMELOTE DU ROY
ROMS
UN TRIBUNAL POUR SARKO
SARKOZIX, LE PETIT FACHO QUI RÉSISTE À L'EUROPE
CHARB.

> 247 milliards de messages sont envoyés chaque jour sur Internet. On se doutait que les gens s'emmerdaient sur Terre, mais à ce point-là ! >

NUMÉRO SPÉCIAL
À BAS LA BAGNOLE, MORT AU SALON DE L'AUTO!
CHARLIE HEBDO
N° 954 / 2,50 €
NON AU REMANIEMENT!
OUI AU DÉMANTÈLEMENT!
CHARB.

UNE LOI SIGNÉE WOERTH POUR CÂLINER BETTENCOURT
N° 955 / 2,50 €
CHARLIE HEBDO
www.charliehebdo.fr
ÉCONOMIE
SORTIR DU CAPITALISME GRÂCE AUX ABEILLES
GRÈVE
DU CURARE POUR LES INFIRMIÈRES ANESTHÉSISTES
ÉCOLOGIE
GAZAREM LOU LARZAC
SEUIL DE PAUVRETÉ
COMMENT CACHER LA MISÈRE SOUS LES STATISTIQUES
Terrorisme
TOUT PAQUET SUSPECT SERA DÉTRUIT.
Nos retraites
TIGNOUS

DERNIÈRES MANIFS AVANT LA RETRAITE P.8-9
CHARLIE HEBDO
www.charliehebdo.fr
N° 956 / 2,50 €
AFFAIRE BEN BARKA
LA DGSE PERQUISITIONNÉE
ÉCOLOGIE
UN DANUBE TOUT EN ALU
MÉDIAS
« LE POINT » NIQUÉ PAR LA BANLIEUE
SARKOZY
À L'ASSAUT DE LA LAÏQUE ET DE LA SOCIALE
MANIFS
LES JEUNES MONTRENT LES DENTS
CATHERINE

MANIFS FLICS ET VOYOUS DÉBLOQUENT LES LYCÉES P. 2
N° 957 / 2,50 €
CHARLIE HEBDO
www.charliehebdo.fr
TERRORISME
À QUI PROFITENT LES CRIMES D'AQMI ?
MÉDAILLES
AUX EXILÉS FISCAUX, LA FRANCE RECONNAISSANTE
CHINE
NUL N'EST NOBEL EN SON PAYS
RÉFORME
LA MÉDECINE DU TRAVAIL À LA RETRAITE D'OFFICE
PÉNURIE D'ESSENCE
FN
LE SIPHONNAGE CONTINUE!

REPORTAGE À FEYZIN CHEZ LES GRÉVISTES DE TOTAL P. 2
27 OCTOBRE 2010 / N° 958 / 2,50 €
CHARLIE HEBDO
www.charliehebdo.fr
LYCÉE JOLIOT-CURIE
EMBRASEMENT MODE D'EMPLOI P. 5
AFFAIRE BETTENCOURT
BLOUSES BLANCHES EN PLEIN DÉLIRE P. 7
BALKANS
LES MILICES PRIVÉES ASSURENT LE SERVICE PUBLIC P. 11
BOUQUIN
WOLINSKI S'EST TAPÉ LE DERNIER HOUELLEBECQ P. 9
LE NOUVEAU GOUVERNEMENT
PREMIER MINISTRE
MINISTRE DE LA JUSTICE
MINISTRE DU BUDGET
MINISTRE DÉFENSE
MINISTRE DE LA JEUNESSE
MINISTRE DE L'INTÉRIEUR
MINISTRE DE LA SANTÉ
MINISTRE DU TRAVAIL
MINISTRE DE LA CULTURE
CRS
CHARB
T 05777 - 958 - F: 2,50 €

> Le nouvel album de Sardou s'appelle *Être une femme 2010*. Le premier titre envisagé, *Être un vieux con 2010*, n'a finalement pas été retenu. >

REPORTAGE À BORDEAUX LES ROMS EXCLUS DE LA SÉCU P. 8
17 NOVEMBRE 2010 / N° 961 / 2,50 €
CHARLIE HEBDO
www.charliehebdo.fr
BIENS MAL ACQUIS
LA CORRUPTION ENFIN SOUS LE MARTEAU DU JUGE P. 5
POLÉMIQUE
TAGUIEFF PATAUGE DANS LA MÉMOIRE DES CAMPS P. 7
REPORTAGE DANS LES PYRÉNÉES
L'OURS, OTAGE POLITIQUE P. 15
CAUCASE
L'IRAN VEUT JOUER DANS LE JARDIN DE POUTINE P. 11
UN GOUVERNEMENT DE PITBULLS
J'AI FAIT PIQUER KOUCHNER ET RAMA YADE!
LUZ
T 05777 - 961 - F: 2,50 €

DRAQUILA : LE DOCUMENTAIRE QUI RELIFTE BERLUSCONI P. 8
CHARLIE HEBDO
www.charliehebdo.fr
N° 959 / 2,50 €
FLICS INFILTRÉS
SACHEZ LES RECONNAÎTRE P. 2
ÉLECTRICITÉ TROP CHÈRE
LES ÉCOLOS BOUCS ÉMISSAIRES P. 7
RETRAITES
LE CADEAU DE SARKO À SON FRÈRE P. 4
INTERNET
DR BIG BROTHER VOUS AUSCULTE P. 15
BEN LADEN MENACE LA FRANCE
ENCORE UN FLIC INFILTRÉ...
CGT
CHARB.

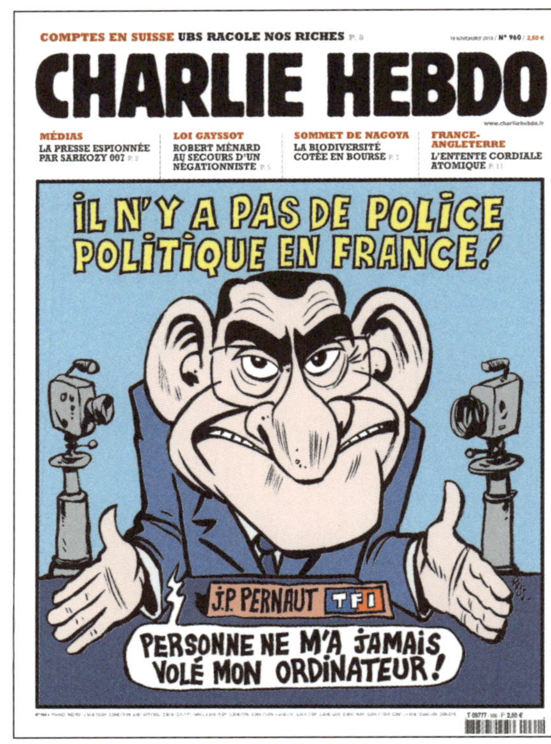
COMPTES EN SUISSE UBS RACOLE NOS RICHES P. 8
N° 960 / 2,50 €
CHARLIE HEBDO
www.charliehebdo.fr
MÉDIAS
LA PRESSE ESPIONNÉE PAR SARKOZY 007 P. 3
LOI GAYSSOT
ROBERT MÉNARD AU SECOURS D'UN NÉGATIONNISTE P. 5
SOMMET DE NAGOYA
LA BIODIVERSITÉ COTÉE EN BOURSE P. 7
FRANCE-ANGLETERRE
L'ENTENTE CORDIALE ATOMIQUE P. 11
IL N'Y A PAS DE POLICE POLITIQUE EN FRANCE!
J.P. PERNAUT TF1
PERSONNE NE M'A JAMAIS VOLÉ MON ORDINATEUR!

KARACHI VENTES D'ARMES, L'USINE À FRIC DES POLITIQUES P. 2
N° 962 / 2,50 €
CHARLIE HEBDO
www.charliehebdo.fr
ENVIRONNEMENT
UN MINISTÈRE 100 % BIODÉGRADABLE P. 3
JURYS POPULAIRES
LA JUSTICE RENDUE PAR JEAN-PIERRE PERNAUT P. 8
LOBBYING
MEDIATOR, PLUS FORT QUE TERMINATOR P. 5
REPORTAGE À TOULON
LA PRÊTRESSE DU BISOU FAIT SALLE COMBLE P. 7
LE PAPE VA TROP LOIN!
DUREX
CECI EST MON CORPS!
CHARB.

AFFAIRES : LE POUVOIR MET LES JUGES AUX SECRETS P. 2
1er DECEMBRE 2010 / N° 963 / 2,50 €
CHARLIE HEBDO
www.charliehebdo.fr
REPORTAGE
AU SALON DE LA MODE DES FLICS MUNICIPAUX P. 7
FRONT NATIONAL
EN ATTENDANT LA LUTTE FINALE P. 4
SANTÉ
LES CAPOTES SOUMISES AU CRASH-TEST P. 5
CHINE
PÉKIN VEUT SIPHONNER LE TIBET P. 11
2 MOIS DE RÉGIME DUKAN?
NON! 25 ANS DE RESTOS DU CŒUR!
RISS

> Il n'y a plus d'unités de combat américaines en Irak. Excepté McDonald's et Kentucky Fried Chicken. >

REPORTAGE ÉTUDIANTS ANGLAIS, NO FUTURE ! P. 2
15 DÉCEMBRE 2010 / N° 965 / 2,50 €
CHARLIE HEBDO
HORS-SÉRIE
RÉTROCOMMISSIONS
LES BALLADURIENS AUX POCHES PLEINES P. 5
ÉCOLOGIE
TRI DES DÉCHETS BANCAIRES P. 7
POLICIERS CONDAMNÉS
HORTEFEUX DÉFEND LES DÉLINQUANTS P. 3
CINÉMA
NOS PLUS BELLES ANNÉES FRÊCHE P. 15
ILS NE SE CACHENT PLUS !
MARINE LE PEN COUCHE
AVEC LES IDÉES DE SON PÈRE
LUZ

WIKILEAKS LES RÉVÉLATIONS EXCLUSIVES DE « CHARLIE »
CHARLIE HEBDO
PATRICK PELLOUX
VIEILLESSE ET DÉPENDANCE
CONFLIT D'INTÉRÊT
UN GUÉRINI CACHE L'AUTRE
NOUVEAU
LE HORS-SÉRIE BD SUR L'AFFAIRE BETTENCOURT
DEUX MISS POUR LA FRANCE
...et pas une de bandante
LUZ

SPÉCIAL LAÏCS, OUI, FACHOS, NON !
CHARLIE HEBDO
HORS-SÉRIE
EXCLUSIF
LA DIRECTRICE DE LA CRÈCHE BABY LOUP ENFONCE LE CLOU
IDENTITAIRES
ILS VOIENT DES BARBUS PARTOUT
LUMIÈRES
TOUCHE PAS À MA LAÏCITÉ !
EXTRÊME DROITE
RAS L'FRONT BOUGE ENCORE
ISLAMOPHOBIE
FAUT-IL AVOIR PEUR DU PETIT JÉSUS ?
Cabu

CLAUDE GOT : « LE PERMIS À POINTS A SAUVÉ 25 000 VIES »
CHARLIE HEBDO
HORS-SÉRIE
AFFAIRES
BALKANY FRÈRE, FUTUR ROI DU PÉTROLE PARISIEN
FEMMES
LES OUBLIÉES DE L'HISTOIRE
THALYS
LES ERREURS D'AIGUILLAGE DES EUROCRATES
RUSSIE
WIKILEAKS INFILTRÉ PAR UN NÉGATIONNISTE
2011
ON S'EN FOUT !
CE QU'ON VEUT, C'EST 2012 !
CHARB.

> Les filles sont pubères plus tôt. Mais on ne voit pas bien l'intérêt, car elles partiront quand même à la retraite à 65 ans comme tout le monde. >

2011

> Mauvaise audience pour « Les Victoires de la musique » : écouter de la merde française, passe encore, mais de là à la regarder… >

Zineb el Rhazoui

Liberté Inch Allah

Indignés ou insurgés : le soubresaut de liberté de la jeunesse arabe émerveille et embarrasse le monde. Au Maghreb, l'opprobre que la révolution tunisienne a jeté sur la France est vécu comme l'aboutissement ultime d'un long processus de décolonisation.

Affranchie ! Telle est la rue arabe depuis que les flammes ont dévoré le corps de Mohammed Bouazizi, ce jeune Tunisien qui avait désespéré de sa dignité et qui voulait juste qu'on le laisse vendre ses légumes. Une immolation sacrificielle qui a réveillé un pays longtemps plongé dans une torpeur tétanisée, et qui a rapidement eu raison d'un régime tyrannique que l'on pensait indéboulonnable. La chute du potentat de Carthage fait voler en éclats la théorie de la stabilité et lève un voile honteux sur les liens de la France, patrie des Droits de l'Homme, avec des régimes qui n'existent que parce qu'ils les bafouent allègrement.

Pendant que le monde entier s'enivre de ce vent de jasmin, l'effet domino s'enclenche dans la région, entraînant dans son sillon le pharaon d'Héliopolis et embrasant la Libye, le Yémen et la Syrie. Là où l'insurrection n'est pas passée, les démocrates savent que ce n'est que partie remise, car la révolution tunisienne n'est ni conjoncturelle, ni circonscrite, elle est plutôt l'avant-garde d'un tournant civilisationnel, le signe avant-coureur d'un nouvel ordre mondial instauré grâce au numérique et à la diffusion universelle des idées.

Au Maroc aussi le compte à rebours a commencé le 14 janvier 2011. De 1666 à Mohammed VI, la dynastie alaouite règne d'un pouvoir sans partage au royaume chérifien, s'auréolant encore de nos jours d'un immuable apparat, fait de baisemains et de prosternations, puisé dans ses origines moyenâgeuses et son droit divin. Son faste féodal, totem codifié censé doper le mythe de la baraka royale, le *makhzen* (« magasin », terme péjoratif utilisé par les Marocains pour désigner l'État) le substitue par un ersatz de démocratie lorsqu'il s'agit de son image à l'étranger. Le régime de Mohammed VI, digne héritier de son père, cultive sa réputation de royaume moderne en fournissant aux États occidentaux — qui le veulent bien — des éléments de langage articulés autour de son interminable « transition démocratique ». L'État français, précepteur du royaume, ne semble pas avoir appris la leçon tunisienne. Sarkozy et Juppé se sont félicités des résultats d'un référendum constitutionnel organisé en dix jours et « plébiscité » à 99 % de oui. Un grossier simulacre, salué par une classe politique française trop habituée au charme oriental des palais de Marrakech pour s'émouvoir du sort réservé par Mohammed VI aux pensionnaires du sinistre bagne de Témara, dont le *makhzen* continue de nier l'existence, comme il avait longtemps nié celle de Tazmamart. La France préfère croire confortablement à une monarchie populaire plutôt que de voir l'évidence : le rapt du libre arbitre du peuple par une puissante mais néanmoins caricaturale machine de propagande. Culte de la personnalité, répression, enlèvements, torture, détention arbitraire, prédation économique, les mêmes causes mèneront inexorablement aux mêmes effets qu'en Tunisie, et peut-être que là seulement, le Maroc aura enfin son indépendance.

Zineb el Rhazoui est journaliste marocaine
et cofondatrice du Mouvement alternatif pour les libertés individuelles (MALI).

> Plus aucun staphylocoque doré dans la piscine du Fouquet’s. Il n’y a plus que des staphylocoques bling-bling. >

CONCOURS : OUTRAGEZ LE DRAPEAU FRANÇAIS P. 2

5 JANVIER 2011 / N° 968 / 2,50 €

CHARLIE HEBDO

HORS-SÉRIE
CHARLIE HEBDO
LES AVENTURES DE LILIANE BETTENCOURT

TRAFIC D'ARMES
L'ÉLYSÉE VEUT SAUVER PIERRE FALCONE P. 6

VÉNISSIEUX
LA CGT-CARREFOUR A PRIS LE RÉVEILLON EN OTAGE P. 7

ARMEMENT BIO
QUAND LA GUERRE DEVIENT VERTE P. 8

COMING-OUT
LE DE VILLIERS NOUVEAU EST ARRIVÉ P. 5

CETTE ANNÉE DSK VA ENFIN...
MPFF MPFF
PÉTER UN COUP
LUZ

N° 968 ▸ FRANCE MÉTROPOLITAINE : 2,50 € / DOM : 3,50 € / TOM : 660 F CFP / BEL : 2,80 € / CH : 5 FS / CAN : 5,45 $C / LUX : 2,80 €

T 05777 - 968 - F: 2,50 €

> *France-Soir* aurait perdu 35 millions d'euros en 2010. Ça fait un million d'euros dépensés par lecteur. >

MANUEL VALLS : LA GAUCHE COUCHE-TOI LÀ P.2
12 JANVIER 2011 / N° 969 / 2,50 €
CHARLIE HEBDO
HORS-SÉRIE
PÉTROLE EN ÎLE-DE-FRANCE
LES AMÉRICAINS DÉBARQUENT P. 7
SIDA
CIRCONCISION, PIÈGE À CONS P. 11
SOS DICTATEURS
APPELEZ VERGÈS ET DUMAS P. 9
35 HEURES
NE TRAVAILLEZ JAMAIS ! P. 6
NOSTALGIE
AVANT, ON SAVAIT RIGOLER!
CHARB.
T 05777 - 969 - F: 2,50 €

MEDIATOR : LA FEMME DE DOUSTE-BLAZY EMPLOYÉE DE SERVIER P. 2
N° 970 / 2,50 €
CHARLIE HEBDO
HORS-SÉRIE
TUNISIE
QUOI ? LES ARABES AIMENT LA DÉMOCRATIE ? P. 3
LAÏCITÉ
NOS IMPÔTS RETAPENT DES ÉGLISES EN ALGÉRIE P. 11
ZEMMOUR
DIT TOUT HAUT CE QUE LE PEN PENSE TOUT HAUT P. 5
TOURS
LE PEN REMPLACE LE PEN P. 9
2012
ZEMMOUR À MATIGNON
MARINE À L'INTÉRIEUR
cabu

TUNISIE. LES CIRE-POMPES FRANÇAIS DE BEN ALI P. 2
N° 971 / 2,50 €
CHARLIE HEBDO
HORS-SÉRIE
RENAULT
GHOSN PLUS NUL QUE SCHWEITZER
ANALYSE P. 3
POPULISME
PLANTU CONFOND SA GAUCHE ET SA DROITE
INTERVIEW P. 5
LOPPSI 2
BULLDOZERS CONTRE YOURTES
REPORTAGE P. 15
MAM A TOUT RATÉ
RESTE ENCORE LE MAROC ET L'ALGÉRIE!
cabu

PHILIPPE KATERINE DESSINE POUR "CHARLIE" ! INTERVIEW P. 8
N° 972 / 2,50 €
CHARLIE HEBDO
HORS-SÉRIE
FNSEA
LA FAIM, C'EST BON POUR LA CROISSANCE
ANALYSE P. 3
ÉDUCATION NATIONALE
PRIMES AU MÉRITE POUR DÉPECER LE MAMMOUTH
ENQUÊTE P. 5
LOI LOPPSI 2
HORTEFEUX VEUT 65 MILLIONS DE FLICS
POSTER P. 15
TUNIS ANNULÉ
LE CAIRE ANNULÉ
ANNULÉ
LES ARABES GÂCHENT NOS VACANCES
MANQUERAIT PLUS QUE LES BRETONS DEMANDENT LEUR INDÉPENDANCE !
PARIS
cabu

> L'ex-président israélien Moshe Katzav condamné à sept ans de prison pour viol. En France, il aurait été réélu à perpétuité. >

REPORTAGE : BIZUTAGES NAZIS À L'ÉCOLE NAVALE DE BREST P. 8
9 FÉVRIER 2011 / N° 973 / 2,50 €
CHARLIE HEBDO
OPÉRATION « RAS LES PALMES » ! APPEL À SIGNATURES PROFS, RENDEZ VOS PALMES ACADÉMIQUES À LUC CHATEL ! VOIR P. 3
MONTPELLIER LES SOCIALOS CARBURENT À L'HUILE DE PALME ENQUÊTE P. 7
MAGISTRATS EN COLÈRE SARKO PARTOUT, JUSTICE NULLE PART ! ANALYSE P. 5
TUNISIE LES BONNES AFFAIRES DU VOYAGISTE DE MAM ENQUÊTE P. 5
MAM LA HONTE !
JI TI RACCOMPAGNE DANS MON JET PRIVI ?
ÉPICERIE
LUZ

ÉGYPTE : LA RÉVOLUTION EN DESSINS ET EN DIRECT DU CAIRE P. 8
16 FÉVRIER 2011 / N° 974 / 2,50 €
CHARLIE HEBDO
HORS-SÉRIE
NOUVEAU CHARLIE SHOPPING LA CHRONIQUE DE IEGOR GRAN P. 5
OPÉRATION « RAS LES PALMES » ! PROFS, RENDEZ VOS PALMES ACADÉMIQUES À LUC CHATEL ! P. 2
FRONDE DES MAGISTRATS SARKOZY PASSIBLE DE LA HAUTE COUR ? P. 15
SALON DE L'AGRICULTURE
...ENCORE LA FAUTE AUX JUGES LAXISTES !
LUZ

ENQUÊTE : LA PRESSE FRANÇAISE ACHETÉE PAR BEN ALI P. 8
23 FÉVRIER 2011 / N° 975 / 2,50 €
CHARLIE HEBDO
HORS-SÉRIE
MULTICULTURALISME APRÈS LA LAÏCITÉ POSITIVE, LA LAÏCITÉ SAUCISSON P. 2
« RAS LES PALMES ! » CONTINUE ILS SONT DÉJÀ PLUS DE 100 À AVOIR RENVOYÉ LEURS PALMES ACADÉMIQUES À LUC CHATEL P. 5
ÉCOLOGIE LA PLANTE QUI TRANSFORME L'EAU EN MERDE P. 7
BAIN DE SANG EN LIBYE
ALLIOT, FROTTE-MOI LE DOS
CHARB.

EXPOSITION JOSSOT L'ENRAGÉ ! P. 8
2 MARS 2011 / N° 976 / 2,50 €
CHARLIE HEBDO
www.charliehebdo.fr
MEDIATOR UN SCANDALE PEUT EN CACHER UN AUTRE PAR PATRICK PELLOUX P. 2
CHASSE ET TRADITIONS ÉLECTIONS À CANON SCIÉ EN BAIE DE SEINE P. 5
KADHAFI L'AUXILIAIRE DE POLICE DE L'EUROPE P. 15
SCIENCES LES PINGOUINS DU LOFT-ANTARCTIQUE P. 7
BEN ALI, MOUBARAK, KADHAFI...
PROCÈS JACQUES CHIRAC
JE PERDS TOUS MES TÉMOINS DE MORALITÉ
LUZ

> Maître Capello est mort à 88 ans. Il a vécu verticalement, il sera enterré horizontalement. >

LAÏCITÉ
NON AUX RELIGIONS D'ÉTAT ! P. 2
9 MARS 2011 / N° 977 / 2,50 €
CHARLIE HEBDO
ESSAIS NUCLÉAIRES
MURUROA, LE VRAI PROCÈS DE CHIRAC
ÉLÉMENTS À CHARGE P. 5
RÉFORME DE LA PSYCHIATRIE
GARDE À VUE MÉDICALE
COUP DE GUEULE P. 7
IDENTITÉ ET TERROIR
EXTRÊME DROITE ÉQUITABLE ET FACHOS ALTER
ENQUÊTE P. 8
MARINE LE PEN MANNEQUIN CHEZ GALLIANO
FN
M 05777 - 977 - F: 2,50 €

CATASTROPHE NUCLÉAIRE : LES CENTRALES FRANÇAISES TREMBLENT P. 2
N° 978 / 2,50 €
CHARLIE HEBDO
www.charliehebdo.fr
SOS ÉCOLE
PAS DE BOUÉE POUR LES ÉLÈVES QUI SE NOIENT
GAZ DE SCHISTE
SARKO FORE POUR UN MILLIARDAIRE P. 15
BLING-BLING
FILLON ROULE GRATOS EN FERRARI
GUANTÁNAMO
OBAMA EXHUME L'AMÉRIQUE DE BUSH
C'ÉST LA FIN DU MONDE !
CANTONALES
FRONT NATIONAL
ATTENDEZ ! J'AI PAS ENCORE VOTÉ LE PEN !
M 05777 - 978 - F: 2,50 €

COUP DE GUEULE : CAVANNA DÉBAPTISE LE COLLÈGE CAVANNA
NUMÉRO SPÉCIAL RADIOACTIF
CHARLIE HEBDO
N° 979 / 2,50 €
GUERRE !
FN
UMP
IL BOMBARDE LE FRONT RÉPUBLICAIN
M 05777 - 979 - F: 2,50 €

REPORTAGE AU TRICASTIN : LES PRÉCAIRES DU NUCLÉAIRE P. 6
N° 980 / 2,50 €
CHARLIE HEBDO
www.charliehebdo.fr
CANTONALES
NUAGE TOXIQUE SUR L'UMP
ENQUÊTE
LES MILLIONS DE TAPIE DANS LES PARADIS FISCAUX
LIBYE
LA GUERRE, COMBIEN ÇA COÛTE ?
TUNISIE
LES ÉCOLOS DE LA RÉVOLUTION DU JASMIN
PLUS QUE 14 MOIS...
...POUR SÉDUIRE LES FRANÇAIS !

ENQUÊTE : LES BARBOUZES DE RENAULT À LA CASSE P. 6
N° 981 / 2,50 €
CHARLIE HEBDO
www.charliehebdo.fr
COPÉ, LA LAÏCITÉ, ELLE T'EMMERDE ! P. 3
PATRICK BUISSON
L'HÉMISPHÈRE DROIT DE SARKOZY
LIBYE
LA GUERRE CONTRE LA COUCHE D'OZONE
STRATÉGIE
SARKOZY, DRH DE L'EXTRÊME DROITE
SARKO AKBAR !
ÇA, C'EST UN BON MUSULMAN LAÏC...

> Un homme de 23 ans prénommé Johnny demande à changer son prénom, qu'il trouve « ridicule ». La justice lui propose de s'appeler désormais Dick Rivers. >

CANNABIS : LÉGALISONS TOUTES LES DROGUES P. 8
N° 982
CHARLIE HEBDO
SOCIALISME ET ÉCOLOGIE
LA ROSE BIO A DU MAL À ÉCLORE
JAPON
SILENCE, ON PEND
BORLOO
L'ENFUMEUR DU GAZ DE SCHISTE
NOUVEAU
HORS-SÉRIE FÉMINISTE EN KIOSQUES
HULOT
CANDIDAT SANDWICH
EDF
TF1
L'ORÉAL
USHUAÏA
PRODUIT DÉRIVÉ
ÉCOLOGIE
RHÔNE-POULE

« PISS CHRIST » : BLASPHÉMEZ-VOUS LES UNS LES AUTRES P. 2
N° 983
CHARLIE HEBDO
CONCERT
LUZ AUX FUNÉRAILLES DE LCD SOUNDSYSTEM
CINÉMA
MOI, MICHEL G., MILLIARDAIRE, MAÎTRE DU MONDE
CORSE
LE LITTORAL PLASTIQUÉ PAR UN SARKOZYSTE
NOUVEAU
HORS-SÉRIE FÉMINISTE EN KIOSQUES
APRÈS LE SCANDALE DU CHRIST DANS LE PIPI D'AVIGNON...
BIBLE
AUX CHIOTTES
CORAN
TOUTES
TORAH
LES RELIGIONS

ENQUÊTE SARKOZY CONFOND DIPLOMATIE ET GOURMANDISE P. 2
27 AVRIL 2011 / N° 984 / 2,50 €
CHARLIE HEBDO
HORS-SÉRIE
CHARLIE HEBDO
Le féminisme est l'avenir de l'homme
GAZ DE SCHISTE
LE RAPPORT QUI NOUS FORE JUSQU'À L'OS P. 5
LAÏCITÉ
L'ESPAGNE RESSUSCITE LE DÉLIT DE BLASPHÈME P. 11
FUKUSHIMA
LES RATÉS DU FLIC NUCLÉAIRE P. 7
CÔTE D'IVOIRE
L'APRÈS-HOUPHOUËT COMMENCE MAINTENANT P. 8
MARINE LE PEN DÉDIABOLISE LE FN
JE ME RASE LA MOUSTACHE!
RISS
M 05777 - 984 - F: 2,50 €

REPORTAGE LE PRINTEMPS TUNISIEN SE FANE À LA VILLETTE
N° 985
CHARLIE HEBDO
IMMOBILIER VÉREUX
OPÉRATION MAINS PROPRES DANS LE VAR
ÉCOLOGIE
LES NITRATES, C'EST BON POUR LA SANTÉ
FRANCE TÉLÉCOM
LE TÉLÉPHONE TUE PLUS QUE LA GUERRE
SYRIE
BACHAR AL-ASSAD VOILE LA RÉVOLTE
BEN LADEN EST VIVANT!
CHARB.

WAUQUIEZ LE CANCÉROLOGUE DES MINIMA SOCIAUX P. 3
N° 986
CHARLIE HEBDO
DÉFILÉ DU 8 MAI
L'ULTRA-DROITE VEUT SA PART DE JEANNE D'ARC
SANTÉ ET NUCLÉAIRE
L'OMS IRRADIÉE JUSQU'À L'OS
SANS-PAPIERS
L'EUROPE VEUT FAIRE SAUTER LA CASE PRISON
QUOTAS DANS LE FOOT
ON VEUT ENCORE PLUS DE PUTES!
TIGNOUS

OUI, ON PEUT RIRE DE L'AFFAIRE DSK
CHARLIE HEBDO
N° 987
RSA
LES 17 BOULOTS DE LA HONTE DE WAUQUIEZ
POLITIQUEMENT INCORRECT
LE DÉBAT MONOPOLISÉ PAR LES RÉACS
CARLOS GIMÉNEZ
LA BD ANTI-FRANCO
LE HORS-SÉRIE
QUE DSK AURAIT DÛ LIRE AVANT DE PRENDRE SA DOUCHE
LIBÉREZ NOS OTAGES!
LUZ

> Plus d'un milliard d'habitants sur Terre vont manquer d'eau en 2050. Ils vont devoir apprendre à se laver les pieds avec du papier de verre. >

NUMÉRO SPÉCIAL FRENCH LOVER
CHARLIE HEBDO
HORS-SÉRIE
CHARLIE HEBDO
Le féminisme est l'avenir de l'homme
N° 988 / 25 MAI 2011 / 2,50 €
PRÉSIDENTIELLE
SARKOZY VERROUILLE LES POSTES SENSIBLES P. 2
FAUX CULS
LA DROITE MORALE DIT MERCI AUX FEMMES DE MÉNAGE GUINÉENNES P. 3
BUSINESS
DSK PLOMBE LE GROUPE LAGARDÈRE P. 5
TROP DE MACHOS ?
JE VAIS FAIRE LE MÉNAGE AU PS !
Martine
CHARB.
M 05777 - 988 - F: 2,50 €

ACCUSÉS ÉCRIVAINS, LEVEZ-VOUS ! ENTRETIEN AVEC GISÈLE SAPIRO
N° 989 / 2,50 €
CHARLIE HEBDO
TEST
ÊTES-VOUS PLUTÔT MLADIC OU DSK ?
RADARS
LA PÉDAGOGIE AU FOND DU RAVIN
EXTRÊME DROITE
GUAINO BIDOUILLE L'HISTOIRE
HORS-SÉRIE
DERNIÈRE SEMAINE
FMI
UN CONCOMBRE POUR REMPLACER UN CORNICHON ?
M 05777 - F: 2,50 €

EXCLUSIF LES VRAIES RÉVÉLATIONS DE LUC FERRY P. 2
N° 990
CHARLIE HEBDO
HORS-SÉRIE
CHARLIE HEBDO
PRÉSIDENTIELLE
UNION SACRÉE DES ÉCOLOS À LA ROCHELLE
NUCLÉAIRE
L'ALLEMAGNE S'EN SORT LA FRANCE S'ENFONCE
FIN DU MONDE
LE PROTOCOLE DE KYOTO MORT ET ENTERRÉ
NOUVEAU
PASSEZ L'ÉTÉ AVEC LES JEUX À LA CON DE CHARLIE
DSK ET SON BRACELET ÉLECTRONIQUE
LUZ
M 05777 - F: 2,50 €

IMPÔT POIDS LOURDS DANS LES POCHES DU PRIVÉ P. 2
N° 991
CHARLIE HEBDO
HORS-SÉRIE
CHARLIE HEBDO
AFFAIRE TAPIE
LAGARDE PAIE POUR SARKO ET BORLOO
RSA
L'UMP ÉRADIQUE LE CANCER DE L'ASSISTANAT
DÉFORESTATION
LE BARRAGE BRÉSILIEN QUI FAIT PLEURER HULOT
PÉROU
LA « RACE CUIVRÉE » GAGNE L'ÉLECTION
Bac Philo
"L'ABSENTÉISME EST-IL UN HUMANISME ?"
Luc Ferry
LUZ

L'ÉCONOMIE DU FUTUR : SOCIALE ET SOLIDAIRE ? P. 2
N° 992 / 2,50 €
CHARLIE HEBDO
HORS-SÉRIE
CHARLIE HEBDO
UN MEXICAIN AU FMI
L'ARNAQUE DU CANDIDAT DES PAUVRES
LÉGALISATION DU CANNABIS
OUI À L'ARGENT DE LA DROGUE !
HOMOSEXUALITÉ
L'UMP VEUT DES MARIAGES AOC
HORS-SÉRIE
LES JEUX À LA CON DE CHARLIE
L'ARMÉE FRANÇAISE RUINÉE !
ON N'A PLUS DE QUOI SE PAYER UN CHAR À LA GAY PRIDE !
CHARB.

> Les insurgés libyens réclament des armes à la France. Juppé leur a envoyé les œuvres complètes de Bernard-Henri Lévy. >

PRIMAIRES COMMENT L'UMP BOURRAIT SES URNES P. 2

29 JUIN 2011 / N° 993 / 2,50 €

CHARLIE HEBDO

HORS-SÉRIE

GOASGUEN
BINATIONAUX, « GO HOME »
P. 5

AÉRONAUTIQUE
DES AVIONS DOPÉS AU GRAS DE COCHON
P. 8

ÉCOLE PRIMAIRE
LES LEÇONS DE MORALE DE L'UMP
P. 9

THAÏLANDE
OMBRE KAKI SUR LES ÉLECTIONS
P. 11

40% DES FRANÇAIS PASSENT LES MÊMES VACANCES QUE DSK
À LA MAISON !
RISS

N° 993 ▸ FRANCE MÉTROPOLITAINE : 2,50 € / DOM : 3,50 € / TOM : 660 F CFP / BEL : 2,80 € / CH : 5 FS / CAN : 5,45 $C / LUX : 2,80 € / TUNISIE : 2 DINARS

M 05777 - 993 - F: 2,50 €

> Traités de « Banania » par leur capitaine, trois CRS antillais réclament justice. Ils recevront leur poids en Nesquik. >

PRINTEMPS TUNISIEN LA GÉNÉRATION « DÉGAGE ! » TÉMOIGNE P. 8
6 JUILLET 2011 / N° 994 / 2,50 €
CHARLIE HEBDO
DSK PRÉSIDENT !
cabu
M 05777 - 994 - F: 2,50 €

L'épave du Rio-Paris localisée grâce aux poissons morts qui flottaient à la surface. Ils avaient mangé tous les plateaux-repas. >

REPORTAGE LE SAMUSOCIAL À LA RUE P. 2
27 JUILLET 2011 / N° 997 / 2,50 €
CHARLIE HEBDO
www.charliehebdo.fr
NORVÈGE
LE FASCISME NUIT GRAVEMENT À LA SANTÉ P. 11
EXIL FISCAL
ET SI TAPIE VISAIT LA BELGIQUE… P. 9
NUCLÉAIRE
LE VRAI BILAN DE FUKUSHIMA P. 7
ÉGYPTE
LA PLACE TAHRIR CONTRE L'ÉTAT D'URGENCE P. 8
_MADAME LE PEN, QUE PENSEZ-VOUS DE L'EXTRÊME DROITE EN NORVÈGE ?
LA NORVÈGE ? ...ARRÊTEZ, ÇA ME RAPPELLE LE BUREAU !
cabu

TOUT L'ÉTÉ, DES NOUVELLES INÉDITES DE TOPOR P. 3
N° 995
CHARLIE HEBDO
CRISE MONDIALE
BOMBARDONS LES AGENCES DE NOTATION !
PRINTEMPS ARABE
LA JEUNESSE MAROCAINE VEUT DÉCULOTTER LE ROI
POLLUTION GALACTIQUE
2011, LA POUBELLE DE L'ESPACE
CHARLIE DÉMENT L'IGNOBLE RUMEUR
MAIS NON !... MARTINE N'A PAS DE CANCER DE LA PROSTATE !
cabu

EXCLUSIF XAVIER EMMANUELLI : « POURQUOI JE QUITTE LE SAMUSOCIAL DE PARIS »
CHARLIE HEBDO
N° 996
RFI/FRANCE 24
DÉJÀ 50 MILLIONS D'EUROS DE PERTE
« L'ARGENT, QU'EST-CE ? »
UNE NOUVELLE DE TOPOR
DÉFILÉ DU 14 JUILLET
BERNARD MARIS DÉSERTEUR
ALGUES VERTES
SARKO JOUE À L'ÉCOLO
DU VERT ! PAS DU KAKI !
BIO
LUZ

TEST D'ÉTÉ ÊTES-VOUS UN DANGEREUX NAZI ?
N° 998
CHARLIE HEBDO
REPORTAGE
UNE VIE DE SDF AU BOIS DE VINCENNES
FAMINE ET BIOCARBURANTS
METTEZ UN SOMALIEN DANS VOTRE MOTEUR
TUBE DE L'ÉTÉ
COLONEL REYEL CONTRE L'AVORTEMENT
ANTONIN ARTAUD
L'AGONIE SURRÉALISTE
LES 600 000 MAÎTRESSES DE DSK TÉMOIGNENT
IL EST TRÈS DOUX !
CHARB.

CRISE FINANCIÈRE : LES MARCHÉS KAMIKAZES
N° 999
CHARLIE HEBDO
RAMADAN
LES ESCROCS DU HALAL
PLAGES DU DÉBARQUEMENT
PELLOUX RACONTE HÉMOGLOBINE BEACH
CANNABIS
LA DÉFONCE NATIONALE
KRACH
LA PLANÈTE DES CONS
LUZ

> En Europe, ce sont les Françaises qui ont la plus grande espérance de vie. Finalement, les Français ne tapent pas si fort que ça. >

CHARLIE HEBDO
NUMÉRO 1000
LE JOURNAL
QUI ENTERRE
LES PRÉSIDENTS
SARKOZ
1955-
CHIRAC
1932-20...
MITTERRAND
1916-1996
Cabu
N° 1000 / 2,50 € / 17 AOÛT 2011
N° 1000 ▸ FRANCE MÉTROPOLITAINE : 2,50 € / DOM : 3,50 € / TOM : 660 F CFP / BEL : 2,80 € / CH : 5 FS / CAN : 5,45 $C / LUX : 2,80 € / TUNISIE : 2 DINARS
M 05777 - 1000 - F: 2,50 €

> L'Irakien qui a lancé ses chaussures sur Bush était un des derniers Irakiens à pouvoir le faire : il lui restait ses deux jambes. >

1 000 numéros de *Charlie Hebdo* !
Tous ces zéros comme autant de bouches muettes de stupeur.
Personne de l'équipe en 1992 ne s'est dit qu'on ferait mille numéros de *Charlie*…
Et aujourd'hui, personne ne se dit qu'on va vers le numéro 10 000,
notre objectif n'est pas d'entrer dans le *Guinness Book* des cons.
(Et pourtant, on y va, vers le 10 000 !).
En vérité, notre horizon se limite au mercredi de la semaine suivante.
Chaque semaine, il faut sortir le journal qu'en tant que lecteurs on est frustrés
de ne pas trouver en kiosques.
Le mercredi se produit un miracle qu'on essaie de reproduire la semaine suivante.
Et ça marche, puisque vous tenez ces 1000 couvertures dans vos mains tremblantes d'émotion.
(À moins que ce ne soit Parkinson.)
Charlie Hebdo serait-il immortel ?
Peut-être. Pas ceux qui le font (sauf Cavanna, qui a un statut spécial).
Une pensée pour Xavier Pasquini, Gébé, Bernar, Fajardie, Michel Boujut.
Nous savons que de là où ils sont… ils ne nous voient pas, parce qu'après la mort il n'y a rien.
Même pas un kiosque ouvert.
C'est donc aux vivants que nous disons : à mercredi prochain !

Les couvertures 61 et 78
n'ont pu être reproduites faute d'autorisation de l'auteur.
La couverture 164,
pour des raisons mystérieuses, n'existe pas.

Merci à nos compagnons de route,
acteurs ou témoins de ces 1000 semaines d'actualité,
qui ont apporté leur talent à ce recueil :
Sylvie Coma, Jean Hatzfeld, Bernard Thibault, José Artur,
Jean-Yves Camus, Vikash Dhorasoo, Noël Mamère,
Marie-Christine Blandin, Elliott Murphy, Clémentine Autain,
Caroline Fourest, Sophia Aram, Cabu, Dominique Sopo,
Bernard Maris, Patrick Weil et Zineb el Rhazoui.
Merci à la princesse de Clèves de nous avoir réservé l'exclusivité
de son coming-out, la vente aux enchères de cet inédit
nous permettra de vivre encore 1000 couvertures.

DIRECTEUR ÉDITORIAL : Riss
ÉDITION : Valérie Manteau
MAQUETTE : Philippe Ghielmetti
CORRECTION : Frédéric Grasser
CHEF DE FABRICATION : Philippe Alfonsi

41 % des femmes préfèrent le chocolat au sexe. Parce que c'est plus facile d'en reprendre quatre fois d'affilée.